비동일화의 지평

비동일화의 지평

문학의 보편성과 한국문학

박상진 지음

고려대학교출판부
KOREA UNIVERSITY PRESS

현준에게

감사의 글

이 책에 실린 글들은 2006년부터 써 온 것들입니다. 2006년 가을부터 일 년 반 동안 미국 하버드대학 로망스어문학과에서 객원학자로 체류하면서 비교문학에 관련된 두 권의 책을 구상하고 발전시켰는데, 곧이어 출간될 단테 연구서와 바로 이 책입니다.

이 책에 실린 글들은 대부분 국내외 학회들에서 발표된 것들입니다. 한국비교문학회, 한국세계문학비교학회, 한국언어문화학회, 국제한국문학회, 아시아학회(AAS), 국제비교문학회(ICLA)의 정기 학술대회를 비롯하여 국제비교문학회 이론분과위원회(Committee on Literary Theory) 워크숍, 한국학중앙연구원 한국학대회, 부산외대대학원 비교문학과 집담회, 한양대 비교역사문화연구소 트랜스내셔널 인문학 워크숍, 대만비교문학회 동아시아비교문학대회, 그리고 비교문학 연구회 모임에서 일일이 거명할 수는 없지만 날카로운 지적과 적절한 조언을 해 준 토론자들과 청중들에게 이 자리를 빌려 감사를 드립니다. 또한 여러 장들이 논문의 형태로 나왔는데, 그 과정에서 생산적인 비평을 제공해 준 익명의 심사자들에게 감사를 드립니다. 특히 이경훈 교수님은 이광수의 논의와 관련하여 미처 생각하지 못한 부분들을 다시 들여다볼 수 있게 해 주었고, 김유중, 류보선, 박성창, 변현태, 황호덕 교수님은 책 전반의 구성과 목표에 대해 귀중한 제안을 아끼지 않았습니다. 권영민 교수님을 비롯하여 이도흠, 이영준, 이형대, 장지연, 정형철, 조현설

교수님의 관심과 조언에 감사를 드립니다. 또한 서울대와 고려대의 대학원 비교문학과에서 이 책의 내용과 관련된 강의를 하는 동안 수강생들이 보여준 창조적인 반응들은 논의를 풍요롭게 하는 데 큰 도움이 되었음을 밝힙니다. 이 원고가 책으로 나오기까지 수고하신 고려대출판부의 유재혁 선생님과 책의 출판을 제안하고 주선한 출판부장 김재혁 교수님에게도 깊은 감사를 표합니다.

물론 이 모든 분들의 도움에 이 책에 실린 내용의 책임을 미루어서는 안 될 것입니다. 기본적인 구성은 물론이고 그들의 조언을 반영하는 과정에서 수정하고 보완한 많은 부분은 궁극적으로 제 자신의 판단과 결정에 의한 것이었습니다. 그에 대한 후속 작업 역시 이 책을 읽을 독자들의 모든 질책과 조언을 겸허하게 받아들여 계속하려 합니다.

서문

비동일화의 사고와 한국문학의 자리

1

한국문학 연구는 오랫동안 전문적인 영역임을 자처하는 전문가들의 손에 의해 집단적인 합의를 유지하면서 그 기원을 구성하고 그것을 유지하는 데 전념해 왔다. 한국문학을 둘러싼 문제는 넓고 복잡하지만, '한국'과 '근대'의 문제가 단연 그 중심에 서 있다는 생각은 과히 틀리지 않을 것이다. 한국문학 연구가 자체의 테두리에 갇혀서 이질적인 사고를 허용하지 않고 경계를 강화하는 일을 그치지 않는 것은 '한국'과 '근대'가 '문학'을 한정하기 때문이다. 그것이 한국문학 연구가 지금처럼 자기복제적이고 수구적인, 열악한 상황에 빠지게 된 요인들 중 하나다.

한국문학 연구가 열악한 상황에 빠져 있다는 발언은 한국문학자라는 전공자 혹은 전문가가 아니기에, 즉 그러한 자신의 본분이나 사명, 명성을 그다지 의식할 필요가 없는 처지에 있는 사람만이 용감하게 내지를 수 있는 파악이며 주장이다. 사실 이런 발언은 한국문학 전공자들도 대부분 동의하고 또 스스로 심각하게 고민하는 사항일 것이다. 그러나 한 우물 안에 있으면 헤어나기 힘들고 같은 물을 계속 마시면서 물들게 되듯이, 문제를 인식하면서도 그 인식을 강화시키거나 실천으로 옮기는 경우는 별로 없는 것이 우리의 현실이다. 이런 경우, 경계의 밖에 서 있는 사람이 경계 안에 있는 사람의 전문적인 지식이나 성과를 어느 정도 무시하고(또는 그것에 무지한 채) 내리는 진단과 처방이 유용할 수 있다.

이 책에서 나는 한국문학을 세계적 차원에서 다시 혹은 새롭게 조명하고자 한다. 한국문학은 비교문학을 통해 세계문학을 추동하고 구성할 수 있으며 동시에 거꾸로 자체의 갱신을 꾀할 수 있다. 이런 야심찬 가설의 논증을 위한 이론적 토대는 비동일화의 사고라는 개념에 의지한다. 비동일화의 사고는 동일성과 타자성의 이분법적 대립을 그 둘을 모두 포괄하는 방식으로 넘어서는 것을 말한다. 한국문학이 수구적이고 폐쇄적인 상태에 머물고 있다면, 한국문학은 이를테면 세계문학을 하나의 타자로 설정함으로써 자체의 폐쇄성을 개선하는 발판이자 계기로 삼을 필요가 있다. 비교문학이 제공하는 균형 잡힌 비교의 정신과 자세, 그리고 방법론은 비동일화의 사고를 통해 한국문학과 세계문학의 대화적 관계를 구성하는 학문적 공간을 마련해 준다. 그런 한편 동아시아 문학은 이러한 문학'들'의 이론적, 실제적 연동聯動이 문학의 보편적 가치를 향해 나아가는 하나의 실례를 보여 줄 것이다.

이러한 논의의 바탕에는 문학은 보편적이라는 믿음이 깔려 있다. 문학의 보편성은 예컨대 유럽적 보편주의와 같은 '특수한 보편주의'를 인식하고 교정하는 힘과 기능을 갖고 있다. 한국문학을 세계적 차원에서 재조명하는 이유는 바로 그 보편적 가치를 점검함으로써 문학의 보편성이라는 큰 문제를 적절히 논의하는 과정에 참여하기 위해서다. 본문에서 구체적으로 김만중과 이광수의 문학들을 보편적 문학 가치의 구현 여부를 중심으로 논의하려 한다.

김만중과 이광수의 문학들은 한국 근대문학이라는 동일성에 기초한 토대에 한정되어 조명되는 바람에 그 문학적 가치를 충분히 인정받지 못한 측면이 있다. 김만중의《구운몽》의 경우 그 원환적 구도와 내용을 통해서 보편적 차원에서 해석되고 보편적 가치를 소통시킴에도 불구하고 지금까지 그런 보편성의 문제의식 아래《구운몽》에 접근한 예는 없었던 것 같다. 김만중의 예는 일종의 미개척의 문제라 할 수 있는 반면, 이광수의 경우는 편협한 사고와 비평의 희생물이 된 경우다. 적시摘示된 적(서구 및 서구를 대신한 일본)에 대해 민족주의 이념이 첨예하게 작동되면서 이광수의 문학을 '친일'로 몰아간 것은 이광수 문학의 열린 해석의 가능성을 원천적으로 차단한 중요한 요인이다. 그러나 열린 해석을 통해서 이광수의 문학이 한국과 근대를 뛰어넘는 차원에서 문학의 보편적 가치를 실현하는 모범이 된다고 말하는 것은 아니다. 다만 그의 문학은 그 자체로 지금까지보다 훨씬 더 유연하고 열린 해석의 가능성들을 요구하고 있으며, 그를 통해 보편적 문학 가치에 관한 문제를 일으키고 흐르게 하는 이 시대에서 피할 수 없는 중요한 논점의 형성에 기여할 것으로 생각한다.

김만중과 이광수의 문학을 이런 식으로 재조명하는 작업에 한국문학을 무리하게 세계문학의 무대로 진입시키려는 '민족주의적' 의도는 전혀 개입하지 않는다(그런 의도 자체가 세계문학을 도달해야 할 목표로 오인하게 만든다). 그보다 세계문학을 하나의 문제의식으로 삼아 그를 통해 김만중과 이광수의 문학들을 재조명하는 작업이 그들 문학들의 원래의 가치를 확인 내지 복원하는 것은 물론 한국문학 연구의 갱신에 도움이 된다는 판단이 깔려 있다. 한국문학을 세계문학의 차원에서 논의하는 궁극적 의미는 한국문학의 '문학'으로서의 가치 회복에 있는 것이다.

어쩌면 김만중과 이광수의 문학들은 '실제로' 보편성으로 발산해 나가는 힘이 충분하지 않을 수도 있다. 또 특히 이광수의 경우, 내가 말하는 '문학'과 어긋나는 방식으로 문학을 추구한 면도 발견된다. 그러나 적어도 그들은 우리에게 문학을 보편의 문제와 함께 다시 생각하도록 해 주는 훌륭한 발판의 역할을 한다. 특히 이광수의 경우 부정적인 방식으로 우리에게 문제 해결의 새로운 길을 요구한다고 볼 수 있다. 이광수가 제국의 공간에서 맞닥뜨린 민족주의라는 거대한 분지에서 이광수 자신은 벗어나지 못했고 외부로 나아가 조망하는 경험을 결코 해 보지 못했을지 모르지만, 그 분지 안에서 누구도 모방하기 힘든, 고뇌에 찬 방랑을 지속하며 생산한 문학 텍스트들을 통해 우리는 문학을 둘러싼 많은 문제들에 대해 어떤 새로운, 시대를 초월하여 솟아오르는, 의식을 접할 수 있는 것이다. 세계문학과 세계시민주의와 같은 참조 사항들은 그들의 문학들을 그런 식으로 새롭게 볼 수 있다는 비전을 제시하기 위해 동원되는 문제적 개념들이다. 결국 김만중과 이광수의 문학들은 '문학'을 말하는 방식을 다시 수립하도록 해 준다는 면에서 그 자체로 스스로 열려 있는 것이다.

'문학'은 어떠한 제한이나 구속에서도 자유롭다. 물론 문학이란 따로 그리고 홀로 존재하는 초월적인 무엇이 아니다. 문학은 특정한 맥락에서 태어나고 구성되며 또 특정한 맥락에서 읽히고 평가될 수밖에 없는 역사적 산물이다. 그러나 그와 함께 문학이 근대와 국민국가를 넘어서는 보편성을 갖고 있는 것은 확실하다. 그렇지 않으면 근대문학이라는 범주적 용어와 함께 고전문학, 중세문학, 현대문학, 미국문학, 프랑스문학, 이탈리아문학 등등과 같은, 우리가 흔히 대면하는 문학의 갈래들 혹은 문학'들'이 나올 수 없다. 그런 의미에서 문학은 근대 혹은 국민국가와 서로 겨루는 길항관계에 있다고 말할 수 있다.

김만중과 이광수의 '문학'에 따옴표를 치는 것은 그것이 한국이라는 근대 국민국가에 속한 문학이면서도 보편적인 문학의 가치를 실현한 것으로 볼 수 있는 가능성을 극대화하고자 하기 때문이다. 그 '문학'은 한국 근대문학에 속해 있으면서 동시에 그를 넘어서는, 예컨대 세계문학의 문제로 논의될 지평으로 나아간다. 그래서 그 '문학'은 문학이라는 이름의 가능성, 즉 타자를 포용하고 견지시키는 능력을 작동시키는 것이다.

'한국문학'에서 '한국'은 민족과 국가를 지시한다.[1] 이들은 민족주의와 국가주의와 같은 용어들로 더 구체화될 수 있을 텐데, 이런 용어들은 '문학'을 민족과 국가라는, 문학 외부에 있는 이념적, 정치적, 그리고 현실적인 필요들과 같은 비문학적인 것에 의해 조절되는 것으로 만들었고, 그 영역으로 확장시키거나 그 영역 내에 한정시킨다. 마찬가지로 한 시대를 가리키는 용어이면서 또한 철학적 개념이기도 한 '근대'가 문제가 되는 것은, 그것이 한국이라는 민족과 국가의 작동 범주를 정의하고 제한함으로써 한국문학 연구의 근본적인 토대이자 관점으로 확고한 자리를 굳히고 있기 때문이다. 한편으로, 한국의 문학이 서양에서 발원한 근대에 어떻게 대처하고 근대를 어떤 식으로 수용했는지를 탐사하면서 한국에서 문학이 어떤 과정을 거쳐 근대성을 담보하게 되었는지를 알아보는 것이나, 다른 한편, 한국문학이 근대로 이행된 연속성을 강조하면서 한국문학사 내부의 자생적 근대성과 근대화를 강조하는 것은, 사실 한국 한문학을 포함한 한국문학사 연구 전체를 관통하는 의식이었다. 이는 한국문학사 연구의 최종 목적을 근대에 두는 형국으로, 한국문학을 한국이라는 민족과 국가의 틀에 담는 것과 마찬가지로 한국문학을 근대의 틀에 담는 것이다. 요컨대 역사적 측면에서는 한국문학사가 근대에, 이념적 측면에서는 한국문학이 근대에 함몰되는 것이라고 말할 수 있다.

한국과 근대라는 용어들은 문학에 대해서 한정의 역할을 한다. 한국과

1 민족과 국민, 국가는 사실상 쓰임새가 불분명한 개념들이다. 한국에서 민족과 국민이라는 용어들은 인종적 의미를 강하게 갖고 있다. 그것은 자의적이고 자기중심적인 성격을 내포하고 있으며, 더욱이 다문화와 다인종과 같은 현재 우리가 처한 혼종적 상황에서는 가능하지 않은, 부재하는 개념으로 되어 가고 있는 듯하다. 이 책에서는 맥락에 따라 국민과 민족을 구별하여 쓰는데, 그들은 서로 겹치기도 하고 서로를 제외시키기도 한다. 한편 국가라는 용어는 서구적 근대화의 산물이라는 점에서, 또 한반도의 분단 체제에서, 재검토의 대상이다. 네이션nation이라는 영어는 이 셋을 포괄하지만, 적어도 한국의 경우에 국민과 민족, 국가가 서로 맺어 왔던 다양한 관계를 뭉뚱그리지 않기 위해 이 책에서는 맥락에 맞게 그 셋을 구별하여 쓰고자 한다.

근대라는 용어들은 한국문학의 성격과 방식, 시기, 그리고 언어와 관련된 부분적 특성들을 지시할 뿐이다. 지리적, 이념적, 정체적 측면에서 한국을 벗어나는 한국문학도 가능하고 근대에 속하지 않고 근대성을 담지 않는 한국문학도 엄연히 존재한다. 따라서 한국문학을 말할 때 우리는 '한국'과 '근대'가 뜻하는 바를 유연하게 포착해야 하며, 그들이 한국문학을 한정시키는 역할을 최소화해야 한다.

이는 자연스럽게 문학 자체의 강조로 이어진다. 문학의 자유로운 활동을 관찰하자는 것이다. 작가와 텍스트, 독자 사이에서 형성되는 문학 과정은 시간적인 경계(고대, 중세, 근대)와 공간적인 경계(국가와 언어들 사이), 그리고 사조의 경계(고전주의, 사실주의, 낭만주의 등)를 이루지만 또한 그들을 넘어서기도 한다. 예로, 단테는 피렌체의 작가로 출발하여 이탈리아와 유럽의 작가로 확산되었고, 이어 세계적인 작가로 지속하여 거듭났다. 중세와 근대의 경계를 넘어서고 국가와 언어의 경계를 초월하며 고전과 낭만의 범주들에서 새롭게 해석되며 이루어진 그러한 지속은 곧 문학 과정의 끊임없고 끝없는 실현이었다. 이런 식으로 문학 자체를 주목하는 방식을 한국문학에 적용할 때, 우리는 거기서 '한국'과 '근대'를 느슨하게 열어 두어야 할 필요에 직면한다.

2

국어와 국사, 국문학과 같은 용어들에서 '국'은 국가 또는 국민 또는 민족을 의미하는 nation의 번역어다. 한편으로, 한국에서 '국'은 nation이라는 영어가 오기 전에도 존재했던 단어이며 그 지시물도 엄연히 존재했다. 예컨대 중국과 일본국과 같이 하나의 나라를 가리키는 용어로 쓰였다. 그러나 다른 한편, '국'의 지시물이 분명하지 않았다고 볼 수도 있다. 조선 시대에는 국가(국민,

민족)라는 동질적인 단위 대신에 신분(양반, 중인, 상인)과 지역, 당파, 젠더의 구분만이 있었다고 말할 수 있다. 분명한 것은, 국어와 국사, 국문학과 같이 현재 쓰이는 용어들에서 '국'은 nation이라는 영어의 번역어에 훨씬 더 가깝다는 사실이다. 이는 근대어로서의 영어의 수용이 '국'의 언어적, 개념적 활용에 절대적 영향을 끼쳤다는 뜻이다. '국'은 근대 이전이 아니라 근대의 정신과 입장을 반영하고 함축하는 용어로 우리 안에 자리하고 있다. 그리고 거기에는 근대 국민국가라는 일정한 물질적, 이념적 토대가 작동한다.

국어와 국사, 국문학과 같은 용어들을 national language, national history, national literature처럼 영어로 표기하면 알 수 있듯, '국'은 어느 한 특정 국가(민족, 국민)에 한정되지 않은, 일반적 의미를 담은 용어다. 그런데 한글로 표기할 경우 '국nation'은 '한국(Korean/Korea)'이라는 특정 국가(민족·국민)를 가리키게 된다. 한국에만 해당하는 현상은 아니다. 여느 근대 국민국가에서 국문학national literature은 자국 문학을 가리키는 것으로 통용된다. 그런데 근대 사회에서, 특히 제국과 식민지의 상황에서 볼 수 있듯이, '국nation'이라는 개념은 일종의 헤게모니의 역학관계에 사로잡혀 그것이 소속시키는 범위가 불분명하고 복수의 '국'들이 서로 겨루는 관계에 들어간다. 이런 경우들은 모두 '국'이 강력한 국가(국민·민족)주의의 작동을 일으킨다는 점을 알려준다.

국어와 국사, 국문학의 용어들에서 '국'이 일단 우리 입장에서 '한국'을 가리킨다고 보자. 그러나 '한국'이 고종이 천명한 대한제국을 가리키는지, 해방과 함께 1948년에 수립한 남한 정부를 가리키는지, 아니면 한반도 전체를 가리키는지 분명하지 않다. 대한제국이라면 '한국'은 역사적으로 한때 존재했던 나라를 의미하고, 1948년부터 생겨난 용어라면 현재까지 지속되는 현실체를 의미하며, 한반도 전체를 가리킨다면 그것은 민족이라는 더 추상적이고 근원적인 의미를 품고 있다. '한국'의 영어식 표기 Korea는 현재 국제적으로 통용되는, 남한과 북한을 함께 가리키는 데 사용되는 용어다.

그러나 한글로 '한국'이라고 했을 때 우리는 보통 남한만 의미하는 것으로 생각한다. '한국'이라는 용어는 현실적으로 애매한 용법으로 쓰이고 있다.

이상하게 조선어와 한국사, 한국문학과 달리 한국문화를 '국문화'라고 부르지는 않는다. '국문화'라는 말은 쓰이지 않는다. 왜 그럴까? 그것은 한국문학에서 '한국'이 '문학'을 한정시키는 것과 달리 한국문화에서 '한국'이 '문화'를 아직 한정시키지 않아서일까? 아직 그렇다면 앞으로는 한국문학처럼 한국문화도 '한국에 한정된 문화'라는 뜻으로 쓰이면서 '국문화'라는 말이 생겨날까? 어쨌든 아직은 '국문화'라는 말이 없다는 점을 염두에 둔다면, '문화'가 '국'에 대해 가하는 어떤 작용을 생각해 볼 수 있다.

나는 '문화'가 '국'을 넘어선다고 가정해 본다. 이는 엄밀히 말해 언어와 역사, 문학에도 해당하는 말이다. 한국에만 속하는 언어로 보이는 한글은 유길준 이후 '진문'으로부터 이탈하면서 근대적 국어에 대한 논의와 함께 비로소 하나의 문자로 존재하기 시작했다. 이전에는 문어로는 한자가, 구어로는 아마 (실증할 길이 막연하지만) 지금의 형태로 한글 같은 것이 쓰였을 것이다. 언어는 또한 변화한다. 100년 전의 한글은 지금의 한글과 다르다. 언어 자체의 변형도 일어났고 중간에 여러 외국어들의 영향도 꽤 받았다. 이렇게 한글이 한국에만 속한다고 말하는 것은 사실 모호한 언명이며, 한글의 형태 자체도 또한 변화해 왔음을 생각하면 한글이 딱히 무엇을 가리키는지 애매하다. 역사와 문학도 마찬가지다. 순수하게 한 국가(국민, 민족)에 한정된 역사와 문학은 없다. 다른 국가(국민, 민족)의 영역들과의 교류(수용, 영향, 변용 등) 위에서 이루어질 수밖에 없다.

따라서 한글, 한국사, 한국문학과 같은 용어들은 외부와 관련해 한국에 한정된 언어와 역사, 문학을 가리킬 수 없고 또 내부와 관련해 한국이라는 단위 전체를 아우르는 언어와 역사, 문학을 가리킬 수 없다. 요컨대 언어와 역사, 문학은 '한국'이라는 한정사에 속하는 동시에 넘어서면서 존재하는 것이다. 그것을 '한국'이라는 한정사를 붙여서 부르는 것은 다만 분류와 논의, 그리고 인식의 편리 때문이고, 더 중요하게, 국가주의(국민주의, 민족주의)라는 이념이 작용한 탓이다.

여기서 언어와 역사, 문학이 한국에 속하는 동시에 넘어서는 범주라는 것에 주목하고자 한다. 이는 언어와 역사, 문학 자체를 들여다볼 때 '한국' 혹은 '국'의 재성찰이 가능해진다는 뜻이다. '국'은 근대적인 개념이다. 역사적으로 근대 국민국가가 출현하면서 생겨난 개념이다. 적어도 한국에서 '국'의 출현은 근대와 함께 했다. 엄밀하게 보아, 근대 자체도 서양의 개념이며 서양의 언어이기 때문에 그것을 가지고 한국의 역사와 사상을 재단한다는 것도 말이 되지 않는다. 그러면 말을 바꿔, '국'의 출현은 근대와 함께 했다기보다 서양 근대문물과의 접촉에 의해 일어났다고 표현할 수 있다. 특히 일본과 또 일본의 중재를 통해 들어온 서구 근대의 산물이다.

'국'이 근대화의 산물이라는 것이 왜 문제가 되는가? 그것은 근대가 동일성을 강요하고 보편성을 왜곡하기 때문이다. 동일성의 강요는 내부적으로 특수성의 상실을 가져오고 외부적으로는 배타성을 키운다. 보편성의 왜곡은 유럽의 근대문화가 보편적이고 따라서 우월한 기준이 되고 그 나머지는 거기에 복속된다는 잘못된 혹은 비윤리적인 구도에서 나온다. 현재 세계적으로 모든 학문은 근대적인 기준에 의해 분과학문으로 구분되고, 그에 따라 세계와 역사, 사상을 보는 기준도 근대적으로 되었다. 여기서 '근대적'이란 인간의 역사를 역사적 발전론에 입각하여 하나의 고정된 목적지를 향해 발전하는 것으로 보고, 그에 따라 근대는 최신의 발전된 형태가 된다는 전제 위에 근대를 전 인류의 중심으로 삼는 것이 당연하다는 뜻을 담고 있다. 근대는 또한 그 어원으로 보나 그간의 역사를 보나, 자기성찰과 자기갱신의 능력과 활동을 펼칠 힘을 갖고 있기 때문에 전 인류를 포괄하는 기준으로 삼기에 적절할 수 있다.

그러나 근대는 역사적으로, 사상적으로, 하나의 특수한 경우일 뿐이다. 작금의 세계화 과정과 더불어 서양의 근대문명이 무소불위의 힘을 얻고 세상을 지배하기 때문에 그것이 보편적으로 보일 뿐이지, 사실은 수많은 가능한 역사의 단계들, 사상의 갈래들 중의 하나일 뿐이다. 그렇다면 우리가 거기에 전적으로 동의해야만 할 필요는 없다. 그러나 불행하게도 서양 근대문물이 수용되면서 지금까지 이런 식의 반성은 거의 없었고, 반대로 서양의 근대를 절대적 기준과 모범으로 삼는 일은 모든 학문과 생활의 정도처럼 되어 버렸다.

근대적 의미의 국민은 한반도에서 근대화가 일어나기 이전에 없었고, 또 일본을 통한 근대화 시기에도 없었다. 진정한 의미의 국민은 해방과 함께 비로소 현실체로 등장했다. 한편 민족에 상응하는 실체 혹은 정치적 공동체는 계속 있었다. 원초주의의 입장은 민족을 역사의 원초적 단계(고대)에서부터 이어져 내려오는 자연적 실재라고 주장하며, 반면 근대주의의 입장은 모든 민족을 국민국가로 이루어진 세계 체제와 더불어 형성된 근대적 구성물이라고 주장한다.[2] 국민이라는 이른바 개화 이래 생겨난 용어가 역사적으로 소급하여 원래는 없던 현실에 적용된 것이라면, 민족이라는 용어는, 국민처럼 없던 현실들이라기보다는 퍽 느슨하고 모호하게 존재했던 현실을 강력한 하나의 동일한 실체적 범주에 몰아넣은 꼴이다. 어쨌든 두 경우의 용어들 모두 세계를 국가 단위로 분할하려는 근대적 기획의 산물이다.

이런 식으로 민족과 민족주의를 18세기 이후 새롭게 출현한 발명품으로 생각하는 한국에서의 비판적 사고는 베네딕트 앤더슨의 《상상의 공동체》에서 영향받은 바 크다. 그러나 앤더슨이 정작 그렇게 주장하고 기술했는지는 논란의 여지가 작지 않다. 오히려 민족과 민족주의의 실체가 역사적으로

2 김홍규, 〈정치적 공동체의 상상과 기억〉, 《현대비평과 이론》 15권 2호, 통권 30호, 2008.

오랜 기원을 갖고 있고, 또 그러한 민족과 민족주의의 담론에 대해 앤더슨은 전면 부정하거나 반대하기보다 "비판적 검토를 통해 세계화 시대에도 여전히 큰 위력을 발휘하고 있는 민족주의 담론의 객관성을 제고시켜 줌으로써 새로운 민족주의 담론의 형성에 기여할 수 있는 측면을 지니고 있다."[3]

이렇게 탈민족주의 담론의 과도함을 지적하는 일이나, 그것이 부당하게 지나치거나 거부한 민족주의 담론의 유효성이나 적실성을 다시 논의의 무대에 올리는 일은 충분히 설득력이 있다. 물론 민족과 민족주의라는 기표가 고정적인 기의를 담아내는 것, 더 정확히 말해, 기의의 고정화를 발휘시킨 것은 근대의 효과이며, 우리의 경우 이른바 개화기 이후의 일이라는 사실은 부정할 수 없다.[4] 그러나 민족이 근대적 산물이라는 근대주의의 편에 서서 원초주의를 국수주의로 조롱할 것이 아니라, 근대가 적어도 민족의 문제를 의식하고 제기하게 하는 역사적, 담론적 계기이자 장을 마련해 준 측면을 생각해야 한다. 민족의 문제를 근대성, 즉 국민과 국가와 같은 근대적 범주들과 관련하여 논의하지 않을 수 없는 것이다. 그렇다면 근대성의 범주들은 폐기하기보다는 전유해야 할 것들로 보아야 할 것이다. 근대화가 타자들을 만들어 내고 그들에 대한 차별과 폭력, 강제를 수반하는 과정이었다면,[5] 그러한 타자를 만들어 내는 과정에서 오히려 타자의 주체화 양상이 일어남을 주목할 필요가 있는 것이다. 같은 식으로 말해, 근대가 "부당하게 특권화"[6] 된 것이라면, 근대를 버리기보다 그 부당한 특권화를 교정해야 할 필요가

3 이택선, 〈앤더슨의 '상상의 공동체'〉, 《현대비평과 이론》 15권 2호, 통권 30호, 2008, p.78.

4 예컨대 슈미트는 세기말 일본의 한국 침략 기간 동안 인쇄자본주의를 매개로 신문과 소설에서 만들어 낸 영웅 담론을 중심으로 민족과 민족주의 담론이 어떻게 형성되었는지 탐사한다. Andre Schmid, *Korea Between Empires 1895-1919*, Columbia University Press, 2002 ; 《제국 그 사이의 한국 1895-1919》, 정여울 옮김, 휴머니스트, 2007.

5 신기욱 · 마이클 로빈슨 엮음, 《한국의 식민지 근대성》, 도면회 옮김, 삼인, 2007, p.17.

6 김홍규, 〈정치적 공동체의 상상과 기억〉, 《현대비평과 이론》 15권 2호, 통권 30호, 2008, p.72.

있다. 그럴 때 앞서 말한 원초주의와 근대주의의 이항대립적 구도를 넘어설 수 있을 것이다.

여기서 비동일화의 개념과 운용은 빛을 발한다. 국가 단위의 분할에서 동일화는 가장 중요한 수단이라는 점에 대해서는 길게 부연할 필요도 없이 그동안 숱하게 논의되어 왔다. 동일화 혹은 동일성은 정체성과 거의 동의어로 행세할 정도로, 정체성은 동일성 위에서 기초된다는 것이 상식처럼 되어 버렸다. 그러나 정체성은, 개인의 것이든 국가의 것이든, 가변적이다. 시간의 장단의 차이는 있을망정, 영원불변한 정체성은 없으며 언제나 맥락에 따라 변화하는 정체성만이 있는 것이다. 그렇게 말할 수 있는 이유는 동일성이 정체성을 구성하는 유일한 요소가 아니기 때문이다. 동일성은 정체성의 필요조건이지만 충분하지는 않다. 우리는 여기서 동일성을 벗어나는 존재와 그 작용을 생각해야 한다.

에드워드 사이드는《오리엔탈리즘》에서 "문화적 지배의 구조를 밝히고, 나아가 식민지의 구조를 식민지인 자신이나 타자에게 적용하는 것의 위험성과 유혹에 관해 인식하는 것"[7]을 목표로 삼았다. 이에 비추어 우리의 식민지 경험이 우리 스스로의 내부에 각인되어 있을 가능성을 생각해 볼 필요가 있다. 그것을 내부적 오리엔탈리즘self-contained orientalism이라고 할 수 있을 텐데, 서구의 오리엔탈리즘을 스스로에게 이식하여 정착시킴으로써 서구화된 인식 구조 안에서 자신을 타자로 만드는 것을 말한다. 다른 한편, 그러한 목표를 타자에게 역으로 적용하는 가능성을 생각해 볼 필요가 있다. 예로, 일본에 대한 강박과 피해의식은 우리가 우리 내부에서 일본에 대해 만들어 낸 일종의 오리엔탈리즘이라고 볼 수 있다. 서구의 오리엔탈리즘이 다른 아시아 국가와의 관계에 적용된 꼴이다. 이것 역시 서구화된 인식 구조에 근거하여

7 에드워드 사이드,《오리엔탈리즘》, 박홍규 옮김, 교보문고, pp.53-4.

자신을 타자로 만드는 것이다.

두 경우 모두에서 우리는 타자를 억압하고 조작하는 양상을 발견할 수 있다. 오리엔탈리즘의 구조에서 타자는 억압의 대상이다. 전자의 경우 우리 스스로를 (주체가 아닌) 타자로 만들면서 억압하는 것이고, 후자의 경우 타자를 직접 억압하는 것이다. 여기서 사이드가 말하는 "자유로운 입장"[8]에 서서 타자를 보는 능력을 주목하고자 한다. 사이드는 "자유로운 입장"을 부연설명 없이 지나가는 말처럼 던져 놓았지만, 바로 그것이야 말로 사이드의 측면에서 보면 오리엔탈리즘의 거부를 위해, 그리고 나로서 보면 한국문학의 정체성을 다시 구성하기 위해, 절대적으로 요청되는 사항이다.

"자유로운 입장"은 주체와 타자의 어느 것에도 속하지 않으면서 동시에 그 모두에 속하는 횡단적 소통의 거점이고 비동일화의 과정이며 보편화로의 열림 그 자체다. 이러한 "자유로운 입장"에 타자를 위치시킬 때, 즉 주체가 타자로 되는 타자화의 경험을 할 때, 그 타자는 단순히 외부에 처한 이질적이고 낯선 존재라는 기존의 개념을 '넘어선다'. 타자는 이질적이고 낯선 존재로 남는 것이 아니라 주체를 비주체로서의 경험을 하도록 만드는 계기이자 비장소로서의 장소가 되는 것이다.

글자 그대로 타자화는 어떤 것을 타자로 만드는 것을 말한다. 타자화는 부정적인 효과와 긍정적인 효과를 내는 것으로 이해할 수 있다. 에드워드 사이드는《오리엔탈리즘》에서 서양이 동양을 타자로 만들었고 그럼으로써 동양을 제대로 인식할 가능성을 차단했다고 간파한다. 이것이 타자화의 오리엔탈리즘적 단계라면, 그것이 제국의 단계로 이행하는 것을 우리는 지금 세계화의 부정적인 효과로 목격하고 있다.《제국》에서 안토니오 네그리는 세계화의 시대에서 우리는 타자를 병합하여 더 이상 타자를 타자로 느끼지

8 위의 책, 53.

않는 상태, 즉 모든 것을 동일화하는 제국의 단계에 서 있다고 파악한다. 타자는 동일한 구조 내에서 그 위치가 고정되며 주체는 타자를 자체의 동일성 내에 포섭하여 자체와 동일화한다.

이것이 타자화의 부정적 효과라고 한다면, 이제 우리는 타자의 위치를 다시 살려낼 필요에 직면한다. 그것이 타자화의 긍정적 효과일 텐데, 앞의 효과처럼 타자가 동일화로 흡수되는 것이 아니라 오히려 동일성을 해체하는 것을 의미한다. 그것은 타자를 타자로 인정하고 타자를 대화의 상대로 삼는 것을 말한다. 또한 타자를 타자로 인정하는 것뿐만 아니라, 타자를 인정하는 나(주체)도 타자로 만들어 놓고 봄으로써 나를 고착된 자기중심에 빠지지 않고 소통의 출발점에 서게 만드는 것을 말한다.

타자를 그야말로 타자로 놓아주면서 동시에 주체와의 관계 속에 넣는, 이러한 타자화의 반복되는 연속적 과정에서 동일성은 계속해서 해체된다. 그러나 동일성이 아예 없어진다고 말하는 것은 아니다. 다만 해체되는 과정 그 자체로 구성되고 존재한다. 동일성은 타자를 타자로 인정하는 과정에서 필요한 사항이며 출발의 단계다. 타자를 대화의 상대로 삼기 위한 우선적인 필수 조건은 타자의 자리를 성립시키는 일이기 때문이다. 타자의 자리는 주체의 자리와 마찬가지로 자기동일성(정체성)을 지니는 한에서 확보될 수 있다. 단, 타자로 고착되어 동일성의 범주만 남는다면 그것은 '오리엔탈리즘'의 단계에 머무는 것이며 필연적으로 '제국'의 단계로 이행하게 될 것이다. 따라서 타자화, 즉 주체가 타자를 타자로 인식하고 그 위치를 인정하며 동시에 대화와 협상의 상대로 삼으려는 의지와 그 연속적 과정이 필요로 되는 것이다. 그것은 제국에 대한 저항이고 제국에 물든 주체의 자기부정이다. 그 저항과 자기부정의 과정에서 타자의 위치는 끝없고 끊임없는 비동일화를 통해 복수複數의 보편들을 상정하며 스스로를 보편화의 과정에 연루시킬 수 있게 된다.

이와 함께 언급해 둘 것은 타자화의 과정이 진정한 보편을 생산한다는 점이다. 진정한 보편은 특수를 생략하지 않고 반대로 포용하면서 횡단한다. 진정한 보편은 특수들의 인정을 받으면서 발산하는 가운데 유지된다. 특수를 배제하거나 그런 가운데 초월만 하는 보편은 특수들을 자체의 중심으로 수렴하고 결과적으로 자체의 경계 내에 응축될 수밖에 없기에 그 자체로 하나의 특수에 지나지 않는다. 진정한 보편은 오직 특수들의 존재를 인정하고 그들을 포용하면서 횡단하는 과정에서 성립될 수 있다.

장 보드리야르는 중심le central과 국지le local는 하나의 쌍이 되어 서로 대립하면서 서로 의지하여 서로의 존재 이유가 되므로, 그들의 관계로부터 아예 빠져나와 있는 탈구le disloqué라는 제삼의 영역을 생각해야 이분법적 대립관계를 탈피할 수 있다고 말한다. 동심적인 것le concentrique과 탈중심적인 것le dêcentrê의 관계도 마찬가지여서, 그에 대한 이심적인 것l'excentrique의 영역을 제안한다.[9] 그런데 국지와 탈중심적인 것은 단순히 중심과 동심적인 것에 대한 이분법적 대립물로서의 역할을 하는 것으로 그치지 않는다. 위의 구도에서 국지는 중심에 대해, 탈중심적인 것은 동심에 대해 특수의 자리를 견지한다. 국지와 탈중심적인 것을 특수의 자리로 주목할 때 위의 보드리야르의 전체 구도에서 그들이 탈구와 이심적인 것의 역할을 작동시키는 구도를 그려볼 수 있다. 앞서 언급했듯, 보드리야르의 구도에서 중심과 국지, 동심적인 것과 탈중심적인 것의 쌍들은 이분법적인 안정된 체계를 이루며 서로 대립하면서 서로 의지하고 서로의 존재 이유가 된다. 보드리야르는 그러한 동일성의 관계에서 아예 벗어나 있는 탈구라는 제삼의 영역을 생각해야 한다는 것인데, 그것은 바로 국지와 탈중심적인 것을 특수로 고려함으로써 가능하다.

9 장 보드리야르, 〈보편적인 것에서 독특한 것으로—세계적인 것의 폭력〉, 《가치는 어디로 가는가?》, 제롬 뱅데 엮음, 이선희, 주재형 옮김, 문학과지성사, 2008, pp.56-66.

국지와 탈중심적인 것을 특수로 고려할 때 그들의 위치가 중심과 동심적인 것에서 벗어나 있다는 사실은 물론이고 그 벗어나는 작용 자체를 그려 볼 수 있다. 그것은 왜냐하면 특수로 남는다는 것은 동일성으로 구축된 공간을 지양하고 그 외부를 지향하는 과정을 끊임없고 끝없이 지속하는 것을 뜻하기 때문이다. 여기서 동일성의 공간과 외부의 공간은 더 이상 서로 대립하지 않으며, 오히려 서로가 서로를 인정하고 서로의 위치에 서서 서로를 인식하는 타자화의 구도를 형성한다. 이러한 타자화의 구도에서 동일성과 외부의 이항대립은 오직 잠정적으로 유지된다. 그것은 그들이 타자화라는 재구성의 차원을 형성하는 또 다른 특수의 요소들이기 때문이다.

이런 구도에서 중심과 동심적인 것도 역시 특수의 요소들이 된다. 중심과 동심적인 것을 특수로 고려하고, 특수로서의 국지와 탈중심적인 것이 그들과 이루는 특수들끼리의 관계의 작동이 바로 탈구이며 이심적인 것이 지향하는 지점이다. 중요한 것은 중심과 국지, 동심적인 것과 탈중심적인 것은 제각기 특수로서의 자리를 확보함으로써 보편성의 구성에 참여할 수 있다는 점이다. 바꿔 말해, 보편성의 구성, 즉 보편화는 그 모든 것들의 특수로서의 자리들을 보장함으로써 이루어질 수 있는 것이다.

이런 새로운 구도는 보드리야르가 말하는 탈구보다는 '탈구의 자리locus of dislocation'[10]라는 역설적 개념을 통해 생각해 볼 수 있다. 탈구는 그 정의상 자리에서 이탈하는 것, 즉 자리 자체를 무화하는 것을 의미한다. 그러나 탈구의 실질적 작용을 생각하면 탈구가 일어나는 '탈구의 자리', 즉 탈구를 상상하고 수행하는 영역과 발판, 과정, 역량, 의지가 작동하는 그 '자리'를 간과할 수 없다. 그렇다면 탈구는 어떤 자리에서 벗어나는 자체의 자리를 확보함으로써, 그러나 또한 그 자체의 자리에서의 벗어남도 이미 예정함으로써, 제

10 마찬가지로 이심적인 것 자체보다는 '이심적인 것의 자리'를 생각해 볼 수 있다.

역할을 수행하는 셈이다. '탈구의 자리'는 자리의 벗어남과 확보의 작용을 반복적으로 수행하는 장소인 것이다.

'탈구의 자리'라는 역설은 내가 말하는 특수와 보편의 관계의 의미를 잘 반영한다. 정확히 말해, 보편은 특수가 자체를 벗어나면서 또한 자체를 확보하는 과정으로 구성된다. 그런 의미에서 특수는 보편과 대립하지 않는다. 단 그 보편이 '보편적인 보편universal universality'인 경우에 그러하다. 만일 (어떤) 보편이 특수한 것일 뿐이라면, 그러한 '특수한 보편particular universality'은 특수에 대립된다. '특수한 보편'은 보편을 특수하게 만들 뿐만 아니라 특수를 그저 특수로 머물게 하기 때문이다. 그런 차원에서 특수가 보편과 소통하는 관계, 특수들 서로가 소통하는 관계는 상상할 수 없으며, 대립만이 존재한다. 반면 '보편적인 보편'은 모든 특수들의 특수성을 인정하고 유지하는 방식으로 구성된다. 따라서 '보편적인 보편'은 특수를 특수로서의 자리에서 보편의 보편화에 참여하게 함으로써 특수를 보편적인 차원에 올린다. 특수들을 서로 소통하게 하고, 특수와 보편적인 보편 자체를 소통하게 함으로써, 특수는 보편적인 보편의 구성에 기여하는 것이다.

그러므로 특수와 대립하는 것은 보편이 아니라 '특수한 보편'이다. 특수는 그러한 '특수한 보편'과 대립하는 동시에 특수의 의미를 견지함으로써 존재한다. 특수는 자체를 비동일화하면서, 혹은 자체의 동일성을 지양하는 가운데, 자체를 유지하는 것이다. 이러한 과정에서 우리는 모든 종류의 대립을 소멸시키고 진정한 보편을 상상할 수 있다. 특수가 자체를 유지하는 것. 특수로 남는 것의 과정을 통해 보편을 상상하는 것. 그렇게 구성되는 특수와 보편의 대립을 초월한 관계와 그 작동이 바로 '보편적 보편'의 조건인 것이다. 그래서 우리가 진정한 보편에 더 다가서기 위해서는 보편universality이라는 개념보다는 보편화universalization 혹은 보편화 가능성universalizability이라는 실천적 과정에 더 주목해야 한다.

특수라는 개념은 긍정적인 것도 부정적인 것도 아니다. 이 책에서 특수라는 용어는 긍정적인 것과 부정적인 것 양쪽 다 아니라는 의미에서 비동일화의 거점이나 작용을 가리키는 말로 쓰인다. 그래서 이광수가 특수로 남는다는 것이 반드시 긍정적인지 또는 부정적인지 판단하거나 규정할 수 없다. 예컨대 민족이란 이름은 이광수를 특수로 남도록 한 요소들 중 하나이지만, 그것으로 이광수를 긍정하거나 부정하거나 할 수 없는 것이다. 다만 민족이란 이름이 초래할 수 있는 무지하고 둔감한 동일성을 해체하고 민족 개념의 끊임없는 재구성을 작동시키는 것. 그것이 이광수의 문학을 설명할 수 있는 하나의 적절한 경로라고 주장할 수 있을 뿐이다. 마찬가지로 내선일체에 대한 이광수의 저항은 '내' 혹은 '선' 그 어느 하나를 옹호하거나 그 어느 하나에 맞선 것이 아니라 바로 '일체'를 거스르는 것이었다고 나는 해석하고, 마찬가지로 이광수의 문학을 친일문학으로 정의하는 것에 대한 나의 이의는 이광수의 문학이 친일이 아니라고 주장하기보다는 이광수의 문학을 그러한 '정의'에서 벗어나도록 하는 것에 목표를 둔다.

특수로 남는다는 것의 의미는 소속의 맥락을 조절한다는 것이다. 이른바 소속의 정체성을 부드럽고 느슨하게 펼쳐놓았다는 점에서 이광수의 문학은 대립하는 복수의 정체성들 사이를 왕복하면서 초월적인 언어를 생산했다. 데리다를 빌려 말해,[11] 정체성은 그 자체로 투명하고 유연하며 열려 있다. 그런데 정체성은 실제로 단일문화주의나 다문화주의multicultrualism, 국가성, 시민성, 그리고 일반적으로 소속성에 관한 수많은 논쟁들에 의해서 교조적으로 미리 전제되지 않는가? 특수로 남는 이광수 문학의 의미는 정체성의 유연한 이해를 가능하게 한다.

---

11 Gayatri Spivak, *Death of A Discipline*, 《경계선 넘기》, 문학이론연구회 옮김, 인간사랑, 2008, p.160.

3

타자의 존재와 타자화라는 작용이 국가(국민, 민족)의 정체성을 구성하는 요소라고 할 때, 한국문학에서 타자의 요소를 구별하고 그 의미를 정하는 작업이 필요하다. 그것은 타자가 정체성의 구성 요소임을 재확인하고 소속의 정체성을 재검토하는 등의 논의들을 가리킨다. 그런 식으로 재설정되는 타자성은 '국'을 더 자유로운 차원에서 이해하게 해 주며, 근대라는 절대적 기준을 완화하고 비판적으로, 또 그로부터 독립하여, 바라보게 해 준다.

이는 한국문학의 정체성을 혼종적인 것으로 보는 것으로 이어진다. 무릇 혼종으로서의 정체성은 비순수를 전제로 하며, 비순수는 동일화에 대한 저항의 동력이다. 비순수로서의 타자는 동일화에 대한 저항을 유지하는 한에서 정체성을 유연하게 열린 것으로 유지하게 해 준다.

예컨대, 이탈리아 문학의 범주에는 라틴어로 쓰인 문학작품도 들어간다. 중세까지 거슬러 올라가서 중세의 라틴어 문헌들까지 포괄하지는 않아도 12세기에 일어난 이탈리아어 발생 이후에 쓰인 라틴어 작품들은 이탈리아 문학이라고 보는 것이다. 또 이탈리아어가 아닌 유럽어로 쓰인 문헌들도 이탈리아 작가에 의해 이탈리아의 맥락에서 쓰인 것이라면 이탈리아 문학의 범주에 넣는다. 그 기준이 엄격하게 정해진 것은 아닌 듯하다. 다만 이탈리아 문학과 이탈리아 문학이 아닌 것의 경계가 엄격하지 않은 것만은 틀림없다.

이탈리아 작가 단테 알리기에리Dante Alighieri를 프랑스 문학에 속하는 작가로 볼 수는 없으나 단테의 작품에는 프랑스어로 쓰인 부분들이 있다. 또 단테의 주요 작품들 중 몇몇은 그 전체가 라틴어로 쓰였다. 그러나 단테가 프랑스어와 라틴어로 쓴 작품들을 이탈리아 문학에서 제외하는 일은 없다. 문학은 언어로만 재단할 것도 아니고 국가의 경계로만 선을 그을 것도 아니며 지적 범주의 분류에 엄격하게 귀속되는 것도 아니다. 다언어와 다국가,

다문화, 다학문으로 구성된 하나의 국민문학을 상상할 수 있어야 한다. 나는 여기서 국민문학의 정체성의 유연성 혹은 유연한 정체성을 가동시켜야 한다고 생각한다.

우리가 지금 한국문학이라고 말할 때 이미 앞에서 '한국'은 동일성의 범주가 아니며 '근대'는 절대적 기준이 아니라고 언급했다. 한국의 근대에 일어난 혹은 탐구된 문학은 동일한 범주에 속하지 않고 절대적인 기준을 중심으로 뭉치지도 않는다. 그보다 한국문학은 그 내부에 상당한 정도로 이질적인 요소들을 갖고 있고, 바로 그 때문에 그 외부에 열린 꼴을 하고 있다. 나는 여기서 문학의 역할에 주목한다. 문학은 한국과 근대를 비동일화하는 기능과 힘을 지닌다.

문학은 정치와 경제, 사회적 변화의 방향과 정도에 근본적으로 영향을 주는 동시에 더 멀리 뻗어 나가면서 그 변화의 결과를 고스란히 반영하고 측정할 수 있도록 해 준다. 나의 목표는 한국문학의 정체성을 타자성과 관련하여 새롭게 구성하려는 것이다. 한국문학에 대한 타자의 관여성은 특히 한국의 근대화 과정에서 막대한 것이었다. 타자는 근대 이전이나 근대화(개화기) 시기 동안, 또 현재까지 한국문학의 외부에 있었던 동시에 그 일부로 통합된 측면이 있다. 타자를 통해 우리는 한국문학 내부의 타자성을 다시 생각해 볼 수 있는 것이다. 그 타자성은 이미 한국문학의 일부를 이루고 있으면서도 또한 여전히 타자의 위치에 서 있기도 하다. 이러한 이중적인 구조를 부정하기보다 한국문학의 복합적인 정체성의 한 긍정적인 축으로 생각하는 길을 모색하고자 한다.

세계시민주의의 차원은 비동일성의 추구로 인하여 우리를 문화결정론에 대한 비판적 위치에 서도록 해 준다. 문화결정론은 한 문화에 내재하는 이질성 혹은 타자성의 범위를 폄하한다. 우리의 궁극 목표는 문화 자체가 지닌 내부의 이질적 요소들의 양상과 성격을 규명하려는 것이다. 그것은 반드시 외부와의 접촉(헌팅턴이 말하는 문명의 충돌 식으로 이해되는)에서 온 것이 아니라 사실 한국문학 내부의 작동인 측면이 더 클 수도 있다.

사실 이런 작업을 착상하고 추진할 수 있게 만든 것은 넓은 의미의 세계화, 즉 근대화 이후의 세계사적 전개에 대한 비판적 성찰에 있다. 세계화는 다양성의 사고를 장려하는 동시에 말살한다. 그러한 세계화의 이중적 효과는 다인종, 다문화, 다종교의 양상들을 인정하는 동시에 그들 사이의 패권다툼을 막지 못하며 어떤 의미에서는 장려하기까지 한다. 따라서 다양성의 사고를 어떻게 효과적으로 인정하고 추진하느냐 하는 것은 세계화의 시대를 사는 우리의 삶의 주요 목표들 중 하나다.

문화적 자유는 문화 다양성을 산출하며 한 국가의 문화적 풍경을 풍요롭게 한다. 그러나 그런 구도가 마냥 긍정적인 것은 아니다. 예로, 문화 다양성이라고 해서 보수와 진보, 민족, 계급, 젠더 등에 관련된 다양한 입장들의 문화가 서로 제각각의 영역의 독립성을 배타적으로 주장하는 꼴을 뜻하지는 않을 것이다. 문화 다양성은 문화적 자유의 결론으로 도출될 것이 아니라 문화적 자유와 함께 추구되어야 한다. 그 다양성이 어떻게 발생되고 그 정도가 얼마나 유지되느냐에 따라 문화 다양성의 장점이 측정된다.

분명 한국문학계는 지금 문화 다양성의 국면으로 접어들고 있다. 그러나 그것이 문화적 분열을 초래하는지, 아니며 진정한 자유와 풍요의 국면을 창출하고 있는지는 모른다. 위에서 묘사한 접근을 통하여 한국문학에 내면화된 타자성이 확인된다면, 그 다양성의 지형과 정도에 따라서 우리는 한국문학의 정체성을 새롭게 구성할 토대를 마련할 수 있을 것이다. 이는 식민지 시기 동안 한국의 문화적 정체성을 규정해 온 서양 근대 및 그를 대표했던 일본에 대한 타자적 인식과는 근본적으로 다른 방식으로 한국문학을 이해하려는 자기 객관화의 노력이고, 그 위에서 문화 다양성이 존중받고 인정되는 현재의 맥락에 맞춰 한국문학의 정체성을 더 적절하게 조명하는 의미를 지닌다.

이 책이 지향하는 근본 목표는 한국문학 자체의 정체성을 새로 구성하는 것이다. 우리가 모르는 사이에 일본 및 서구의 근대적 인식론의 틀을 한국 근대의 모범과 원형으로 삼고 그것을 한국 근대의 내부에서 찾아 왔지 않았는가 하는 문제의식을 갖고 이를 반성하자는 것이다. 그와 함께 그러한 문제의식과 반성을 통해 재구성하고자 하는 한국문학의 정체성이 한국문학에 대한 해석을 여러 갈래로 내리면서 구성될 수 있을 여러 정체성들 중 하나임을 인정해야 할 것이다. 이러한 작업이 확인해 줄, 한국문학의 정체성이 고정되지 않는다는 명제 자체가 이 책의 의의를 확인해 줄 수 있을 것이다. 이는 한국문학을 객관적으로 이해하려는 노력인 동시에 끝없는 현재적 맥락에서 새로운 모습으로 구성하는 해석적 실천이기도 하다.

4

이 책의 기본 서술방식은 반성과 성찰(물론 이들도 책을 구성하는 요소들이지만)보다는 관찰과 제안에 있다. 한 개인으로서 반성과 성찰을 하기에는 한국문학이라는 대상 자체가 너무 넓고 또 기존에 이루어 놓은 한국문학 관련 연구들이 상당히 방대하기 때문이다. 나의 주된 관심은 한국에서 일어난 문학 과정의 일면을 관찰하고 그에 관련하여 나름대로의 생각을 말하는 것이다. 관찰과 제안을 하는 나의 시각은 한국문학보다 더 넓은 차원—비교문학이나 일반철학—에서 온 것일 수도 있고 반대로 다른 국민문학—주로 이탈리아 문학—에서 온 것일 수도 있다. 비교문학이나 일반철학처럼 더 넓은 차원이라 해도 그것은 그들을 그대로 인용하거나 참조하기보다는 나 자신의 고유한 관점을 중심으로 소화된 것이기 때문에 상당히 주관적인 효과를 발휘할 것이다. 요컨대 이 책에서 다루는 내용은 부분적이고 시각은 특수하다고 말할 수 있다. 그래서 한국문학이라는 대단히 넓은 범위를 담는 용어를 쓰기에는 부적절하다고 볼 수 있다. 그러나 부분에 대한 성찰은 늘 전체를 염두에 둔 것이고, 또 더 중요하게 부분은 전체와 분리될 수 없는 것이기에, 나의 특수한 관찰과 제안은 가능한 대로 전체의 영역으로 연결될 수 있을 것으로 믿는다.

우리는 지금 동과 서의 구분을 위한 절대적이고 선명한 기준이 없는 상황에 처해 있다. 그런 상황에서 우리는 동양의 존재성 자체가 서양의 거울에 비춰진 '타자'[12]로 성립될 뿐인 작금의 역사적 현실을 반성하고 또한 그를 받쳐 주는 이론적 틀을 부수는 새로운 담론을 적극적으로 구성할 필요가 있다. 일단 유력한 담론들로 탈식민주의와 동아시아의 전통 철학, 동아시아 담론, 또 탈근대주의 따위를 떠올릴 수 있겠다. 그러나 탈식민주의는 재맥락화의 과정에서 거듭나야 하며,[13] 동아시아의 전통 철학은 홀로 중심에 선 혹은 오리엔탈리즘(같은 값으로 옥시덴탈리즘)에 기여하는 동양학에서 벗어날 필요가 있다.[14] 또한 본 연구는 문학에 초점을 맞추기 때문에 동아시아 담론

12 여기서 말하는 타자는 자체의 동일성을 그대로 유지하는, 고정된 비활성의 타자다. 동일자로서의 타자는 비동일화의 거점으로 작동하는 한에서 자체의 폐쇄성과 배타성을 극복할 수 있다.

13 식민주의의 비판으로서, 그리고 반식민주의의 대안으로서, 탈식민주의는 더욱 교묘해져 가는 '제국'의 현상에 대처하는 담론이다. '제국'의 현상이 워낙 전 방위적으로 펼쳐지기 때문에 거기에 대응하는 탈식민의 담론은 사회역사적, 담론적 맥락에 따라 지속적으로 변이해야 할 운명을 지니고 있다. 더욱이 탈식민주의는 서양의, 혹은 '서양화된 지식인들'(이런 식으로 '서양의 범주를 확장시키는 의도 자체가 서양 지식인들의 손에서 나왔고, 그것은 탈식민 담론에 제한을 가하는 것일 것이다)의 기획이라는 성격이 다분한데, 탈식민의 방법과 자세를 반복하여 적용함으로써 맥락에 따라 변이하도록 만드는 것이 탈식민주의를 살아 있게 하고 탈식민주의를 올바로 실천하는 것일 것이다.

14 "동양학이 동양에서 의미 있는 학문이 되기 위해서는 동양학이라는 학문 영역이 현재 어떠한 이데올로기적 작용을 하고 있는지, 그리고 서구의 전통적 동양학에 도전하는 새로운 학문 영역으로서의 동양학이 어떻게 가능한지 등을 먼저 생각"(고부응, 〈맑스의 식민역사관과 싸이드의 '동양론' 비판〉, 《역사비평》 28호, 1995 봄, p.261)해야 할 것이다. 이는 비교문학의 지침으로도 유효하다. 동양학 혹은 동아시아 문학은 동아시아의 독백이 아니라 타자와의 대화로 서야 하며, 그렇게 해 주는 것이 비교문학의 역할이다. 이런 내용을 1부에서 논의할 것이다.

을 문학에 접목하는 작업도 요구된다. 한편 탈근대주의는 사고의 유희로 활용할 수 있을 것이다.[15]

이 책을 구성하는 '문학'들은 네 가지다. 동아시아 문학, 비교문학, 세계문학, 한국문학. 지금까지 전제한 한국문학에 관련한 문제의식을 동아시아 문학, 비교문학, 그리고 세계문학과 같은 문학의 여러 범주들을 통해 다루고자 한다. 동아시아 문학과 비교문학을 1부에서, 한국문학을 2부에서, 세계문학을 3부에서 다루는 것으로 하였으나, 이들은 계층구조를 이루고 있지 않으며 동아시아 문학이 비교문학과, 한국문학이 세계문학과 각각 쌍을 이루어야 한다는 의미도 아니다. 그 넷은 세계화가 극도로 치닫고 있는 현대 세계에서 문학이, 또는 한국문학이, 무엇을 할 수 있는지 하는 물음에 답하기 위해 동원되었다. 한국문학을 말하기 위해 좀 에둘러 가는 느낌도 있으나, 이들은 비동일화의 사고 위에서 한국문학의 통국가적transnational 혹은 보편적 문학 가치를 묻고 추구하기 위해 반드시 고려해야 할 사항들이다.

동아시아 문학은 세계문학과 더불어 비동일화의 문학의 한 예로 구성해 보인 것이다. 규정하고 경계를 지어 어떤 문학이 동아시아 문학이고 어떤 문학은 아니고 하는 것이 아니라, 그들을 통해 문학에 대해 문제적인 시각을 던지는 것을 목표로 한다. 그와 함께 비교문학은 위의 내용을 다루는 학문적 방법론이자 학문적 체계이며 또한 분과학문의 예로 채택되었다.

이들은 서로 긴밀하게 연결된 개념들이자 범주들이며 성격들이자 방법들이다. 이들은 큰 원환을 그린다. 본문의 순서는 동아시아 담론에서 시작하여 비교문학과 동아시아 문학을 거쳐 한국문학과 세계문학으로 종결되는

15 탈근대주의의 사고의 유희가 갖는 실천성에 대해서는 1장에서 논의한다. 다음과 같은 졸고들도 참고할 수 있다. 〈재현의 가능성과 리얼리즘, 그리고 열린 해석〉, 《문학과 경계》 가을호, 통권 14호, 2004, pp.113-126 ; 〈단테를 재현하기—단테의 글과 블레이크의 그림들을 중심으로〉, 《한국언어문화》 제26집, 2004, pp.45-75.

것으로 이루어져 있다. 중간에 해당하는 동아시아 문학에서 한국문학으로 좁혀지다가 다시 세계문학으로 확장되는 듯한 느낌이 들고, 비교문학은 그들 사이를 이어 주는 역할을 하는 것으로 보일 수 있다. 그러나 비교문학은, 비록 그 역할이나 과제의 측면에서 논의되고 있지만, 한국문학이나 동아시아 문학, 그리고 세계문학만큼이나 실체이면서 또한 정신이자 방법이다. 이 네 범주들은 적어도 이 책에서는 양적인 차이가 아니라 질적인 차이를 이룬다. 즉 성격과 기능, 역할에서 차이를 보인다. 배열의 순서는 다만 논의의 편의를 위한 것이다.

정리하면, 앞에서 한국문학의 자리를 어디에 마련할 것인지 논의했지만, 그 논의를 위한 일종의 토대를 이루는 비동일화의 사고는 동아시아 담론과 동아시아 문학, 그리고 비교문학과 같은, 한국문학을 외곽에서 둘러싼 영역들에 대한 논의에서 나온다. 한국 근대문학의 기원, 민족주의, 세계시민주의, 세계문학과 같은 전망들은 한국문학을 더 넓은 차원에서 조망하도록 해 준다. 그러나 이 책의 논의 전체가 반드시 한국문학의 자리를 구성하는 단일 목표로 수렴되는 것은 아니다. 동아시아 공동체 담론과 동아시아 문학, 그리고 한국 비교문학과 같은 이론적 논의들은 그 자체로서 변별적인 의미를 담고 있으며, 김만중과 이광수와 같은 작가들과 그들의 텍스트들의 해석은 한국문학의 자리를 구성하는 요소들 이전에 그들의 고유의 자리를 갖고 있다. 또 한국 근대문학의 기원, 민족주의, 세계시민주의, 세계문학과 같은 항목들은 한국문학의 자리를 정하는데 동원되기 이전에 그들 나름대로의 맥락과 독립적인 의미망을 갖고 있다. 따라서 이 책에서 논의되는 수많은 사항들은 독립적으로 고찰되어야 하고 그럴 만한 체계를 갖추고 있음을 분명히 하고자 한다.

제1부(동아시아 문학—비교문학의 원리와 응용)는 세 장으로 구성된다. 1장(새로운 동아시아 담론의 상상—구성, 해체, 재구성의 변이)은 이 책에서 동원하는 비동

일화와 자기부정, 탈중심화, 저항, 특수와 같은 개념적 도구들의 이론적 기반을 역사적 탐사와 텍스트 해석을 곁들여 구축한다. 동아시아 담론은 세계화의 상황에서 하나의 지역 정체성이 역사적으로, 이론적으로, 어떤 변화를 겪었고 어떤 문제를 야기하며 어떤 교훈을 주는지 잘 보여 주는 적절한 예다. 1990년대 이후 재등장한 동아시아 담론의 맥락만이 아니라, 19세기 말에 꽃피우다가 제국주의로 변질된 동아시아 담론의 맥락을 대상으로 삼는다는 면에서, 논의는 주체와 타자의 구분, 국민국가들, 언어들, 역사들의 구분, 그리고 이들을 다루는 학문들의 분과별 구분과 같은 근대적 인식론으로부터 일탈하는 것을 전제로 한다.

이론적 입장은 역사적 상황에 처한 우리 자신의 한 응답이다. 동아시아 담론은 문명적 인식에 기초한 문명적 탐구이며, 더 정확히 말해 그 문명적 탐구를 가능하게 하는 '방식'의 연구다. 이론은 현상을 바라보게 하는 안내자의 역할을 하며, 이론이 사람들의 의식을 지배하고 입에 오르내리면 하나의 담론으로 작동한다. 그러면서 이론은 이론으로 머물지 않고 현실을 지배하는 양식이 된다. 예를 들어 우리는 일본의 대동아주의가 후쿠자와 유키치福澤諭吉의 담론에서 출발하여 동아시아뿐만 아니라 전 세계를 휩쓴 이념적 대결과 제국주의적 침략의 토대가 되었다는 문제의식을 지닐 수 있다. 1장에서 제시되는 문제의식과 담론은 문학을 통해 동아시아의 질서를 다시 세워 나가는 데 기여할 것이다. 이론은 추상적으로 보이지만 현실과 실천에 내재하고 그들을 작동시키는 근본적인 추진제다. 그럴 때 이론은 담론으로 된다. 이 글이 하나의 담론으로서 동아시아 공동체를 현실에서 작동시키는 힘을 갖고 있기를 기대한다.

동아시아 담론은 한국문학과 세계문학을 논의하려는 이 책의 또 다른 목표를 위해서 그 둘을 효과적으로 엮어 주는 역할을 한다. 반드시 범주의 크기에 관련된 얘기가 아니라, 동아시아 담론의 조건으로 내세우는 비동일화의 사고는 한국문학이 세계문학과 맺는 기본적인, 그러나 문제적인 관계의 지형을 적절하게 잡아 주고 설명해 줄 것이다.

이런 논의는 비교문학을 하는 자세와 태도의 문제와 정확히 일치한다. 2장(비교문학의 새로운 과제—혼종성에서 혼종화로)은 비교문학의 정신과 자세, 방법론의 재검토가 동아시아 담론을 어떻게 받쳐 주는지, 그리고 그와 함께 비교문학 자체가 어떤 새로운 과제를 짊어지고 있는지 논의한다. 국민문학이 비교문학의 기반을 이루는 기본 단위라면, 그것은 국민문학이 선명한 정체성을 유지해서가 아니라 반대로 애매한 표현이기 때문이다. 프랑스어로 저술한 아프리카 작가의 예처럼 국민문학의 단위로 측정할 수 없는 문학들이 어디에나 존재한다. 그런 면에서 국민문학은 차이에 의거하여 정의할 수밖에 없다. 비교문학은 그 차이를 차이로 유지하면서 문학들 사이의 혼종과 횡단의 양상을 추적한다.

비교문학자들은 역사적으로 조건화된 독자라는 의식을 공유할 필요가 있다. 이러한 비교문학적 의식은 타자와의 만남을 중요한 전제로 삼는다. 타자와의 만남은 이질성의 적절한 장려보다는 무분별한 획일화와 무책임한 상대화가 판을 치는 세계화의 시대에서 더 중요한 실천으로 떠오른다. 문화다양성의 시대에서 비교문학의 역할은 타자의 입장을 적절히 반영시키는 일이다. 타자의 위치는 고정된 것이 아니라 맥락에 따라 변한다. 예로, 단테가 쓴《신곡》의 타자 독자는 한국인이지만, 한국의 작가 김만중이 쓴《구운몽》의 타자 독자는 서양인이다. 진정한 비교문학적 연구를 수행하기 위해서는 타자의 입장들이 지속적으로 관철되어야 한다. 그로부터 기존의 해석과는 다른, 새로운 해석들이 솟아오르며, 그것이 문학의 보편적 가치를 되묻고 실현하는 작업으로 이어지기 때문이다. 바로 여기서 비교문학은 특수와 보편을 연결시키는 특유의 역할을 수행한다.

3장(동아시아 문학의 가능성—해석을 통한 보편적 문학 가치의 지향)은 동아시아 담론의 구도와 비교문학의 역할을 토대로 동아시아 문학이라는 통국가적 문학의 가능성을 검토함으로써 동아시아 담론을 실현하는 하나의 척도이자 새로운 비교문학의 한 예로 삼고자 한다. 여기에는 한국과 중국, 일본이 서양 문학에 대해, 또 그들 서로에 대해 정당한 관계를 형성했는지 판단하는 일이 중요한 논점이 되는데, 이를 위해 한국의 식민지적 특수성에 대한 고찰은 좋은 시금석이 될 것이다.

동아시아 문학은 동아시아 담론을 실현하는 척도라는 면에서 비교문학이 되어야만 한다. 단, 이 비교문학은 특수한 지역 중심의 비교문학과 다른, '동아시아'의 가능성과 '문학'의 열린 지평이라는 새로운 과제를 껴안고 풀어 나가는 과정에서 떠오르는 어떤 것이다. 비교문학이 보편적 문학 가치의 끝없는 재제시를 목표로 한다는 것이 동아시아 문학을 끝없는 반성과 타자화의 터로 만들어 준다. 여기서 논의되는 동아시아 문학은 기존의 서구 중심의 세계문학과 비교문학을 재구성하고 진정한 보편적 문학 가치를 다시 수립하는 하나의 이정표가 될 것이다.

동아시아 담론과 동아시아 문학은 한국문학과 세계문학의 관계를 구성하는 데 기여할 이론적, 정신적, 도덕적, 이념적 토대를 이룬다. 비교문학은 그 토대를 쌓는 데 동원된 또 다른 이론이자 정신이며 도덕과 이념이다. 동아시아 담론과 동아시아 문학, 그리고 비교문학의 협업 위에서 검토되는 보편적 문학의 양상과 그 가치를 이제 2부와 3부에서 한국문학과 세계문학이라는 좀더 구체적인, 그러나 여전히 또 다른 이론이자 정신이며 도덕이자 신념인, 그러한 양상들을 세부적으로 논의하는 데 원용하고자 한다.

제2부(한국문학—보편적 문학 가치의 구성)는 두 장으로 구성된다. 2부에서는 1부에서 검토한 이론적 토대 위에서 한국문학을 세계문학의 문제의식을 통해 논의하는 실례를 김만중과 이광수를 중심으로 논의하려 한다. 주된 논점은 한국문학이 '한국'과 '근대'를 넘어서서 '문학'으로서의 열린 가치를

지속적으로 생산할 가능성을 재조명하는 것이다.

4장(원환의 세계—고전《구운몽》의 보편성의 조건)은 김만중의《구운몽》을 단테의《신곡》과 비교하여 그것이 보편적 문학 가치를 어떻게 실현할 수 있는지 고찰한다.《구운몽》은 한국을 대표하는 고전으로서 시간을 (또 지역적 차원에서는 공간을) 초월하여 널리 수용되었지만, 국지적 차원을 넘지는 못했다 (이 점에서는《신곡》도 마찬가지다. 지역의 '범위'만 넓어졌을 뿐이다). 이는 일종의 중심주의의 한계를 보여 준다. 한 텍스트가 그것이 속한 맥락에서 아무리 지대한 분량과 깊이의 연구를 낳았다고 하더라도, 그 소속의 정체성이 단단하게 고정되어 있는 한 그 내용은 심하게 말해 폐쇄 궤도를 돌 뿐이며, 그러한 방식의 연구 결과 도출된 그 텍스트의 문학 가치는 보편성을 얻기 힘들다. 나는《구운몽》을 읽으며 그것이 한 편의 실체적 고전으로서 보편적인 가치를 발산한다는 생각을 했고, 그 생각의 저변에는《구운몽》이 타자의 맥락에서도 그 가치를 상실하거나 소진하지 않으리라는 믿음이 있었다(이는《신곡》을 대할 때와 같은 믿음이었다).《구운몽》의 가치는, 살아남은 고전들이 일반적으로 그러하듯, 시공을 초월하여 다양하게 해석될 수 있는 힘을 지닌다는 점에서 나온다. 시간을 초월한 해석은 한국 또는 동아시아의 맥락에서 수행되어 왔지만 공간을 초월한 (즉 한국과 동아시아를 넘어서는) 해석은 거의 없었기에, 공간을 초월한 해석을 시도함으로써《구운몽》의 고전으로서의 가치를 점검하고 입증할 수 있는 것이다.

《구운몽》을 주된 논제로 삼되《신곡》에 비교하여 논의한 이유는 바로 '주변부의 고전'이란 개념이 갖는 도전성을 부각시키고자 하는 것에 있었다. 그것은《신곡》이 표방할 법한 '중심의 고전'과 겨룬다거나 그 공인된 보편성의 범주에 삽입하여 인정받으려는 것이 아니라, 중심의 개념의 변용, 중심과 주변부의 관계의 변용, 그리고 보편성의 개념의 변용을 추구한다는 것을 의미한다. 보편성이라는 개념은 오랜 세월 동안 논쟁의 대상이 되어 왔으며,

유럽적 보편주의가 그야말로 보편화된 우리의 세계화의 시대에서 특히 비판적 재고와 재구성의 대상으로 떠오르고 있다. 근본적으로 나는 수많은 종류의 보편성'들'이 있으며, 그들 사이의 대화가 민주적으로 이루어질 때 수평적 '관계'가 이루어진다는 것을 강조하고자 했다. 이는 보편성에 대한 급진적 재고찰이라 할 만하다.

5장(이광수의 '문학'과 문학'들'—이광수 문학의 탐색)은 이광수의 창작과 문학론, 자전적 에세이의 분석을 기반으로 그의 문학이 민족주의를 품으면서 넘어서는, 일종의 타자화의 작용 위에서 이루어지고 있음을 보여 준다. 이런 식의 고찰은 이광수의 문학의 가치를 '친일'이나 민족주의, 계몽주의와 같은 고정된 범주들을 초월하여 재조명하게 해 준다. 이광수의 문학은 그 복합성과 중층성으로 끊임없고 끝없는 현재적 맥락에서의 새로운 해석과 가치평가에 열려 있다. 이를 특히 속어[16]로 이루어진 문학언어, 불교적 세계관, 특수성, 세계시민주의, 한국 근대문학의 기원과 같은 항목들과 더불어 검토하려 한다.

국민문학으로서의 한국문학이 실종되어 가던 혹은 실종된 상황에서 이광수에게 한국문학 혹은 일본문학의 범주에 속하는 것은 선택해야 할 중요한 사항이었다. 우리가 초점을 맞출 곳은 그가 작가로서 언제나 특수로 남고자 했다는 점이다. 특수로 남는다는 것은 동일화된 언어 공간의 지양을 통해, 그 외부의 인식을 통해, 그 외부로의 열림을 통해, 보편을 지향하게 해 준다. 이광수는 조선어와 일본어 모두를 '자신의 속어'로 사용함으로써 속어란 하

16 이 책에서 속어vernacular라는 용어는 중심 언어에 지배되지 않는 지방 언어라는 지리·정치적 측면과 작가의 자유로운 상상을 펼치고 이를 대중 독자와 교환하는 쉬운 구어 혹은 개인어라는 문학적 층위에서 채택한다. '속어'는 정치적 층위에서 '제국어'와 대응하며 문학적 층위에서는 '공식어'와 대응한다. 또한 '속어'는 일상 언어이자 체화된 언어에 연결되는 반면, 이념적, 제도적 언어로서의 '국어'와 일정한 거리를 둔다. 이와 같은 복합적 측면에서 '속어'라는 용어는 이광수의 문학언어를 설명하는 중요한 개념을 담고 있다.

나의 특수한 것임을 보여 주고, 그런 횡단적 과정에서 자신의 속어의 외부를 인식함으로써 그 속어가 경계를 횡단하는 세계시민주의적인 성격을 지니도록 만든 것으로 볼 수 있다. 이광수의 문학은 속어들의 연대와 그 횡단적 소통에 기초하고 그들의 상호 이질성의 인정과 장려 위에 서서 속어들이 서로 대화의 관계를 맺는 과정으로 이루어져 있다.

이광수의 문학을 속어 문학언어라는 개념을 빌어 재조명하고 거기서 비동일화의 사고의 흔적을 재구성하며, 세계문학의 문제의식의 차원으로 올리는 것은 이광수의 문학을 소속의 정체성을 초월하여 문학 자체의 지평에서 해석할 수 있도록 해 준다. 또 거꾸로 이광수의 문학을 문학의 지평에서 해석함으로써 속어 문학언어라는 새로운 개념을 이광수 문학에 적용하고 비동일화의 사고의 흔적을 찾아내며 세계문학의 문제의식을 떠올릴 수 있을 것이다. 이렇게 소속의 정체성을 초월한다는 것은 언어를 통해 언어를 초월하는 문학의 본질의 실현에 다가서는 것과 다르지 않다. 이는 이광수의 문학과 함께 한국 근대문학의 일정한 부분을 세계문학이라는 문제적 지평 위에서 재조명하는 작업, 그리고 기존의 세계문학 논의를 교정하는 계기로 연결된다.

이러한 목표를 위해 이광수의 '문학'에 초점을 맞추는 심미적 접근이 필요한데, 그것은 그동안 이광수의 '문학'의 적절한 조명을 가로막았던 친일문학이라는 이념적 접근의 폐해를 걷어내는 것이기도 하다. 친일문학의 이념은 그 자체가 국민주의적 판단이며, 따라서 이광수의 문학을 '문학'으로서 조명하는 작업을 방해한다. 문학 차원의 심미적 접근은 이광수 문학의 심미성의 측정에 그치지 않고 '문학'으로서의 새로운 평가로 이어진다.

우리가 이광수의 문학에서 주목할 것은 '문학'이며, 또한 거기에 실린 철학과 세계관, 입장, 이념이 끊임없는 재맥락화를 통한 다양한 재해석의 대상들로 떠오른다는 것이다. 이렇게 보면 이를테면 《무정》과 《원효대사》 사이의 소통 관계에서 그 둘을 서로 대화의 거점으로 만들면서 《무정》이 대표하는 계몽적 근대가 《원효대사》의 보살행에 의해 그 한계를 보정한다는 식으로 생각해 볼 수 있다. 이는 이광수의 문학이 자체의 일부를 부정하면서 견지하고 또 초월하는 구도 위에 서 있다는 말이다. 또 친일문학으로 분류될 법한 텍스트들의 심층 분석을 통해 중층적 구조의 존재를 드러내고 그 사이에 끼어 있는 자기부정과 비동일화의 흔적을 적극적으로 재해석하는 것도 가능하다.

이런 작업들은 결코 무의미한 것도, 희망이 없는 것도 아니다. 그 의미와 가능성을 동아시아 문학과 비교문학, 그리고 세계문학의 맥락들을 서로 연결시키고 한국 근대문학의 기원을 새롭게 물으면서 그들 각각의 재성찰에 새로운 기여를 하는 차원으로 나아가도록 만드는 것은 이광수의 문학이 현재 우리에게 다시 살아나는 징표일 것이다. 이런 내용을 제3부(세계문학—한국문학의 새로운 지평)에서 집중적으로 논의하고자 한다. 1부에서 제시한 이론적 토대와 2부에서 거론한 실증적 분석에 이어 3부에서는 한국문학을 세계문학의 차원에서 논의하는 의미는 무엇인지, 그 방법은 어떤 것이 있을 수 있는지, 결국 한국문학의 연구의 확장이 가져올 한국문학의 새로운 모습은 무엇인지를 논의하고자 한다.

6장(한국 근대문학의 기원—이광수 문학의 재평가)은 4장에서 논의한 《구운몽》의 보편적 문학 가치의 문제를 간접적으로 상기시킨다. 한국문학 전체를 근대의 관점에서 바라본 저간의 정황 속에서 근대문학의 연구는 물론 한국한문학 혹은 고전문학의 연구까지 동일화된 획일적 민족주의의 범주에서 벗어나지 못했고, 그 범주에 의해 한국문학 전체의 연구의 범위와 연구 대상의 범위, 그리고 연구의 방법과 의미가 결정되었던 것이 우리의 현실이다. 따라서 한국 근대문학은 한국문학 전체를 반성적으로 고찰하는 데 필수적인 거점이 되며, 한국 근대문학에 대한 새로운 입장의 구성은 한국문학 연구의 지형 전체를 바꾸어 놓을 수 있을 것이다.

한국 근대문학 기원 문제에 대한 새로운 입장의 구성은 기본적으로 문학을 내세우는 접근에서 출발한다. 한국 근대문학의 기원의 논의에서 주목할 점은 기원이라는 용어의 권위성이 한국 근대문학이 지닐 수 있는 풍요로운 문제적 지평을 깨끗이 정리해 버릴 수 있다는 점이다. 한국 근대문학을 근원적으로 정의하는 잠재적 의도에 동원되는 것은 '문학'보다는 '한국'과 '근대'다. 한국 근대문학의 기원을 논의하는 일은 자칫 '한국'과 '근대'의 비문학적 요소들에 의거해 '문학'의 가능성을 차단하는 일이 되기 쉽다는 것이다. 이러한 논의를 위해서 5장에 이어 이광수의 문학 세계를 계속 조명하고자 했다. 이광수 문학은 자체로 한국 근대문학의 기원을 이루면서 또한 기원을 확장하고 기원 자체를 위반하는 것으로 해석될 수 있다. 그러한 해석을 기반으로 하여 한국 근대문학이 동아시아 문학과 세계문학과 같은 문학의 여러 '종류들'과 계속해서 관계를 맺으며 나아가는 가능성과 의미가 논의될 것이다.

7장(민족주의와 세계시민주의—이광수 문학의 지평)은 5, 6장에 이어 이광수의 문학에 초점을 맞추면서 민족주의와 세계시민주의의 문제들을 다룬다. 이광수의 민족주의는 한편으로 이분법적 대립에 대한, 다른 한편으로 총체화에 대한, 동시적 저항으로 이루어진다. 이광수의 민족주의는 외부를 내부로 만들기보다 외부를 외부로 둠으로써 공존을 꾀한다. 이는 이분법적 대립과 내부적 총체화를 넘어서서 초월적 포용으로 나아가는 것이다. 이런 식으로 이광수의 민족주의를 이해하기 위해서는 느슨하고 열린, 부드럽고 유연한 민족주의를 상상할 수 있어야 한다. 그러나 이광수의 민족주의는 실제로는 순수 민족주의와 반민족의 대립적 행태들, 그리고 탈민족 혹은 통국가의 전망으로 변화하며 나타난 것으로 간주할 수도 있다.

그럼에도 불구하고 이광수 문학은 국민과 근대와 같은 개념들을 천착하면서 또한 그들로부터 자유로운 맥락에서 해석될 여지를 준다. 이광수 문학을 이런 식으로 읽을 수 있는 것은 그의 문학언어가 한국 근대문학의 복잡한 정황에서 문학을 민족을 품으면서 넘어서는 형태로 구성했다는 점에서 나온다. 세계시민주의는 그러한 역설적 해석의 의미를 멀리 뻗어 나갈 수 있도록 해 주는 이론적 발판이다. 다만 발판일 뿐이지, 이광수의 문학이나 그의 민족주의가 곧 세계시민주의에 속한다고 말하는 것은 아니다. 그보다 세계시민주의는 이광수 문학과 그의 민족주의적 의식이 민족－특수－지역과 인류－보편－세계의 이분법을 초월하는 방식으로 이루어졌다고 보게 해 주는 가장 적절한 도구로 쓰일 뿐이다.

8장(한국문학과 세계문학)은 왜 세계문학이 우리 앞에 던져진 대상이 아니라 우리가 적극적으로 대면하고 구성해야 할 문제인지 묻고, 어떻게 그 물음을 풀어 나갈 것인지 방법적인 전제를 제시한다. 구체적으로 세계문학의 문제를 어떻게 다룰 것인지, 세계문학의 텍스트는 어떤 것인지, 또 서양문학과 한국문학은 각각 세계문학과 어떤 관계를 맺을 수 있는지를 논의한다. 말하자면 세계문학의 정체성과 서양문학 및 한국문학의 정체성에 관련된 질문을 던지면서 그들의 관계를 묻는다. 세계문학의 무대는 전통적인 고전이나 공인된 대작만이 참여하는 곳이 아니다. 세계문학에서도 엄연히 문학 가치들의 차이는 존재한다. '문학 가치가 균등한 텍스트들'(이 말 자체도 성립할 수 없지만)이 모여 있는 곳은 상상하기 힘들다. 세계문학의 텍스트들은 문학 가치의 질적 차이가 아니라 성격의 차이에 따라 비평의 무대에 올라간다. 그 성격이란 국민문학의 경계를 초월한다는 점이다. 경계의 초월과 보편적 문학 가치의 추구는 세계문학의 중요한 잣대가 된다.

한국문학과 세계문학을 쌍으로 논의하는 목표는 이 책에서 다루는 김만중과 이광수와 같은 작가들을 들어 그들의 문학들이 세계문학이 된다는 것을 보여 주자는 것이 아니라, 세계문학이라는 문제를 여러 측면에서 논의하는 예를 보여 주고 한국문학을 세계문학과 관련하여, 세계문학의 차원에서,

세계문학의 문제의식을 통해, 논의하려는 것이다. 그런 과정에서 한국문학이 세계문학의 반열에 오른다는 것을 증명하지 못하고 오히려 세계문학의 반열에 오르지 못함을 확인하게 될 수도 있다. 그러나 한국문학이 세계문학과 맺는 관계는 한국문학이 세계문학이 되느냐 못되느냐 하는, 세계문학이 하나의 기준으로 되는, 그러한 관계가 아니다. 세계문학은 이미 검증되고 확정된 객관적 가치와 기준이 아니며 더욱이 현재 재구성의 단계에 서 있다. 그런 문제의식으로부터 출발할 때 한국문학의 가치를 재구성할 수 있을 것이다. 한국문학과 세계문학은 그들 자체를 다시 생각하는 계기와 방법, 그리고 관점을 서로에게 제공하는 관계를 맺고 있다.

■

이 책에 실린 글들의 출처는 다음과 같다. 전체적으로 수정되었으며, 대폭 수정된 장들(1장, 8장)도 있다. 5장의 일부와 6장, 7장은 출판되지 않았다.

1장. 〈새로운 동아시아의 상상: 구성과 해체, 재구성의 변이〉, 《한국언어문화》 제29집, 한국언어문화학회, 2006. pp.291-331.

2장. 〈새로운 비교문학의 과제: 혼종성에서 혼종화로〉, 《비교문학》 제39집, 한국비교문학회, 2006. pp.211-251.

3장. 〈동아시아 문학은 어떻게 가능한가?: 해석을 통한 보편적 문학 가치의 지향〉, 《세계문학비교연구》 제15집, 세계문학비교학회, 2006. pp.5-41.

4장. "The World of Circulation: The Universality of Literary Value in the Guunmong", *Korea Journal*, vol.48, no.1, 2008. pp.195-230.

5장. 〈이광수의 '문학'과 문학'들'〉, 《문학사상》 1월호, 통권 423호, 2008. pp.44-56; 〈이광수 문학의 독법: 친일과 민족주의의 틀을 넘어서〉, 《비교문학》. 49집. 2009. pp. 77-110.

6장. 미간행.

7장. 미간행.

8장. 〈한국에서 세계문학을 어떻게 말할 것인가?〉, 《현대비평과 이론》 제15권 2호, 통권 30호, 2008. pp.188-220.

차례

제1부

동아시아 문학

비교문학의 원리와 응용

1. 새로운 동아시아 담론의 상상
— 구성과 해체, 재구성의 변이

1.1. 전제

현재 우리가 직면한 세계화 시대에서 지역 정체성은 근대성이나 자본주의와 같은 오래된 세계 체제들이 어느 때보다도 거센 힘을 발휘하면서 아예 뿌리 채 뽑혀 사라지는 위기에 처해 있다. 세계 체제들이 보편을 내세운다고 하지만, 부분들을 배제하고 생략하는 한 이미 보편의 가치와 개념은 크게 훼손되고 있는 실정이다. 1989년 소련과 동구권의 붕괴로 인한 동서 냉전의 종식은 세계 체제들의 안정보다는 위기를 심화시키고 있으며, 2002년에 발생한 9·11 테러와 그에 따른 이라크전쟁과 같은 국지적 분쟁들에서 드러나듯 전 지구적 자본의 총체성은 세계 체제들이 내재한 테러의 성격을 더욱 강화시켜 나가고 있다. 이러한 상황에서 우리가 동아시아를 말하는 이유는 그러한 위기의 세계 체제들에 저항하는 하나의 거점을 상상하고, 그 위에서 지역 정체성의 올바른 수립 방향을 검토하며, 나아가 진정한 보편성을 지닌 하나의 공동체의 모델을 구상하기 위해서다.

유의할 것은 지역 정체성이 반드시 국가나 민족, 국민과 같은 이른바 민족주의가 포괄적으로 의미하는 것들과 일치하지 않는다는 점이다. 이 글에서 말하는 지역 정체성은 국가나 민족, 국민과 같은 민족주의의 차원에 의해 제한되거나 구속되지 않는다. 그와 달리, 이 글에서 지역 정체성은 민족주의의 차원과 별도로 존재하는 개인과 집단, 사회를 가리킨다. 따라서 이 글의 기본 논지는 민족주의에 대한 비판적 위치에 서 있으며, 앞서 말한 민족주의에 구속되지 않는 단위들의 세계적 차원의 대화와 연대의 의미를 조명하는 데 목표를 둔다.

더불어 이 글은 정치와 경제, 국제관계의 측면보다는 단연 문학과 문화의 차원에서 논의를 전개하고 있음을 분명히 하고자 한다. 이런 지침은 전자의 측면들이 후자의 차원을 제어하고 결정할 수 없다는 인식에서 비롯한다. 문화의 세계화는 국가나 민족 단위 혹은 정치와 경제의 패러다임을 통해 논의하기 힘든 영역에서 움직인다. 그러한 단위와 패러다임을 넘어서는 존재들의 대화와 연대의 관계를 추적하는 것은 무엇보다 문화와 문학의 지역적 정체성을 세계적 차원에서 확보하는 논의를 위해 필요하다. '동아시아'라는 기호는 지역 정체성의 한 단위이면서 동시에 더 작은 지역 정체성들의 연대이기도 하다. 아마 세계적 정체성과 국가적 정체성과 관련하여 중간자의 역할을 한다고 볼 수 있을 텐데, 그렇다고 국가적 정체성에서 세계적 정체성으로 나아가는 교두보라는 것은 아니다. 동아시아는 대화와 연대의 관계가 이루어지는 공간의 한 사례다.

동아시아의 공간은 과거의 역사에서 구성되었지만, 그것이 대화와 연대의 관계로는 그다지 성공적이지 못했다는 판단 아래, 대화와 연대의 관계로 재구성하기 위해 과거의 역사에서 구성되었던 동아시아 담론을 비판적으로 해체하고 새로운 동아시아 담론을 이론적으로 구성하고자 한다. 그 가운데, 뒤에서 비교문학과 동아시아 문학, 그리고 세계문학이라는 범주적, 방법론적, 이론적 패러다임들을 논의하는 데 필요한 개념적 도구들과 틀을 제공하려 한다.[17]

---

17 이른바 민족문학론이 빠지기 쉬운 오류는 바로 정치·경제적 패러다임이 곧바로 문학적 패러다임을 결정한다는 논리다. 말하자면 민족문학론은 '민족'이 처한 정치·경제적인 비문학적 구도에 문학을 대입하려는 경향을 보였다는 것이다. 이는 앞서 서론에서 논의했듯,

'동아시아'라는 기호[18]는 서구의 근대문명이 밀어닥치고 동아시아 각 국가들이 앞서거니 뒤서거니, 또 적극적으로 수동적으로, 거기에 대처하던 19세기 중반 이후에 발명되었다. 그것은 주지하듯 서구의 오리엔탈리즘적 발명이었음에도 불구하고, '동아시아'라는 기호는 오리엔탈리즘적 오류를 그대로 반복하면서 동아시아 내부에 적용되었고, 동아시아 역사에 잘못된 흔적을 깊숙이 남겼다. 예컨대, 1865년의 메이지 유신과 함께 근대화에 성공한 일본의 탈아입구론脫亞入歐論에서 출발하여 20세기 전반부를 장식한 일본의 대동아주의는 서구의 식민패권주의의 신화를 반복하며 좇으려는 것에 불과했고, 1990년대에 등장한 소위 '아시아적 가치론'은 한국과 일본, 대만, 싱가포르 등 경제개발에 성공한 아시아 각 나라들이 전후 개발 독재를 합리화하기 위해 내세운 오리엔탈리즘적 이론일 뿐이었다. 21세기에 들어선 지금도 '동아시아'는 오염의 상태를 면하지 못하고 있다. 현실적으로 포스트 식민 혹은 제2의 식민의 상황에 놓여 있는 한편, 그 내부에서는 새로운 제국을 꿈꾸는 패권적 일방주의가 나타나는 이중적 모순에 직면하고 있다.[19]

이러한 동아시아 상황의 착종성은 한편으로 서양과의 왜곡된 역사적 관계에서 나온 것으로 볼 수 있다. 역사적으로 동아시아의 공간은 따로 존재했다기보다 서구에 의해 해석되고 구축되어 왔으며, 그러한 동아시아의 타율적인 혹은 소외된 존재 방식이 동양의 기원을 이루었다. 즉 동아시아는 서양에 대한 타자로서 그 존재가 세상에 알려지고 연구되고 문명화되었으며, 동

한국문학의 열림을 위해, 그리고 동아시아 문학, 세계문학, 비교문학과 같은 '세계적' 맥락들의 적절한 논의를 위해 넘어서야 할 장애물이다. 다음 글 참조. 박성창, 〈문학의 그리니치 천문대는 어디에 있는가?〉, 《세계의문학》 2001, 가을호.

18 '동아시아'에 포함하는 지역은 중국과 일본, 한국으로 제한한다. 이는 세 지역이 한자 문명권으로 묶여 있었고 그러한 역사적 기억을 공유한다는 문화적인 관점에 따른 것이다.

19 이 글에서 포스트 식민post-colonial을 탈식민de-colonial과 구별한다. 탈식민은 식민을 벗어난다는 의미이며, 그에 비해 포스트 식민은 그러한 벗어남의 노력과 식민의 상황이 공존하는 상태를 가리킨다.

아시아인으로서 우리가 알고 있는 우리의 모습은 바로 그런 서양의 거울에 비친 타자적 존재인 것이다.[20]

다른 한편, 이러한 인식은 서양(the West)과 그 나머지(the Rest)라는 서양 중심적 담론이 쉽게 깨질 수 없는, 대단히 두꺼운 껍질로 덮여 있음을 보여 주는 예다. 위에서 말한 동아시아와 서양의 왜곡된 관계는 깨뜨리기 힘들게 고착되어 있다. 동아시아가 서양에 대한 타자의 위치에서 벗어나 독자적으로 통일된 모습을 갖추려고 할 때에도 서양의 중심에 대한 동아시아의 주변부라는 각자의 역할을 계속 이어가면서 각자 자기중심주의에서 쉽게 벗어나지 못하는 것이다. 사카이 나오키酒井直樹의 뛰어난 분석에 따르면, 서양의 거울에 비친 동아시아라는 구도에서는 동아시아인의 통일성이 서양에서 수입되는 기묘한 양상을 띠게 된다. 마찬가지로 서양의 상상된 통일성(이는 지배적인 중심의 위치를 자임한다)은 동아시아의 상상된 통일성(이는 종속적인 주변부의 위치로 부과된다)에 기반을 두게 된다. 동아시아는 서양 중심주의에 대해 처음에는 도전하는 것처럼 보일지 몰라도 결국에는 서양과 똑같이 자기중심주의를 추구하는 공범관계에 처하는 것이다.[21]

---

20 예를 들어《일본사략日本史略》(1878)의 경우, 서양이 이해하기 쉽도록 서양 역사를 모델로 일본의 역사 과정을 설명한 책이다. 일본은 스스로 존재하기보다는 서양의 관점에서 고안된 것이다. 이성시,《만들어진 고대》, 삼인, 2001, p.8.

21 사카이 나오키酒井直樹, 〈누가 아시아인인가〉,《국민주의의 포이에시스》, 창비, 2003, p.47-71. 이런 관계 속에서 동양과 서양 각각의 정체성은 동서의 이항대립을 통해 일률적으로 규정하기 곤란하다. 특히 동아시아 내부에서 민족주의 혹은 국민적 일체감은 동아시아 외부에서 작동되는 패권주의와 공범관계에 놓여 온 것이 사실이다. 예컨대, 전후 일본이 전쟁범죄자로서의 죄의식을 깨끗이 씻고 일치단결한 국민주의와 정체성으로 가면을 쓴 채 동아시아 국가들을 떳떳이 대할 수 있었던 것은 미국이 천황을 사면하고 그를 중심으로 재구성된 일본을 앞세워 동아시아에서 패권을 유지하고자 하는 외교정책과의 공범관계에서 작동된 것이었다(위의 글, p.65). 이런 논의를 염두에 둘 때 우리는 동아시아를 서양에 대한 타자적 존재라는 이항대립으로 단순히 파악할 수 없으며, 동아시아를 둘러싼 더욱 복잡한 내적 외적 관계를 들여다볼 필요에 직면한다.

이러한 역사적 배경은 그대로 현재에 투영되어 있다. 현재 동아시아의 존재 방식은 동아시아를 향한 서양의 제국적 욕망과 탈식민적 반성을 더불어 내면화하는 동시에 동아시아 자체의 전통과 역사를 확보하고자 하는 이중적이고 복합적인 양상을 띠고 있다. 동아시아가 이미 서양 제국과 동양 식민의 이분법적 구도 위에서 파악될 수 없고, 국민국가 형성과 근대화의 과정에서 동아시아 각 국가들이, 또 그 내부의 각 집단과 개인들이, 서로 경합하는 양상을 보여 온 현실에서, 그런 동아시아의 복잡한 양상을 비판적으로 분석하고 새로운 동아시아 담론을 상상하는 일은 자못 긴요하다.

1990년대 이래 동아시아가 새로운 현안으로 등장하고 경제와 국제관계, 역사, 비교문학 등 여러 방면에서 많은 담론들이 나왔다. 그들을 여기서 일일이 정리할 수는 없으나, '동아시아'라는 담론 자체의 가능성 혹은 그 방향들을 다루기보다는 정책적 과제로 다룬 경우들이 더 많았던 것 같다.[22] 이 글이 '담론'의 측면에서 동아시아를 논의하는 것은 담론 자체가 인간의 삶과 실천을 제어하고 토대를 규정하는 무엇이기 때문이다. 상상적 표상으로서의 동양과 서양을 놓고 볼 때, 구동양의 물적 토대가 구서양의 물적 토대를 넘어서면서 오리엔탈리즘의 물적 토대가 무너졌다고 해도, 문화의 측면에서는 여전히 오리엔탈리즘의 담론적 헤게모니가 작동한다. 오리엔탈리즘은 이제 서구의 강요에서가 아니라 비서구인 스스로의 내면에서 만들어 내고 간직한 것으로 되며, 그런 상황은 물적 토대의 변화로서는 변화하지 않는다. 담론을 구성하는 담론적 실천의 중요성은 여기서 나온다. 이미 서구적 근대의 손에 들어 있는 오리엔탈리즘의 담론이 생산되고 소비되는 구조 자체를 해체하고 재구성하는 일은 담론의 재구성을 통해서 효과적으로 이룰 수 있다.[23]

---

22 이남주, 〈동아시아 협력론에 대한 비판적 검토—국민국가들의 협력인가 국민국가의 극복인가?〉, 《창작과 비평》 2005 봄, p.65.

23 임지현, 사카이 나오키, 《오만과 편견》, 휴머니스트, 2003, pp.260-261 참조.

이와 함께 동아시아 담론 자체도 계속 새로워질 필요가 있다. 무엇보다 동아시아 담론은 변화하는 역사적 현실을 대상으로 하고 있고, 거기에 얽힌 관련 연구 분야들이 커다란 복잡성과 다양성을 내보이고 있으며, 실제로 현실의 입장들이 첨예하게 대립되어 순수한 학문적 연구를 저해하거나 어떤 식으로든 영향을 끼치고 있기 때문이다.[24] 또 더 중요하게, 동아시아와 서양이 각자 자기동일화에 기반을 둔 자기중심주의에서 벗어나지 못하고 있는 상황에서, 동아시아를 열린 정체성을 지닌 보편적 공동체로 거듭나게 하기 위해서는 동아시아가 과연 무엇인지를 '반복해서' '계속' 묻는 작업이 필요하다.

동아시아 담론의 궁극적 목표는 서양에 의해, 그리고 거기에 결탁한 동아시아 내부의 국가 중심의 패권주의에 의해, 꾸준하게 진행되어 온 배타적 공동체라는 덫을 피하고 전 인류의 새로운 공생을 향하는 길을 모색하는 것에 있다. 그런 면에서 동아시아가 지녀야 할 정체성은, 그것을 이루는 동아시아 각국들이 서로 배타적이지 않고 또 동아시아 외부에도 배타적이지 않는, 그런 성격을 지녀야 할 것이다. 그래서 '동아시아'는 동아시아 각각의 국가들(과 집단들, 개인들, 지역들) 내부에도 스며들어 있어야 한다. 말하자면 전체와 부분들이 서로 아우러지면서 서로를 변화시키고 생성시키는 과정 자체가 곧 동아시아의 정체성일 것이다. 그를 과정적 정체성, 열린 정체성, 혹은 맥락화된 정체성으로 부르고자 한다.

24 예컨대 양안兩岸문제에 직면한 대만 학자들은 동아시아라는 문제가 양안문제보다 더 모호하고 절실하지 못한 것으로 보게 될 수도 있다. 또 동아시아 학자들이 일본의 우익화에 대처하는 과정은 자연스럽게 동아시아 담론의 새로운 구성으로 이어질 것이다. 한편 중화주의는 중국 학자들의 적절한 동아시아 상상을 방해하는 가장 큰 걸림돌이다. 이런 상황들에 에워싸여 각 국가의 정부들과 시민단체들, 개인들의 현실적 입장들이 동아시아 담론에 즉각적으로 영향을 미친다. 그로 인해 동아시아 담론은 살아 있는 현재적 과제이자 미래의 가능성으로 항상 유예될 수밖에 없으며, 바로 이 점에서 끝없는 해체와 재구성의 변이의 과정 위에 놓여야 하는 것이다.

이는 정체성을 흔히 자기동일성으로 파악하던 관례에서 벗어난다. 자기동일성에 기반을 둔 정체성은 폐쇄적이고 배타적인 구조를 이루기 마련이다. 다시 말해, 그 자체가 고정된 기의를 유지한 채 다른 가능한 기의들을 거부하고 배제하는 패권적 효과를 낼 수 있는 것이다. 지배와 피지배의 관계, 그 배타적 자기동일화와 자기중심주의에서 나오는 억압과 저항의 관계는 국가들 사이를 넘어 한 국가 내부에서도 유지되거나 재생산된다. 이러한 단순하지 않은 포스트 식민의 상황은 제국과 식민의 관계를 정치적 합병이나 경제적 지배와 같은 비교적 선명한 양상으로 파악하려 했던 과거의 분석 방식으로는 잘 설명되지 않는다. 안토니오 네그리Antonio Negri의 주장에 따르면, 우리는 지배와 피지배의 새로운 권력 관계로 이루어진, 과거의 제국주의와는 다른 '제국'의 현실을 겪고 있으며, 그 가장 중요한 특징은 그 새로운 권력 관계가 제국과 식민지를 가리지 않고 어디서나 존재하고 작동한다는 것이다.[25] 그렇다면 '동아시아'를 제국에 저항하며 끊임없고 끝없이 지속하는 공동체로 구성하기 위해서 (혹은 거꾸로 그런 공동체를 구성하면서 제국에 저항하기 위해서) 우리는 과거와는 다른 방식으로 권력 관계에 접근해야 할 것이다. 나는 그 '끊임없고 끝없는 지속'에 주목하면서 '탈식민의 지속적 중첩'을 말하는 것이다. 이는 또한 동아시아의 담론을 정치와 경제보다는 문화의 관점에서 논의해야 할 필요성[26]에 직결되며, 이 글의 문제의식과 논의 방식은 그런 방향을 취하고 있다.

여기서 포스트 식민의 현실이라고 부르는 것은 식민에서 벗어났으나 더 교묘해진 제2의 식민 상황을 가리키며, 특히 경제와 문화에서 두드러진다. 그 상황에서 탈식민은 식민지인의 내면에 뿌리박힌 오래된 심리적 강박 기

25 Negri, Antonio & Michael Hardt, Empire ;《제국》, 윤수종 옮김, 이학사, 2001.

26 이에 대해서는 다음을 참조할 수 있다. 김기봉,《역사를 통한 동아시아 공동체 만들기》, 푸른역사, 2006, pp.25-47.

제를 파악하고 문화제국주의에 저항하는 문화적 정체성을 구성함으로써, 서구 제국들이 만들어 온 역사와 인간 개념 자체를 전복하고 문화 담론을 새롭게 재구성하려는 작업이어야 할 것이다. 그러기 위해서 탈식민은 지속적 중첩이 필요한데, 그것은 비동일화의 사고 위에서, 그리고 그 사고의 실천을 통해 이루어진다. 비동일화의 사고가 차이를 유지하게 해 준다면 그 실천은 그 차이를 무책임하게 방치하지 않고 연대의 기초로 쓰도록 해 준다. 거기서 차이'와' 연대는 차이'의' 연대로 변환하며, 바로 그 과정에서 우리는 구성과 해체, 재구성의 변이의 과정으로 받쳐지는 공동체의 담론을 상상할 수 있다.

'변이變移'라는 단어는 그러한 지속적인 변화와 중첩의 과정을 강조하는 것이다. '변용變容'이나 '변주變奏'와 다르게 '변이'란 '변하고 이동한다'는 뜻이다. 동아시아의 정체성을 구성하기 위한 이론적 접근은 자못 복잡하지만, 가장 중요한 점은 동아시아의 정체성을 지속적 변이에 여는 것이다. 예를 들어 탈식민주의는 동아시아론을 받쳐 주는 하나의 유력한 배경 이론이 될 수 있을 텐데, 서구의 탈식민주의를 그대로 옮겨 오는 것보다는 그를 또 다른 탈식민의 관점에서 검토해야 한다. 탈식민의 전략적 중첩에서 포스트 식민의 상황을 제대로 인식할 수 있고, 그것이 요구하는 실천의 방향을 제대로 가늠하고 작동시킬 수 있다. 이 글이 구상하는 동아시아 담론은 그렇게 변하고 이동하는 '유연한 정체성'의 개념에 터를 둔다. 동아시아는 그것을 구성하는 하부 단위들에 대해 늘 열린 채로 지속되며, 가장 작은 단위들—예컨대 개인—과 특히 사회적 소수자minority의 체험과 공감, 그리고 동의에 바탕을 둔다. 동아시아 담론은 해결을 전제하거나 해결되면 걷어치워도 좋은 사다리와 같은 것이 아니라, 끊임없이, 끝없이, 동아시아의 내부에 도사리고 있어야 할 하나의 문제의식이며 역사적 실체이자 담론적 과정이다. 그런 과정적인 정체성을 유지하는 능력과 자세가 동아시아의 구성원들—국가를 포함하여 집단과 개인들—이 지녀야 할 덕목들이다.

동아시아 담론은 결국에는 공동체라는 화두[27]에 연결된 것이다. 나는 적절한 동아시아 공동체의 실제 대안적 유형을 제시하기보다는 그 유형을 받치는 기본적인 담론의 조건을 검토하고자 한다. 또한 그 조건의 증거를 찾기보다는 우리 인식의 틀을 규정하는 에피스테메의 차원에서 이론적 사색을 펼치고자 한다.

1.2. 반성

1.2.1. 타자의 재배치

현재 동아시아의 지식인들은 서양에 대한 타자의 존재로서가 아니라 그 스스로 주체가 되어 동아시아 공간의 구조와 의미를 모색하려 하고 있다. 아시아인들은 이제 자기가 누구라고 말해야 하고 말할 수 있는 상태에 있다. 이런 모색은 아시아를 마르코 폴로Marco Polo 이래 서양이 개척하고 문명화해야 할 미지의 세계로 간주하고 연구하던 전통적인 지역 연구 방식이나, 또는 19세기 중반 이후 일본이 아랍과 아프리카까지 진출하면서 모색한 아시아 공간의 질서화 방식[28]과는 전혀 다르다. 그러나 그 다름은 '새로운 동아시아'를 상상하는 한에서 얻어질 수 있다. 동아시아의 지식인들은 동아시아 문제가 서양뿐만 아니라 동아시아 내부, 즉 동아시아 국민국가들, 문화들, 정체성들 사이의 경합에서 비롯되었다는 점을 잘 이해하고 있는 것 같다.[29]

---

27 원활한 논의를 위해서 '공동체' 자체의 개념을 한정할 필요도 있을 것이다. 이 글에서 말하는 공동체는 부분과 전체의 민주적 공감과 대화의 관계로 이루어진, 변화에 열린 집단이자 하나의 과정을 가리킨다는 면에서 네그리 식으로 말해, '공통적인 것the common'에 가깝다.

28 이런 사항들은 야마무로 신이치가 잘 정리했다. 야마무로 신이치山室信一, 〈공간 아시아에 대한 인식의 확장과 변용〉, 《여럿이며 하나인 아시아》, 임성모 옮김, 창비, 2003, pp.31-64.

29 야마무로 신이치가 파악한 대로, 한·중·일의 국민국가 형성과 근대 동아시아 세계의 질서는 서양의 충격이 아닌, 이미 서구형 국민국가를 구성한 '일본의 충격'에서 나왔다. 국민국가는 주권국가이고 영역국가의 성격을 갖기 때문에 필연적으로 인접한 정치와 사회 단위들이 서로 대립하고 경합할 때 가장 강하게 의식된다. 동아시아에서 국민국가 형성은, 종종 오해

지금까지 이루어진 동아시아 담론은 대체로 국민국가의 존재와 역할을 중심으로 구축되었다. 두 가지의 기본 입장이 있었던 것 같다. 하나는 민족주의를 극복하자는 쪽이다. 이는 세계화라는 작금의 국제관계의 전망에서 국민국가와 국가주권의 절대 우위를 약화시킬 수 있는 제도적 협력을 촉진하고 심화시키자는 것이다. 다른 한쪽은 동아시아 각국의 특수한 입장을 고려하자는 쪽이다. 지역관계는 기본적으로 국가들의 관계인데, 아시아 지역에서 국민국가의 건설은 완성되지 않은 상태이므로 새로운 아시아 담론은 세계화가 국가주권에 가하는 충격을 속어하는 것이어야 한다는 것이다.[30]

사실 그 둘은 단계나 선택이 아니라 동시에 추구되어야 하는 이중 과제의 성격을 지닌다. 하나의 국민국가가 자기 동일화를 추구하는 상황에서는 국민국가들 사이의 어떠한 새로운 공동체도 자라날 수 없다. 동아시아 공동체라고 말할 때, 그것은 하나의 국민국가를 넘어서서 복수複數의 국민국가들 사이를 가로지르는 과정에서 탄생되고 유지된다는 것을 의미하고, 또한 동일성에 기반을 두고 구성된 국민국가를 해체하는 일이며, 나아가 그 해체의 동력으로 국민국가들 사이의 공동체를 재구성하는 동시에 그 공동체를 구현하는 일원으로서의 국민국가도 또한 재구성하는 일을 의미한다.

이런 측면에서 나는 쑨꺼孫歌의 주장에 주목한다. 그는 하나의 국민국가의 동일성을 해체하기 위해서는 국민국가의 동일성에 대한 내적 성찰이 동반되어야 한다고 말한다.[31] 이는 한 국가가 스스로를 타자화하는, 즉 자기 내부에서 외부의 존재(타자)를 인식하는 능력을 가리키는 것으로 볼 수 있다.

되듯이 구미와 일대일로 대응하여 이루어진 것이 아니라, 지역세계 내에서 경합하는 가운데 창출되었다(위의 책. pp.90-92).

30 왕후이汪暉, 〈아시아 상상의 계보〉, 《새로운 아시아를 상상한다》, 이욱연 외 옮김, 창비, 2003, pp.171-225.

31 쑨꺼孫歌, 〈세계화와 문화적 차이〉, 《아시아라는 사유 공간》, 류준필 외 옮김, 창비, 2003, p.116.

그 결과 한 국가는 자기 문화의 자족성에 의문을 갖고 이를 해체하고 자기동일성을 넘어서서 자기 문화를 변화하게 만든다. 또 외부와 공조를 하여 국가들 사이의 공동체를 가능하게 한다.

서구가 생산한 동아시아가 서구가 만든 타자라고 할 때, 거기에 저항하는 동시에 서구가 갖지 않은 동아시아성을 주체화하여 근대정신의 대안으로 삼아야 한다는 의견도 있다.[32] 그러나 자칫 타자성을 자기동일성의 기반으로 삼는 오류를 빚을 수도 있기 때문에 '타자'의 개념과 실체를 좀더 주의해서 파악해야 한다. 예를 들어, '서구가 갖지 않은 동아시아성'이 도교나 유교, 불교 같은 동아시아의 자생 전통들을 가리킨다면, 그들의 부흥은 한 술 더 뜬 서구 중심주의로 빠질 수 있다. 왜냐하면 그 전통들을 중심으로 타자를 허용하지 않는 동일화된 공간을 동아시아에 부여한다면, 그것은 서구에 대한 타자성, 즉 서구의 거울에 비친 모습을 자기 정체성의 기반으로 만드는 일이고 서구의 궤도에서 한 치도 벗어나지 않는 것이기 때문이다.[33]

무릇 전통과 근대, 탈근대 등의 시간과 가치의 국면들 혹은 그들에 연루된 공간과 담론, 정서, 제도 등이 '타자'의 개념을 구성한다. 이 글에서 '타자'는 그런 것들이 서로 이질적인 상태로 굳어지고 서로 배타적인 관계를 형성하기보다는 서로 응답하고 서로의 자리에 서는 윤리적 연대를 형성하는 출발점이라는 긍정적 의미로 사용된다. 우리가 타자를 고려한다면 우리는 동일성 내에 이질성을 투사하고 위치시키면서 그 둘을 아우를 수 있어야 한다. 그런 의미에서 타자란 연대 형성의 조건이자 토대로 이해될 수 있다. 또한 타자는 동질하게 이루어진 한 범주나 가치, 담론, 정서, 공간 등이 이루는

32 이런 논의의 위험성에 대해서는 다음 글 참조. 성민엽, 〈같은 것과 다른 것—방법으로서의 동아시아〉, 정재서 편, 《동아시아 연구—글쓰기에서 담론까지》, 살림, 1999, pp.223-245. 특히 그의 '방법으로서의 동아시아' 개념은 큰 환기력을 지닌다.

33 아리프 딜릭, 〈동아시아 정체성의 정치학〉, 정문길 외 엮음, 《발견으로서의 동아시아》, 문학과지성사, 2000, pp.80-112.

자체의 동일성을 객관화시켜 반성의 대상으로 삼는 과정에서 전략적으로 채택되는 개념이다.[34]

결국 타자는 고정된 실체가 아니라 반성과 연대의 '계기'로 이해된다. 그래서 '타자화'라고 말할 때 동일성의 외부에 위치한 타자를 인식하고 그와 대화의 관계를 맺으려는 의지를 가리키며, 그와 동시에 수정처럼 견고한 동일성의 내부를 부드럽고 약하게 녹여 내어 동일성 자체를 반성과 대화의 상대로 삼는 과정을 의미한다. 이 타자화의 과정은 끊임없이, 끝없이, 지속되어야 그 효과를 낼 수 있을 것이다. 지속적인 타자화는 내면화된 타자성을 주체화하는 가운데 빚어진, 앞서 지적된 동아시아를 둘러싼 착종된 상황을 교정해 나갈 수 있다. 즉, 내면화된 타자성을 타자로 만들어 놓고 봄으로써 주체로 인식되어 온 혹은 인식되는 것에 대한 반성과 그 해체, 그리고 재구성으로 나아갈 수 있는 것이다. 지속적인 타자화는 동아시아 담론의 핵심인 구성과 해체, 재구성의 변이의 과정과 다르지 않다.

요컨대, 타자화란 스스로를 이질적이고 외부적이며 소외된 존재로 놓고 보는 의식적이고 의도적인 사고와 실천을 가리킨다. 이는 동아시아를 규정해 온 '서양에 대한 타자'와 근본적으로 다르다. 오히려 '서양에 대한 타자'로서의 자기 모습을 제대로 인식하기 위한 자기객관화의 노력, 즉 자기동일성을 반성하고 해체하여 재구성하는 과정을 가리킨다.

---

34 이질성 자체를 옹호하기보다 이질성이 굳어지는 것을 경계한다. 이질성이 제 역할을 하기 위해서는 활성화되어야 한다. 굳어진 이질성은 동일성과 다르지 않다. 반면 활성화된 이질성은 구멍 뚫린 동일성과 통한다. 이 개념들은 과거와 현재의 현실이라기보다 과거에 있을 수 있었고 현재에 있을 수 있는 가능태라고 보는 것이 더 정확하다. 그렇게 보는 해석이 중요할 텐데, 그를 통해 과거의 역사를 성찰하고 평가하며 현재의 가능성을 점검하는 작업은 우선적으로 담론의 몫이다.

1.2.2. '동아시아' 담론의 역사적 전개

타자화의 과정은 동아시아 역사에서 성공적이었는가? 미리 결론을 말하자면, 동아시아의 시공에서 타자화의 과정은 과거나 현재에서 그리 성공적이지 못했다는 것이 나의 판단이다. 그 말은 동아시아가 동일화된 흔적을 근대 동아시아 역사에서 흔히 '발견'할 수 있고, 또 현재 동아시아의 구도에서도 그런 역사가 연장되거나 반복(부활)되고 있다는 뜻이다. 과거든 현재든 '동일화된 동아시아'라는 담론은 동아시아를 이루는 개별 국민주의들의 '확장'으로 가장 잘 이해될 수 있다. 거꾸로 말해, 동아시아의 개별 국가들의 패권주의는 '동일화된 동아시아'를 암묵적으로 지향한다는 것이다. 그것은 국민주의가 지닌 배타적, 자기중심적 성향에서 나올 수밖에 없는 사항이다. 이런 입장을 지지하기 위해 국민주의에 관한 엄청난 양의 논의를 다 검토할 수는 없고, 여기서는 과거에 동아시아 역사에서 국민주의의 확장이 어떤 방식으로 '동일화된 동아시아'로 연결되었는지, 그리고 그를 받친 담론의 한 예를 간략히 살펴보려 한다.[35]

역사적으로 동아시아는 구성과 해체의 과정을 거쳐 재구성의 현재와 미래를 앞두고 있다. 과거를 돌아보면, 한자 문명이 작동하던 시대에 동아시아 각 국가는 물론 그 내부에서도 집단마다 한자 문명에 대한 입장이 달랐지만,[36] 전체적으로 볼 때 공동의 정체성을 유지하고 있었다. 그것이 근대에

35 부언하면, 여기서 살필 역사적 예들은 앞에서 제시했듯, 서양에서 타자화된 오리엔탈리즘으로서의 동아시아, 동아시아 국가들에서 제국주의와 헤게모니의 대상으로서 타자화된 동아시아, 그리고 제국주의건 국민국가 중심이건 동아시아를 상상하는 주체들에 의해 동일화된 동아시아를 설명하는 것들이다. 사실상 동아시아의 역사적 사례와 동아시아 담론은 서로 잘 구별되지 않는다. 그것은 과거의 역사를 돌이켜 볼 때, 그 돌이켜 보는 행위 자체가 담론 구성의 방식을 취하기 때문이다. 과거에 대한 고찰은 현재에 대한 반성과 미래의 제안으로 이어진다. 그러한 연쇄적 사고는 역사적 결과물뿐만 아니라 그를 받쳐 준 담론에 대한 성찰을 동반한다. 담론은 사실상 그 자체로서 뿐만 아니라 그것이 현실화된 역사적 결과물을 통해 구체적으로 파악되고 평가될 수 있는 것이다.

들어 한중일 각자의 정체성을 찾고 동시에 자기의 정체성을 서로에게 강요하는 현상이 식민주의의 폭력적 과정 속에서 일어났다. 즉, 한자 문명권이 해체되면서 각자의 정체성이 수립되었지만, 이들은 서로 대결하는 국면(청일전쟁) 혹은 일방적인 억압(일제)을 생산했을 뿐이었다. 따라서 한자 문명권의 해체는 다른 면에서는 또 다른 구성의 단계, 즉 일본 제국의 구성의 단계였으며 동시에 일본 제국의 구성은 다른 국민국가들의 저항이라는 해체적 국면(이는 동시에 국민국가들 각각의 더욱 강력한 구성이기도 했다)을 만났다. 이러한 구성과 해체의 순환 국면은 전반적으로 근대사에서 한국과 중국, 일본이 저마다의 강고한 국가 정체성(민족주의)을 추구하게 된 근본 구도였으며, 지금까지도 반복하고 중첩되면서 계속되고 있다.

한자 문명권이 깨진 것은 일차적으로 서양의 근대문명의 습격에 기인한 것이었음을 부정할 수 없다. 근대화와 산업화에 성공한 서양 문명은 동아시아에 해일처럼 밀어닥쳤으며, 그 앞에서 동아시아 국가들은 자기 존재의 존망을 위협받으면서 정체성의 해체를 겪어야 했다. 시기와 정도의 차이는 있었지만, 한·중·일 삼국은 서양의 근대문명을 하나의 신화처럼 받아들였다. 근대성의 뿌리를 자국의 역사와 문화에서 찾으려는 노력도 없지 않았으나, 서양 근대문명을 궁극적 가치로 추구하고 맹종하는 위험에 빠진 것이 당대의 상황이었다. 그 근저에 깔린 것은, 근대 국민국가 체제로 구성하는 동시에 자본주의적 세계 시장의 일부로 포섭되지 않는 한, 자주독립 국가로서의 위치를 상실할 수 있다는 위기의식이었다.

거기에 내부적인 상호 대결과 억압의 상황이 동아시아의 근대사를 한층 복잡하게 만들었다. 당시 동아시아를 위협했던 것은 서양보다 일본이었다. 일본은 후쿠자와 유키치의 '탈아론脫亞論'의 배경 위에서 입구入歐라는 슬로

36 이를테면, 언문을 썼던 집단의 정체성은 한자 문명권의 정체성과 일치하지 않을 것이다.

건 아래 스스로를 서양과 평등하게 놓으면서 동아시아 내부에 대해서는 서양처럼 개국을 강요하였다.[37] 한국에서도 비슷한 현상은 탈아입구脫亞入歐까지는 아니어도 과거에 중국과 맺었던 조공 체제를 해체하고 신질서를 구성하려는 움직임이 일어났다. 그것은 압박해 들어오는 일본을 경계하고 동시에 중국으로부터 벗어나 중국과 같은 지위에 서려는 노력으로 나타났다.[38] 요컨대 서양의 침략보다는 거기에서 비롯된, 자발적이든 저항적이든 서양을 닮고 좇으려는 근대화의 노력에서 동아시아 삼국 각각의 근대적 정체성이 형성되는 복합적인 양상이 나타났으며, 그것이 동아시아 근대사의

37 러일전쟁에서 승리를 거둔 후 일본의 '아시아주의'는 더욱 강고해졌다. 오카쿠라 텐신岡倉天心은《The Ideal of the East》(1904)의 첫 장 제목인 "아시아는 하나다Asia is one"는 하나의 구호로 널리 퍼졌다. 그는 '동양의 이상'에 토대를 둔 아시아주의를 주장하면서, 일본의 주도 아래 아시아를 동서 문명을 화합시키는 새로운 문명의 전진기지로 삼을 것을 본격적으로 주장했다. 다음 글을 참고할 수 있다. 오카쿠라 텐신岡倉天心, 〈동양의 이상〉, 최원식, 백영서 엮음, 《동아시아인의 '동양' 인식—19-20세기》, 문학과지성사, 1997, pp.19-51. 한편 스테판 다나카는 "아시아를 재생하는 것이 일본의 운명"이라는 오카쿠라의 아시아주의는 전통적인 중화체제를 해체했지만 자국 중심의 대동아론으로 전락했다고 지적한다(Tanaka, Stefan, Japan's Orient : Rendering Pasts into History; 《일본 동양학의 구조》, 박영재, 함동주 옮김, 문학과지성사, 2004). 다나카의 주된 관심사는 일본 메이지 시대의 토요시東洋史의 창안이었다. 토요시는 일본이 보편적인 '역사'의 위계질서에 저항해 서구와의 동등함을 수립하면서, 동시에 나머지 아시아, 특히 토요시 담론 내에서는 '시나〔支那〕'로 명명된 중국에 대한 우월성을 창출하는 방식으로, 단선론적 '역사'를 대립적인 문화담론과 결합시킨 것이었다(Duara, Prasenjit, Rescuing History from the Nation: Questioning Narratives of Modern China, Chicago: The University of Chicago Press, 1995; 〈민족으로부터 역사를 구출하기—근대 중국의 새로운 해석〉, 문명기, 손승희 옮김, 삼인, 2004, p.309-310). 그보다 일찍이 가라타니 고진은 "오카쿠라의 범아시아주의는 자신의 의도에 반해 일본 제국주의의 이데올로기로 이용당했다"고 평했다〔가라타니 고진柄谷行人, 《일본 근대문학의 기원》(1980), 박유하 옮김, 민음사, 1997, p.60〕. 이와 같이 서구 중심의 보편적 역사의 대안으로 수립한 동양의 동일성과 이상화가 결국에는 1930-40년대에 절정에 오른 일본 제국주의의 대동아공영권의 수립으로 귀결되었다.

38 《황성신문》과 《독립신문》이 1895년부터 1905년 사이에 보여 준 논조와 기사 집필 및 편집 방향은 그런 움직임을 잘 보여 준다. 또한 대한제국이 수립되고 황제라는 호칭이 채택된 것, 태극기의 발명도 새로운 평등한 국제 질서를 구성하고자 한 노력들이었다. Andre Schmid, *Korea Between Empires 1895-1919*, New York : Columbia University Press, 2002, pp.55-100.

주된 흐름이었다. 그것은 결국 청일전쟁(1894-1895)과 러일전쟁(1904-1905)을 기점으로 한자 문명권의 해체를 가져왔으며, 그 양상은 크게 '일본 제국'과 '한국 식민지', 그리고 '중국의 내부 혁명'으로 특징지어진다. 모양은 달라도 그러한 양상들은 각 국민국가들의 근대적 정체성을 이루었다.

반복하자면, '아시아'는 서양이 자기를 표상하고 다른 지역과 구별하기 위해 만든 용어였다. 즉, 서양은 자기규정을 위해 아시아를 필요로 했던 것이다. 아시아를 구성하면서 서양은 자체를 타자와 구별할 수 있는 고유의 통일체로 설 수 있었던 것이다. 거꾸로 아시아는 서양과 제국 대 식민의 관계를 맺으며 세계 체제에 삽입되었고 서양이라는 거울에 비춰보고서야 자체의 문명적, 문화적, 민족적, 국민적 정체성을 반성적으로 획득할 수 있었다.

사실상 두 경우 모두에서 서양과 아시아는 각각 강고한 배타적 정체성을 구성할 수밖에 없음에도 불구하고 일본의 경우 그 배타성의 오류를 저질렀던 것 같다. 아시아에 대한 일본의 조사와 연구는 배타적이고 패권적인 성격을 띠었다. 전전戰前 일본의 아시아 연구는 조선과 중국에서 시작하여 북아프리카까지 미쳤는데, 그것은 군사나 통상, 대외 정략에 주목적을 두었을 뿐, 지역의 일체성과 귀속의식으로 산출된 것이 아니라 일본인의 활동영역의 확장과 영역 지배 의욕의 표명으로 나타났다. 반면, 전후 일본의 아시아 연구는 아시아를 침략했던 전전 일본에 대한 반성과 함께 민주주의와 혁명의 내면적 결합을 이룬 아시아의 사례야 말로 전후 일본이 직면한 과제 자체를 달성한 것으로 여기는 경향이 나타났다.[39]

이러한 역사적인 현상의 밑바닥에는 '잘못된 동아시아 담론'이 교묘하게 감추어져 있다. 예컨대 일본의 중국 현대문학자 다케우치 요시미竹內好는 아시아가 서양의 식민지화 덕택에 아시아라는 자기의식에 도달했다는 주장

39 야마무로 신이치, pp.54-6.

을 편다.[40] 다케우치의 주장에는 유럽의 침략을 받고 나서야 아시아가 유럽에 의존해서 자기 정체성을 반성적으로 획득할 수 있었다는 깨달음이 들어 있다. 따라서 아시아의 패배는 아시아의 가능성으로 연결되었다. 그러나 이 말은 "아시아가 내적인 통일성을 확증하는 어떠한 내재적 원리도 갖고 있지 않음"을 의미한다. 아시아는 단지 서양이 대상화하고 종속시킨 지역과 사람들의 집합을 가리킬 뿐 아무런 공통점이 없다는 것이다.[41]

다케우치에 의하면 아시아의 근대화와 정체성의 수립은 밖으로 서양에 저항하고 안으로 봉건 반동적 유제를 극복하여 서양 근대의 정수를 자기 것으로 만드는 일을 통해서 가능했다. 그런 측면에서 그는 서양에 저항하지 않고 그 제국주의까지 모방하기에 이르렀던 일본과 달리 중국은 서양의 침략과 과거의 유제를 부정함으로써 진정한 근대를 실현할 수 있을 것으로 생각했다.[42] 그 결과 다케우치는 중국을 지나치리만큼 이상화하면서 근대 국민국가를 지향하고자 했다. 그러나 여기서 나온 '국민의 통일성'(민족주의)은 다른 국가주권에 대해 배타적이었고 또한 그것이 저항하는 외부의 대상에 의존하고 있었다. 사카이 나오키에 의하면 아시아인의 고유성이나 본래성을 고집하는 다케우치의 이러한 생각은 서양의 차별적 독자성을 강화시키게 될 뿐이며 서양과 아시아의 정체성의 근저에 가로놓인 식민주의적인 관계성은 전복되지 않는다.[43]

40 다케우치 요시미에 대해서는 다음 글을 참조할 수 있다. 다케우치 요시미竹內好, 〈방법으로서의 아시아〉, 최원식, 백영서 엮음, 《동아시아인의 '동양' 인식—19-20세기》, 문학과지성사, 1997. 함동주, 〈전후 일본 지식인의 아시아주의론—다케우치 요시미를 중심으로〉, 백영서, 전형준, 정문길, 최원식 공편, 《동아시아, 문제와 시각》, 문학과지성사, pp.194-227.

41 사카이 나오키, pp.50-1.

42 위의 글, p.53. 계속해서 사카이 나오키는 다케우치의 생각을 이렇게 설명한다. "아시아인들에게 근대란 공간적으로 외래의 세력을 부정해서 '국민nation'이라 부르는 정치적 집단의 통합과 실체성을 강화하며, 시간적으로는 그 국민이 자신의 과거를 부단히 극복하여 스스로를 주체, 즉 자결自決의 실천 주체로 구성하는 일종의 역사적 운동이었다."(같은 글, 같은 면).

이를테면 우리는 "자본주의적 근대에 포섭된 저항"을 떠올릴 수 있다. 오리엔탈리즘에 대한 저항의 작동 방식은 이미 근대의 회로 안에 들어 있고, 결국 오리엔탈리즘의 반복으로 이어질 수 있다. 이런 측면에서 마르크스주의가 표방하는 저항은 계급적 집단의 차원이고 근대적 발전 사관을 따르고 있으며, 그 때문에 마르크스주의의 근대화론이란 자본주의를 따라잡는 후진국의 근대화론으로 전화되었다는 비판이 가능하다.[44] "역사적으로 가장 앞서 가는 장소로서의 자격을 '서양'에 투사하여 상상된 자리에 역사적 실정성positivity을 부여하고, 서양 따라잡기를 역사적 목표로 전제함으로써 '서양'을 보편적 지표로 설정"하는 역사주의에 불과한 것이다.[45] 이는 역설적으로 식민주의의 길을 그대로 뒤따르는 결과를 낳는다. 서양으로부터 인정을 받고자 하면 할수록 서양의 헤게모니는 강화되는 것이다. 이는 원래부터 공식적인 제국 해체 이후에 서양의 헤게모니를 재생산하는 주요 기제가 된 서양 헤게모니 구조 내에서 일어나는 일이다.[46]

전반적으로 근대사에서 동아시아 전체는 서양의 문명국 표준주의를 중심으로 균질화되면서 구성과 해체의 단계에 머물렀을 뿐, 재구성의 단계로 나아가지 못했다. 현재 이루어지고 있는 혹은 이루어져야 할 재구성의 단계가 처한 상황은 그와 사뭇 다르다. 과거에는 동아시아가 제국과 식민이라는 이탈하기 힘든 궤도에 놓여 있었지만, 지금은 과거의 역사적 오류가 분명해졌고 새로운 동아시아가 필요하다는 점에 모두가 일치하고 있기 때문이다. '동아시아'라는 공통의 문제의식이 급부상하고 있다. 그 궁극적인 단계는 각 국가들의 정체성을 유지하면서 공동의 정체성을 구성하는, 새로운 형태

43 사카이 나오키, pp.53-5.
44 임지현, 사카이 나오키, p.215.
45 위의 책, pp.418-415.
46 임지현, 이성시 엮음, 《국사의 신화를 넘어서》, 휴머니스트, 2004, pp.23-4.

의 동아시아 공동체일 것이다.

그러나 그러한 재구성의 과정을 밟는 길은 현실적으로 상당히 복합적인 양상을 띤다. 구성과 해체, 재구성의 단계들의 흐름은 단선적이지도 않지만 또한 단계들마다 단절되어 진행하는 것도 아니다. 예를 들어 식민지의 해방은 그 이전과 이후를 깨끗하게 가르는 장벽과 같지 않았다. 한국의 경우, 해방 이후에도 여전히 일제의 흔적을 지우지 못했다. 마찬가지로 일본은 스스로의 제국주의적 향수를 말끔히 치유한 적이 없다. 그런 상태에서 한국은 물론 일본도 자체의 적절한 정체성을 제대로 확보할 수 없었고, 따라서 동아시아 전체를 아우르는 정체성은 당연히 구상할 수 없었던 것이다.

1.3. 모색

1.3.1. 비동일화의 사고—열린 정체성의 구성

1.3.1.1. 저항성

동아시아가 서양을 배우거나 극복하려는 모든 노력의 과정이 동일화의 거울 효과에 불과하다면 동아시아는 서양의 오류를 반복하지 않을 수 없다. 동일화란 모든 경험과 존재들의 가치를 등가로 놓고 측정함으로써 서로 교환 가능한 것들로 만들고, 그 범주에 들어가지 않는 것들을 역사에서 배제하는 연속적 과정을 말한다. 이에 대처하는 비동일화의 사고는 끊임없고 끝없는 자기부정과 타자화, 그리고 저항성을 담아내는 변이의 사고로 이해된다.[47] 이 비동일화의 사고는 열린 공동체로서의 동아시아를 상상하도록 해 주는 하나의 조건이다.

동아시아가 서양의 근대성에 저항하는 방식, 그리고 그를 통해 동아시아

47 아도르노는《부정 변증법》(홍승용 옮김, 한길사, 1999)에서 개념이 되지 못한 것을 개념에 의해 개시하고 동시에 개념에 동일화시키지 않는 사고의 지평을 열고자 했고, 리오타르는《포스트모던의 조건》(유정완 외 옮김, 민음사, 1998)에서 개체의 지각이 다만 전체의 개념을 받치는 동일화의 체계에 휘말리지 않는 사고를 주문했다. 이들은 모두 '비동일화의 사고'를 지향한다.

를 구성하는 방식은 앞에서 고찰한, 역사적으로 전개되어 왔던 '동아시아' 담론보다 더욱 치밀해야 한다. 그 길은 근대 이후 혹은 근대 극복으로 표방되는 소위 '탈근대'의 개념을 "유연한 근대성"[48] 혹은 약한 정체성의 상상으로 연결시키면서 찾아야 할 것이다. 근본적으로 근대성이 늘 새로움을 추구하는 기제인 한, 극복 자체는 서양 근대성의 범주에서 벗어나지 않기 때문이다. 동아시아를 구성하는 방식이 근대성의 반복되는 오류에서 벗어나는 길은 극복보다는 서양의 거울 형상으로서 아시아를 구성하는 동일화의 반복 구조 자체를 저항의 의지와 함께 해체하고 그 과정을 단절시키며, 그럼으로써 동아시아 자체를 부정하는 것에 있다. 이 부정은 앞에서 탈아론이나 다케우치 요시미의 경우에서 나타난 또 다른 패권적 중심의 구성을 향한 욕망과 구별되어야 할 것이다.

불행하게도 새로운 동아시아를 상상하는 지금도 패권과 식민주의의 역사는 계속되고 있다. 자유주의와 보수 사관을 주장하는, 제국주의의 신화에서 벗어나지 못하는 일본의 보수 우익과 그에 대항하는 한국과 중국의 보수 민족주의는 똑같이 식민주의의 역사를 되풀이하고 있다. 재구성의 기획은 현재적 과제로 떠올랐지만, 우리는 지금 과거에 동아시아의 동일화를 지향했던 '구성'의 단계에 대한 그리움과 함께 그것을 '해체'해야 한다는, 그러나 또 다른 동일화의 '구성'을 향할 뿐인, 그런 신념을 떨쳐내지 못하고 있다.

동아시아 공통의 역사 기억을 갖지 못하는 한·중·일의 균열은 그런 면에서 들여다볼 수 있다. 한국은 사실상 러일전쟁의 격전지였고 결과적으로 주권을 상실했다는 면에서 최대 피해국이었음에도 불구하고 러일전쟁에 대한 기억이 거의 없다. 혹은 국권 상실의 계기로 인식한다 하더라도, 전반적으로 민족주의의 정념적 접근만 있을 뿐 객관적 인식이 부재한다. 한편 러시아는

48 Park, Sangjin, "Porous Modernity: Overcoming Modernity in the Age of Globalization," in *Other Modernisms in an Age of Globalization*, Heidelberg : Carl Winter, 2008, pp.95-105.

러일전쟁을 침략 받은 전쟁으로 기억하는 반면, 일본은 침략이 아닌 (획기적인 승리를 올린) 방위전쟁으로 기억하면서 제3세계의 근대화의 계기였다고 주장하고 제국주의와 식민 지배를 합리화한다. 또 중국은 러일전쟁 대신에 자국이 관련된 청일전쟁만 기억하려 한다. 이러한 고립되고 균열된 기억들은 거기에 관련된 동아시아 국가들이 각각 민족주의적 정체성을 구성하고 동시에 그것에 반대하고 그것을 해체하는 가운데 또 다른 민족주의들의 재구성을 불러온다.[49]

이런 상황에서는 구성과 해체, 그리고 재구성의 변이 과정은 단지 구성의 단계에 머무르거나 계속 거기로 회귀하는 내부적인 만성적 악순환에 빠지고 만다. 여기서 우리는 '해체'의 기능을 단순히 이전의 구성에 대립하는 것만이 아닌, 훨씬 더 진보적이고 복합적인 국면을 만들어 내는 것으로 구상해야 한다. 우리가 재구성해야 할 동아시아의 정체성은, 제국의 구성에 대한 비판과 저항, 그리고 해체의 노력을 각 국가들, 각 집단들, 각 개인들 사이에 이루어 내면서, 동시에 그 각각의 단위들이 배타적 제국의 속성을 띠면서 또다시 구성의 단계로 돌아가지 않는지 끊임없이 되묻는 자기부정의 의식과 실천을 견지하는 가운데 떠오른다.[50] 이렇게 재구성된 동아시아의 정체성은 그 자

49 예로, 1968년부터 4년 동안 산케이産經신문에 연재된 시바 료타로司馬遼太郎의 역사소설《坂の上の雲(언덕 위의 구름)》에서는 러일전쟁의 영웅이 강조되었다. 뿐만 아니라 2000년대에 들어서서 일어난 고이즈미 준이치로小泉純一郎 총리의 야스쿠니 신사참배, 우익의 내각 전진 배치, 독도 영유권 주장, 중국의 반국가분열법, 그리고 한국의 뿌리 깊은 '세습적 희생자 의식' 등은 동아시아 각 국가들의 민족주의가 대단히 강고하게 자리하고 있다는 사실을 알려준다.

50 그 역사적 예로 1943년 11월 6일 채택된 '대동아 공동선언'을 떠올릴 수 있다. 일본의 내각총리대신 도조 히데키東條英機, 중화민국 국민정부 행정원장 왕자오밍汪兆銘, 만주국 국무총리대신 장징훼이張景惠, 필리핀 대통령 호세 라우렐Jose Laurel, 미얀마 내각총리대신 바 모. 이들은 일본 제국에 합병된 조선과 대만, 말레이 인도네시아와 함께 동아시아를 대표한다고 하는 괴뢰정부들이었다. 이들이 채택한 '대동아 선언'은 미국과 영국이 동아시아 국가들을 억압하고 착취하고 예속시켰다고 비난하면서 동아시아 각국이 협력하여 해방을 얻고 세계 평화에 기여하자는 내용으로 이루어져 있다. 현재 일본의 보수우익 정권도 같은 미망에 빠져

체로 어떤 절대적인 긍정이나 모범의 형태를 취하는 것은 아니다. 앞서 말했듯이, 자기동일성에 기반을 둔 정체성은 폐쇄적, 배타적, 패권적 효과를 낼 수 있는데, 이 경우의 정체성은 대단히 잘못된 것이다. 반면 끊임없이 자체를 사회역사적 맥락에 열면서 거기에 유연하게 대처하는 가운데 구성되고 해체되고 재구성되는 소위 '과정적 정체성'은 적절한 것으로 볼 수 있다.

예를 들어 레이 초우Rey Chow는 한 국가의 '잘못된 정체성'이 그 국가 혹은 국민이 자기동일성에 사로잡힐 때 형성되는 경우를 제시한다. 그는 홍콩의 '잘못된 정체성'이 집단 망각에서 나왔다고 지적한다. 홍콩은 일찍이 영국의 식민 치하에서 민족이 거세된 조건부 자유를 받아들이고 그 위에서 자신의 정체성을 형성했다. 그러나 독립 후에는 그런 과거를 잊어버린 채 식민의 흔적과 상처를 자성하기보다는 대륙인을 배제하고 차별함으로써 새로운 정체성을 형성하고자 했다. 홍콩은 영국 식민 치하에서든 독립을 얻은 상태에서든 언제나 동질적인 집단 유지를 최우선의 과제로 삼았던 것이다. 그러나 민족과 지역, 계급, 빈부, 세대 사이에 일어나는 갈등을 덮어 버리는 동일화의 강요에서 홍콩은 잘못된 정체성을 형성했다고 초우는 지적한다.[51]

초우의 분석은 서구의 오리엔탈리즘이 동아시아 내부에 뿌리 깊게 스며들어 작동한다는 것을 보여 준다. 서양의 근대가 자기모순과 그로 인한 피해의 반성을 통하여 스스로의 한계를 인식하고 대안 세계로 동양에 눈을 돌렸지만, 그것은 오리엔탈리즘이라는 또 다른 모순이자 한계로 귀착되었다. 이에 대한 서양의 또 다른 자체 반성(이 끊임없는 반성 자체가 서양 근대성의 특징이다)이 이른바 포스트 식민주의 담론으로 나왔지만, 정작 동양이 그에 대해 반성

있다. '대동아 선언'의 오류는 제국을 통해 제국에 저항하겠다는 것에서 비롯된다. 그것은 구성의 단계에만 머문 자기동일성의 확장에 불과할 뿐, 재맥락화의 탈중심화의 변이 과정으로 나아가지 못한 사례다.

51 Chow, Rey, *Writing Diaspora*; 《디아스포라의 지식인》, 장수현, 김우영 옮김, 이산, 2005.

과 실천을 행하지 않는다면 제2의 오리엔탈리즘re-orientalism/self orientalism에 빠질 위험도 간과할 수 없다. 오리엔탈리즘은 동아시아에 깊숙이 뿌리박혀 있다. 그 실체를 드러내는 것은 단순한 일이 아니다.

동아시아를 상상하는 기반으로 동아시아의 동일화된 정체성을 요구하는 것은 일면 타당하다. 그러나 거기에만 주목할 때 정체성은 또한 역사적, 정치적 맥락에 따라 변하는 실체[52]라는 점을 놓칠 수 있다. '자기동일성'도 정체성을 이루는 요건이지만, 거기에만 주목할 때 '맥락에 따른 가변성'이라는 정체성의 또 다른 측면을 놓칠 수 있는 것이다.[53] 자기동일성과 '맥락에 따른 가변성'을 두루 갖추는 정체성을 상상하기 위해 우리는 구성과 해체, 재구성의 변이 과정 속에서 정체성을 사회역사적 맥락에 비추어 내는 것의 의미를 곱씹을 필요가 있다.

맥락에 비추어 낸다는 것, 즉 맥락화contextualization란, 어떤 이론이나 입장, 해석, 합의 등을 사회역사적 맥락 혹은 담론적 맥락에 근거시키고 그에 따라 조절하는 것을 말한다. 맥락이란 그 자체가 어느 것에도 근거하지 않으면서 그 자체로 열려 있는 것이기 때문에, 맥락에 근거한다는 것은 곧 어디에도 근거하지 않는다는 말과 같다. 맥락에 근거한, 즉 맥락화된 정체성은 그 자체로 굳어질 수 없고 맥락의 변화(그 자체가 지속적이고 필연적인)에 따라 유연하게 열리고 변하는 것이다.

바꿔 말해 정체성은 끝없이, 끊임없이, 자체를 재확인하는 한에서 그 정당성을 유지할 수 있다. 여기서 '재확인re-identification'이란 자기동일성으로의 끝

---

52 이에 대한 논의는 다음 글 참조. Fuss, Diana, "Interior Colonies: Franz Fanon and the Politics of Identification", *Diacritics*, vol.24, no.2-3, 1994, pp.20-42.

53 '정체성'이란 용어는 'identity'라는 영어에 상응하는 것일 텐데, 조선어에서 '정체성'은 '자기동일성'과 '맥락에 따른 가변성'이라는 개념을 함께 포괄할 수 있다. 반면 일본어에는 '자기동일성'이라는 개념으로만 이해되고 표기된다는 점, 혹은 그 이상의 무엇을 의미하고자 할 때에는 적당한 번역어가 없이 'アイデンティティ'로 표기한다는 사실은 흥미롭다.

없는 복귀가 아니라 오히려 그 해체에 가까우며 다시 재구성으로 이어지는 가변성의 강조로 보아야 한다. 예로, 일본 제국에 대한 한국의 기억(정신대, 식민, 학살 등)을 왜곡하는 일본의 편향된 역사인식을 바로잡고 양국의 공동의 기억을 확보하는 것도 중요하지만, 그 공동의 기억에 사로잡혀 양국의 정체성을 가해자와 피해자의 관계로 고정시키는 우를 범하지 않는 것도 중요하다. 일제의 기억에 사로잡힌 고정된 정체성은 한국에 '세습적 희생자 의식 hereditary victimhood'[54]을 유발하고 거기서 한국의 정체성은 과거에만 얽매인 채, 변화하는 사회역사적 맥락을 놓치고 미래에 대처하는 힘을 상실한다. 일본에 대한 피해의식에 사로잡힐 때 한국은 더 넓은 차원의 동아시아를 구상하는 보편성을 상상하지 못하는 것이다. 따라서 정체성을 시공에 따라 변하는 것으로 보고 사회역사적 맥락에 던져 넣으면서 늘 재구성의 과정에 두는 것이 필요하다.

이런 식으로 재맥락화와 재확인, 재구성의 과정[55]을 거치는 정체성은 가변적이고 과정적이며 임시적인 성격을 갖게 된다. 그것이 정체성을 살아 있게 만든다. 그렇게 되면 정체성은 열린 것으로 되고 약해질 수밖에 없으며, 그런 정체성을 지닌 주체는 약하고 열린 사고[56]를 통해 이질적인 타자의 존재로 스스로 변이하는 능력을 지닌다. 변이는 고정되고 정착되지 않기에 불안정을 동반하지만, 그것을 견딜 힘을 견지하는 한에서 주체 자체의 정체성을 타자에 대해 지속적으로 열어 놓는다. 그러한 열림은 타자의 부름에 응답하는 주체 스스로의 실천이며 사회와 역사의 구체적 현실에 대해 주체가 책임

54 임지현과 사카이 나오키의 대담집 《오만과 편견》(휴머니스트, 2004)에서 다각도로 고찰되어 있다.

55 굳이 '재'라는 말을 덧붙인 것은 새롭고 반복적이며 지속적인 성격을 강조하기 위한 것이다. 맥락이란 말 자체에 끊임없고 끝없는 지속성의 의미가 들어 있다. 이러한 맥락의 열림에 대해서는 다음 글 참조. 박상진, 《열림의 이론과 실제》, 소명출판, 2004, pp.107-113.

56 Vattimo, Gianni, *La fine della modernità*; 《근대성의 종말》, 박상진 옮김, 경성대출판부, 2003.

을 지는 일을 가리킨다. 바로 여기서 정체성은 주변의 상황뿐 아니라 자체의 동일화 가능성에 대해서도 저항을 하게 된다.

나는 주체의 자체에 대한 저항성이 지금까지 말한 열린 정체성과 그를 통한 타자를 향한 열림, 그리고 자체의 재구성에까지 이르는 일련의 과정을 받쳐 주는 힘이라고 생각한다. 저항은 특수한 상황에서 일어나는 특수한 경우이지만, 그 특수성을 넘어서서 보편성을 지향해야만 기왕에 억압이 저지른 오류를 반복하지 않을 수 있다. 억압된 정체성은 분열되기 쉽지만, 그 분열을 치유하는 것은 강한 정체성이 아니라 부드럽고 약한 정체성을 만드는 것이어야 한다. 강한 정체성은 억압의 유혹을 떨치기 힘들지만, 약한 정체성은 타자를 인정하고 스스로를 타자로 변이시키며 타자와 공생하기를 꿈꿀 수 있고, 그런 가운데 모두의 상처를 치유할 수 있기 때문이다. 그러므로 약한 정체성은 보편적 공동체를 구상하고 건설하는 더 큰 가능성을 지닌다고 말할 수 있다.

이른바 약하고 열린 저항적 정체성은 동아시아 정체성의 기본 성격임에 틀림없으나, 그 저항성, 그리고 거기서 나오는 저항적 정체성이 어떠한 얼굴을 하는지는 결코 단순하게 정리되지 않는다. 가장 큰 이유는 저항적 정체성 내부에 이미 저항의 대상이 스며들어 있기 때문일 것이다. 다시 말해 저항의 대상은 동일성의 얼굴을 하고 외부에만 있는 것이 아니라 내부에 자리를 잡고 있는 것이다. 그래서 동아시아의 정체성을 약하고 열린 것으로 재구성한다고 할 때, 외부에 대한 저항뿐만 아니라 내부의 동일성에 대한 저항의 양상도 기억해야 한다. 그러기 위해서는 동아시아의 정체성을 지식인 혹은 지배계층 일부의 논의가 아닌 다양한 집단과 개인의 목소리를 담아내는 것으로 만들어야 하고, 이를 위해 동아시아 내부의 권력 지형을 살펴볼 필요가 있다.

요컨대 동아시아의 정체성을 말할 때 그동안 동아시아가 서양 제국과 맺어 온 관계를 성찰하는 것과 함께 동아시아 내부의 권력 질서에 주목해야 한다.[57] 여기서 '내부'란 동아시아 각 국가들 사이를 말하기도 하지만, 각 국가들마다의 시민사회나 정당, 지역 등과 같은 집단들, 개인들 사이를 뜻한다. 국가들 사이에서도 헤게모니의 갈등이 일어나고 그로 인해 저마다 확고한 정체성을 확정하려는 경향이 존재하지만, 한 국가 내에서도 집단들, 개인들 사이에서 서로 저들의 정체성을 균질하게 부과하려는 헤게모니 투쟁이 벌어진다.[58]

사정이 그러하다면 우리는 저항적 정체성을 좀더 적극적으로 상상해야 한다. 자기동일성에 사로잡힌 정체성은 권력적 억압과 갈등을 치유하기는 커녕 거기에 동조하는 '적대적 공범'의 위치에 서게 된다. 모든 종류의 억압의 의지로부터 자유로운 저항적 정체성은 곧 억압의 맥락을 이해하고 거기에 대처하려는 '저항 의지'로 연결된다. 그러나 그러한 저항 자체가 헤게모니를 쥔 혹은 헤게모니 지향적인 국가나 집단에 의해 주도된다면, 그것은 올바른 저항이 될 수 없다. 그런 면에서 저항적 정체성이 자기동일성에 사로잡힌 정체성이 갖게 마련인 억압을 향한 의지에서 벗어나는 발판이라는 사실을 다시 한 번 숙지할 필요가 있다. 저항적 정체성은 사회역사적 맥락에 따라 끊임없이 자체를 재확인하고 변화시켜 나가며, 그 자체를 유연하고 열려 있게 만든다. 진정한 저항은 어떤 것을 극복해서 또 다른 지배의 위치에 서면서 다시 저항의 대상이 되는 순환적 오류에 빠지는 대신 저항을 만들어 내는 상황 자체를 없애 나가는 것이다. 따라서 저항은 끝이 없는 것이고, 끝없는 자기부정과 같은 것이다.

57 동일한 국가와 민족 집단 안에서도 정치적 이념과 체제, 그리고 경제적 기회와 자원을 둘러싼 입장을 정당화하기 위해 강자가 약자에게 가하는 종족 만들기의 폭력적 과정이 일어난다. 김광억 외, 《종족과 민족》, 아카넷, 2005.

58 그런 면에서 여기서 말하는 '내부'란 가라타니 고진柄谷行人이 《일본 근대문학의 기원》(박유하 옮김, 민음사, 1997)에서 말하는 "안정되고 의문시되지 않는 권력과 질서"를 가리키기도 할 터이다.

1.3.1.2. 자기부정성

저항적 정체성이 부드럽고 약한, 그리고 맥락에 열린, 과정적인 성격을 지녀야 한다면, 그를 위해서는 자체를 지속적으로 부정하는 기능이 요구된다. 내가 말하는 '맥락화된 주체' 개념이 지닌 자기부정성은 우리가 처한 복잡한 포스트 식민의 현실을 해체적 관점으로 바라보는 데 효과적인 개념인 한편, 앞서 기술한 '약한 정체성'이 동아시아 담론 형성에 어떤 방식으로 작용하는지 설명하는 데 유효하다. 가야트리 스피박Gayatri Spivak은 "엘리트 역사 기술은 인지적 실패에서 나온다"[59]고 말한다. 여기서 "인지적 실패"란, 예컨대 오리엔탈리즘을 가리킨다. 역사 인식이 잘못되었다는 말이다. 동양의 '사실'을 있는 그대로 재현하지 못하고 진실에 이르지 못했다는 말이다. 그러면서도 엘리트(서구 백인 남성)의 역사 기술이 일반화하고 허가되며 성공해서 진실하게 되는 것. 그것은 오히려 제국의 한계를 가리킨다. 그 자체가 이미 오류이기 때문이다. 다만 수많은 역사 기술의 세련된 어휘가 '인지적 실패'를 성공적으로 가려준다.[60]

칼 마르크스Karl Marx는 인간은 자기 결정을 향해, 소외되지 않은 실천을 향해, 분투해야 한다고 조언하며, 안토니오 그람쉬Antonio Gramsci는 하층민은 헤게모니에 휘말린 자신에 대한 일련의 부정을 통해 진정한 자신을 인식해야 한다고 제안한다. 이렇게 하기 위해 맥락화된 주체는 어떤 의식을 지녀야 하는데, 그것은 예컨대 계급의식과는 다르다. 스피박은 계급의식은 인간 현실을 소외시키는 기술description이라고 말한다. 나는 거기에 동의하는데, 왜냐하면 계급의식은 계급을 동질적으로 규정하고 자기부정과 변신을 하지 못하며 개체를 무마하기 때문이다.[61]

59 Spivak, Gayatri, *In Other Worlds: Essays in Cultural Politics*; 《다른 세상에서》, 태혜숙 옮김, 여이연, 2002, p.403.

60 위의 책, p.404.

공동체 내부에서 발생할 수 있는 집단의식도 그런 위험에 처할 수 있기는 마찬가지다. 그래서 스피박은 도시 프롤레타리아트와 농촌 서발턴에 마르크스주의적 노동계급의식을 부과하려는 노력이 근거가 없다고 말한다.[62] 나는 스피박에 동의하면서, 계급의식은 개인으로서의 주체에 자동적으로 연결되지 않으며, 그런 한에서 계급의식은 그 자체가 열린 해석을 맞이하는 하나의 담론으로 치환될 수 없고 현실로 펼쳐지기도 힘들다고 생각한다. 하나의 개인으로서의 주체는 계급투쟁의 주체로서의 의식을 가질 때에만, 즉 계급의식에 대해 개인적으로 동의할 경우에만 자기의 위치성positionality을 적절하게 세우고 견지할 수 있다. 따라서 개인으로서의 주체는 집단화되고 객관화된, 그래서 동일화된 주체를 늘 경계해야 하고, 그러기 위해 늘 스스로를 부정하고 타자화해야 한다. 그런 의식과 의지를 지닌 주체를 가리켜 맥락화된 주체라 부를 수 있을 것이다.

맥락화된 주체 혹은 그 주체가 지닌 의식은 자기부정의 의식으로 연결될 수 있을 것이다.[63] '자기부정'이란 용어는 한 개인을 계급이나 젠더와 같은 고정된 범주에 묶어두기보다는 그 개인이 그런 여러 범주들에 얽히면서 지배와 종속의 복잡한 권력 관계에 놓이는 상황을 드러내기에 적절한 개념이다. 그런 착종된 상황에서 개인이 자기의식을 갖고 자기의지를 표명하기는

61 나는 이 점을 프레드릭 제이머슨Frederic Jameson을 비판하면서 검토한 바 있다(《열림의 이론과 실제》, pp.90-95). 초우도 계급의식을 동일성에 기초하여 국민국가의 건설에 이용된 수사修辭라고 비판한다. 그는 이렇게 말한다. "정통한 '계급의식'의 관점은 발언권을 가진 지식인의 특권적 사회적 위치에 대한 자기성찰적 인식을 억제한다"(Chow, p.164). 초우는 계급의식이 정체를 초래할 뿐이라고 말한다. 즉 서발턴의 자기부정성의 발현을 저해한다는 의미일 것이다. 그는 중국의 5·4운동 이후의 문학에서 그러한 경향을 발견했으며, 루쉰의 문학이 암시하는 질문도 그러한 것이라고 말한다(같은 책, pp.164-5).

62 Spivak: 2002, p.408.

63 이는 아마 마르크스가 말하는 '의식적 객관화conscious objectification'와 같을 것이다. 의식적으로 자기를 객관화함으로써 자기 소외에서 벗어날 뿐 아니라, 이론과 구조, 헤게모니가 주조하는 닫힌 구조에서 벗어나는 실천으로 나아간다.

극히 힘들다. 개인의 '언어'가 소통 과정에 놓이기 위해서는 타자에 의한 변형을 거칠 필요가 있다. 그런데 문제는 그 과정에서 개인 주체의 경험과 의식이 변형될 수 있다는 점이다. 따라서 개인 주체는 자신의 위치성을 견지하기 위해서 역설적으로 타자의 위치에 서려는 노력을 기울여야 한다.

개인 주체와 타자 사이의 '거리'가 바로 개인 주체의 위치성을 유지시키는 역할을 한다. '거리'로 인하여 주체는 타자의 위치에서 자신을 바라보는 이른바 타자화의 경험을 한다. 주체의 타자화된 위치성은 위치를 고수하기보다 타자의 위치로 건너가고 다시 돌아오기를 반복할 수 있게 해 주고, 그러면서 서로가 변화하고 서로를 변화시키는 거점이다. 이러한 타자와의 관계 맺음은 타자를 선불리 시혜와 연구의 대상으로 혹은 무조건적인 이질감과 배타의 대상으로 미루는 것이 아니라 차이를 존중하고 포용하는, 소위 차이의 연대를 구축하는 행위로 이해되어야 한다.[64]

결국 내가 말하는 맥락화된 주체의 의식은 부정하는 의식에서 나온다. 그 의식은 자체의 기원을 갖지 않는다. 그러한 기원의 부재 자체는 맥락화된 주체의 발산을 억압하는 존재의 해체를 가능하게 한다. 왜냐하면 맥락화된 주체는 자체의 기원을 갖기보다 타자의 혹은 타자에 대한 사유와 함께 출현하고 거기서 언제나 자체를 부정함으로써 존재하기 때문이다. 그런 자기부정적인 존재 방식은 개인 주체를 제국주의적 자본의 회로 바깥에서 자율성을 갖는 절대적 타자로 고정시키지 않으면서, 오히려 지배 담론의 헤게모니 안에서 지배 담론의 구조에 균열을 일으켜 내부를 파열시키는 '내부의 외부'

64 지식인과 대중의 관계에 대해서 나는 계몽의 해결을 원하지 않는다. 그러나 지식인이 해결의 '중심'에 서 있다는 것은 인정해야 할 것이다. 문제는 그러한 중심에서 어떻게 벗어나서 대중에게 소외되지 않은 존재로 흐를 것이냐 하는 점이다. 지식인은 스스로를 구성과 해체, 재구성의 과정에 진입시킴으로써 스스로를 고이지 않게 만들어야 한다. 그것은 자기를 버림으로써 자기를 구축해 가는 것이다. 동아시아 담론을 상상하는 조건 중 하나는 바로 지식인의 그러한 열린 존재 방식에 있다.

를 가능하게 만든다. 네그리를 빌려 말해, 제국을 겪는 우리 시대의 개인 주체의 몸에 이미 제국이 스며들어 있다면, 주체 자신을 부정한다는 것은 제국을 부정하는 것과 같을 것이다. 여기서 개인 주체는 자기에게 말을 걸고 말하게 하는 타자화의 경험과 함께 체제 저항적인 혹은 비동일화의 정체성을 확보한다.[65]

요컨대 내가 상상하는 맥락화된 주체는 맥락에 근거함으로써 결국에는 아무 것에도 근거하지 않는 자유로운 주체를 말하고, 그것이 지닌 과정적 정체성은 자기부정과 재구성의 과정 자체를 존재의 방식으로 삼는 과정에서 태어난다. 자기동일성에 터를 두는, 다른 것과의 차이를 폐지하면서 자꾸 같은 것으로 포획하려 드는, 그러한 정체성이 지닐 수밖에 없는 배타적, 패권적 속성은 결코 자체의 한계를 인정하지 않는다. 내가 말하고자 하는 '적절한 정체성'은 스스로의 한계, 혹은 스스로의 부정을 지니고 스스로를 추구하는 과정적 실체다. 그런 자기부정의 과정에서 정체성은 자체를 없애고 제한하기보다는 오히려 스스로를 살아 있게 만든다.

맥락화된 주체가 어떤 공통된 토대를 넘어선다고 해서 그것을 무화시키는 것은 아니다. 토대 위에 서되, 그 토대에서 자유로운 것은 충분히 가능하며 필요하다. 예를 들어 그러한 주체가 민족의 정체성을 넘어선다고 해서, 즉 탈민족주의라고 해서, 민족을 무화시키고 그 결과 전 지구적 자본주의에 더 적절한 개체로 변신하는 것은 아니다. 탈민족주의는, 그런 것이 있다면, 민족주의를 '전유'하는 것이어야 할 것이다. 그것은 민족의 경계의 이쪽과 저쪽에 동시에 서는 것이며 민족의 정체성을 변용 가능한 것으로 추구하며, 그럼으로써 보편적으로 소통될 수 있는, 나누고 공생할 수 있는 정체성으로 만드는

65 나는 제국의 속성을 외부가 없는 총체로 규명하고 그 극복의 가능성은 오직 내파에 있다는 논의를 다음 글에서 한 바 있다. 여기서 '내파'란 자기부정의 의식과 실천과 통한다. 졸고 〈제국의 내파〉, 《문학과 경계》, 2004년 봄호, pp.158-173.

것을 말한다. 이러한 주체는 해체의 결과로 자동으로 구성되지 않는다. 해체는 구성에 대한 반성과 비판 위에서 재구성으로 나아가는 중간 행로다. 그 행로는 한 번으로 끝나지 않고, 그 순환을 지속시킨다. 그래서 의지와 실천을 필요로 한다. 그러한 해체는 무책임하지 않다. 반대로 구성의 단계(이를테면 민족주의의 단계)에 머물고 안주하는 것이 무책임하다.

'탈'의 개념을 그런 식으로 이해한다면, 마찬가지로 탈민족주의는 민족주의를 분열시키는 가능성보다 민족을 진정한 공동체로 만들고 나아가 더 큰 공동체를 이루는 단위로 세우는 가능성에 더 연결된다. 더 큰 공동체도 '공동체'를 유지하기 위해 역시 '탈'의 계기를 필요로 한다. 탈아시아라든가 탈공동체라는 개념도 그런 측면에서 구상해 볼 수 있는 것이다. 이런 과정에서 우리는 국가적이지도 전 지구적이지도 않은, 그러나 동시에 국가적이면서 전 지구적인 주체를 동아시아 담론을 상상하는 주체로 내세울 수 있을 것이다.

1.3.2. 비동일화의 실천

동아시아 담론을 상상하는 우리의 작업은 우선 비동일화의 사고를 통해 타자에 대한 내면화된 배타성을 부정하고 맥락에 열린, 즉 자체를 끊임없이 재확인하고 재구성해 나가는 과정을 조명하는 것으로 이루어졌다. 이 과정을 지탱하는 것은 자기동일성에 사로잡히지 않는 개인 주체들과 그들이 형성하는 탈국가적이고 탈계급적이며 탈지역적인 연대일 텐데, 그런 연대는 동시에 더 확장된 자기동일성의 함정에 빠지지 말아야 할 것이다. 말하자면 비동일화의 사고를 고스란히 국가와 계급과 지역이라는 집단적 단위에 적용하는 작업이 필요하다. 이로부터 진정성의 정도를 한껏 높인 공동체를 상상할 수 있을 것이다. 그 작업은 개인과 집단, 부분과 전체의 연대가 어떻게 가능한지를 묻는 것에 토대를 둔다.

나는 이러한 논의를 위해 비동일화의 사고를 작동하고 유지하는 에이전트로서의 실천적 개인 주체의 역할에 초점을 맞출 필요가 있다고 생각한다. 그것은 '상상'이란 의미를 곱씹는 것으로 시작할 수 있다. 상상이란 실제로 없는 것에 관련된 행위다. 상상이란 늘 현실답지 않고 구체가 아니며 추상과 모호의 특징을 지니지만, 어느 한 구석에서 조용히, 지속적으로 울리는 어떤 것이다. 상상이란 현실에서 물으면 떠올리는, 매번 잊으면서 다시 떠올리는, 망각의 긍정적 효과로서 작동되는,[66] 그래서 늘 상처를 덧내어 새로워지는, 그런 자유로움과 동시에 책임의 흐름을 품은 용어다. 상상 자체가 동일성을 벗어나는 유효한 사고와 실천의 방식이다.

개인의 체험과 정서, 그리고 거기서 빚어지는 기억은 이러한 상상의 열린 기능을 받쳐 주는 주요한 요소들이다. 개인의 기억은 늘 불완전하며, 공동의 기억으로 기록되고 공식화된다. 그러나, 개인의 기억이 공동의 기억과 동화하고 이화하는 여러 지점들이 있겠지만, 개인의 기억은 결코 이차적일 수 없다. 위안부의 기억은 위안부의 역사 기록의 증거라기보다 그 자체가 과거를 현재에 이으며 과거와 대화하게 해 주는, 우리가 그 대화를 목격하게 해 주는 역사의 일부분이다. 그럴 때 그 기억을 기록하는 역사는 늘 그 기억과 교합하거나 부딪히게 된다. 공동의 기억이 공동체를 이루는 것은 맞지만, 그를 위해 또한 피할 수 없는 것은 개인의 기억이고, 그 개인의 기억들 사이의 충돌이며, 공동의 기억과의 충돌이다.

이런 과정에서 공동체는 와해되는 것이 아니라 더 건강해진다. 동아시아 담론은 개인의 맥락화된 주체가 모든 종류의 고정된 질서에 맞서는 과정을 담아낼 수 있어야 한다. 그런 입장에서 나는 천꽝싱陳光興이 제안하는 '혼합된

66 Derrida, Jacques, "Following Theory", in Michael Payne & John Schad eds, *Life. After. Theory*, London : Continuum, 2003. 여기서 '망각의 긍정적 효과'란 책임을 새롭게 하는 것을 말한다. 예컨대, 결혼 선서를 잊는 것은 그 선서의 틀에 기대고 매이지 않으면서 선서의 내용을 새롭게 반성하고 인지하는 길이다. 즉, 과거에 부인을 사랑했던 기억과 그 기록을 잊고 현재 부인을 사랑하는가 하는 질문을 스스로에게 던짐으로써 사랑의 진정성에 더 충실하게 되는 것이다.

공동체mixed community' 개념[67]에 대해 회의적이다. 천꽝싱은 '혼종hybridity'이라는 호미 바바Homi Bhabha의 개념을 대체하면서 폴 길로이Paul Gilroy를 빌어[68] '혼합'이라는 용어를 내놓았다. 바바의 '혼종' 개념은, 로버트 영Robert Young이 지적한 대로,[69] '순종'이라는 개념을 전제한다. 즉, 혼종은 두 종류의 '순'문화가 충돌하여 만들어진다는 것이다. 그런 면에서 바바의 '혼종' 개념은 '오염'을 거치지 않은 '원래'의 문화가 존재하고 역사적으로 '외래'의 다원적 요소들이 전혀 섞이지 않는다는 잘못된 전제를 담고 있다.

이런 식으로 천꽝싱이 바바를 거스르며 지지하는 '혼합'의 개념은 무의식의 단계가 아니라 적극적 사색과 반성을 거쳐 타자와 변증법적 상호 추동을 진행하는 주체의 능동적인 실천에 터를 둔다. 그 기본 원칙은 "타자되기becoming others"다. 즉, "주체가 피식민자의 자아를 내면화하여 강자가 아니라 약자인 타자가 되는 것"이다. 여성, 원주민, 동성애자, 양성애자, 동물, 가난한 사람, 흑인, 아프리카인 등을 내면화하고 다양한 문화 요소들을 주체성 속에 함께 혼융하여 체제가 구획 지어 놓은 정체성의 위치와 경계를 넘어서며, 계급, 가부장제, 이성애, 인종 쇼비니즘에 의해 강요된 '식민'의 핵심 관계들을 제거하는 것이다. 천꽝싱은 이러한 비판적 혼합은 피식민 약소 주체들 사이의 문화적 동일시 전략으로 본다.

천꽝싱은 바바의 한계를 올바로 지적하고 '타자되기'의 전략을 나름대로 대안으로 내놓았지만, 그것은 내가 생각하는 공동체의 얼개에 의하면 지상至上의 목표가 될 수 없다. 내가 앞서 전제한 '타자화'라는 용어는 천꽝싱이 말하는 '타자되기'와 다른 과정과 목표, 즉 '타자되기' 자체보다는 그것을 어

67 천꽝싱, 《제국의 눈》, 창비, 2003, pp.150-3.

68 Gilroy, Paul. "Black Cultural Politics: An Interview with Paul Gilroy by Timmy Lott", *Found Object*, Vol.4, 1994, pp.46-81.

69 Young, Robert, *Whiter Mythologies: Writing History and the West*, London: Routledge, 2004, pp.141-56.

떻게 이루고 유지하느냐 하는 것을 문제로 삼는다. 지금까지 설명한 대로, 저항과 자기부정, 비동일화를 담는 '타자화'의 과정과 목표는 모든 방식의 동일화를 거부하고 거기서 벗어나는 것에 있다. 그런 측면에서 '타자되기'("피식민자의 자아와 주체를 내면화하여 강자가 아니라 약자인 타자가 되는 것")는 또 하나의 동일화로 비판될 수 있다. 타자가 된다는 것 자체가 동일성의 구조를 만드는 것으로 귀결될 수 있기 때문이다.

더욱이 천꽝싱이 말하는 '타자되기'는 약자가 스스로의 정당성을 확보하는 한에서 의미가 있을 것이다. 그러나 약자의 유일한 정당성이 바로 그 약자로서의 지위에서 나온다면 약자는 언제나 약자로서 특수하게 남고 자신을 지배하는 세력을 언제나 용인할 것이며, 강자를 극복하거나 강자와 화해하는 공동체의 단계로 나아갈 수 없을 것이다. 우리는 여기서 동일성의 범주가 더욱 단단해지는 국면을 만나게 된다. 강자인 타자가 되는 것이 패권의 부작용을 낳는다면, 약자인 타자가 되는 것 역시 배타와 피해의식의 부작용을 낳는다. 따라서 나는 "타자되기"의 원칙에서 나올 수 있는 동일화의 부작용을 지적하고, 모든 종류의 동일화를 해체하는 데서 더 나아가 동일성의 해체를 유지하는 실천으로 비동일화 개념을 내세우고자 하는 것이다.

동일성의 해체를 유지하는 것이 곧 재구성의 단계라는 위의 구도는 동아시아의 과정적 정체성에 고스란히 적용된다. 방금 동일성의 해체가 좀더 빈틈없이 이루어져야 한다고 말했는데, 그렇다고 동일성의 해체를 향해 나아간다는 것에 어떤 조건도 달지 말아야 한다는 말은 아니다. 동일성의 효과로 생겨난 동아시아 국가들 사이의 패권 구도를 해체하는 일이 첫째이지만, 그런 패권 구도에서 생겨나는 국가 차원의, 또 국가 내부의 종족적ethnic 갈등으로 표현되는 고착된 이질성들 사이의 갈등을 치유하는 일을 병행해야 한다. 동일화는 안정을 가져오지만 배타와 그로 인한 갈등을 일으키기 쉽다. 바로 이 점에서 해체는 갈등의 치유와 함께 해야 한다는 것이다. 치유의 역할을 맡는 것은 구체적인 개인들이다. 개인 주체는 공동체를 이루는 기본 단위다. 또한 공동체 담론을 발신하고 수신하는 개인 주체들의 대화와 소통, 그리고 그들의 치유와 연대는 공동체를 지속적으로 재구성되는, 열린 역사적 과정으로 나아갈 수 있게 해 준다.

그런 측면에서 비동일화의 사고는 개인 주체들의 치유와 연대의 실천을 통해 유지될 수 있다. 요코 가와시마 왓킨스Yoko Kawashima Watkins가《요코 이야기》[70]에서 묘사한 동아시아 공간에 대한 자전적 경험은 주체의 역사 체험과 해석이 어떤 방식으로 하나의 열린 공동체를 형성하는 토대가 되는지 잘 보여 준다. 이 텍스트 자체는 매우 독특한 위치에 서 있다. 작가는 미국에 체류하는 일본 여성으로서, 일본이 패망할 무렵 함경도에서 서울을 거쳐 일본으로 귀환하던 어린 시절의 자전적 체험을 기술한다. 한반도를 가로질러 일본에 도착하는 공간적 이동은 당시 동아시아 국제정세의 급속한 변화의 한 단면을 보여 주고 있으며, 더 중요하게, 그런 국제정세를 구체적인 일상과 사건들, 그리고 인물들을 만나 겪는 작가 자신의 개인적 체험 속에서 담아내고 있다. 그녀는 국가와 이념이라는 거대한 담론들의 틈새에서 그들을 가로지르는 개인들의 공감 혹은 반감이 존재하고 그에 바탕을 둔 공동체가 필요하다는 개인적 체험을 들려준다.

일본의 패망이자 한국의 해방은 요코의 가족에게 큰 변화를 일으킨다. 제2차 세계대전의 막바지에서 "일본 정부는 전쟁 물자를 조달하느라 혈안이

70 Watkins, Yoko Kawashima, *So Far from the Bamboo Grove*, Harper Collins, 1986 ;《요코 이야기》, 윤현주 옮김, 문학동네, 2005. 미국에서 출판되어 한국에서 번역되었으나 중국과 일본에서는 출판 금지 상태에 있다. 사실 이 소설은 한중일 세 국가에 껄끄러운 존재일 수 있다. 그것은 주인공 요코의 경험이 제국과 식민, 통치자와 피통치자라는, 국민과 국가, 민족, 집단이 만들어 내는 다양한 유형의 경계들 위에서 그들의 어느 한쪽에만 속할 수 없는 한 개인의 디아스포라적 고통을 담고 있기 때문이다. 중국과 일본의 출판 금지는 개인의 기억에 대한 국가적 통제의 한 예라고 생각한다.

된다."[71] 요코의 집에도 일본 경찰이 들이닥쳐 온갖 쇠붙이들을 쓸어가고, 그 와중에서 요코의 가족은 그들로부터 폭력을 당한다. 요코의 가족은 자국의 정부를 비판하며 전쟁에 대한 반감을 표출한다.

> 드디어 어머니가 화를 내기 시작했다.
> "우리나라가 전쟁을 일으키려고 진주만을 공격한 건 하나도 잘한 짓이 아니야. 우리 정부가 내렸던 이 결정에는 아버지도 동의하지 않으신다."
> 어머니의 음성이 점점 더 떨리기 시작했다.
> "전쟁이 우리가 가지고 있던 모든 것을 빼앗아가고 있잖니. 평화라든지 사랑, 행복 같은 것들 말이다. 남편이나 아들을 잃느니, 차라리 우리나라가 지는 걸 보는 편이 낫겠다."[72]

전쟁은 곧 그들에게 공동체를 구성하는 연대를 무력하게 만드는 폭력이었다. 그들은 일본의 패망 소식을 듣고 일본 본토로 돌아가기 위해 남쪽으로 향한다. 귀환 길에서 요코가 겪고 목격한 것들은 전쟁으로 인한 폭력의 장면들이었다. 특히 불특정 다수의 일본 여자들이 불특정 다수의 조선 남자들에게 강간의 위협을 당하는 장면은 개인의 폭력이 국가들의 힘의 관계에 의해 수행되고 합리화되는 것을 보여 준다. 개인들의 몸에 각인된 상처는 국가의 상처에 대한 은유가 되는 과정 속에서 희석된다. 그래서 요코의 기억은 요코가 가해자인 일본의 국민이라는 것 때문에 무시되어 마땅한 것이며 그녀의 기록들은 민족주의의 서사가 한국사의 주류를 이루는 한에서는 역사로 인정받을 수 없는 것들로 취급된다. 요코의 기억과 기록이 역사적 사실이었는지 확인하는 것은 별 의미가 없다. 그녀는 분명 자신의 책을 "소설"로 규정했다.[73] 그러나 허구라고 해서 요코의 기억의 기록이 비역사적인 것으로 폄하

71 위의 책, p.20.
72 같은 책, p.40.
73 같은 책, p.10.

될 수는 없다. 그것은 역사가 해석의 대상이라는 점에서 요코의 기억은 역사를 다시 돌아보는 하나의 계기가 될 수 있기 때문이다.[74]

《요코 이야기》는 요코의 자전적 서술과 함께 오빠 히데요의 기억을 3인칭 작가 시점으로 서술한다. 요코는 오빠의 제 3자적 기억을 자신의 기억과 교합하는 과정에서 개인들의 기억들의 연대의 가능성을 시도하는 것으로 보인다. 히데요의 이야기에서 주목할 부분은 히데요가 조선인 가족의 보호를 받는 장면이다. 히데요는 이렇게 기억한다.

> 저녁을 마저 먹으면서 아저씨가 가족들에게 당부했다.
> "만약 저 학생이 죽거나, 우리가 저 학생을 구해 준 걸 사람들이 알게 되면 상금을 타내려고 우리를 밀고할지도 모른다. 잘못하면 처형되는 수도 있어. 그러니 다들 잘 들어라. 지금부터 저 아이는 아버지 조카라고 해야 한다. 저 아이의 부모가 일본놈들의 손에 다 죽었기 때문에 우리를 찾아온 거라고 말해야 돼."[75]

요코의 기억에서 노출된 전쟁의 잔인성은 히데요의 기억에서 나온 인간의 연민으로 치유된다. 작가 요코는 자신의 기억과 타자의 기억을 함께 배치하면서 개인들 사이의 연대를 구성하는 것이다. 그러한 연대는 거대 담론과 역사가 받치는 국가 단위의 공동체가 결여할 수 있는 소수자의 목소리를 담아내는 소중한 통로가 된다. 동아시아를 구성하는 국가들이 특히 근대 역사

74 질 하켓이 요코 왓킨스와 행한 인터뷰(Hackett, Jill. "A Shout from the Heart", I Gotta Crow : Women, Voice, and Writing, The Writer Books, 2002, pp.113-126)는《요코 이야기》를 논픽션으로 규정하면서 개인의 기억의 정확함과 그 재현의 관계에만 초점을 맞출 뿐 그 기억이 다른 기억들—개인과 집단의—과 충돌하는 문제에는 전혀 관여하지 않는다. 작가 요코 왓킨스의 기억이 맞는지 틀리는지 확인하는 것보다 그녀의 기억을 공통의 기억을 재점검하는 계기로 삼는다면, 거기서 그녀의 기억과 의도는 그들의 해석에 비해 부차적인 것으로 취급되어야 할 것이다. 말하자면 내가 생각하는《요코 이야기》의 문제 제기의 역할은 작가 개인을 넘어선 것이다. 이는 앞에서 설명한 비동일화의 사고에 터를 둔다.

75《요코 이야기》, p.272.

에서 민족주의적 대립의 지형을 이루어 온 상황에서 그 대립을 가로지르는 소수자의 목소리는 나오기도 힘들고 나온다 해도 묻히기 쉽다. 그것은 소수자의 목소리는 기존의 담론의 장에서는 결코 다룰 수 없다는 것을 말해 준다.

나는《요코 이야기》에 등장하는 기억의 개인 주체들이 맥락화된 주체의 저항성을 잘 보여 준다고 본다. 그 저항성은 자기부정과 타자를 향한 열림의 과정에서 배타성과 자기중심성을 벗어던지고 부드럽고 느슨해진, 그래서 타자성을 스스로의 내부에 허용하는, 약한 정체성을 형성하는 것과 같다. 그런 과정에서 개인들의 경험과 기억에 터를 두는 공동체가 이루어질 수 있다. 그런 공동체는 일면 불안정해 보이기도 하고 모호하게 보이기도 한다. 그러나 공동체의 정체성을 선명하게 해 주는 제도와 국가, 정치, 이념도 물론 필요하지만, 공동체의 본질인 '타자성에 대한 열림'을 유지하기 위해서는 그러한 것들에 대해 개인들이 맞서거나 동의하는 과정을 결코 무시할 수 없다.

요코의 개인 체험에서 공동체의 존재 가능성은 희망인 동시에 회의의 대상이었다. 요코는 한 번도 공동체를 경험한 적이 없다. 한 번도 공동체는 이루어진 적이 없었고 앞으로도 이루어지지 않을지도 모른다. 그러나 느낌과 희망은 있다. 그것이 우리가 공동체를 말하는 이유다. 완성되었다면 문제도 없다. 그러나 완성된 공동체는 유토피아이며 가짜 혹은 억압이다. 공동체는 늘 문제로 열려 있어야 한다. 따라서 공동체는 과정, 그 이상도 이하도 아니다. 공동체는 그런 의식을, 그런 부드러움을 견디어나가는 개인 주체들의 능력과 자세로 유지되는 것이다.

《요코 이야기》는 개인 주체들의 비동일화의 능력, 혹은 더 정확히 말해 그 비동일화와 그 능력의 개인적인 체험과 상상에 대한 묘사다. 그것이 보편성을 얻기 위해서는 국민국가의 배타적 패권을 넘어서는 개인들의 의식과 정서, 그리고 개인들의 대화와 연대를 필요로 한다. 이 텍스트에는 개인의 기억이 뛰어난 문학적 형상화를 통해 재현되고 있다. 중요한 것은 그 문학적 형상화가 기존의 공적 담론(국가, 이념, 역사 등)에 가려지고 왜곡된 부분들을 들춰내고 바로잡는, 또 다른 공적 대화의 장으로 나아가게 해 준다는 사실이다. 그것은 국가와 이념, 역사를 구성하는 수많은 개인과 일상의 결들을 쓰다듬고 느끼며 드러내는 작업을 통해 진정한 공동체를 재구성의 과정에 놓으려는 노력이며, 또한 이 과정에서 거꾸로 동아시아를 구성하는 각 국가들의 적절한 정체성을 구축해 나갈 수 있다.[76]

이렇게 이루어지는 공동체는 제도와 국가, 이념과 같은 객관적 효과들의 틈새를 가로지르며 구체적인 일상과 사건을 겪는 개인들 사이에 형성되는 공재성coevalness, 즉 나와 타자의 관계 속에서 형성되는 묻기와 대답하기의 상호성과 책임을 바탕으로 이루어진다. 여기서 비동일화가 현실적으로 만들어진다면, 그것은 개별적이고 특수한 개인들의 체험에서 구축되는, 현실에 대한 자율적 판단과 수용에서 나오는 것일 것이다. 그것은 집단의 획일화된 정체성으로부터 개인의 다양한 정체성들을 구별하는 것이며 동시에 개인의 다양한 정체성들 사이의 연대를 새로운 동아시아 공동체 형성의 출발로

76 2007년 벽두에 이 책이 미국 고등학교에서 10년 이상 교재로 채택되어 온 사실에 대해 한국 정부와 언론이 문제를 제기했다. 미국 정부에 대한 항의와 함께 저자의 가족 상황에 대한 탐문(아버지가 731부대의 일원이었다는 보도가 있었다), 책의 역사적 배경에 대한 검증, 그리고 출판사의 출판 경위와 입장 표명 등이 있었다. 이에 대한 한국 국민의 반응은 대체로 자극적인 것이었다. 그들 눈에 저자는 자기 기억을 빙자하여 역사를 왜곡하고 일본의 오류를 합리화하는 것으로 보였던 것 같다. 더욱이 한국이 일본에게 피해를 주었다는 식의 묘사는 그 책을 읽는 미국 학생들에게 잘못된 역사인식을 줄 수 있다는 우려가 제기되었다. 중요한 것은 이런 일련의 사태가 한국은 물론 일본과 중국 등 동아시아 각 국가들에 내재한 민족주의의 감정에서 나왔다는 것뿐만 아니라 그런 민족주의가 미국에도 적용된다는 점이다. 이 책이 미국 고등학교에서 10년 이상 교재로 사용되어 왔다는 사실은 미국의 잘못된 과거사에 대한 일종의 면죄부의 효과를 냈다고 볼 수 있다. 즉 일본을 한국의 피해자라고 배우면서 혹은 단순한 휴먼 스토리로 읽으면서 미국 학생들은 미국이 일본과 함께 저지른 만행을 철저하게 망각하게 되는 것이다. 이 소설이 수많은 서구 정전들과 함께 제도 교육의 장에 포섭된 것은 그만큼 미국식 국가주의의 무의식적인 자기 위장의 한 측면이라고 생각한다.

삼으려는 것이다. 요코 왓킨스의 자전적 체험은 한 국가 내에서, 그리고 동아시아 전체에서, 동일성을 강요하는 수많은 종류의 동일성의 이념들을 해체하고 이를 개인 주체들의 연대 위에서 재구성하는 지속적인 변이의 과정이 공동체를 위해 필요하고 가능하다는 것을 말해 준다.

동아시아에 대한 논의는 그동안 국가와 이념, 제도 등의 차원에서 거대담론으로 이루어져 왔던 데 비해 개인 주체들의 기억과 정서가 비교적 소외되었으며, 그런 과정에서는 적절한 공동체의 수립은 어렵다고 생각한다. 동아시아의 구도에 국민과 국가라는 근대적 정체성이 작용할 때 동아시아는 타자를 차별하고 배제하면서 모든 개인 주체들의 사고와 행동의 자유를 억압하는 괴물로 둔갑할 수 있다. 나는 개인의 체험과 지식, 이념, 사고, 행동 등의 개입이 국가 사이에서 맺어지는 공동체에 의해 생략되거나 무시되지 않는 정도가 커질수록 그 공동체는 더 적절한 정체성을 구현할 수 있다고 본다.

여기서 우리는 프랑수아 리오타르François Lyotard의 확신을 참고할 필요가 있다. 그는 국가의 폭력이 강요하는 전체성의 초월적 환상으로 우리를 이끄는 헤겔 식의 총체적 세계관을 거부하면서, 근대성이 개인에게는 테러리즘과 같다고 말한다. 윤리와 정치, 인식의 게임들, 그 이질적인 언어를 통해서 자기동일적 주체나 통일된 목적을 지향하는 역사의 개념을 해체해야 한다는 것이다.[77] 바꿔 말해, 개인 주체는 자신의 맥락이 하나의 특수로 처리되고 생략되지 않는지 경계해야 하고, 그러면서 또한 자신의 맥락이 보편적인 차원에서 어떤 의미를 지닐 수 있는지 끊임없이 점검해야 한다. 특수를 보편과 소통시키는 이런 관계 위에서 개인들의 비동일화의 실천의 능력은 공동체를 유지하는 응답성과 책임의 윤리로 올라서게 된다.

동아시아 담론을 위해 내가 내세우는 개인 주체의 존재는 세계화의 현재

77 San Juan, E. Jr., *Hegemony and Strategies of Transgression: Essays in Cultural Studies and Comparative Literature*, New York: State University of New York Press, 1995, p.195 재참조.

상황에서 특히 중요하게 다루어져야 한다는 것도 덧붙여야 하겠다. 그것은 세계화 자체가 "공동체나 공동체의 구체적인 역사에 몸담고 있는 개인을 그 배경과 절연시키고 끊임없이 보편화, 획일화, 추상화하"기 때문이다.[78] 제각기 고유성을 갖는 개인 주체들이 민족주의와 같은 동일성의 현실태들 사이의 경계를 넘어서서 맺는 동의와 연대, 그리고 이들을 받쳐 주는 동아시아의 맥락화된 정체성은 진정성의 정도를 높인 민주주의의 얼굴을 하고 있다. 이로부터 우리는 국민과 국가라는 동일성의 환상에서 벗어나, 수평적 관계로 이루어지는 공동체의 건설로 나아가는 동아시아 담론을 더욱 희망차게 상상하는 계기를 마련할 수 있다.

1.4. 과제

지금까지 동아시아 담론의 요건들을 살펴보았다. 동아시아는 미리 주어졌거나 고정된 것이 아니라 우리가 구성할 역사적 과제이자 실체다. 동아시아의 역사에서 '동아시아'는 제대로 구성된 적이 없으며, 언제나 패권과 배타로 얼룩져 왔다. 동아시아를 말한다는 것은 곧 그 구성 요소들이 서로 대화적 관계를 맺는 공동체를 말하는 것이다. 그러나 역사적으로 동아시아는 국민국가들의 구성과 해체의 반복적 순환에 머물렀으며 공동체로 재구성되는 단계까지 나아가지 못했다. 이제 동아시아는 재구성의 도약이 필요한 미래의 과제로 우리에게 주어져 있다. 새로운 동아시아 담론의 상상은 우리가 어떤 동아시아를 맞이할 것인지를 묻는 일로 주어져 있다.[79]

78 강상중, 요시미 순야, 《세계화의 원근법—새로운 공공공간을 찾아서》, 임성모, 김경원 옮김, 이산, 2004, p.23.

79 그런 면에서 최장집의 확신을 참고할 만하다. 그에 따르면 동아시아 정체성의 재수립은 "냉전으로 분할된 지역임을 부정하고 어떤 것을 공유하는 지역이 된다"는 의미와 동아시아 "지역 국가들 스스로가 갖는 내적 요구와 필요의 산물"로서 "스스로의 평화를 만들기 위한 공동체를 상상할 수 있게" 되었다는 의미를 갖는다. 최장집, 〈동아시아 공동체의 이념적 기

현재 동아시아의 현실적 구성체의 필요성에 대하여 한국과 중국, 일본은 한 목소리로 공동체를 외치지만, 사실은 서로 배타적인 국가 중심주의에 강하게 사로잡혀 있다는 비판을 피하기 힘들다. 이와 관련해 예컨대 와다 하루키和田春樹는 과거의 가해에 대한 가해국의 사죄와 반성, 그리고 피해국의 이해 위에서 역사를 청산하고 기억을 정리함으로써 공동체를 형성하자는 매끈한 해결책을 내놓는다.[80] 하루키가 제시한 방향은 참고할 만하되, 동아시아의 150년사에 얽힌 다차원의 관계는 좀더 복잡하고 섬세하며 과정적인 해법을 필요로 한다는 점을 생각해야 한다.

한국의 경우, 일본과 얽힌 과거사에서 비롯된 '세습적 희생자 의식'을 축으로 만들어진 집단적 기억은 한반도의 민족주의를 정당화하는 정서적 기제다. 한국인은 이를 기억해야 하는 동시에 거기서 자유로워질 필요가 있다. 과거사의 정확한 기억은 스스로와 타자의 정체성을 구성하고 확인하는 데 필요하지만, 한편으로 그렇게 구성된 정체성이 지니게 마련인 배타적 중심주의에 빠질 수 있기 때문이다. 이는 한국뿐 아니라 동아시아 각국에 모두 해당되는 사항이다. 동아시아인은 이 두 역설적 입장을 공존시켜야 하는 어려운 상황에 처해 있다.

그런 면에서 '동아시아'의 문제의식을 갖지 않는 동아시아 각국들 사이의 공동의 기억, 공동의 역사인식은 소박한 희망으로 그칠 수 있다. 동아시아 전체를 가로지르는 중심 대 주변부의 작용, 그리고 서양과의 관계에서 작동하는 중심 대 주변부의 관계에서 동아시아를 바라보고, 거기서 남한과 북한, 중국, 대만, 일본, 러시아를 바라보아야 공동의 역사인식은 작동할 수 있다. 요컨대, 전체 인식의 틀이 바뀌지 않는 한, 양심과 실증에 바탕을 둔 해결은 한계가 있다는 것이다.

초〉, 《아세아 연구》 제47권 4호, 2004 겨울, pp.98-99.

80 와다 하루키和田春樹, 〈동북아시아 공동의 집과 역사 문제〉, 《창작과 비평》 117호, 2005 봄, p.106-7.

동아시아는 만들어진 전통이나 관념이 아니라 역사적으로 존재하고 작용해 온 실체다. 다만 우리 자신이 근대 역사와 근대성의 사유방식 속에서 잊고 덮고 무시하고 왜곡해 왔을 뿐이다. 그러나 동아시아는 동아시아를 이루는 국민국가들의 기계적 연합이 아니며, 발견하기보다는 구성해 나갈 가능태로 우리에게 주어져 있다. 가능태를 현실태로 바꾸는 것은 실천에 관련된 일이다. 여기에는 담론적 실천을 비롯하여 정치와 경제, 시민의 차원에서 추구되는 실천, 그리고 문화에 관련된 정신적 실천도 해당된다. 동아시아 담론의 상상은 그러한 실천들을 위한 이론적 토대다. 단, 우리는 이 토대에 가미된 상상의 기능과 역할을 적극적으로 고려하고 반영하여야 한다. 그럴 때 토대는 부드럽고 유연해지며, 실천을 제한하는 선험적 틀이 되지 않을 수 있기 때문이다.

이 글에서 그린 동아시아는 자기동일성에 저항하고 동일화의 사고와 연속을 부정하며, 그런 가운데 개인 주체들의 체험과 정서, 그리고 그들 사이의 연대의 실천을 소홀히 하지 않는 공동체의 얼굴을 하고 있다. 그것은 사회역사적 맥락에 따라 변신하는, 또 그 맥락에 대한 개인 주체들의 응답에 따라 재구성되는, 과정적인 정체성에서 나온다. 동아시아를 말할 때 그러한 과정적인 정체성의 개념을 고려해야 하며 동시에 이를 공동체 구성이라는 역사적 현실 차원으로 연결시켜야 한다.[81]

그러므로 내가 지금까지 묘사한 동아시아는 담론이면서 동시에 현실이다. 그것은 내가 지금까지 비판한 동아시아가 담론이면서 현실인 것과 같다. 그것은 동아시아가 비판의 대상이면서 또한 앞으로의 과제이기 때문이다.

81 이와 관련하여 살펴볼 것들은 많다. 예로, 동아시아 문학, 동아시아 역사, 동아시아 철학, 동아시아 정치, 동아시아 환경 등등, 동아시아를 단위로 하여 이루어 낼 구체적인 담론의 예들을 정리해야 한다. 또한 구체적인 역사적 현실에서 동아시아가 무엇을 의미하고 어떠해야 하는지를 계속 점검해 나가야 한다.

그런 면에서 동아시아는 우리가 실천해야만 하는, 실천에 의해서만 의미를 획득하는, 하나의 도덕적 정언moral imperative이라고 할 수 있다. 그러나 그것은 마치 플라톤의 이데아처럼 실체로서의 동아시아, 즉 가장 구체적으로 우리가 직면한 경제, 문화, 정치 단위의 현실적 구성체보다 우위에 있거나 그 구성체가 다다라야 할 고정된 목표로 제시되는 것이 아니라, 그 구성체를 구성하는 실천 속에서 끊임없이 검토되고 다시 수립해야 할 가변적인 것이다. 따라서 지금까지 묘사한 동아시아는 담론 차원에서 다루어졌으되, 담론의 현실 관여성은 충분히 강조되어야 한다. 그것이 바로 동아시아 담론의 한 조건이기도 하다. 즉, 동아시아 담론은 도덕적 정언과 현실적 실천을 함께 담아야 하는 것이다.

그와 함께 강조해 둘 것은 그 실천의 성격이 합목적적이지 않은 방식으로 전개되어야 한다는 점이다. 내가 생산한 동아시아 담론을 받치는 해체와 재구성의 과정은 그런 방식의 실천을 지탱한다. 그 실천으로 어떤 구체적인 동아시아 공동체가 이룩될 수 있는지는 아직 모른다. 다만 그를 위한 이론적 구상을 제시하려는 것이다. 그것은 현실에서 이루어짐으로써 의미를 갖는 다기보다 언제까지라도 재방문되어야 할 하나의 지침으로 한 구석에서 조용히 되울리는 무엇이다. 그 효과는 어느 단계의 잠정적인 동아시아 공동체의 상상들도 부정하는 것이다. 바로 그 끝없는 부정에서 그 상상은 거듭난다. 그리고 살아남는지가 결정된다. 상상은 끝없는 부정에서 살아남으면서 현실로 육화될 가능성을 키워 나가는 것이다. 나는 그러한 상상의 조건을 논의한 것이다.

이런 측면에서《미래를 여는 역사》[82]는 '공통된 역사인식'의 가능성을 보여 준 예라고 할 수 있다. 한·중·일의 역사학자들이 서로의 입장에 서면서

82 한중일 3국 공동역사편찬위원회,《미래를 여는 역사》, 한겨레신문사, 2005.

각자 자신을 부정하는 동시에 타자를 인정하는 과정에서 서로가 서로에게 얽힌 관계를 이룬 결과로 생각된다. 그런 개인 주체들의 참여 과정에서 각 국민국가들은 자체의 정체성을 부드럽고 약하게 만들며, 그럼으로써 이질적인 타자를 허용하고 또 자체를 타자에게 허용하게 된다. 이는 국가의 경계를 넘어서서 동아시아인 개개인의 삶과 존엄성을 국가권력으로부터 확보하는 중요한 도약이다.[83] 다른 한편《미래를 여는 역사》가 동아시아 공동의 기억을 생성하는 장으로서의 역할을 만족스럽게 성취하지 못하고, 다만 한·중·일의 역사적 경험의 차이를 병렬하는 것에 그쳤다는 비판들이 있다.[84] 이는《미래를 여는 역사》에만 해당하는 비판이라기보다, 더 중요하게, 동아시아가 미래에 열린, 지속적인 문제 제기의 과정 그 자체로 이루어진다는 점을 강조하는 것으로 볼 수 있다. 따라서《미래를 여는 역사》는 그 자체로 완성이 아니라 그 지속적인 타자화의 과정에 실려야 하며, 동아시아 공동체에 자꾸 문제를 제기하고 태클을 거는 과정 속에서 그 내용을 개정시켜 나가야 할 것이다.

나의 논의는 기존에 '합의된' 종류의 담론들과 다르다. 또 기존의 합의된 담론이 만들어 낸 안정된 동아시아 상image을 만들어 내지도 않는다. 다만 거기에 거스르며, 안정된 동아시아 상을 더 유연하게 만드는 것, 그 상상 자체를 전면에 내세울 뿐이다. 그런 면에서 상상 자체도 동아시아 담론의 한 조건으로 생각할 수 있다. 이런 식으로 동아시아에 대해 자꾸 문제를 제기하고 태클을 거는 것은 동아시아를 위협하거나 공동체를 순간으로만 존재하는 허구로 만들려는 것이 아니라, 있을 수 있는 동아시아의 울혈을 방지하기

83 신주백, 〈한중일 역사교과서의 국가 폭력에 대한 기억 관리〉, 《문화과학》 2004 겨울호, pp.43-44.

84 김기봉, pp.186-192 ; 백영서, 〈동아시아 평화를 앞당기는 소중한 첫걸음〉, 《창작과 비평》 119호, 2005 가을.

위한 것이다. 끝없는 해체는 그런 역할을 하는 한에서, 그리고 재구성의 잠정적이고 전략적인 결론에 이르고 거기서 탈주하기를 반복하는 한에서 의미를 확보한다. 해체를 상실이 아니라 유지로 변이시키는 과정에서 유지되는 공동체는 기본적으로 유연하고 부드러운 얼굴을 하고, 그 유연성과 부드러움을 견디는 힘을 지닐 수 있을 것이다. 그렇게 진정한 공동체는 스스로에 대한 저항을 스스로의 내부에서 키울 수 있을 테지만, 제국으로 흐르는 공동체는 문제를 없애고 완벽을 지향하며, 유연하고 부드러운 상태를 상실하면서 굳어져 간다. 거기서 기억과 반성, 실천, 그리고 저항으로 이루어지는 공동체의 힘을 잃어 간다. 동아시아를 상상하는 것은 공동체의 진정성을 실현하고자 하는 노력과 다르지 않다.

세계화 시대에서 빈번히, 그리고 다양하게 일어나는 초지역적 제국 패권의 구성에 맞서 동아시아 담론은 먼저 해체의 단계로 다양한 정체성'들', 즉 개인과 집단마다, 지역마다, 시기마다, 상황마다 서로 얽혀 일어나는〔緣起〕 복수의 정체성들을 구성하고, 다음에 그들이 국가들을 가로지르는 공동체를 재구성하는 구도를 상상할 수 있어야 한다. 동아시아를 이루는 기본 단위는 국민국가보다는 개인들, 집단들, 지역들을 아우르는 시민사회이며, 시민사회들의 통국가적 연대다. 단 그 단위들은 늘 비동일화의 사고와 실천을 견지하는 한에서 작동할 수 있다는 것을 다시 강조하고자 한다. 동아시아는 이들이 각자의 과제로, 또 그들이 연합하여 이루어 낼 또 다른 재구성의 지역적 과제로, 나아가 전 지구적 과제로 이어지는 것이 될 것이다.

결국 동아시아는 실천의 과제이며 현실의 과제다. 특정한 경우를 두고 특정한 맥락에서 질문을 받으면 응답해야 하는 과제이며, 고정된 실체가 아니라 형성해 나갈 무엇이다. 그 '무엇'이 우리가 상상할 동아시아의 얼굴이다. 반복하자면, 그 '무엇'은 반드시 어떤 역할을 하는지를 묻고 대답하는 한에서 의미가 있다. 동아시아가 가능하려면 궁극적인 완성을 목표로 하기보다는 언제나 자체를 의문의 대상에 올리면서 자체를 구성과 해체, 재구성의 변이의 과정에 놓는, '약하고 열린 정체성'을 채택해야 한다. 그러한 끊임없는 과정 자체가 동아시아를 구성한다. 그래서 동아시아는 과거를 잇는 것이기보다는 미래에 이룰 하나의 과제로 우리 모두에게 제시되는 것이다.

2. 비교문학의 새로운 과제
—혼종성에서 혼종화로

2.1. 문제

새로운 시대에서 비교문학이 무엇이고 어떻게 하는 것인지의 물음은 국내에서 여러 측면에서 검토되었다. 직접적인 영향 관계를 따지는 실증적인 연구방식을 넘어서자는 논의에서부터 다문화주의multicultrualism라는 새로운 지적 환경, 그리고 세계화와 탈민족주의라는 새로운 문제들에 직면하여 비교문학이 어떻게 거듭나야 할 것인지에 대한 진지한 논의들이 있었다.[85] 국외

85 조사된 자료는 다음과 같다. 더 많은 논의들이 있었으나, 이 책의 논지에 맞는 것들에 제한하여 예시했다. 이혜순,〈한국 비교문학의 위기—그 이론의 수용과정에 보이는 몇 가지 문제점을 중심으로〉,《비교문학 및 비교문화》1, 한국비교문학회, 1977, pp.9-23. 조동일,《한국문학과 세계문학》, 지식산업사, 1991. 조동일,《제3세계문학연구입문》, 지식산업사, 1991. 송덕호,〈현대 비교문학의 한 양상-주변문학 연구에 관한 일고〉,《비교문학》19, 1994, 한국비교문학회, pp.160-178. 김용직,〈비교문학의 오늘과 내일〉,《비교문학》20, 1995, 한국비교문학회, pp.275-282. 윤호병,〈다-문화주의와 문화-글로컬리즘—한국 비교문학 연구와 발전을 위한 전망〉,《비교문학》24, 한국비교문학회, 1999, pp.45-62. 조성원,〈다문화주의와 (한국) 비교문학〉,《비교문학》24, 한국비교문학회, 1999, pp.1-21. 고부응,〈초민족 시대의 민족정체성과 비교문학 연구〉,《비교문학》24, 한국비교문학회, 1999, pp.23-43. 고부응,〈'공동경비구역JSA'에서의 민족 공동체-문화연구로서의 비교문학을 위하여〉,《비교문학》29, 한국비교문학회, 2002, pp.215-234. 김용직,〈서구편향과 그 극복—비교문학의 한 시각〉, 2002 비교문학회 가을 국제학술대회 기조강연. 조동일,《세계문학사의 전개》, 지식산업사, 2002. 최박광,〈동아시아와 비교문학의 재도약〉, 2003 가을학술대회 자료집. 박성창,《우리문학의 새로운 좌표를 찾아서》, 새물결, 2003. 김창호,〈비교문학 형상학의 동아시아적 특징 고찰— 한중일 소설에 수용된 '만보산 사건'을 중심으로〉, 비교문학회 2004년 가을 학술대회 자료집, 2004. 김창현,〈한국비교문학의

에서도 비교문학의 정체성과 역할을 재점검하는 작업은 계속 이루어져 왔으며 요즘 들어 더 크게 확산되는 추세에 있다. 비교문학이 정착되지 않은 학문이라는 느낌을 주는 이런 추세는 역설적으로 비교문학의 정체성을 잘 보여준다. 기본적으로 비교문학은 언제나 진행 중인, 이른바 과정의 학문이기 때문이다.

비교문학을 어떻게 할 것인가 하는 논의는 자체의 방법을 따진다는 면에서 자기 지시self-reference의 과정에 속하는 한편, 그 과정에서 궁극적으로 도출되는 비교문학의 모습은 '무엇'에 해당하는 대상 지시object-reference의 문제다. 대상 지시의 문제는 본질을 추구하기에 자칫 형이상학적·존재론적 논의에 빠지기 쉬운 반면, 자기 지시의 과정에 초점을 맞추는 것은 방법과 자세를 따진다는 면에서 대상의 본질이 내포하는 심연을 들여다보고 외연의 폭을 넓히며 실천의 방향과 실제를 가늠할 수 있다는 장점이 있다. 그럼에도 불구하고 자기 지시의 과정에서 추구하는 지향점으로서의 '무엇'은 결코 소홀히 할 수 없는 논의의 대상이다. 중요한 것은 이 '무엇'은 '어떻게'의 과정을 거쳐서 나올 때 가변적인 성격을 갖게 된다는 점이다.

'무엇'과 '어떻게'를 함께 논의하는 이러한 구도는 문제를 열려 있게 만들어 준다. 단, 이 열림은 문제를 열기만 하면서 논의의 풍요로움만 추구하는 것이 아니라, 문제의 해답을 맥락에 따라 가변적이고 임시적이며 잠정적인 것으로 추구하는 것을 말한다. 열림이 다다를 곳은 언제나 있다. 여기서 '언제나'라는 말은, 한 번 혹은 하나로 (유일하게) 있다면 그것은 항상적인 것이 될 수 없다는 뜻을 함축한다. '언제나'라는 말의 의미는 '반복하여 끊임없이, 또 끝없이'라는 것이니, 다다를 목표는 언제나 성취되면서 또한 부정되고 극복되기를 반복하는 것이다. 중요한 것은 이러한 열림의 구도 전체를 비교문학

미래—잡종화와 주체성의 문제〉, 《비교문학》 35, 2005, pp.273-296.

이 이미 품고 있다는 점이다. 말하자면 비교문학은 자체를 문제로 설정하고 그 해법을 자체에 내재하는 방식으로 존재한다.[86]

이브 슈브렐이 말하듯,[87] 비교문학은 타자적 존재, 예를 들어 다른 문화의 표현으로서의 문학 텍스트들이 만나는 장소이며 과정이다. 그 낯선 것들의 만남이 비교문학의 근본이다. 나는 그런 정의를 더 확장시키고자 한다. 비교문학은 동일한 언어권과 국가 내부에서도 이루어질 수 있다. 이는《문학의 이론》5장에서 보인 르네 웰렉의 확신을 따르는 것이지만, 거기서도 더 나아간다. 타자화라는 개념은 내가 말하는 비교문학을 잘 설명해 준다. 그것은 다른 문화권으로서의 타자만이 아니라, 나와 내가 속한 문화의 텍스트를 타자로 놓는 경우도 포함한다. 즉, 나를 낯설게, 이전과는 다른 각도에서 만난다면, 그것은 곧 비교문학자로서의 정체성을 갖는 것이다. 이러한 확장된 적용은 비교문학의 역할이 세계화 시대에서 국지적 정체성들을 교류하게 만들고 보편적 가치를 재생산하는 과정에서 절대적으로 요청된다는 의미를 담고 있다.

이와 같은 전제 위에서 비교문학의 문제를 풀어 나가기 위해 비교와 관계적 사고, 그리고 맥락화의 세 가지 항목들을 설정했다. 그들은 비교문학이 현재 직면한 문제들이면서, 그를 해결하는 논의가 곧 비교문학의 정신과 자세, 그리고 방법을 가다듬는 것이기도 하다. '비교문학의 새로운 과제'란 새로운 비교문학의 탄생보다는 비교문학이 새롭게 맡아야 할 과제를 강조하는 말이다.

86 앞 장에서 이를 '재구성의 변이'라고 불렀다. 열림에 대해서는 다음 글을 참조할 수 있다. 졸저《열림의 이론과 실제—해석의 실천과 윤리의 지평》(소명출판, 2004). 한편 논점을 이렇게 설정하는 것은 한국 비교문학의 인문학적 지향성이 불분명하다는 지적(김창현, 277)에 대한 하나의 답을 주는 것이기도 하다.

87 "비교문학이란 서로 다른 문화적 영역에 속해 있는 작품들의 비교 연구다." 이브 슈브렐,《비교문학, 어떻게 할 것인가》, 박성창 옮김, 민음사, 2002, p.42.

2.2. 비교

몇 년 전 에바 쿠스너Eva Kushner는 비교문학의 미래를 낙관적 측면, 비관적 측면, 실용적 측면의 세 가지 방향으로 상상했다.[88] 낙관적인 측면에서 비교문학을 통해 우리는 세계화의 시대에서 대화에 의해 문학의 이해를 높일 수 있고 문학 연구를 이론적으로 체계화할 수 있다. 반면 비관적 측면에서 볼 때, 세계화로 인해 비교라는 개념을 제대로 발전시키지 못하면서 비교문학의 가능성을 설득력 있게 제시하지 못할 수 있다. 그런 한편으로 실용적 측면에서 우리가 다원주의를 극단까지도 받아들임으로써 독백으로 그치는 기존의 비교문학에 이질적으로 접근한다면, 비교문학의 제도화된 정의들과 엄격한 경계를 넘어서서 자체의 방법론적 개혁과 문화적 탐구를 향해 나아갈 수 있다. 비교문학은 이 세 가지 방향 중 어느 쪽에 더 가까이 다가서고 있는가? 이 물음에 답하기는 쉽지 않다. 언제나 진행 중에 있는 비교문학의 속성으로 인해 비교문학이 나아가는 방향도 고정되기보다 늘 미래의 사건으로 연기되기 때문이다.

그러나 다른 한편, 미래의 사건이자 과제임에도 불구하고 앞의 물음이 어떤 구체적인 지향성, 즉 비교문학의 방법과 본질을 묻는 문제로 연결되는 한, 그 물음은 비교문학자들에게 현재적인 과제로 다가온다. 다시 말해, 미래의 사건으로 연기된다고 해서 미뤄 두어야 하거나 미뤄 둘 수 있는 것이 아니라, 현재의 답을 요구하고 부여함으로써 그 물음에 의미를 부여해야 하는 것이다. 현재적인 과제로 껴안는 것은 또한 비교문학이 스스로에 대한 이질적 접근을 허용하고 스스로의 경계를 허무는, 열린 사고와 지평을 지향하는 자체의 속성을 유지하고 구현한다는 얘기도 된다.

이렇게 비교문학이 열림의 구도를 품고 있다는 주장은 최종 해결이 아니

88 Kushner, Eva, *The Living Prism: Itineraries in Comparative Literature*, McGill-Queen's University Press, 2001, pp. 19-20.

라 또 다른 문제들을 일으킨다. 쿠스너가 지적한 대로, 비교문학은 스스로를 열어야 한다는, 즉 언제나 전위의 최전선에 있어야 한다는 강박을 지니게 되는 것이다.[89] 비교문학이 문학(의 해석과 이론)을 둘러싼 여러 분야들, 즉 언어학, 정신분석학, 구조인류학, 문학이론, 사회학, 기호학, 문화연구, 대중문화, 각 예술들, 의학, 역사, 지역, 이념, 젠더, 계급, 인종, 입장(상황 혹은 맥락) 등과 같이 일일이 열거하기조차 힘든 다양한 분야들에 스스로를 열면서 그들을 가로지르는 것처럼 여겨질 때, 비교문학의 정체성은 느슨해질 수밖에 없다. 그러나 비교문학의 정체성은 바로 그러한 느슨해질 수밖에 없는 속성에서 나올 것이다. 대화와 비교의 개념을 올바로 살리고 다원주의를 극단까지 허용하면서 스스로에 대해 이질적인 접근을 견지하는 것은 비교문학의 문제성을 더 분명하게 보여 주면서도 바로 거기서 비교문학의 고유한 특성이 나올 수 있는 것이다.

수잔 바스넷Susan Bassnett은 한때 비교문학의 죽음을 말한 적이 있다.[90] 비교문학은 문화연구의 충격과 비교문학자의 감소로 인하여 지적, 제도적인 변화를 겪고 있다는 것이다.[91] 그러나 이는 비교문학이라는 학문의 중심에서, 그리고 유럽과 미국 중심의 맥락에서 일어나는 일이며, 비교문학의 발전에는 주목하지 않은 관찰이라는 스티븐 체페트넥Steven Zepetnek의 주장은 옳

89 같은 글, p.20.

90 "오늘날 비교문학은 어떤 의미에서 죽었다". Bassnett, Susan, *Comparative Literature: A Critical Introduction*, Oxford : Blackwell, 1993, p.47.

91 비교문학과 문화연구의 관계는 큰 논란거리다. 논란의 초점은 그 둘의 차이보다는 협조의 가능성의 탐사에 맞추어져야 할 것이다. 한편으로 문화연구는 문학을 문화적 활동과 생산의 하나로 축소하지만, 비교문학은 문학에 초점을 맞추면서(문학의 정의를 넓게 잡긴 하지만), 문학연구를 적법하고 필요한, 사회 관여성이 있는 학문으로 유지해 준다. 고부응(2002)은 문화연구가 비교문학의 적극적인 연구 대상이 되어야 하며, "주변부에 위치하면서도 중심을 흔드는 연구"라는 면에서 "차이를 만들어 내는 연구"인 비교문학 연구와 상통한다고 설명한다. 결국 비교문학은 자체의 속성상 문화연구와의 차이를 만들면서 협조를 만들어 낸다고 볼 수 있다.

게 들린다.[92] 비교문학의 위기는 곧 전통적인 비교문학 중심지의 주변부에서는 가능성일 수 있으며, 비교문학을 다시 문제 삼고 다시 정의하려는 시도를 장려한다. 그렇게 태어나는 새로운 비교문학이 단연 초점을 둘 곳은 타자의 개념과 그 실제 양상이다. 비교문학의 진정한 '비교'는 바로 타자의 존재를 전제로 하며, 타자와 대화하고 타자를 번역하는 능력, 그리고 타자와 섞이는 자세를 바탕으로 하기 때문이다.

비교문학의 기본 지침은 '비교'의 정신을 견지하는 것이다. 그것은 서구와 비서구의 이분법을 넘어서서 그들의 대화의 가능성을 그들 사이에서 지속적으로 찾아가는 것을 말한다. 현재 우리가 맞는 문화 다양성의 시대에서 복수複數의 문화들의 정의, 문화들의 교환 같은 문제들은 다름 아닌 비교문학의 영역에서 대단히 예리하고 긴급한 문제들로 떠오른 지 오래다.[93] 비교문학은 문화연구 및 문학이론과 서로 구별될 수 없을 정도로 긴밀한 협조 체제를 갖추고 있으며, 다문화주의와 탈민족주의 등과 같은 새로운 환경에서 비교문학의 중요성은 날로 커져 가고 있다. 다문화주의와 탈민족의 특징을 지닌 세계화의 시대에서 경계를 초월한 문화들, 문명들, 그리고 문학들의 비교는 단순한 대조나 우열의 가름이 아니라 그들 사이의 소통과 대화의 관계를 구축하고 인류의 미래를 공생과 평화의 방향으로 이끌어 가는 중대한 기능을 요청받고 있다.

그러나 그에 비해 한국에서 비교문학의 문제에 대한 관심은 매우 저조한 편이다. 이런 상황에서 우리는 비교문학을 일종의 정치화된 담론politicized discourse으로 이해하고 추진함으로써 비교문학의 과제를 실천적 차원에서

92 Zepetnek, Steven Totosy de, *Comparative Literature: Theory, Method, Application*, Amsterdam: Rodopi B.V., 1998, p.15.

93 Goodwin, Sarah Webster, "Cross Fire and Collaboration among Comparative Literature, Feminism, and the New Historicism", Higonnet, M.R., ed., *Borderwork: Feminist Engagements with Comparative Literature*, Ithaca: Cornell University Press, 1994, p.248.

새롭게 형성하고 수행해 나갈 수 있다.[94] 이는 비교문학에서 그것을 수행하는 연구자의 위치성positionality[95]에 초점을 맞추자는 말이다. 하나의 개념과 상황을 바라보는 위치에 대한 절제된 이해와, 거기에 터를 두고 타자의 입장을 인식하고 관계를 맺는 정신과 자세가 비교문학에 요구된다. 그런 측면에서 비교문학은 타자의 입장들을 대하는 하나의 적절한 통로이며 수단이다. 비교문학자는 타자와의 대화와 소통을 적극적으로 추구하는 실질적이고 이념적이며 정치적인 입장을 가질 필요가 있다.

이런 입장을 받쳐 주는 유력한 담론으로 탈식민주의를 꼽을 수 있다. 무엇보다 탈식민주의는 탈식민 문학이론이든 탈식민 인류학이든, 근본적으로 비교의 방법 위에 서 있다.[96] 바꿔 말해, 탈식민 담론의 힘은 그것에 내재하는 비교의 방법론과, 그 방법론이 함축하는, (근대) 세계에 대한 혼성적이고 혼합적인 인식과 해석에서 나온다.[97] 탈식민주의가 비교의 방법 위에 서 있다는 것은 그것이 반식민주의와 다르다는 점에서 더 분명하게 확인된다. 식민주의에 대항하는 반식민주의는 제국과 식민지라는 이항대립의 전제 위에 서 있다. 그와 다르게 탈식민주의는 식민 문화의 헤게모니에 저항하면서도 식민 문화와 피식민 문화 사이의 다원적 접촉이 현실적으로 전개될 수 있다는 사실을 인정한다. 그래서 이중언어나 다중언어로 혼종된 사회에서 성장한 문학은 탈식민주의의 주요한 연구 대상이 되는 것이다.[98] 거꾸로 말해 우리가 혼종의 상황에 처해 있음을 인정한다면, 그 상황에 대한 탈식민주의적

94 다음과 같은 오래된 발언을 참조할 수 있다. "비교문학의 본질을 생각하는 비교문학자들은 의식적이든 뭐든 그 정치적 차원을 논의한다." Jost, Francois, *Introduction to Comparative Literature*, Indianapolis: Bobbs-Merrill, 1974, p.vii.

95 혹은 천꽝싱이 "자신만의 독특한 발화 위치"(《제국의 눈》, p.128)라고 부른 것.

96 Bassnett, p.73.

97 Ashcroft, Bill, & Gareth Griffiths, Helen Tiffin, *The Empire Writes Back, Theory and Practice in Post-colonial Literatures*, London: Routledge, 1989, p.36.

98 Bassnett, p.78.

해석이 우리에게 요청된다는 것도 인정해야 한다.

혼종의 상황이란 이항대립의 구도로는 이해할 수도, 인식할 수도 없는 상황을 가리킨다. 이항대립의 구도가 터를 두는 곳은 명확하게 정의된 기원과 객관적 중심 같은 것들이다. 이들의 존재가 더 이상 주장될 수도, 확인될 수도 없듯이, 이항대립 사이에 일어나는 양극화도 있을 수 없는 것이 우리가 당면한 현실의 풍경이다. 남는 것은 다원주의에 의해서 비로소 이해되는 우리의 현실에까지 이른 역사적 과정들의 복합성을 인식하는 일이다.

예컨대 중심과 주변부의 개념들 자체, 그리고 그들 사이의 이항대립의 관계는 다시 설정될 필요가 있다. (그것은 현재 비교문학의 주요한 임무다.) 중심도 주변부의 경험을 한다. 중심이 주변부를 주변부로 놓고 저항을 불러일으키는 이상, 그 저항 속에서 중심은 주변부로 내몰리기 때문이다. 중심에 대한 저항이 중심의 부재, 즉 탈중심을 불러왔다는 것이 주변부의 승리처럼 생각되는 것은 이항대립의 구도에서 아직 벗어나지 못한 구상이다. 진정한 탈중심은 중심과 주변부의 대결이 끊임없이 소멸되고 부정되는 과정 그 자체다. 여기서 우리는 '비교'를 바로 이 끊임없는 부정으로 이해할 필요가 있다. 그것은 끝없이 타자의 입장에 서려는, 즉 끝없는 타자화의 과정을 작동시키는 일이다. 결국 비교문학자가 '비교'의 방법으로 하나의 입장을 가져야 한다는 나의 주장에는 그 입장 자체를 부정할 수 있는 능력과 자세가 요구된다는 의미가 들어 있다. 그런 면에서 비교문학은 비동일화와 자기부정의 사고 위에서 작동되는 끝없는 반본질주의의 실천이라고 말할 수 있다.

진정한 비교는 교환 가치에 터를 두는 등가 관계에서 벗어난 것이어야 한다. 이는, 아도르노가 말하듯, 동일성의 원칙에서 벗어난다는 것을 뜻한다.

> 인간의 노동을 평균 노동 시간이라는 추상적 보편 개념으로 환원시키는 교환 원칙은 동일시의 원칙과 근본적으로 유사하다. 동일시의 원칙은 교환이라는 사회적 모델을

가지고 있으며, 또 동일시의 원칙 없이는 교환도 있을 수 없다. 교환을 통해서 비동일적 개별 존재나 업적들이 통분될 수 있고 동일해진다. 이러한 원칙이 확장되면 전 세계가 동일자로, 총체성으로 된다.[99]

동일성은 특권의 창출과 유지와 상응한다. 다시 아도르노를 빌면, "비교 가능성이라는 기준을 제거한다면, 직접적 점유나 폭력, 혹은 오늘날처럼 독점 기업들과 도당들의 적나라한 특권이 등장할 것이다."[100] 특권이 비교의 대상들의 질적인 차이, 즉 그들의 사용 가치를 보장하지 못하는 반면, 비교는 비교 대상들의 독자적인 가치를 긍정하고 적절히 평가하는 동시에 그 대상들이 다른 대상들과 맺는 관계 속에서 새롭게 얻는 가치를 또한 긍정하고 평가하는 것이다. 이는 비교 대상을 동일성의 차원을 포괄하는 비동일성의 차원에서 고려하는 것이다. 아도르노가 확언하듯,[101] 동일성의 차원은 비동일성의 전개, 즉 비동일화의 과정의 한 단계이기 때문이다.

구체적으로 말해, 진정한 비교는 국경을 넘나드는 지식 공간을 창출하고 문화 차이를 이해하는 것에서 가능하다. 국경을 넘나든다는 것은 국민국가의 단위를 넘어서서 자유롭게 사고하고 실천하는 개인 주체를 생각하게 한다. 그러나 쑨꺼가 지적했듯, '자유로운 개인'이 이론적으로 가능할지 몰라도 현실 문제에 직면했을 때 자신이 속한 쪽으로 복잡하게 움직이는 '자기동일화'에 어떻게 대처할 것인지는 확실하지 않다.[102] 또한 자유의 일정한 거점도

99 아도르노, 《부정변증법》, p.222.

100 위의 책, 같은 쪽.

101 다음과 같은 아도르노의 진술을 계속 참고해 보자. "동일성에 대한 비판을 통해 그 동일성이 사라지는 것은 아니다. 단지 그것이 질적으로 변할 뿐이다… 동일성이 존재한다는 생각, 즉 사물이 자체로서 그 개념과 일치한다는 생각은 망상이다. 그러나 동일성의 이상은 간단히 내던질 수 없다. 사물이 개념과 동일하지 않다는 비난 속에는 사물과 동일하고자 하는 개념의 갈망이 담겨 있다. 그와 같이 비동일성에 대한 의식은 동일성을 포함한다." 위의 책, pp.225-6.

102 쑨꺼, pp.112-116.

필요하고 존재한다는 것, 사유의 자유가 혹시 무책임한 상대주의로 흐를 수 있다는 것도 생각해야 한다.

비교의 역할은 개념적 사고와 동일화에서 벗어나 복잡한 현실에 대처하는 능력과 실천에서 나온다. 쑨꺼는 "문화를 가로지르는 입장은 두 문화 사이에서 발생하는 것이 아니라, 한 문화 내부에서 발생한다는 사실"[103]을 일깨워 준다. 다시 말해 "하나의 문화 내부에서 문화의 자족성에 대한 회의가 생겨날 때 비로소 문화를 넘는 사건이 생길 수 있다. 한 문화 내부의 변화를 발생시키는 데 이질적인 문화가 매개로 작용하는 것은 단지 국내의 지식 상황에서 생긴다. 이질적인 문화의 문제가 자기 인식을 위한 매개로 작동할 때 비로소 국내의 지적 상황은 구조적인 변용을 맞는 것이다."[104]

따라서 문화들의 가로지름은 한 문화 내부의, 자체의, 타자화를 촉발시키는 계기일 뿐이다. 타자화란 자기 내부에서 외부의 존재를 인식하면서 자기 문화의 자족성을 해체하고 자기 문화의 외부의 관점에서 자기 문화를 성찰하고 변화시키는 능력을 가리킨다. 여기서 주체의 유연한 존재와 활동이 가능해지며 외부와의 공조, 그리고 나아가 공동체의 구성이 가능해진다. 여기가 바로 비교문학이 국민문학에 기여하는 지점이다.

비교문학은 문학 연구의 효용을 극대화한다. 특히 세계화 시대에서 횡단의 정신과 학제 간 연구를 통하여 문학에서 삶의 자리를 찾고 구성하며 해석하려는 방식의 문학 연구를 활성화시키는 역할을 한다. 국민문학들의 경계 짓기의 작업이 그 경계를 넘어서는 작업에 의해서만 의미를 갖는다고 할 때, 비교문학은 전 지구적인 인류 보편적인 관점에서 국민문학을 바라보고 일반문학을 연구할 수 있는 적절한 담론이다. '담론'으로서 비교문학은 이 시대에서 문학을 하는 이유와 입장을 뚜렷이 해 주며, 역으로 비교문학의 담론은

103 쑨꺼, p.117.
104 위의 글, 같은 쪽.

그런 물음으로 구성된다.

'비교'는 기본적으로 경계선 위에 서는 일이며 중심들을 해체하는 일이다. 또한 여러 중심들을 세우고 그들을 가로지르는 일이며 다수의 가변적인 중심들이 서로를 향해 열도록 만드는 일이다. 비교는 이미 고정된 중심을 부정하면서 출발한다. 이런 생각을 민족주의와 연결시키면서 다음 문장을 음미해 보자.

> 강한 중심을 약화시키고, 약한 중심을 육성하는 것이 진정한 다원주의 실현의 첩경이 아니겠는가 하는 것이 제 3세계에서 민족주의의 유효성을 주장하는 학자들의 시각이다.[105]

김창현은 이런 태도를 "주체주의적 탈식민주의"라고 부르면서, 민족주의와 탈식민주의를 함께 추구하는 성과의 가능성이 엿보인다고 말한다. 그러나 다른 한편 미시적인 세밀한 접근이 없이 도식화로 흘렀고, 그 결과 배타적인 권력화로 이어질 수 있다고 지적한다. 그와 함께 "주체주의적 탈식민주의"는 피식민의 역사 이래 한국에서 형성된 복잡한 정치 지형으로 인해 변화하는 현실의 여러 계기들을 놓쳤다고 비판하며, 이를 다문화주의적 탈식민주의와 구별한다.[106] 이에 대한 김창현의 해법은 "인문학의 인문성 또는 철학성 회복"의 구호와 비교문학이 그 과업의 선두에 설 수 있다는 선언으로 제시되었다.[107] 혼종화된 현대 사회에서 주체성의 문제는 점점 더 미묘하고 어려운 문제가 되어 가고 있으며, 그런 인식은 오히려 '개인으로서의 인간'의 행복에 복무하는 인문학 본연의 목표를 더욱 충실하게 이행할 것을 요구한다는 그의 지적은 경청할 만하다.

105 김창현, 〈한국비교문학의 미래—잡종화와 주체성의 문제〉, 《비교문학》 35집, 2004, p.282.
106 위의 글, pp.282-286.
107 위의 글, p.292.

비교문학이 무엇이고 무엇을 할 수 있는가 하는 물음들은 사실 당혹스러운 것들이지만, 동시에 어떤 희망을 갖게 해 준다. 즉, 그런 물음을 품게 한다는 면에서(정착하지 않아서든 성격 자체가 그래서든), 그만큼 열려 있다는 면에서, 주체적인 학문으로 세울 수 있기 때문이다. 우리 주변의 상황은 문학과 문화의 경계, 문학과 경제의 경계, 문학과 기타 예술, 학문들의 경계, 그리고 국민문학들의 경계가 없어지는, 이른바 혼종성의 상태에 있다. 혼종성은 또한 세계화의 흐름과 함께 생겨난 '제국'의 현실을 지시하는 것이기도 하다. 이를 긍정적으로 보면 새로운 길 찾기를 요구하는 상황으로 받아들일 수 있다.

확실한 것은 혼종 자체가 뭔가를 해 주는 것은 아니라는 점이다. 혼종이 대화의 증거이며 대화를 가능하게 만든다는 얘기는 어쩌면 순진해 보인다. 현대의 제국적 세계는 그 전체가 혼종의 장소로서, 동일성과 타자성이 분리되지 않는 세계다. 차이가 없어지고 타자가 희미해지며 어떤 한 문화가 다른 문화들에 비해 더 보편적 가치를 갖게 되는 것은 전 지구적 차원에서 일어나는 일이고, 또한 네이션의 총체화의 상황에서는 물론 혼종의 상황에서도 일어날 수 있다. 이런 상황에서 타자들의 존재는 어떻게 가능하고 타자들과의 대화는 또한 어떻게 가능한가? 혼종의 상황은 앞에서 전제한 비교문학의 의미와 목적을 위한 배경에 불과하다. 혼종'성'의 인식에서 그칠 것이 아니라, 더 적극적으로 혼종'화'를 추구해야 한다. 이를 위해 대화를 통한 관계적 사고가 우선 필요하다.

2.3. 관계

관계적 사고는 유기체적 사고와 다르다. 유기체적 사고는 유기체의 완전성을 목표로 한다. 다시 말해 유기체의 현상 유지를 목표로 한다. 즉, 몸이라는 유기체에서 한 부분을 떼어내는 것은 곧 불완전을 뜻한다. 따라서 유기체적 사고에서는 부분을 인정하는 것은 반드시 전체를 전제로 해야 한다. 거기서 부분과 전체의 소통의 방향은 이미 고정되어 있다. 생물학적으로 말해, 유기체만 단위가 되는 것이 아니라 유전자가 하나의 행위자로서 단독으로 자체를 구성하고 활동하고 진화하고 지향하며 결정할 수 있다. 유전자 단위로 외부 환경과 전체와 관계를 맺는 것이다. 이는 "다른 원자들과의 결합 가능성"[108]이며 원자를 가능성의 구조로 보는 견해[109]에 의거하여 이해할 수 있다. 유기체적 사고는 총체성을 지향[110]하는 반면 관계적 사고는 총체성을 부드럽게 만들어 부분과 전체의 소통을 여는 일에 종사한다.

관계적 사고는 쑨꺼가 말하는 실체적 사고와 개념적 사고[111]를 넘어서서 혼종화한 우리의 현실에 적절하게 대처하는 데 요구되는 유형의 사고를 말한다. 이는 가능 세계를 추구하는 문학 본연의 임무와 목표에 부합한다. 관계적 사고는 탈중심의 사고이고, 해체의 전략이며, 중심의 부재 상태이고, 중심과 주변의 지속적인 상호 대화와 교환의 실천이다. 관계적 사고는 의미를 생성signification하고 소통communication하는 과정 지향적인 반면, 실체적 사고는 지시하고 도달하려는reference 목적 지향적이다. 그러나 관계적 사고가 제대로 작동하기 위해서는 실체적 사고의 목적 지향성을 포괄해야 한다. 즉 의미 생성과 소통에서 기의가 미끄러지는 사고의 유희 과정을 통해 궁극적으로 (동시에 잠정적으로) 기의를 지시하고 확정해야 한다. 그러지 않으면 과정 지향적인 사고는 유희 자체로만 그칠 뿐, 그것이 어디를 지향하는지, 지시 관계가 해이해질 위험이 있다.[112]

108 하이젠베르크, 《부분과 전체》, 김용준 옮김, 지식산업사, 2003, p.24.

109 플라톤, 《티마이오스》, 박종현, 김영균 공동역주, 서광사, 2000.

110 나는 여기서 '총체성totality'을 개별성individuality과 반대되는 말로 쓴다.

111 쑨꺼가 말하는 "실체론적 경향은 문화적 입장을 일종의 문화적 기능과 현실에서 수행하는 선택이나 판단의 능력으로서가 아니라, 의심할 수도 분석할 수도 없는 고정된 상태에 있는 것으로 이해하는 것"이고, "개념성이란 문화적 입장을 유동적으로 이해하지 않고, 선험적으로 설정된 추상적 구조 내에서 이해하는 것"이다(쑨꺼, p.116).

112 이런 논의는 현실을 가능 세계로 이해하는 것이다. 읽기의 실천(해석)은 가능 세계로 이해된

쿠스너는 미래의 비교문학이 국가들 사이, 문화들 사이에 위치한다는 점, 그리고 문학의 개념이 지속적으로 적절성을 지니는 것이 합의의 문제라면, 비교문학은 이론적 타당성 면에서, 또 사회적 관여성 면에서, 충분히 그런 문제들을 해결하고 가능성들을 성취할 수 있으리라 진단한다.[113] 쿠스너는 문학의 개념의 적절성을 잔니 바티모Gianni Vattimo를 빌어 설명한다. 즉, 문학 연구에서 진실 주장을 미루거나 망설이는 것은 진실 규명의 문제에서 문학이 철학을 능가한다는 믿음에 근거를 둘 때 문학의 장점으로 만들 수 있다는 것이다.[114] 나는 '미적 언어'와 '심화적 극복Verwindung' 같은 바티모의 논의[115]에 근거하여 그런 측면의 논의에 동의한다. 단, 위의 구도에서 혹시 소통(대화) 체계, 문화 체계, 문학 체계 등으로 비교문학의 구조가 위계질서를 이루는 것으로 보인다면, 그것은 잘못이다. 비교문학은 그 수직적 관계를 수평관계로 전환 혹은 순환시켜야 한다.

비교문학은 관계적 사고에 기반을 둠으로써 문학과 다른 영역들의 상호 비교에 정당성과 의미를 부여한다. 그것은 문학의 가능성을 넓히는 것이며, 거꾸로 비교문학이 필요해지는 이유를 이해할 수 있게 해 준다. 우리는 지금 문학의 가능성이 넓어지는 상황에 처해 있다. 문학의 가능성이란, 사회 관여성, 문학표현 방식의 증가, 다른 이론(철학) 및 다른 예술들과의 협조, 그리고 무엇보다 언어의 가변성의 확대와 같은 것들을 들 수 있다. 이들과 함께 우리는 문학의 가능성이 자동적으로 넓어진다기보다 우리가 나서서 그것을 넓혀야 할 시점에 있다. 그렇기 때문에 비교문학이 더욱 요청되는 것이다.

현실을 실제 현실에 관여시킨다. 실제 현실은 가능 세계들에 견주어 여러 가능태들로 우리 앞에 제시되며(유희), 그러는 과정에서 우리는 현실에 관련된 진실을 만날 가능성을 높이는 것이다. 이런 논의에 대해서는 다음 글을 참고할 수 있다. 졸고 〈재현의 가능성과 리얼리즘, 그리고 열린 해석〉, 《문학과 경계》 가을호, 통권 14호, pp.113-126.

113 Kushner, p.29.

114 위의 글, 같은 쪽.

115 잔니 바티모, 《근대성의 종말》, 박상진 옮김, 경성대출판부, 2003.

넓히는 것은 좋으나 비교문학의 한계 혹은 경계도 있어야 할 것이다. 그것은 어디인가? 그것은 보편적인 차원보다는 특수한 맥락에 따라 결정되는, 가변적인 것이다. 그렇다면 예컨대 한국의 맥락에 따라 요청되는 비교문학은 어떤 모습일까? 비교문학의 연구가 어떤 하나의 문화권 혹은 언어권의 경계를 넘어야만 하는 것은 아닐 것이다. 그것은 문학과 예술의 관계가 또한 비교문학의 영역이라는 오래된 사실에서 역으로 유추할 수 있다.

예를 들어, 초기의 프랑스 비교문학에서는 문학과 예술의 관계를 미학의 분야로 미뤄 두었다. 그러다가 1961년 레마크는 비교문학의 목표를 "문학과 인간의 다른 경험 영역을 비교하는 것"이라고 말하면서 문학과 예술의 관계를 비교문학의 일부로 삼을 것을 제안했으며,[116] 이에 대해 바이스슈타인은 1973년에 출간한 《비교문학론》[117]에 "예술의 상호조명"이라는 장을 할애하면서 레마크의 제안을 적극 수용했다. 바이스슈타인은 예술이 직접 관계하는 시대 안에서 연구할 것을 권하면서 문학과 예술 관계의 연구를 사회역사적 맥락에서 수행한다는 지침을 마련했다.[118] 이러한 흐름에서 중요하게 간취할 수 있는 것은 복수複數의 국민국가들이 비교문학의 필수 조건이 아닐 수 있다는 점이다. 이는 다시 한 국가 혹은 한 지역 내의 문학 및 문화들이 비교문학의 주요한 연구 대상으로 떠올랐음을 의미한다. 이는 비교문학이 국민국가들로 간편하게 나누어진 단위들을 연구 대상으로 하기보다는 한 국민국가 내부에서, 또는 여러 국민국가들을 가로지르는 가운데 출현하는 타자들, 차이들, 그리고 주변부들의 관계들을 연구 대상으로 삼을 수 있다는 것, 그래서 비교문학이 '실체적 사고'를 넘어서서 복잡한 현실들에 대처하는

116 최숙인, 〈예술간 상호조명의 성취〉, 이혜순 외 공저, 《비교문학의 새로운 조명》, 태학사, 2002, p.136.

117 바이스슈타인, 《비교문학론》, 이유영 옮김, 기린원, 1989.

118 위의 책, p.192.

새로운 능력을 계속해서 자가 생성하는 능력을 갖추었음을 의미한다.

그러나 다른 한편, 국민국가라는 단위는 위에서 언급한 바와 같이 국민국가를 넘어서서 다양하게 파생하는 문학 현상들을 관계적 사고에 따라 연구하는 비교문학에서 여전히 필수적인 고려의 대상이다. 국민국가를 넘어선다는 것의 의미가 그렇게 쉽게 정리되거나 이해시킬 수 있는 사항이 아니기도 하지만, 그 넘어섬의 과정에서 국민국가는 생략되는 것이 아니라 거듭나는 방식으로 그 넘어섬에 기여하는, 앞에서 말한 타자화의 포용의 과정의 일부를 이루기 때문이다. 김우창의 지적대로,[119] 제국주의적 보편성과 그에 대항하는 내셔널리즘은 둘 다 배타적 헤게모니의 창출과 유지, 그리고 확산으로 작용할 수 있다. 이에 대해 우리가 새로운 비교문학에 장착시킬 보편성의 이념은 기성의 보편성에 대한 새로운 도전이라는 형식으로 존재한다. 이를테면 보편적 정의라는 주제가 구체적 상황을 토대로 행사되지 않는다면, 패권과 강도 행위를 정당화하는 결과를 초래한다.[120] 국경을 넘나드는 인터내셔널리즘이 보편성을 자동적으로 보장하지는 않는다.[121]

인터내셔널리즘은 네이션'들' 사이를 조명한다는 의미에서 비교문학의 기본적 특징들 중 하나일 것이다.[122] 인터내셔널리즘은 내셔널리즘과 관련

119 김우창, 〈비교문학과 문학의 보편적 지평〉, 《한국비교문학회 2004년 가을 국제학술대회 자료집》, p.7.

120 쑨꺼孫歌, 《아시아라는 사유공간》, 류준필 외 옮김, 창비, 2003, p.139.

121 예를 들어 과거 태동기 유럽의 비교문학 개념은 헬레니즘과 그리스도교 문명의 틀에서 벗어나지 못했기에 다른 관점에서 출발하는 학자들과 공유할 기반이 없다고 말할 수 있다. 따라서 라틴아메리카나 아프리카 작가들의 주된 문제는 그들의 문화 생산물에 대한 그들의 지각이 어떻게 분절되어 왔는가 하는 것을 다른 문화, 특히 그들을 지배한 유럽 문화와 관련해서 찾는 일이다. 그런 면에서 네그리튀드 운동은 너무 단순화된 시각을 지녔다는 비판도 가능하다. 월레 소잉카는 네그리튀드가 유럽 중심의 지적 분석의 미리 기초된 체계 내에 머물렀고, 아프리카인과 사회를 외부화된 용어로 재정의하고자 했다고 지적한다 (Bassnett, pp.85-86). 여기서 네그리튀드는 필요하면서도 거부되어야 할 것으로 존재한다.

122 더욱 넓은 의미의 비교문학은 인터내셔널리즘과 관계없이, 문학과 예술의 관계나 문학과

하여 많은 논의거리를 던져 준다. 배타적인 국민국가의 틀을 강요하는 내셔널리즘은 서구 근대성을 받치는 가장 기본적인 기반들 중 하나라는 면에서, 사실상 이념과 지역, 시대를 초월하여 근대의 역사에서 큰 위력을 발휘했다. 그것을 극복하는 의미에서 인터내셔널리즘이란 개념을 이해하는 것도 가능할 것이다. 그러나 비교문학의 측면에서 인터내셔널리즘은 '관계적 사고'의 한 측면으로 더 적극적으로 이해할 필요가 있으며, 이는 비교의 의미를 더 선명하게 해 준다.

인터내셔널리즘이라고 해서 언어와 민족 혹은 국가의 단위를 단순히 넘는 것을 의미한다면, 그것은 '비교'의 의미를 너무 편협하게 만든다. 과거의 비교문학이 추구했던 기계적인 방식이 그것일 텐데, 비교문학의 위기 혹은 비교문학의 자체 폐쇄성의 원인이었다. '위기'라면, '비교'의 기능이 국가들 사이의 우열의 가름으로 흐르는 것이고, '폐쇄'라면, '비교'의 역할을 오로지 직접적인 영향과 수용 관계에만 국한시키는 것을 말한다. 그 결과 기존의 비교문학은 서구에 중심을 둔 일방적인 문학 연구로 흘렀으며 제국적 학문으로 비판받아 마땅한 것이 되었다.[123]

인접 학문들의 관계를 따질 수 있고, 또 한 네이션의 문학들을 통시적 관점에서 비교하는 것도 포괄할 것이다.

123 지금까지 서구가 주도해 온 문학 연구는 유럽 중심과 근대 편향의 특징을 보였다. 18세기 말 영국, 프랑스, 독일 등의 유럽 국가들에서 자국의 문학사 출간이 붐을 이룬 것에는 국민국가의 정치적 형성이 틀을 잡은 시점에서 근대 국민국가의 기획을 문화적인 측면에서 마무리하려는 의도가 들어 있다. 비교문학은 그런 차원에서 시작되었으며, 영향과 수용의 직접적 관계를 따지는 가운데 자연스럽게 비유럽문학과 우열을 대조하는 태생적 특성을 갖게 된다. 세계문학을 그리스와 로마에서 발원한 것으로 보는 개념도 서구 중심주의에서 벗어나지 않는다. 그리스와 로마 문명은 유럽으로 직접, 단일하게 이어져온 순수한 유럽의 기원이라기보다 아시아와 아프리카를 수용한 복합 문명이기 때문이다. 서구의 기원과 전통은 만들어졌으며, 그에 기초한 근대도 역시 날조와 허구의 특징을 내재한다. 다음 책은 이런 사항을 방대한 실증적 연구로 받쳐 준다. Bernal, Martin, *Black Athena* ; 《블랙 아테나 I》, 오흥식 옮김, 소나무, 2006.

단지 인터내셔널리즘을 근대의 산물들인 언어와 민족, 국가의 경계를 넘는 것이라고 이해하면서, 인터내셔널리즘과 내셔널리즘을 각각 탈근대와 근대로 놓고 보는 것은 적절하지 않다. 그렇게 되면 인터내셔널리즘은 내셔널리즘'들'에 관한 담론으로 축소될 수 있으며, 그 경우 내셔널리즘의 확장된 혹은 더 첨예화된 형태로 왜곡될 수 있기 때문이다. 따라서 내셔널리즘을 넘어서는 탈근대적 담론으로서의 인터내셔널리즘은 타자화와 자기부정으로서의 비교의 개념과 역할을 허용하는 것이어야 한다.

그런 측면에서 우리는 비교의 정체성을 온전히 살리는 방향에서 비교문학을 일종의 정치적 담론으로 가꾸어 나갈 필요가 있다. 예를 들어 특수한 정체성을 뿌리 채 뽑으면서 일방적 보편화를 추구하는 세계화의 현실은 다분히 힘의 질서로 이루어져 있다. 이에 대항하여 문화적인 질서를 내세우며 진정한 공동체의 미래를 건설해 나간다는 면에서 세계화의 현실은 오히려 하나의 기회라고 할 수 있다.[124] 힘의 질서와 문화적 질서는 선택의 문제가 아닌 듯하다. 힘이 문화를 이용해 자기 질서를 구축하는 것은 곧 그람쉬의 헤게모니 개념에서 볼 수 있으며, 그와 함께 문화는 그런 힘의 질서에 언제나 저항하는 운명을 지니고 있다. 나는 문화를 고립시키지 않으면서 문화가 실질적인 힘을 갖도록 하는 것이 '문화'의 의미와 역할을 살리는 것이라고

124 김우창과 오에 겐자부로의 진술에서 참조했다. 대산문화재단 주최 "동아시아 평화비전을 향하여: 오에 겐자부로와 김우창의 대담", 2006년 5월 19일. 오에 겐자부로는 동아시아 평화공동체를 위하여 '모럴', 특히 '프루덴셜prudential'이 필요하다고 말했다. 그는 '프루덴셜'이란 나와 타자가 앞으로 어려움을 겪지 않도록 신중하게 행동한다는 것이라고 뜻풀이를 했다. 그런데 예컨대 '대동아'를 앞세운 일제 역시 신중하지 않았을까? 또한 그러한 자부심과 확신을 갖고 있지 않았을까? 또 누군가 신중히 행동한다고 할 때 그에 대한 저항은 신중하지 않은 것으로 처리되는가? 오에 겐자부로가 신중함을 말할 때 이런 의문들을 결코 피해갈 수 없다. 그런 의미에서 오에 겐자부로가 말하는 '모럴'은 분명 정치적 담론을 배제하지 않은 것이며, 오히려 '모럴'이 행사될 수 있는 장을 마련하고 이를 권력과 국가의 차원에서 반영시키기 위한 정치적 실천이 필요하다는 전제를 깔고 있는 것으로 보인다.

생각한다. 이를 위해 필요한 것은 힘의 질서가 빚어내는 강한 사고와 배타적 정체성을 문화의 질서가 지닌 유연한 사고와 열린 정체성으로 보완하는 일이다. 예컨대 문화는 힘의 질서가 구축한 내셔널리즘의 배타적인 강한 정체성을 넘어서는 어떤 유연한 가능태로서의 내셔널리즘을 자유롭게 상상함으로써 내셔널리즘을 해체와 재구성의 대상으로 만들고, 거기서 내셔널리즘을 인터내셔널리즘에 기반을 둔 진정한 공동체의 유지를 위한 '전략적' 거점으로 삼을 수 있다. 문화는 이런 과정 속에서 힘을 발휘한다.

문화를 문학으로 치환하는 것이 가능하다면, 비교문학을 정치적 프로젝트로 가꾸어 나간다는 것은 바로 비교의 행위 혹은 실천이 새로운 국가공동체, 그 새로운 문화적 정체성을 만들어 낸다는 것을 의미한다. 비교 자체가 정체성 자체를 고이지 않고 늘 흐르게 만든다. 비교를 통해 비교문학은 일방주의적 지배권의 유령을 쫓아내고 스스로에 대한 이질적인 접근을 허용하는 것이다. 그것이 다원주의를 극단까지 받아들이는, 적극적인 비교문학의 모습이다.[125]

'타자'는 '관계적 사고'의 중심 개념이다. 체페트넥은 비교문학을 두 갈래로 정리했다.[126] 첫째, 비교문학은 하나 이상의 민족 언어와 문학들에 관한 지식을 의미하며, 둘째, 문학 연구에서 다른 학문들의 지식과 그 응용을 의미한다. 체페트넥이 말하는 복수의 언어와 문학들 사이의 횡단, 그리고 문학과 다른 학문들 사이의 횡단은 '타자화'의 용어로 설명할 수 있다. 역사적으로

125 쿠스너는 지배권이란 본질적으로 불안정하다고 말한다. 새로운 대립의 씨앗들을 그 내부에 품거나 외부로부터 들어오도록 허용한다는 것이다. 그래서 식민에 대한 탈식민의 승리는 새로운 미적 균형에 길을 열어 주는 경우가 많다(Kushner, p.31). 비슷하게 박성창은 비교의 태도와 정신을 "단순히 대조를 통해 차이와 유사성을 인식하는 것만 아니라, 자기와 타자, 익숙한 것과 낯선 것을 동시에 끌어안는 것"이라고 말한다. 박성창, 《우리문학의 새로운 좌표를 찾아서》, 새물결, 2003.

126 Zepetnek, p.13.

비교문학은 처음에는 유럽 문학에, 그리고 나중에는 유럽과 미국 문학에 초점을 맞추면서 시작하였으나, 요즘에는 유럽 중심주의에 대한 비판과 더불어, 이른바 '타자의 문학'에 주의를 기울이고 있다.[127] 여기서 타자의 범위는 특히 주변부 문학이나 거기서 나온 장르, 여러 유형의 텍스트들을 포함한다. 굳이 주변부라고 말하는 것 자체가 이념성을 강조해 준다. '타자의 문학'은 비교문학에서 민족문학보다 더 적절하게 쓰일 만한 개념으로 보인다. 민족문학의 개념에는 자기 동질적 정체성이 담기기 마련이고, 그런 한에서 그것은 유럽 중심주의를 흉내 내는 것일 수 있기 때문이다.

한편 이 생각도 많이 진전된 차원에서 비교문학을 이해하는 내용이지만, 타자의 개념과 활용을 두고 더 고려할 점도 있다. 타자의 문제를 서구에서, 혹은 서구와 몇몇 비서구 주류 학자들이 설정하고, 그것으로 타자에 주목했다고 한다면, 그것은 '타자'라는 개념 자체를 추상으로 뭉뚱그릴 위험을 안고 있다. 그 경우 개개의 민족 현실은 단지 보편 이론의 실제 혹은 특수한 사례들로서나 환영된다.[128]

따라서 타자라는 개념에 더 적절하고 적극적으로 주의를 기울일 필요가 있다. 타자는 전통적인 비교문학에서 대상으로 삼는 다른 문화나 언어에 속한 문학 (혹은 문화) 텍스트들은 물론이고, 문학에 대해 비문학적인 것들(예술, 사회학, 역사, 경제, 출판, 교육, 지리, 생태, 의학 등), 중심에 대한 주변부들, 정전에 대한 비정전들non-canonical text, 대중문학 혹은 제3세계 문학 혹은 다른 인종과

127 Sinopoli, Franca, (ed.) *La letteratura europea vista dagli altri*, Roma: Meltimi, 2003. 또 졸고를 참조할 수 있다. 박상진, 〈타자의 시선으로 본 유럽문학〉, 《세계의 문학》 2004 여름호, 통권 111호, pp.280-290.

128 리얼리즘이란 개념을 예로 들면, 우리의 리얼리즘에 해당하는 개념과 전통, 역사, 경험이 있을 텐데, 그에 대한 규명과 명칭 붙이기, 그리고 보편적 차원의 논의는 우리에게 거의 없었던 것 같다. 결국 리얼리즘이라는 서구적 개념으로 우리를 재단장하는 꼴이다. 이는 우리뿐만 아니라 서구에게도 손해다. 동종교배에서 벗어나지 못하는 꼴이다. 서구의 보편 이론을 구축하는 데 동아시아의 특수 사례가 동원되는 현상을 찾아보기는 어렵지 않다 (3장 참조).

젠더, 민족이 생산한 문학과 문화물 따위를 가리킨다.[129] 이와 함께 더욱 중요하게 생각해야 할 것은 타자라는 개념이 위의 이항대립 쌍들에서 후자의 항목들만을 가리키기보다는 전자의 항목도 또한 가리킨다는 점이다. 후자의 항목들만 타자라고 한다면 전자의 항목들은 동일자의 위치에 서고, 그 결과 타자도 역시 또 다른 동일자로 굳어질 수 있기 때문이다. 타자란, 반복하면, 동일자를 해체하는 계기이며 과정이다. 따라서 전자의 항목들은 후자의 항목들을 타자로 놓는 관계에서 스스로를 또 다른 타자로 놓는, 타자화의 순환을 지속시켜야 한다. 이러한 타자화의 관점에서 볼 때, 비교문학은 타자들 '사이'에 초점을 맞추는 '관계'의 학문이라 볼 수 있다. 그것이 곧 '비교'가 의미하는 것이기도 하다.

기왕의 비교문학은 그 태생부터가 문화를 가로지르고 학문을 넘나들며 문학(과 문화)을 연구하기에 용이한 형식과 내용을 갖고 있다. 방금 앞에서 진술한 바와 관련해 거기서 더욱 요구되는 점은, 비교문학자는 경계를 넘어 대화하고자 하는, 열려 있는 윤리적 자세를 갖추어야 한다는 점이다. 그런 면에서 비교문학의 과제를 묻는 것은 비교문학의 심화보다는 확장에 더 가까운 일일지도 모른다. 확장이 다른 현실들과 다른 언어들, 다른 문학들, 그리고 다른 학문들과 같은 타자를 향한다는 면에서 그러하다.

사정이 이러하다면 우리는 비교의 정신을 통해 타자와 맺는 관계를 다시 구성할 필요가 있다. 정전의 해체라든가 민족문학과 세계문학의 관계, 세계화 시대에서 국가와 민족의 정체성과 같은 문제들의 논의 방향을 다시 설정해야 할 것이다. 세계체제 속에서의 유목민적 정체성, 역사적·상황적·맥락적 주체로 다시 서고 다시 기억하고 다시 쓰기의 문제, 고정된 타자를 만들고 감상적이고 상투적인 오리엔탈리즘을 주조하는 민족주의의 해체와 재구

129 Zepetneck, p.30.

성, 다문화와 혼성문화 상황에서 새롭게 검토해야 할 수용과 변용의 문제 등, 최근에 활발한 학제적 연구를 통해 주목받는 주제들은 사실상 '타자들의 비교'라는 비교문학의 핵심 주제에 직결되어 있다.

지금까지 살펴본 비교문학의 문제에서 부각되는 것은 '비교'와 '타자'의 개념들이다. 이들로 비교문학의 과제를 설정하는 필요충분조건이 마련되었다고 보기에는 그들의 논의를 매우 넓게 펼쳐야 하는 부담이 있으나, 논의의 영역들을 제한된 항목으로 정리하는 효과도 있을 것이다. 무엇보다 그 개념들과 더불어 비교문학의 과제를 묻는 것은 결국 비교문학의 정체성과 전망을 묻는 이 글의 목표로 수렴된다.

비교문학의 정체성은 특수한 것이며, 맥락에 따라 다양하고 가변적이다. 그래서 예컨대 '세계의 비교문학'과 '동아시아의 비교문학'이 다르고, '한국의 비교문학'과 '일본의 비교문학'이 다르다. 각자는 각자에 속한 언어(들)와 독자를 갖고 있다. 문학 텍스트의 측면이 그러하고, 또한 이론도 그러하다. 이론가들은 대개 그들이 속한 언어와 문학, 문화에서 예증을 구하면서 이론을 구축하고 문학사를 기술한다. 따라서 특수한 언어와 독자에 대한 고찰 없이는 (보편적인) '문학'을 이해할 수 없게 된다. 여기서 말하는 특수한 언어와 독자는 복수複數로 존재하며 항상 변화하는, 맥락화된 것들이다. 여기서 비교문학의 정체성은 과정적인 것임을, 그리고 더 중요하게, 비교문학이 특수를 보편으로 연결시키는 역할을 한다는 것을 다시 확인할 수 있다.

이런 논지는 비교문학의 과제와 관련하여 세 번째로 논의할 '맥락화'의 문제와, 궁극적으로, 보편적 문학 가치의 문제로 연결된다. 그 논의로 나아가기 전에 우선 비교문학에서 민족(국민)문학의 문제를 어떻게 다룰 수 있는지, 그들의 관계를 점검하고자 한다. 그로부터 맥락의 의미를 더 뚜렷하게 제시할 수 있을 것이기 때문이다.

비교문학 연구는 과거 서구의 비교문학자들이 주장했듯이 민족문학을 넘어서는 것이 아니다. 비교문학이란 모든 문학이나 문화에 공통되는 어떤 보편성을 상정해서 그에 맞추어 개별 문학을 연구하는 것이 아니라, 보편성으로 위장된 가치가 지배적 힘의 가치임을 밝히면서 그에 맞서 그 지배적 힘과의 작용에서 형성되는 민족문학을, 또는 개별 민족의 문화적 정체성을 논의하는 학문이라 할 수 있다.[130]

비교문학 연구의 본분이 보편성으로 위장된 지배적 힘에 맞서서 그 힘과 작용하는 가운데 형성되는 "민족문학"의 가치와 정체성, 그리고 실제 연구에 기여하는 것이라는 지적은 적절하게 들린다. 여기에 기본적으로 동의하면서, 보완하여 논의하고자 한다. 위의 결론의 전제를 이루는 논의에서 고부응은 "한민족"의 정체성을 "불확정적"이라고 지적하면서도 전반적으로 "한민족"의 정체성을 선취하여 제시하고 있다. 또 조동일의 주장—새로운 비교문학의 방향은 한문문화권의 비교문학이다—을 비판하면서, 문학의 보편성을 상정하고 추구하는 것은 곧 제국주의적 가치를 옹호하는 결과를 가져오며, 따라서 비교문학의 방향이 될 수 없다고 반박한다.[131] 그러나 비교문학은 기본적으로, 또 궁극적으로, 문학의 보편성을 추구한다. 단, 그 추구의 과정과 보편의 종류가 문제일 뿐이다.

이런 입장에서 두 가지를 강조하고자 한다.

첫째, 민족이 오히려 고정된 특수한 보편으로 둔갑할 위험을 언제나 견제해야 한다. 고부응은 민족의 개념과 범주를 먼저 설정하기 때문에 자연스럽게 서구 대 한민족을 이분법으로 나눠 보는 것 같다. "한민족"이 (그리고 아마 세계화 시대를 겪는 어느 지역이나 민족이든) 이른바 제국의 상황에 처해 있다는 사실을 인정한다면, 순수한 개념과 범주의 민족은 설정하기 힘들며, 이른바 '상상의 공동체'라는 렌즈를 통해 더 적절하게 파악될 수 있을 것이라는 점에

130 고부응, 〈초민족시대의 민족정체성과 비교문학연구〉, 《비교문학》 제24집, 2000, p.39.
131 위의 글, pp.33-34.

동의할 것이다. 이는 민족의 존재를 선취하여 전제하는 것과 아예 부재하는 기호로 취급하는 것 둘 다를 지양해야 한다는 것을 뜻한다. 그런 의미에서 나는 "한민족"의 정체성을 혼종의 상황에 처한 저항적 정체성으로 설명하는 것이 더 적절하다고 본다. 그런 식으로 설명하기를 거부한다면, 민족이라는 개념 자체는 사실 오리엔탈리즘 속에서만 가능하다는 억센 주장[132]의 도전도 받아들여야 할 것이다.

요컨대 민족과 탈민족을 대립시키는 구도 자체가 적절한 비교문학에 부응하지 않는다. 비교문학은 민족을 무화시키는 제국적 학문이 아니다. 그렇다고 민족의 특수성을 고착시키는 학문은 더욱 아니다. 비교문학은 여러 정체성들이 겨루는, 그 끝없는 넘나들기의 과정으로 설 경우에만 이 시대에 적절한 학문으로 거듭난다. 그래서 민족은 그 자체로 비교를 위한 하나의 단위가 되거나, 혹은 그 내부에서도 여러 이질적인 단위들의 비교를 허용하는 것이어야 한다. 그와 달리 기존의 민족 단위의 문학 연구는 한마디로 타자를 인정하지 않고 관계적 사고를 허용하지 않기 때문에, 또 현생의 탈민족 단위의 문학 연구는 민족의 단위를 넘어서는 것에만 초점을 맞추고 민족의 단위가 지닌 내외부적 혼종성의 가능성을 차단시키기 때문에, 비교문학의 성격에 부합하지 않는다.[133]

둘째, 비교문학은 문학 가치의 보편성을 추구해야 한다. 일찍이 우드베리는 비교문학 연구가 보편적 문학 연구를 지향한다고 했지만, 이는 유럽과

132 임지현, 사카이 나오키, 《오만과 편견》, 휴머니스트, 2003, p.254. 그 결과 민족주의는 반역이라는 식의 급진적 구호까지 등장할 수 있다.

133 이런 측면에서 조동일이 이른바 "제4세계 문학론"을 내세우며, 비교문학에서 수행하는 비교의 단위를 문명권 문학, 민족국가 문학, 민족국가 문학 이하 단위의 개별 민족문학 혹은 지방문학의 세 가지로 나눈 예가 하나의 구체적인 길을 제시한다. 조동일의 구상은 더 세부적으로 발전되어야 하겠지만, 앞에서 말한 '네이션'의 용어(및 '인터네이션'과 '포스트네이션')가 함축하는 문제와 의미를 실질적으로 반영하고 있다. 조동일, 〈문학의 지역성과 세계성—동아시아의 서사시를 본보기로 삼은 검증〉, 《제3회 동아시아 국제학술 심포지엄 논문집》, 1996, pp.340-342.

미국 중심의 제국주의적 가치관을 가리킬 뿐이었다.[134] 비교문학은 여러 정체성들이 겨루는 장을 마련하고 거기서 지배권이 해체되고 중심과 주변부가 서로를 가로지르면서 진정으로 보편적인 문학 가치를 재구성해 나가는 과정적 학문이라고 정의하는 것이 더 낫다. 그런 가운데 민족의 정체성은 자칫 폐쇄적이고 배타적인 또 하나의 중심으로 변질될 위험에서 거리를 두고, 다른 민족들(타자)과의 관계 맺음의 과정에서 세워질 수 있다. 그런 의미에서 한국문학자나 영문학자 등, 개별 민족의 문학 전공자들은 그들의 연구 대상이 보편적 차원에서 어떤 의미를 지니는지 항상 염두에 두어야 한다. 단, 보편을 염두에 둔다는 것은 그에 맞춘다는 것이 아니라, 보편이 특수(혹은 소수 혹은 타자)와 맺는 동일과 차이를 계속해서 조명하면서 보편과 특수들을 해체하고 재구성하는 일종의 자기성찰적 과정으로 이해할 일이다. 여기서 보편과 특수의 정체성은 획득되거나 유지되거나 주어지기보다는 구성되고 해체되고 재구성되는 맥락화의 과정 위에 놓인다. 그 과정이 보편적 문학 가치의 창출과 어떤 관계를 맺고 작동되는지, 그 원리의 설명이 비교문학의 과제로 주어진다.

문학은 본질적으로 대화다. 그 대화성dialogicity을 우리의 이론적, 방법론적 자세와 국면에서 세우고 배치하는 것이 비교문학의 임무일 것이다. 비교라는 보다 일반적인 의미는 비교문학의 경계가 반드시 국민국가들 사이만이 아니라 모든 것들의 사이에서 모든 것들의 대화를 모색하는 것이라고 결론지을 수 있다. 그것은 그 자체로 열림을 지향한다. 즉 끝없이, 끊임없이 맥락에 이론과 해석을 싣는 것이다.

이와 함께 대화에는 권력이 개입한다는 점도 잊지 말아야 할 것이다. 이론만이 아니라 역사의 무대에서도 그래 왔다. 그러나 권력만 있었던 것이 아니

134 에드워드 사이드, 《문화와 제국주의》, 김성곤, 정정호 옮김, 도서출판 창, 1995, pp.108-111. 르네 웰렉의 경우도 비슷하다(김창현, 277).

라 저항도 있었다. 문학은 역사적으로 일어난다. 역사의 무대를 등진 문학들은 잘났든 못났든 저마다의 둥지를 틀고 거기서 안전하게 도사린다. 비역사적인 둥지에 자리한 문학은 그 안전함 속에서 저항을 잊고 자기만의 권력에 취해 타자를 잊는다. 이렇게 역사를 배제하고 망각하는 문학은 자체를 반복하여 복제하고 자체의 가치를 지키려는 수구적 행태를 보인다. 이런 상황에서 문학은 보편적인 가치를 상상하고 추구하는 힘을 잃을 수밖에 없고, 대신 특수한 보편의 껍질로 스스로를 단단하게 뒤덮으면서, 대화의 역사성을 거부하고 자체의 '외부'[135]에 있는 타자들을 손쉽게 분류하고 환원하는 오류를 저지른다. 비교문학이 문학의 보편적 가치의 문제를 다루고자 한다면, 타자를 환원과 분류에 저항하는 거점으로 받아들이고 활용해야 할 것이다. 이는 맥락화의 개념과 통한다.

2.4. 맥락화

탈근대 역사학에서는 서술의 주체와 대상을 구별한다. 서술의 주체는 현재에 있으며 서술의 대상은 과거에 있다. 현재에서 역사를 서술하는 입장을 중요시하는 쪽에서는 역사가 어떻게 쓰이느냐 하는 것이, 과거에 위치한 서술의 대상을 중요시 하는 쪽에서는 실제로 일어난 역사가 우선시 된다. 전통적인 역사학에서는 그 둘을 구분하지 않기 때문에 역사를 초월적 실체이자 기록으로 탈맥락화시킨다. 그런 차원에서 역사는 단순히 과거의 사실로 취급되는 반면, 탈근대 역사학에서는 역사를 과거의 사실에 대한 해석으로 채우고자 한다. 탈근대 역사학의 장점은 예컨대 민족이나 국가를 초역사적 주체로 먼저 설정하고 그에 따라 역사를 서술하는 전통적 역사학의 방법론에서 벗어난다는 것에 있다.

135 공간적인 외부가 아니라 벗어남으로서의 외부를 가리킨다.

이와 비슷하게, 비교문학도 초월적 관점이 아닌 경험적이고 특수한 관점 위에 세워질 필요가 있다. 물론 민족이나 국가도 경험과 특수의 단위로 될 수 있지만, 또한 시대가 그 단위로 될 수도 있으며 작가나 이론가 개인들 혹은 집단들이 될 수도 있다. 문제는 그 단위가 고정되어 있지 않으며, 어떤 맥락에서 (비교)문학을 다룰 것이냐에 따라 달라진다는 점이다. (여기서 맥락의 단위도 또한 역사, 사회, 입장, 이념 등에 따라 달라질 것이다.) 맥락에 따른 특수한 관점을 취한다는 것은 자국 문학 중심의 동심원적인 확장을 뜻하는 것이 아니라, 그것을 오히려 해체하는 것을 뜻한다. 그래서 '세계문학'도 '국민문학'도 아닌 '세계들의 문학'을 보자는 것이다. 바꿔 말해 문학이 무엇인가 라는 관점이 아니라 문학은 어떠한가, 혹은 무엇을 할 수 있는가의 관점으로 문학을 보자는 것이며, 문학의 주체보다는 문학의 방식에 주목하자는 것이다.

그렇게 볼 때, 비교문학은 영향과 수용의 사실 관계를 비교하는 것에서 그 사실 관계를 '해석'하는 것으로 나아가야 한다. 여기서 해석이란 평가하고 관계를 맺어 주며 자기 위치를 재인식하고, 이런 모든 작업들을 보편적 문학 가치의 실현이라는 공동의 목표로 수렴시키는 것을 의미한다. 이는 다시 문학의 근본 목표, 특히 혼종과 다문화의 현 상황에서 요구되는 문학의 존재 방식을 탐색하는 문학의식에 연결된다. 이런 차원에서 비교문학은 정치적 담론의 특성을 지니게 된다. 영향과 수용 관계의 탐색도 지식을 말끔하게 정리하고 전달하는 것이 아니라 지식들 사이의 경쟁을 이끄는 바탕으로서의 역할을 부여받는다. 이는 문학이라는 보편적 차원을 현실의 특수한 차원에 열도록 만들어 준다. 그래서 예컨대 한국문학과 영미문학을 비교할 때 그것이 특수한 문학들의 단순한 기계적 비교사항들의 나열로 그치지 않으려면, 그들 각각이 세계들의 문학들이라는 특수한 관점들에서 세계문학의 보편성을 새롭게 해석하는 것이어야 한다. 그럴 때 비교문학은 특수한 국민문학을 보편적 문학 가치의 차원에서 이해하고 평가할 수 있고, 국가와 민족을 '넘어

선' 세계문학 공동체를 결정적으로 상상할 수 있게 되는 것이다.[136]

예컨대 마르크스주의 전통은 자본주의의 내부 비판을 위한 일종의 외재적 관점으로 확립되었다. 비교문학도 그런 역할을 한다. 국민문학 연구가 기존의 구태의연한 틀에서 벗어나 새로운 담론을 창출할 수 있기 위해서는 그 내부 비판을 위한 다양하고 새로운 외재적 관점들을 필요로 한다. 이것이 이른바 담론의 기능이며 역할이라 할 수 있는데, 과거에는 담론 자체에 대한 관심이 없었다. 그러나 중심과 주변부의 대치전선이 확연하지 않고 그야말로 혼합되어 있는 현재 상황에서는 비교의 대상이 가시적으로 외부에 있는 것으로 주어지지 않으며, 따라서 비교의 대상을 내재적 관점에서 모색하고 설정해야 할 처지에 놓여 있다. 여기서 타자와 관련한 담론이 요구된다.

앞서 비교란 타자들의 존재를 전제로 한다고 말했는데, 타자는 외부나 그 어떤 존재로 자동적으로 주어지는 것이 아니라 능동적으로 설정하고 가동해야 할 무엇이다. 말하자면 비교문학의 연구 대상은 우리 앞에 놓여 있다기보다 우리가 구성해야 할 어떤 것이다. 이는 비교문학이 언제나 진행 중인, 과정의 학문이라는 정의와 통하는 말이며, 담론의 역할이 비교문학에서 급진적으로 요구되는 지점이다.

비교문학의 새로운 역할은 그런 측면에서 검토되어야 한다. 비동일화의 사고는 근대 국민국가들의 경계나 동서양의 문명적 구분, 그리고 동일화의 패턴으로 이루어지는 그들 각각의 정체성 구성을 '초월'한다. 동서양은 지리적으로 존재하지 않으며 그들은 상상적 개념들에 불과하다. 비동일화의 사고를 통해 우리가 색출해야 하는 것은 오리엔탈리즘만큼이나 옥시덴탈리즘이다. 서양은 오리엔탈리즘에 의해 자기를 확정identify하고 동양은 다시 그에 따라 자기를 다시 확정re-identify한다. 동서양의 정체성identity은 그런 식으로

136 국민문학과 세계문학의 관계는 8장에서 상술하려 한다.

서로 내향적 작용을 이루며 구성되어 왔다.[137] 이러한 이른바 '적대적 공범관계'[138]를 폐기하는 것은 타자의 시선이다. 여기서 타자의 시선이란 정확히 동일자로서의 주체가 자신을 타자로 만드는 경험을 의미한다. 외부에서 신비화한 동일자-주체의 존재는 자체를 타자로 낯설게 함으로써, 즉 주체에 대한 외재적 관점을 스스로 허용하면서, 파악되고 극복되는 것이다. 결국 동일자-주체의 위치성positionality, 동일자-주체가 타자의 위치로 가는 혹은 타자의 위치에 서는 경험, 나아가 타자 자체를 경험하는 일이 중요하다. 그러한 타자화의 경험 전반이 비교문학이 설정해야 할 대항의 전선이다.

대화와 연대의 문제는 비교문학의 새로운 과제들이다. 예컨대 오리엔탈리즘(그리고 그것의 자매인 옥시덴탈리즘)과 민족주의는 동전의 양면을 이룬다. 오리엔탈리즘은 유럽이 동양을 외부로 놓고 그것을 이질화하고 신비화함으로써 제대로 인식하지 못한 채 동양의 동일성을 구축하고, 그를 통해 유럽 자체의 동일성을 구축하는 현상을 말하는데, 그러한 동일성은 곧 민족주의의 발현과 다르지 않기 때문이다. 이러한 오리엔탈리즘과 민족주의의 공범관계를 잘 인식하지 못하는 사람들은 계급과 젠더, 인종, 국가, 지리적 장소와 같은 지점들을 특수한 것으로 내세우면서 오리엔탈리즘을 극복하고자 한다. 그래서 '맥락화하라! 본질화하지 말라!'라는 다문화주의적 구호를 외친다.[139] 그러나 이는 내가 말하는 특수와 맥락화와 다르다. 다문화주의적인

---

137 임지현, 사카이 나오키, 《오만과 편견》, 휴머니스트, 2003, p.197.

138 "보편주의와 특수주의는 자체의 결점을 감추기 위해 상대방의 결점을 수용한다. 이 둘은 공범이라는 점에서 서로 친밀하게 엮여 있다. 이런 면에서 민족주의와 같은 특수주의는 결코 보편주의에 대한 심각한 비판이 될 수 없다. 그 역도 성립할 수 없다. 양자는 공범자이기 때문이다." Sakai, Naoki, "Modernity and Its Critique : The Problem of Universalism and Particularism", *Postmodernism and Japan*, e. Masao Miyoshi and H.D.Harootunian, Durham : Duke University Press, 1989, p.105 ; 레이 초우, 《디아스포라의 지식인》, 장수현, 김우영 옮김, 이산, 2004, p.20 재인용.

139 레이 초우, pp.20-21.

맥락화는 맥락을 고정된 것으로 확정짓는 반면, 내가 말하는 맥락화는 고정된 맥락에 작용하는 또 다른 맥락(보편이든 또 다른 특수든, 중심이든 또 다른 주변부든)을 함께 고려하여 그 맥락의 재구성을 거듭해 나가는 것을 의미한다. 이는 특수와 맥락의 자기해체이자 자기탈피인 동시에 자기부정이다. 흔적을 남기는 치유이며 재전유다.[140]

비교문학 연구를 위해 특정한 문학을 하나의 동질적 단위로 묶거나 아니면 적어도 공통점과 차이점을 지닌 비교할 만한 것으로 삼으려 할 때, 우리는 왜 그렇게 하는지, 어떤 입장에서 하는지, 그리고 그 물음들 위에서 이제 어떻게 해야 하는지를 물어야 한다. 여기서 '왜'의 문제는, 앞에서 봤듯이, 이른바 (세계)문학 공동체를 형성하려는 목표에서 나온 것이고, '입장'은 보편을 염두에 두는 주체의 상황됨situatedness에서 나온 것이어야 한다. 그리고 이들 목표와 입장 위에서 추구해야 할 '어떻게'의 방법에 대한 일정한 대답을 제공하는 것은 바로 맥락화의 개념이다.

맥락화는 주체가 사회역사적 현실에 연루되는 것이다. 맥락에 입각하여 현실을 바라보는 것, 즉 읽고 해석하는 것은 개별적인 경험을 가능하게 한다. 왜냐하면 맥락은 그 자체가 어떠한 기성의 안정된 법칙과 합의, 질서와 따로 작동하는, 개별적인 것이기 때문이다. 맥락에 근거한 해석은 이미 이전에

140 예컨대, 하나의 담론이 강력할 수 있는 것은 특수한 경우에서 벗어나 맥락의 거듭된 재구성을 통해 보편적 차원에서 문제를 제기할 수 있기 때문이다. 여기서 특수한 경우란, 예를 들어 보카치오의 《데카메론》을 이탈리아 혹은 14세기 유럽의 경우로 한정하는 것을 말한다. 맥락의 거듭된 재구성을 통해 보편적 차원에서 문제를 제기한다는 것은 그런 특수한 시공을 넘어선다는 것이다. 그러나 그런 과정에서 특수성은 결코 희미해지지 않는다. 보편적 차원에서 문제를 제기할 때, 보카치오의 맥락은 자체의 특수한 시공을 넘어서서 우리에게 침투해 들어오며, 거기서 페미니즘은 보카치오와 우리의 맥락을 가로지르는 사고의 강력한 틀이 된다. 그럼으로써 《데카메론》과 우리는 주변부적 삶의 방식과 문제의식을 공유하는 것이다. 다음 글을 참조할 수 있다. 졸고 "《데카메론》의 모호한 여성성과 리얼리즘", 《이탈리아어문학》 17집, 2005, pp.79-100.

구성되어 안착한 어떤 담론이나 해석을 해체하고 재구성한다. 그래서 이미 구성된 담론에 덮여 보이지 않는 현실들, 입장들, 텍스트들, 해석들을 들춰내고, 더 중요하게 그들로 형성된 주체를 새롭게 내세우는 것이다. 이는 주체가 타자에게로 스스로를 여는 것을 의미한다. 즉, 주체는 스스로를 낯설게 만드는 계기로 타자를 활용하는 것이다.

타자를 통해 주체가 스스로를 낯설게 만드는 전략은 맥락화가 의미하는 바를 잘 설명해 준다. 차학경의 유목민적 주체성의 고통스러운 항해를 예로 들어 보자. 차학경을 올바로 조명하기 위해서는, 조명하는 나는 어떤 맥락에 처해있는가, 소수와 약자로서 소외된 처지에 있는가, 타자의 입장에 서 있는가, 소외된 타자를 겪고 있는가, 하는 물음들을 먼저 던져야 한다. 모든 물음에 대한 대답 찾기가 무릇 그렇겠지만, 물음을 던지고 대답을 찾는 사람은 자신의 맥락을 항상 전면에 내세워야 한다. 묻고 대답하는 사람의 맥락은 뒤로 물린 채 문제로 삼는 대상의 맥락만 생각한다면, 아무리 잘해야 이론적이고 체계적으로 잘 정리하는 것 이상은 아닐 것이다. 적어도 타자를 생각하며 물음을 던지고 대답을 모색한다면, 이론적인 분석과 함께 실천적인 공감이 수반되어야 할 것이다. 그리고 이 공감은 심정적인 것에서 그치는 것이 아니라 타자에 대한 깊은 이해로 나아가는 발판이 된다. 일반 담론으로서의 탈식민 페미니즘보다는 그것이 우리의 탈식민 페미니즘의 상황을 수용하는 것으로 어떻게 연결되느냐를 묻는 것이 중요한 것이다. 그것은 탈식민주의의 반성으로 연결된다. 탈식민주의 자체가 "제3세계의 (신)식민지 문화 생산물을 서구의 고급 이론으로 가공해서 다시 역수출하는 문화적 신식민주의에 봉사하는 역할을 할 수도 있다"[141]는 우려를 불식시키고, 보편 담론으로서의

141 김준환, 〈탈식민주의와 포스트모더니즘〉, 《탈식민주의. 이론과 쟁점》, 고부응 엮음, 문학과지성사, 2003, p.97. 바로 위의 내용에서 우리의 관점과 맥락을 확보하는 것이 비교문학의 진정한 수행을 위해 필요하다. 우리의 관점과 맥락이란 분단현실과 강요된 근대화의 상황,

탈식민주의가 아니라 '차학경의 탈식민주의'라는 특수성을 드러내는 것이다.

여기서 말하는 타자는 절대화된 타자가 아니라 언제나 타자로 되는, 경계선 위에서 서성거리는 타자다. 이것이 차학경의 정체성이 유연하게 되는 열쇠다. 그 타자는 맥락화된 존재이지만, 맥락화를 유지하기 위해서 끊임없이 자신을 탈맥락화시킨다. 맥락화 자체가 경계를 없애고 경계를 말소 하에 두는 끝없는 타자화의 과정이기 때문이다. 탈맥락화는 맥락화의 과정의 한 단계다. 차학경이 《딕테》[142]에서 펼친 삽입 텍스트의 서사 전략은 자기부정을 통한 제1세계의 학습이며 그를 통한 서사의 탈영토화와 재영토화로 볼 수 있다. 그런 서사 전략으로 이루어지는 서사의 교란과 전복을 통해서 차학경은 소외로 저항을 실천한다.[143] 그런데 그 소외의 기원과 저항의 대상은

세계화의 적절한 이해와 같은 것들을 예로 들 수 있다. 그럴 때 탈식민주의는 "제국주의의 이론적 사죄로써 탈식민주의를 생산한 제1세계가 제3세계를 속박하는 새로운 패러다임"이며 "고도의 사유화된 과학"이라고 비판될 수 있을 것이다. 비서구 문학들을 동일하게 만들어 그 생생한 일상의 현실들을 마술적으로 결정해 버리거나 단순하게 환원시켜 묻어버릴 수 있다는 점에서 그러하다. 실제로 존재하는 비서구 문학들의 다양성과 차이들을 무시하고 제국 대 식민의 이분법적 구도 속에서 관념적인 도덕주의에 빠진 채 서구에 대한 비난만 쏟아내는 것도 탈식민주의의 가능한 한계일 것이다. 그러나 탈식민주의를 세계체제에 대항하는 새로운 생존 형식으로 이용하는 것도 가능하다. 그를 위해서는 문화들마다 각자의 맥락이 있다는 것을 지적하는 동시에 다른 문화들의 맥락에 주의를 기울이는 윤리가 요구된다. 하나의 탈식민주의가 아니라 다양한 탈식민주의들이 있으며, 그들의 연합과 재구성, 중첩(1장에서 언급)을 통하여 차학경과 같이 이중, 삼중의 상황에 처한 맥락을 재현할 수 있는 것이다.

142 차학경, 《딕테》, 김경년 옮김, 어문각, 2004.

143 김승환, 〈'딕테'의 서사전략〉, 《비교문학》 33집, 2004, pp.279-302. 그런데 고정된 타자를 만들고 감상적이고 상투적인 오리엔탈리즘을 주조한다는 면에서 민족주의를 해체할 필요가 있다는 김승환의 주장에는 충분히 동의하지만, 그런 요구에 탈식민주의가 방해를 하고 탈민족주의가 새로 요구된다는 것은 좀더 생각해 봐야 할 것 같다. 요컨대 탈식민주의와 탈민족주의는 양립 불가능한 개념들이 아니고, 오히려 서로 많은 부분에서 공유할 점들이 있다는 것이 나의 생각이다. 무엇보다 탈식민주의를 서구의 단일적 관습에 저항하고 유동적인 교차문화적 형식을 구성하는 것(김춘환, p.122)으로 본다면, 탈민족주의의 지향점에 가까이 다가선다.

어디일까? 나는 이 물음에서 차학경이라는 주체가 다시 기초되고 실천의 지평으로 나아간다고 생각한다. 그것은 차학경이 자기가 처한 이중적 상황의 재현을 능동적으로 지향하고 있기 때문이다. 즉, 미국과 한국 어디로도 돌아가 의탁할 수 없는 이중적인 소외를 적극적으로 재현하고 있는 것이다. 이러한 과정은 곧 맥락화라고 불리는 것에 가깝다.

맥락화의 측면에서 차학경의 《딕테》를 들여다볼 때, 문화마다 각자의 맥락이 있다는 것을 강조하는 동시에 다른 문화들의 맥락에 주의를 기울이는 윤리가 거기서 작동한다는 것을 알 수 있다. 하나의 탈식민주의가 아니라 다양한 탈식민주의들이 있으며, 그들의 연합과 충돌, 재구성을 통하여 차학경과 같이 이중, 삼중의 상황에 처한 맥락을 재현할 수 있는 것이다.

그것이 가능하게 되는 것은 차학경의 서사가 환유[144]를 실천하는 데서 나온다. 《딕테》는 차학경이 작업한 다른 매체들—책 만들기, 영화, 비디오, 퍼포먼스, 사진, 드로잉 등—과 연관하여 보아야 할 것이다. 그녀의 의도는 한 가지였다. 즉, 이민의 경험을 탈식민주의 페미니즘의 측면들로 나타내는 것이다. 이 기본 의도가 여러 매체들을 통해 환유적으로 표출되는 것이다. 이를 매체적 환유라 부를 수 있다. 《딕테》는 책이면서 책 만들기이고 사진과 드로잉, 그리고 자신의 퍼포먼스이기도 하다.

차학경의 특이한 경험은 언어와 공간의 환치displacement에서 나온다. 환치는 이민 1.5세대로서 언어와 공간이 비틀린 가운데 그 비틀림을 (극복하기보다는) 있는 그대로 펼쳐내는 작업이었다. 실제로 《딕테》는 1978년 차학경이 모

144 은유가 대상 내부로 깊이 파고들어 가는 응축condensation의 과정 속에서 미메시스적 모방과 재현을 통한 동일화를 심화시키고 동일화의 범주를 확고히 다진다면, 환유는 지우고 다시 쓰는 환치의 과정 속에서 흉내 내기mimicry와 반복을 통해 대상의 흔적을 남길 뿐이다. 환유는 상반되는 가치들, 주제와 양식의 충돌과 갈등을 이중성과 양면성의 미학으로 조형화하면서 개인의 자전적 요소나 개인적 서술을 사회와 문화, 역사의 맥락에 위치시킴으로써 나르시시즘을 피하는 효과적인 미학 장치다.

국을 방문하는 경험에서 나왔다. 그런 사실에서 나타나는 것은 귀환에 대한 기대와 함께 회귀 불가능성의 확인, 이중 소외, 그리고 자신의 존재가 공간적으로 언어적으로 환치되는 경험 따위였다. 그것은 경계선 위에서 서성거리는, 이른바 "경계인"으로 거듭나는 경험이었다. 말하자면 동일화와 주변부화의 위험에서 동시에 벗어나는 것이다.

환치는 그녀의 서사에서 지우고 다시 쓰기의 반복 과정으로 이루어지는 환유적 전략이었다. 개인의 자전적 자료들과 사회의 역사적 자료들을 기호로 만들고 파편들로 쪼개면서 추상화시키는 가운데 자신의 존재를 탈맥락화시키는 콜라주 양식이 그것이다. 탈맥락화란 구체적으로 미국의 맥락과 한국의 맥락 양쪽 모두에서 이탈하는 것이다. 그 효과는 동종요법적 과정(흉내내기)을 통해 경계선에 서는 것이다. 그런 면에서 《딕테》는 타자가 되는 행위를 통해서, 타자들이 그녀를 점령하게 하는 환치를 통해서, 비틀린 언어를 드러내고 그런 방식으로 말하는 능력을 되찾고자 하는 것이다. 환유의 전략은 스테레오 타입화된 타자, 감상적이고 상투적인 오리엔탈리즘적 기표를 극복하고, 맥락화된 패러다임을 만들어 낼 가능성을 제시하는 것을 목표로 삼는다.

《딕테》에 나타난 불어, 영어, 그리스어, 중국어, 조선어의 언어적 혼종, 시, 산문, 사진, 도표, 드로잉, 지도, 빈 여백을 망라하는 탈장르, 한국의 근대사와 개인사를 병치시키는 시공적 환치, 다문화적이고 탈경계적인 망 속에서 수많은 여성들을 복합화자로 등장시키고 그들과 자신을 동일화함으로써 여성 역사를 소외시킨 부계적 젠더 구조에 도전하는 것, 이런 모든 환치의 경험들은 이중 정체성의 모험과 자유를 즐기는 것이었다.

이는 자신의 이중적 존재들을, 데리다 식으로 말해, 말소하에 두는 것이다.[145] 중요한 것은 차학경이 그렇게 자신의 이중적 존재들을 말소 하에 두면서 동시에 스스로 존재하려는 주체로 떠오른다는 점이다. 이 지점이 차학경의 작업이 개념으로, 방법으로, 텍스트로 끝나지 않는 지점이다. 즉, 자신이 주체로서 실천에 나서는 지점이다. 역사적, 상황적, 맥락적 주체로 다시 서고 다시 기억하고 다시 쓰는 것. 그러한 탈식민주의적 전략들을 통해 그녀의 텍스트들은 그녀의 실천이 된다. 그러면서 차학경은 수용자의 단계로 넘어간다. 그래서 그녀는 "나는 관객의 꿈이 되고 싶었다"[146]라고 말하는 것이다.

이런 과정은 데리다 식으로 말해 텍스트의 외부를 없애는 일과 다르지 않다. 차학경은 자신을 미국과 한국에 열었다. 그녀의 텍스트들은 그녀의 흔적을 담은 채 열려 있다. 차학경의 《딕테》는 언어적 혼종과 탈장르, 시공적 환치 따위의 전략들로 이중 정체성의 모험과 자유를 즐기고, 거기서 역사와 상황에 맥락화된 주체로 다시 서고 다시 기억하고 다시 쓰는 탈식민주의적 전략을 실행하는 것으로 여겨진다. 그래서 차학경은 미국과 한국 어디에도 속하지 않지만 어디에도 속하는 (이중적) 맥락화를 저항 전략으로 구사하면서 이중적 상황에서 스스로 존재하려는 주체로 떠오를 수 있다. 미국과 한국을 끊임없이 타자로 만들면서 이쪽과 저쪽에 걸친 상태를 갈 수 없음의 수동성 대신에 어느 쪽으로도 갈 수 있음의 능동성으로 살려 냈다는 것이다. 타자란 어디에도 속하지 않는 것이면서 동시에 어디에도 속할 수 있는 것이다. 이것이 《딕테》에서 차학경이 스스로를 타자로 만들면서 구사하는 서사 전략의 위치이며 거점이다.

그렇다면 어디에도 속하면서 어디에도 속하지 않음의 거점이란 무엇인가?[147] 그것이 곧 (경계의) 맥락화를 의미한다. 이는 이른바 '반본질론'에 대한

145 Derrida, Jacques. *De la grammatologie*, Paris: Minuit, 1967 ; *Of Grammatology*, tr. by Gayatri C. Spivak, Baltimore : Johns Hopkins University Press, 1976.

146 Cha, Unpublished Statement, 1975, Theresa Hak Kyung Cha Archive, Berkeley Art Museum ; 《관객의 꿈》, 콘스탄스 르발렌 엮음, 김현주 옮김, 눈빛, 2003, p.14.

147 이른바 소속의 정체성과 관련하여 이광수의 문학을 논의하는 과정에서 이 물음에 대해 더 자세히 대답하고자 한다(5-7장).

비판적 시각에서 설명할 수 있다.[148]

> 기존의 본질론에 대한 반본질론적 비판이 다양한 내용이나 형태를 가질 수 있는 본질주의를 하나의 본질론으로 '본질화'시켜 버리고 말았다.[149]

이 말보다 더 분명하게 반본질론의 핵심을 보여 주는 것도 없을 것이다. 즉, 본질론도 다양할 수 있는데, 본질론에 대한 비판이 그 차이들을 뭉뚱그려 다양한 본질론들을 하나의 본질론으로 환원시킬 수 있다는 말이다. 다양한 본질들이 있을 수 있다는 것은 해체론과 본질론이 통할 수 있는 접점이다. 섣부른 반본질론은 그 접점을 무마하고 무화시킨다. 이것이 포스트모더니즘이 범할 수 있는 오류, 즉 차이만 강조하여 특수한 입장들을 고립시키는 무책임한 상대주의일 것이다. 다양한 본질들을 본질의 해체를 위한 거점으로 사용할 필요가 있다는 스피박의 전략적 본질주의 혹은 "본질론의 전략적 사용"은 차이를 '활용'하자는 것으로 보인다.

이것이 본질론과 반본질론 사이에서 일어날 수 있는 소모적 논쟁에서 벗어나는 길이다. 이를 받치는 것은 실천과 행동이다. 즉 본질론에 대한 반대만으로는 실천과 행동이 불가능하다. 거점으로서의 본질, 그리고 그것을 활용하는 것이 필요하다. 주체가 자신의 자리를 거점으로 삼고 연대로 나아가

148 이와 관련하여 알튀세의 '중층결정overdetermination' 개념도 음미할 만하다. 역사를 움직이는 사건 혹은 변화는 하나의 모순(원인)에서 생기는 것이 아니라 복수複數의 모순들(원인들)에 의해 결정된다. 이는 혼합이나 혼종으로 대체 환원될 수 없는 개념이다.

149 Schor, Naomi, "This Essentialism Which Is Not One : Coming to Grips with Irigara", eds. Naomi Schor & Elizabeth Weed, *The Essential Difference*, Bloomington & Indianapolis : Indiana University Press, 1994, p.43 ; 이석구, 〈탈식민주의와 탈구조주의〉, 《탈식민주의 이론과 쟁점》, 고부응 엮음, 문학과지성사, 2003, p.213 재참조. 이석구의 글에서 가야트리 스피박이 실체적 본질주의substantive essentialism와 구분되는 전략적 본질주의strategical essentialism를 채택하는 탈식민주의적 사유에 대해서 잘 정리되어 있다.

는 것, 그리고 연대로 나아가면서 주체의 자리를 비우는 것이 필요하다. 이러한 탈식민주의의 전략으로 우리는 '임시적 정체성'[150]을 세울 수 있으며, 거기에 기초한 열린 형태의 정치적 연합을 수립할 수 있다. 그러나 이석구가 예리하게 지적하듯, 이런 과정을 실현하는 과정에 대한 논의가 선행되어야 한다. 그것은 "불변하는 단일한 결론을 내리기 위한 토론의 장이 아니라, 다양한 해석들이 서로 갈등하고 그 갈등 속에서 타협점을 이끌어 내는, 긴장이 담도는 역동적인 장이어야 하며, 역사와 변화를 수용하는 열려 있는 장이어야 한다."[151]

나는 위의 문장에서 "해석"과 "수용" 등을 수행하는 주체agent에 초점을 맞추고자 한다. 집단적 주체가 하나의 동일성 안에 포위되는 오류와 위험도 경계해야 하지만, 집단적 주체의 해체는 곧 개인 주체의 특수한 경험과 위치에 주목하는 것으로 직결된다는 점을 생각하고자 한다. 주체를 논쟁에 여는 것은 필요하지만, 정작 주체에 관련해 의문의 대상에 올릴 것은 주체가 무엇이냐 보다는 언제, 어디서, 어떤 조건 아래 주체가 어떻게 행동하느냐 하는 점이다. 그에 대해 줄 수 있는 대답은 일정한 역사적 상황에 정체성들이 끼어드는 비장소로서의 장소가 바로 주체라는 것이다. 여기서 주체는 존재라기보다는 과정이나 계기 혹은 입장으로 이해하는 것이 좋다. 이것을 나는 과정적 주체 혹은 맥락화된 주체라고 부르고 있다.

맥락화된 주체의 존재는 다양한 해석들이 서로 자유롭게 겨루면서 합의를 이루고 다시 흩어지고 모이기를 반복하는 역동적인 장을 창출하고 유지한다. 그런 주체의 눈에 민족주의는 하나의 본질도 아니지만 비본질도 아닌 것으로 비친다. 민족과 민족주의라는 개념들에 열린 정체성을 부여하는 것.

150 Butler, Judith, *Gender Trouble : Feminism and the Subversion of Identity*, New York & London : Routledge, 1990, p.15.

151 이석구, p.218.

그것은 민족으로부터의 끝없는 탈출이자 민족의 끊임없는 회복이다. 이는 해체와 재구성의 반복, 자기부정과 비동일화의 사고와 실천으로 가능하다.

결국 반본질론은 본질을 맥락화하는 한에서 의미를 지닌다. 그것은 모든 종류의 동일성을 해체하고 재구성하는 것을 뜻한다. 앞에서 나는 비교문학을 정치적 담론이라고 불렀는데, 정치란 동질적인 고임을 흩뜨리고 기성의 관계를 다시 조정하는 역동성을 가리킨다. 비교문학은 자체로 맥락성의 본성을 지닌다. 따라서 비교문학을 맥락화한다는 것은 비교문학의 본질을 살리는 것과 다르지 않다.

맥락화는 타자를 배제하는 동일화의 속성에 저항하여 개개의 맥락화된 주체의 입장들을 확인하면서 그들을 가로지르면서 형성되는 연합과 제휴, 대화의 관계를 장려한다. 이를 그레타 가드Greta Gaard는 양성성兩性性/bisexuality의 위치로 설명한다.[152] 양성성의 위치는 자기 위치를 확고히 하지 않는(못하는) 불안정한 속성과 이분법을 거부하는 운명을 지닌다는 면에서 비교문학을 닮았다. 양성성의 정체성에서 배울 점은 경계 위에 선다는 것의 의미다. 그것은 하나의 정체성을 다른 정체성과 대립하여 정의함으로써 타자를 배제하는 것이 아니라, 어느 것에도 걸치는 유연한 정체성을 지속시키는 것을 말한다.

타자와의 경계 긋기에 따라 정체성을 확보하는 것은 남성 특유의 방식이다. 반대로 여성의 방식은 관계 맺음의 과정에서 자신을 찾는 것이다. 이는 타자를 배제, 억압하지 않으면서 '나'와 타자 사이의 경계 위에서 자기 자리를 계속해서 다시 잡는 것을 말한다. 이것이 양성애의 위치를 갖춘 정체성의 정치학이다. 거기서 '우리'도 아니고 '그들'도 아닌, 가로지르기의 과정과 입장이 들어선다. 게이든 레즈비언이든 동성성의 공동체들의 이분법적 대립에 대한 대안으로서 양성성의 위치는 정체성의 정치학의 기반이며 비교문학

152 Gaard, Greta, "Identity Politics as a Comparative Poetics", Higonnet, M.R., ed., pp.230-243.

의 자리이기도 하다. 그렇게 속성이 부여되는 비교문학의 자리는 실은 선험적인 민족과 국가를 내세우며 국민문학들의 기계적인 비교에 스스로를 한정짓는 비교문학 자체에 대한 저항의 거점이다.

이러한 자기부정은 비교문학의 운명적 속성이다. 비교문학은 대항 헤게모니 담론을 생산하는 급진적 가능성을 지닌 장소이며 저항의 공간이다.[153] 그러나 이 대항은 주변부의 언어로 이루어져야 한다. 동성성와 이성성은 주변부가 아니라 중심의 언어들이다. 왜냐하면 그들은 각각 동성과 이성이라는 중심을 설정하고 그것과 다른 타자를 배제하기 때문이다. 그와 달리 양성성은 이성성과 동성성에 대한 국외자의 위치에 있으며, 이분법적 섹슈얼리티의 경계에 위치한다.

그런 면에서 양성성이라는 말 혹은 주변부 자체도 중심에 대한 반발로 나온 것이라면 거부해야 한다는 주장[154]은 설득력 있게 다가온다. 주변부는 억압된 흔적을 갖고 있는 이상 중심과의 이항대립에서 벗어나지 못하며, 더 나쁘게, 중심을 향한 그리움과 도전의 신경증을 치유할 길을 찾지 못한다. 주변부는 그 자체대로 존재해야 한다. 이는 끝없고 끊임없는 주변부화 marginalization의 과정이 우리에게 의미가 있다는 말이다. 주변부성을 제대로 고려하고 작동시키기 위해 우리는 끝없는 탈중심의 궤도를 그리는 일이 필요하다. 위에서 말한 맥락화의 과정과 그에 입각한 주체의 해석도 주변부화의 궤도에 실릴 때 제 힘을 발휘한다. '주변부성'이라고 말할 때 자칫 어떤 한 영역으로 굳어질 위험이 있으므로 '주변부화'라는 용어가 더 적절하다는 것도 기억할 만하다. 주변부는 존재가 아니라 과정이며 실천이다. 주변부화는 경계들을 지속적으로 가로지르는 것이고 끝없는 타자화의 과정이며, 그래서 망명의 상태에 머무르지 않고 그 상태 자체에 또다시 도전하여 끊임없

153 Gaard, p.237.
154 위의 글, 같은 쪽.

는 해체와 재구성의 변이로 나아가는 과정이다.

본질주의는 강력한 정체성과 더 강력한 정치적 입지에 맞물린다. 그리고 그를 위한 주체를 설정하고 주체의 본질을 고정시킨다.[155] 반면 주체의 본질을 유연하게 만드는 반본질주의는 정치적 실천을 이루는 기반의 주체도 해체한다. 모순되게 들릴 수 있지만, 정치적 실천의 기반을 해체하는 것은 일종의 정치적 전략이다. 왜냐하면 정치적 입장을 미리 정하고 거기에 자신을 근거시키는 것은 주체를 집단과 계급, 이념, 국민, 민족과 같은 집단화된 추상 개념에 묻히게 만들 수 있기 때문이다. 그러나 그에 대해 맥락화된 주체를 주장한다고 해서 그러한 추상 개념들을 무시하자는 것은 아니다. 말하자면, 개인 주체가 끊임없이 자기의 자리를 맥락에 비추어 확인하고 조정할 때 그 자리는 저항의 거점이 될 수 있으며, 그로부터 어떤 추상적인 이상으로 나아갈 수 있는 것이다. 요컨대 해체의 과정에서 본질의 목표로 나아가는 것이다. 단 과정은 목표를 흔들 수 있다. 그러므로 해체라고 해서 무책임한 것은 아니며, 본질적으로 추구해야 할 무엇을 향해 더욱 신중하고 선명하게 나아가는 전략이다. 탈근대적 사고는 그런 지침을 우리에게 마련해 준다.

탈근대주의는 이미 우리의 세계 체제가 되었으며, 우리가 사는 시대의 조건이며 우리의 사고와 담론의 조건이다. 그것은 지구촌에서 모든 문화 정체성들의 고독과 어울림, 또 파편화와 내적 상호작용을 우리에게 함께 부과한다. 문화 정체성은 민족과 언어만이 아니라 인종과 젠더, 사회적 지위 같은 요인들에 연결된다. 그래서 타자를 사회와 자신의 한 부분으로 받아들이고, 우리를 다시 역사에 뿌리 내리게 하며, 모든 초서사를 거부하고 조롱한다.[156]

---

155 우리가 공격해야 할 주체는 "그 주체 형성에 매개되어 있는 근원에 대해 묻는 일 없이 주체의 직접적 현전성 안에서 자족하는 주체일 뿐"이다. 가라타니 고진柄谷行人, 《일본 근대문학의 기원》(1980), 박유하 옮김, 민음사, 1997, p.242.

탈근대적 사고의 힘은 중심과 주변부의 관계 자체를 뒤집는 것에 있다. 그것을 변증법이라고 부를 수 있을지 모르나, 어쨌든 중심과 주변부의 관계가 해체되고 재구성되는 구도는 비교문학의 담론에서 대단히 중요하다. 그것은 국가들의 문제보다는 더 중요하게 모든 종류의 타자들의 상호 관계에 관련된 사항이다. 예컨대 문학적인 것과 문학적이지 않은 것을 각각 계속해서 다시 정의 내리면서, 그 둘을 비교하면서, 그들의 가로지름을 통해, 이전에 문학 외부라고 생각했던 것에 주의를 기울이는 반면 친숙하고 규범화된 것을 주변부로 추방함으로써, 모든 종류의 정전과 헤게모니를 해체해 나가는 것을 가리킨다.[157] 이러한 중심과 주변부의 유희는 이전에 침묵을 지키고 무시당하던 목소리들을 다양한 측면과 자리에서 찾고, 그런 과정에서 텍스트들을 재해석할 수 있게 된다.

2.5. 과제

새로운 비교문학은 '열린 문명학'이다. 비교문학이 잘못 지어진 이름이라는 지적[158]은 일면 받아들일 만하다. 그러나 그 이유를 조명하고 치유하는 것이 더 필요할 것이다. 비교문학의 기본은 '비교'와 '문학'에 있다. 비교의 정신을 다시 조명하고 문학이 그 공통 기반으로 자리한다는 것의 의미를 다시 살펴보는 작업은 비교문학의 자기반성을 위한 적절한 출발이다.

문학은 언제나 역사의 공기를 호흡하며, 역사는 결코 틀에 가둘 수 없다.[159] 문학을 역사화한다는 것은 문학 텍스트의 해석을 그것이 관계되는 역사적 맥락에 던진다는 것을 의미한다. 역사는 문학이 간단히 초월해 버릴

156 Kushner, p.23.

157 Kushner, p.24.

158 Kushner, p.21.

159 이 점에 대해서는 다음 글을 참고할 수 있다. 졸고, 〈기호학, 역사, 열린 이론〉, 《비교문화연구》 제14집, 비교문화연구소, pp.35-47.

수 있는 어떤 단순한 배경과 같은 것이 아니다. 역사는 통일된 세계관이나 시대정신으로 구성되지 않으며 원인과 결과를 설명해 주는 서사로 꾸며지는 것도 아니다.[160] 역사는 하나의 문제이며, 헤게모니를 쥔 집단들이 역사를 어떻게 운용하는지를 되묻게 해 주는 자기성찰적인 문화의 얼굴을 하고 있다. 문학들과 문학 텍스트들 사이에 우열은 있을 수 없으며, 맥락화의 과정 속에서 각각의 특수한 위치를 운명적으로 점유하고 있다. 그래서 문학은 가장 구체적인 삶의 형식이다.

비교문학자로서 우리는 역사적으로 조건화된 독자이며 작가라는 의식을 공유할 필요가 있다. 이것이 삶의 보편으로 나아가는 가장 기본적인 의식이며, 이를 김우창의 표현을 빌면 "비교문학적 의식"이라 부를 수 있다.[161] 타자와의 만남은 "비교문학적 의식"의 중요한 내용이다. 이는 세계화 시대에 더 강해지고 뚜렷해졌다. 비교문학이 일반 문학연구와 다른 점은 비교문학에서는 언제나 타자를 생각하는 정신이 더 뚜렷하게 있다는 것이다. 그래서 현대에는 비교문학의 방법보다 정신이 더 중요할 수 있다. 방법은 정신의 옷을 입을 때 제 의미를 확보하기 마련이다.

비교문학 담론은 그 자체의 대안들, 그 계층 구조들, 그 초담론적 추정들을 해체하고 재구성해 나간다. 그리고 정당성을 얻고자 하는 문화적 특수성들에 관련하는 문화적 실천으로 자체를 받아들임으로써 열림으로 나아간다.[162] 학문들 사이의 네트워크도 비교문학의 주요한 역할이다. 현재와 같은 분과학문 체제를 해체하기 위해서는 "학문들 간에 강요된 단절들, 특히 개별 학과들 사이에 자의로 설정되어 있는 간극들을 뚫는 새로운 통로를 만드는"

160 Goodwin, Sarah Webster, "Cross Fire and Collaboration among Comparative Literature, Feminism, and the New Historicism", Higonnet, M.R., ed., *Borderwork : Feminist Engagements with Comparative Literature*, Ithaca : Cornell University Press, 1994, pp.249-250.

161 김우창, p.1.

162 Kushner, p.32.

작업이 새로운 지식 생산의 "절합적 통합"을 위해 필요하다.[163]

문화 다양성의 시대에서 앞으로 비교문학이 담당할 역할은 의심할 바 없이 지대하다. 비교문학의 본질을 제대로 세우고 그 미래를 바람직한 방향으로 이끄는 과정에서 타자의 입장을 적절하게 반영시키는 일이 필요하다. 타자의 위치는 고정된 것이 아니라, 역사와 사회, 그리고 맥락에 따라 변한다. 예로, 《신곡》의 타자 독자는 우리이지만, 《구운몽》의 타자 독자는 서양인이다. 진정한 비교문학적 연구를 수행하기 위해서는 타자의 입장들이 지속적으로 관철되어야 한다. 그로부터 기존의 해석과는 다른 새로운 해석들이 솟아오르며, 그것이 문학의 가치를 되묻고 실현하는 작업이기 때문이다. 바로 여기서 비교문학은 특수를 보편에 연결시키는 특유의 역할을 수행하게 된다.

우리는 비교문학이 장려하는 타자들의 대화와 공감의 연대 위에서 건설되는 새로운 보편적 문학 가치를 생산하는 담론과 그 실제 모습을 상상하고, 이를 비교문학 연구의 새로운 과제로 삼아야 한다. 이것이 비교문학의 재수립과 같은 거창한 작업으로 이어질 것인지는 아직 알 수 없으나, 보편적 문학 가치의 담론과 그에 따른 구체적인 텍스트 비교분석 작업이 모든 종류의 중심주의를 넘어서서 다양한 문화들을 가로지르고 정의하는 비교문학의 미래의 임무에 적절히 응답한다는 것을 강조하고자 한다.

163 강내희, 〈분과학문체계의 해체와 지식 생산의 '절합적 통합'〉, 《문화과학》 11호, 1997 봄.

3. 동아시아 문학의 가능성
—해석을 통한 보편적 문학 가치의 지향

3.1. 문제

앞의 1장에서 '동아시아'가 과연 무엇이고 무엇이어야 하는지에 관련한 담론을 구성했다. 거기서 동아시아의 지역적 정체성과 존재 방식은 소위 공동체가 왜 필요하고 어떻게 가능한지를 논의하기 위해 요구되었다. 동아시아라는 개념이 서구 근대문명의 확장과 함께 등장한 이래, 동아시아는 세계 체제의 주변부이면서 그 내부에서 중심과 주변부의 구도가 다시 반복되는 이중적인 굴레에 덧씌워져 왔다. 동아시아는 제국의 형태로 구성되고 그에 대한 내부의 반발과 외부의 개입으로 해체되다가 현재 다중심의 체제로 다시 재구성의 전기를 맞고 있다.[164] 지금 다시 동아시아를 말하는 것은 동아시아 자체의 탈중심적 정체성을 확보하는 동시에 서구 중심의 문화, 정치, 경제적 역학 구도를 해체하며, 나아가 동아시아를 보편적인 공동체 구현의 한 모델로 재구성하려는 노력과 맞닿아 있다.

앞의 2장에서는 그러한 동아시아 담론이 비교문학의 정신과 자세, 그리고 방법론의 재검토에 기여하는 측면에서 한국에서 비교문학을 어떻게 수행할 것인지 논의했다. 이제 동아시아 공동의 문학에 관한 논의를 '동아시아

164 동아시아의 지역질서에 내재한 중심과 주변부 관계의 중층적 성격을 역사적으로 조망하고 미래를 전망한 책으로 다음을 참고할 수 있다. 백영서 외 지음, 《동아시아의 지역질서—제국을 넘어 공동체로》, 창비, 2005.

담론'과 '비교문학'의 논의들이 합쳐지고, 동시에 '동아시아 담론'과 '비교문학' 각각의 의미가 더 확고하게 뻗어 나가는 하나의 매듭으로 삼고자 한다. 그 목표는 이른바 보편적 문학 가치의 실현이 동아시아 문학이라는 주변부적인 동시에 공동체의 맥락에서 어떻게 가능하며, 비교문학이 거기에 어떻게 기여하는지, 그리고 그 위에서 동아시아 공동의 문학을 어떻게 상상할 수 있는지 하는 물음에 답하는 것이다.

'동아시아 문학'은 '동아시아'와 '문학'의 두 꼭지로 이루어져 있다. 그러나 동아시아 문학은 그들을 단순히 가로지른다기보다는, 그들이 흩어지고 서로 합쳐지기를 반복하여 끊임없이 맥락에 따라 변이하는 하나의 지속적 과정이다. 동아시아 문학이 어떤 식으로 가능한지 고찰하기 위해 우선 '동아시아'란 무엇인가, 즉 동아시아의 정체성을 상상하는 작업이 필요할 것이다. 앞에서 동아시아의 정체성은 자기부정과 저항, 그리고 개인 주체들 혹은 소수자적 주체들의 공감 위에서 가장 바람직하게 건설된다고 보았다. 그렇게 건설된 동아시아, 그리고 그 위에서 형성된 동아시아인으로서 우리는 근대적 민족주의가 강요하는 폐쇄적 동일화와 그로 인해 개인 주체들 혹은 소수자적 주체들이 '국민'으로 집단화되고 동일화되는 상황으로부터 비판적으로 거리를 둠으로써 우리를 둘러싼 세계와 역사를 몸소 경험하고 실천하는 주체로 설 수 있다. '동아시아 문학'은 그러한 '동아시아'의 문제에서 출발하여 '문학' 공동체의 방향을 설정하자는 화두에 닿아 있다.

전형준은 전통을 "외래적인 것을 변용하여 토착적인 것으로 만들어 내는 어떤 힘의 작용"으로 정의하고 "동아시아의 정체성은 바로 이 힘의 작용으로부터 탐색되어야" 한다고 말한다.[165] 이러한 진술에는 일종의 탈근대주의적 사고가 작용하는 것 같다. 즉, 서구 문명을 기초한 근대성의 기획을 회의하는

165 전형준, 〈한중문학과 동아시아 문학〉, 백영서, 전형준, 정문길, 최원식 공편, 《발견으로서의 동아시아》, 문학과지성사, 2000, p.278.

탈근대적 사고는 동양 문명에게 서구 근대문명을 넘어서서 무엇보다 자체의 원래적 문명을 재생할 하나의 기회로 다가왔다. 그 결과 동양 전통에 대한 논의가 자체를 탈근대의 성과에 접목시키는 방향으로 다시 떠올랐으며, 그와 함께 역으로 탈전통의 성향을 띠었던 근대성의 담론을 해체하는 것으로 나타났다. 다시 말해, 전통을 외래적인 것의 변용에서 토착적인 것을 만들어 내는 힘의 작용으로 이해하는 것은 토착적인 것을 근대 해체의 과정에서 얻을 수 있는 하나의 수확으로 보는, 일종의 '탈근대적인' 사고다.

그러나 다른 한편, 동아시아 지역이 단지 오랫동안 역사를 공유했고 앞으로도 공유할 것이라는 믿음 위에서 동아시아를 하나의 단위로 보려 한다면, 그것은 문제가 있다. 역사를 공유했다는 것은 동아시아 각국이 하나의 혹은 몇 개의 전통을 공통으로 갖고 있다는 말이다. 흔히 불교, 유교 혹은 도교 문화나 한자 문화를 그 예로 든다. 아마 전통이 한 지역의 정체성을 구성하는 데 중요한 요소라는 것에는 이의가 없을 것이다. 더욱이 전통을 "외래적인 것을 변용하여 토착적인 것으로 만들어 내는 어떤 힘의 작용"으로 본다면, 그러한 전통은 동아시아의 정체성을 구성하는 데 하나의 기반이 된다. 그런데 그 힘의 작용이 어떻게 이루어지는지 탐색하는 일은 간단한 일이 아니다. 그리고 거기에 굳이 '전통'이라는 말을 붙이는 일이 반드시 필요한지는 모르는 일이다. 한 지역의 정체성을 미리 설정된 전통에 근거하여 고정시키기보다는 끊임없이 변하는 맥락에 따라 변하는 것으로 보는 것이 지역 정체성에 대한 더 적절한 접근일 것이다.

그런 면에서 전통에서 벗어나려는 움직임이 오래전부터 있었기 때문에 앞서 언급한 전통들을 지금도, 그리고 앞으로도, 동아시아를 묶어 줄 유일한 힘으로 보기는 곤란하다. 또 근대와 탈근대의 경계가 분명하지 않고 어디까지가 전통이고 새로움인지 구별하기도 애매하다. 그에 더해, 서양은 전통을 극복하거나 전유하면서 저들의 역사를 이어 왔고 해석하고 있지만, 동아시아는 현재 서양의 그러한 인식과 해석을 동아시아의 전통과 뒤섞어서 경험하고 있다. 더욱이 그 경험 자체도 동아시아의 각 국가들 사이에서 차이가 크다.[166]

따라서 전통과 관련하여 동아시아를 말할 때에는 좀더 유연한 위치 설정이 필요하다. 동아시아의 정체성을 찾거나 수립하기 위해 우리는 전통을 빌려 올 수 있으면서 동시에 전통을 해체해야 하는 것이다. 문제는 그러한 내용의 담론을 우리의 현안에 관련하여 어떻게 구성하고, 더 중요하게, 어떤 식으로 활용할 수 있는지를 따지는 일이다.

이런 측면에서 전형준 식의 '탈근대적' 사고는 전통을 해체하면서 전통을 확보하는 식의 절충적 해결로 이해하는 것이 필요하다. 그러한 '탈근대적' 사고로부터 동아시아의 정체성을 탐색해야 한다면, 동아시아 문학도 그와 같은 맥락에서 추구해 볼 수 있을 것이다. 동아시아 문학은 서구 근대문명에서 추구해 온 문학을 변용하여 동아시아에 토착화시키는 변이의 과정 위에서 구성할 수 있으리라는 것이다. 이는 서구적 문학의 틀을 극복하면서 동시에 동아시아라는 특수한 맥락에 정착시키는 것이며, 또한 동아시아의 맥락에 뿌리를 내린 전통을 해체하면서 동시에 서구적 문학에 대항하는 거점으로 삼는 것을 의미한다. 이런 측면에서 동아시아 문학은 '동아시아'의 가능성과 '문학'의 열린 지평이라는 새로운 과제를 껴안고 풀어 나가는 과정에서 떠오르는 어떤 것으로 설정할 수 있다.

동아시아 문학의 논의는 비교문학의 정신과 자세, 그리고 방법론을 재검토하면서 효과적으로 이루어질 수 있다. 사실상 '비교'를 문제로 삼는 것은 '동아시아'를 문제 삼기에 나올 수밖에 없는 사항이다. '동아시아'는 적어도 한국과 중국, 일본의 국민국가들이 서로를 연결하고 소통하면서 구성되는

166 김영명, 〈동아시아의 문화와 정치 체제—비판적 고찰〉, 위의 책.

과정적 개념이다. 비교문학은 동아시아의 문학 혹은 그 공동체의 모습을 그리기 위해 대단히 효과적인 매개가 된다. 그러나 그런 매개로서의 비교문학은 과거와 같은 것이 아니라, 새롭게 구성되는 것이어야 한다. 동아시아 문학이 가능하다면, 그것은 앞으로 새롭게 제시될 비교문학의 과제를 통해서이며, 거꾸로 비교문학의 새로운 과제는 동아시아 문학의 가능성 위에서 구체적으로 묘사될 수 있을 것이다. 그런 면에서 동아시아 문학을 "동아시아 각국 문학들 간의 공통된 문학적 경험을 기반으로 하고, 그것들 사이의 소통과 대화를 통해 동아시아의 정체성에 대한 탐색 및 그 구현이라는 현재성의 과제를 추구해 가는 하나의 과정"[167]으로 정의 내리는 취지를 적절하게 이해할 수 있다.

동아시아 문학은 서구에서 태어나 서구 중심으로 성장해 온 비교문학이 아닌, 보편적 문학 가치가 어디에 있고 무엇인지 추구하는 새로운 비교문학을 생산하는 모태가 된다. 비교문학이 보편적 문학 가치의 끝없는 재제시를 목표로 한다는 그 자체가 동아시아 문학을 끝없는 반성과 타자화의 터로 만들어 준다. 즉, 동아시아 문학을 새로운 비교문학 정신으로 새롭게 일구는 것 자체가 기존의 서구 중심의 세계문학과 비교문학을 재구성하는 것이며, 진정한 보편적 문학 가치를 재수립하는 것이다. 그럼으로써 또한 동아시아 입장에서 서구 문학을 더 잘 이해하는 효과를 낼 수 있다.[168]

167 전형준. 같은 글, p.279. 여기서 전형준은 루쉰과 이광수, 홍명희, 임화, 호풍, 주양, 김수영을 중심으로 동일성과 차이의 엇갈림을 통해 동아시아가 가졌던 전통(으로의 복귀)과 서양 근대(에의 순응)를 동시에 넘어서는 경험을 잘 정리하고 있다. 무엇보다 큰 시사점은 위의 작가들이 동아시아 공간 속에서 펼친 지적 편력 속에서 '동아시아 문학'의 지평의 역사적인 예를 찾아볼 수 있다는 점이다. 동아시아 문학이 분리되는 양상들(이광수, 홍명희/주양, 호풍)과 통일되는 양상들(루쉰/임화)에 숨어 있는 원리를 길어 내어 한국과 중국의 프로문학이라는 개별성과 동아시아 프로문학의 보편성에 접근하는 단서를 찾는 것이다. 그 궁극적인 지점은 동아시아 문학이 보편성을 획득하는 양상에 있는 듯하다.

168 후쿠자와 유키치는 "여산 속에 있는 사람은 여산의 진면목을 알 수 없"기 때문이라고 설명한

동아시아 문학은 진정한 보편적 문학 가치를 지향(해야)한다. 나쓰메 소세키는《문학예술론》에서 영문학을 보편적인 것으로 보는 사고방식을 의심했다.[169] 가라타니 고진이 지적하듯, 이 보편성은 역사적인 것이며 그 역사성을 은폐함으로써 성립된다.[170] 예컨대 셰익스피어 문학의 보편성은 19세기 유럽에서 확립된 것이며, 그와 동시에 그 사실 자체의 역사성을 은폐하는 것으로 존재해 왔다.[171] 이런 의식이 일본이 서구 문학을 활발히 수용하던 1900년대 초반에 있었다는 것은 특기할 만하다. 가라타니 고진은, 문학은 한 가지 길로 발달하는 것이 아님을 각국 문학들을 서로 비교해 보면 잘 알 수 있다고 주장한다.[172] 국민문학들 각각이 굳게 터를 두는 특수성과 역사성이 그들 사이의 진정한 비교를 가능하게 하며, 그 비교를 통하여 역으로 국민문학들의 각각의 특수성과 역사성이 보장되는 동시에 그 특수한 역사적 맥락에 터를 둔 국민문학들은 다시 보편적인 문학의 차원에 관여하게 되는 것이다.

나쓰메 소세키는 역사가 제국적 보편주의로 둔갑하는 것을 인식하고 비판했던 것 같다. 역사주의 속에 감추어진 서구 중심주의 또는 역사를 연속적·필연적으로 보는 관념[173]에 이의를 제기한 것이다. 그러나 역사는 또한 보편성의 중심주의적 폐단을 교정해 준다. 다시 말해 보편성은 역사에 실리면서 하나의 특수한 위치로 환원될 수 있는 것이다. 그래서 이런 상반되는

다. 두 문명이 한 시대에 공존한다는 '一身二生'의 원리로 보면, 일본은 중세 봉건과 근대를 함께 경험하기 때문에, 그 두 문명을 더 잘 비교할 수 있으며 문제를 더 잘 파악할 수 있다는 것이다(마루야마 마사오, 가토 슈이치,《번역과 일본의 근대》, 임성모 옮김, 이산, 2003, p.34). 후쿠자와에 대한 전반적인 평가와는 별도로, 이런 원리 자체는 비교문학의 장점을 잘 보여 준다.

169 나쓰메 소세키夏目漱石,《문학예술론》, 황지헌 옮김, 소명출판, 2004.

170 가라타니 고진柄谷行人,《일본 근대문학의 기원》(1980), 박유하 옮김, 민음사, 1997, pp.19-20.

171 위의 글, p.21.

172 위의 글, p.22.

173 이는 기독교의 발전론적·필연적 역사관이자 근대주의적 역사관을 가리킬 터이다.

두 입장 사이에서 두아라는 "우리의 임무는 '역사'를 쫓아내는 것이지만 동시에 '역사'를 구출하는 것이기도 하다"고 말한다.[174] 동아시아 문학은 서양 근대문명이 발명한 '문학'의 보편주의를 해체하면서 자체의 특수한 '문학들'을 생성시키고 보편을 끝없이 탈중심화시키는 비교문학적인 문제의식을 담고 있어야 한다.

사실 근대 이전에 동아시아에서 문학을 생각하고 쓰고 말한다는 것은 대부분 중국문학을 참조해야 하는 일이었다는 면에서, 일종의 비교문학적 접근은 한국과 일본에서 수백 년 이상 수행되었다고 볼 수 있다. 그러나 그런 접근에는 비교문학적인 의식보다 중국문학을 한국이나 일본이 자국의 문학으로 생각하는 사고가 훨씬 더 강하게 자리했다. 다른 한편, 국문학이라는 울타리를 치지 않고 다른 타자의 문학을 한데 놓고 연구했다는 면에서는, 개별 국민문학들의 고립된 연구가 주된 흐름을 이루는 현재보다 더 바람직했을지도 모른다.[175] 이런 의견에 동의하되, 나는 현재의 상황이, 비교문학적 의식이 비로소 깨어나고 이를 실천하려는 단계라면, 분명 진일보한 것으로 생각한다.

국문학들(한국문학이든 중국 문학이든 일본 문학이든)이 문학이라는 보편적 개념에 입각해서 특수하게 규정되고 해석된 것이라 해도, 아니 바로 그렇기 때문에, 국문학들은 보편적 문학의 가치를 항상 염두에 둘 때 자기 존재의 의의를 확보한다. 국문학들이 지닌 특수성의 특별한 의미를 간과하고 귀찮은 존재로 처리하여 무시하고 생략해 버리는 탈근대주의의 무책임한 상대주의를 경계하도록 해 주기 때문이며, 더 중요하게, 서구의 보편이 기획한 일방

174 Duara, Prasenjit, *Rescuing History from the Nation : Questioning Narratives of Modern China* ;《민족으로부터 역사를 구출하기—근대 중국의 새로운 해석》, 문명기, 손승희 옮김, 삼인, 2004, p.314.

175 김우창, 〈비교문학과 문학의 보편적 지평〉, 《한국비교문학회 2004년 가을 국제학술대회 자료집》, 한국비교문학회, 2004, p.1.

적인 중심주의에 입각한 보편이 아니라, 특수들의 상호 횡단적 소통에서 생성되고 소멸되기를 반복하는 진정한 의미의 보편을 세우도록 해 주기 때문이다. 그것은, 두아라의 표현을 비틀면, 보편을 쫓아내면서 동시에 보편을 구출하는 것이다.

이처럼 개별 국민문학들의 경계를 넘어서는 것이 보편적 문학 가치를 묻는 동아시아 문학의 기능이며 역할이라면, 이는 다시 개별 국민문학들의 가치를 묻는 것이기도 하다. 이는 문학이라는 근본적인 문제를 뿌리부터 다시 생각하는 동시에 그 문제를 추상으로 흘려보내지 않고 구체적이고 개별적인 역사적 맥락에 근거하여 다룬다는 것을 의미한다. 그럴 경우에만 과거에 동아시아의 시공에서 동아시아 문학이 어떻게 성장했고 현재 일어나는 현실적 문제들에 동아시아 문학이 어떻게 관여하는지 논의할 수 있다.

문학은 삶의 형식이자 일상의 실천 방식이며, 문학 공동체는 그 형식과 실천으로 이루어지는 하나의 과정이다. 그렇게 말할 때, 동아시아 문학을 동아시아 공동체를 받쳐 주는 하나의 적절한 조건으로 세울 수 있고, 거꾸로 동아시아 공동체를 동아시아 문학의 가능성을 가늠하는 토대로 삼을 수 있다. 그것은 문학이 공동체의 정체성을 묻기 때문이며, 더욱이 동아시아 문학은 더 능동적이고 적극적으로 그렇게 함으로써 유지될 수 있기 때문이다. 동아시아의 정체성을 과정적인 것으로 상상하는 가운데 동아시아 문학은 적절한 자기 위치를 세울 수 있고, 역으로 그렇게 세워지는 동아시아 문학은 거꾸로 동아시아 정체성을 과정적인 것으로 견지하도록 해 준다.

여기서 과정적이라는 것은 보편과 특수의 이항대립 관계를 해체하고 그 둘의 끊임없는 상호교환의 관계를 재구성하는 것을 말한다. 그런 재구성의 과정은 동아시아에도, 문학에도 적용되어야 한다. 뒤에서 그런 재구성의 실현을 방해하는 배타적 힘의 표상으로서 민족주의를 비판하고 치유하는 길을 제시하고자 한다. 치유의 길은 동일성에 대한 저항의 전략과 실천으로서의 해석의 가능성을 다각도로 타진하는 것으로 제시될 것이다. 그 궁극적 목표는 동아시아 문학을 보편과 특수의 접합을 통해 이루어내는 진정한 보편적(문학) 가치의 실현의 예로 추구하는 것이다.

3.2. 상황

동아시아 공동체에서 출발하고 거기로 수렴하는 하나의 길로서 동아시아 문학은 하나의 국민문학이 아닌, 여러 국민 문학들 사이의 소통으로 이루어진 문학이다. 동아시아 문학은 동아시아 각국 문학들 사이의 공통된 문학적 경험을 기반으로 그들 사이의 교류와 대화를 통해 구성된다는 뜻이다. 여기가 비교문학이 전술적으로 개입할 곳이다. 동아시아 문학을 적절하게 상상하기 위해 우리는 비교문학자로서 한국문학, 중국문학, 일본문학의 어느 것에도 속하지 않으면서 어느 것에도 속하는 입장을 취할 필요가 있다. 말하자면 끊임없는 횡단이 필요하다는 것이다. 각자가 소속된 국민문학은 그를 위한 하나의 전략적 거점이다.

과거에 동아시아 문학은 중화 문명 혹은 한자 문명권에 깊숙이 뿌리 내리고 있다가 근대화의 과정에서 그로부터 벗어나려는 움직임을 보였다. 그러나 그런 와중에서 서양과 근대 편향으로 쏠렸던 것도 사실이다. 역사적으로 동아시아 문학이 가시적으로 구체화된 적은 거의 없었던 것 같다. 그 가장 큰 이유는 한국과 중국, 일본의 문학이 저마다 특수한 것으로 주장되면서 동시에 보편성을 가지는 것으로 착각했다는 것에 있다. '특수한 보편'이라는 모순어법에는 간단히 말해 배타적 · 수구적 · 자기중심적 보편이라는 뜻이 들어 있을 뿐이다. 그 모순 어법을 더 이상 모순이 아니라, 그리고 배타적 보편이 아니라, 보편과 특수가 서로 넘나드는 관계로 만드는 것이 동아시아 문학을 구성하는 관건이다. 이는 바로 '비교문학적 의식'에서 나오는 것일텐데, 문제는 동아시아의 과거와 현재에 비교문학적 의식이 부족했다는 점이다. 동아시아 문학을 세우려는 한국과 중국, 일본의 비교문학자들의 노력은 어떠했던가?

중국과 일본이 추구했던 비교문학은 대체로 말해 2장에서 정의한 '비교'의 정신과 자세, 방법에 충실하지 않았던 것 같다. 그 극명한 효과는 민족주의의 얼굴로 나타난다.[176] 니시하라 다이수케西原大輔는 일본 비교문학이 일본의 문학 연구와 문화 연구뿐만 아니라 정치와 역사의 흐름을 이끌어 온 선도적 위치에 있으며 대중적인 파급력도 강하게 지녀 왔다고 주장한다.[177] 나는 일본 비교문학의 '업적'을 소개받으면서 우선 '비교'의 의미를 다시 생각하게 되었다. 비교란 중간자의 위치에서 국민문학들 사이, 문학 작품들 사이, 문화와 예술, 그리고 이론들 사이를 가로지르는 담론을 형성하고 가치평가를 수행하는 일일 것이다. 비교문학은 비교의 정신과 자세를 통해 보편의 단계를 지향한다. 그것은 특수한 지역과 작품, 이론, 입장들을 가로지르는 보편적인 문학 가치를 탐구하고 세우는 일이다.

그런데 이 비교의 과정에서 이른바 타자의 존재와 개념은 대단히 중요하다. '비교' 자체가 타자의 존재와 개념을 품고 있기 때문이다. 비교문학의 본

176 오랫동안 조동일이 추진해 오는 작업은 서구 중심주의 못지않게 바로 동아시아 각 국가들이 표방하는 민족주의에 대한 문제의식에 기반을 둔다. 그 문제의식이 날카롭고 정확한 것은 그러한 중심주의들이 존재하는 이상, 보편과 특수의 차이를 극복하지 못할 것이라는 진단에서 출발했기 때문이다. 조동일, 〈문학의 지역성과 세계성〉, p.339.

177 2005년 10월 한국비교문학회 국제학술대회에서 니시하라 다이수케西原大輔 교수가 발표한 내용("일본 비교문학의 사상적 배경")과 그에 관한 나의 토론을 근거로 하였다. 〈비교문학 연구의 새 패러다임〉, 《한국비교문학회 2005년 가을 국제학술대회 자료집》, 한국비교문학회, pp.115-122. 니시하라 교수의 발제문의 내용이 일본 비교문학의 성향을 대표하거나 올바로 전달하는 것이 아닐 수도 있다. 사실, 한 국가의 (비교)문학의 흐름을 정의한다는 것은 엄청난 작업을 요구하며, 아마 하나의 '진리'로 확정짓기는 가능하지 않을 것이다. 나는 니시하라 교수의 발제문에서 일본 비교문학 연구에 내재한 민족주의를 발견했다. 그것으로 나는 일본 비교문학의 성격을 판정 내리기보다는 동아시아 문학을 상상하기 위한 하나의 거점으로 삼고자 한다. 니시하라 교수의 발제문은 그 진실성을 잠시 떠나서 그런 전략적 거점으로서의 역할을 충분히 할 것으로 믿는다.

령은 타자의 입장을 고려하면서 보편의 차원으로 나아가는 것이라고 말할 수 있다. 그렇다면 일본 비교문학의 사상적 배경을 논하는 과정에서 일본 비교문학이 그동안 타자를 어떻게 고려했는지 검토하는 작업이 반드시 있어야 할 것이다. 이때 '타자'란 꼭 한국이나 중국, 혹은 서양뿐만 아니라, 일본 내부의 서로 다른 입장들도 가리킨다. 니시하라 다이수케가 주장하는 일본 비교문학의 사상적 배경의 내용에 대해 다르게 생각하는 입장들이 곧 '타자'가 되는 것이다.

일본 비교문학이 서구 중심주의를 비판하면서 성장했다고 하지만,[178] 역사적으로 볼 때 동아시아에서 일본문학의 역할은 서양을 대신한, 또 다른 중심의 역할을 자처하는 것이었다는 의견도 만만치 않다. 예를 들어 "구미인을 통해 새롭게 발견된 일본의 고전 문화"가 일본 비교문학의 연구 대상이 되었다고 하지만,[179] 그런 연구의 결과 일본 비교문학이 발견한 것은 타자의 시선으로 확인된 자신의 모습은 아니었을까? 다시 말해, 일본은 서양에 의해서만, 혹은 서양에 의해서 비로소, 자신의 정체성을 확인했으며, 서양이 일본을 보는 이미지를 일본은 그대로 받아들였다는 비판[180]을 떠올리게 된다. 그런 측면에서 "재패니즘Japanism"[181]은 일본이 하나의 근대 국민국가라는 실체로서 국제사회에 들어가기 위해 인위적으로 만든 것이라는 혐의를 받을 수 있다. 결국 일본의 비교문학은 서구 중심주의를 비판한다고 하면서 그것을 고스란히 모방하고 받아들였다고 볼 수 있는 것이다.

니시하라 다이수케는 일본 비교문학이 또한 "국수주의"를 비판하며 성장했다고 소개한다. 그러나 그 예증으로 삼는 내용은 오히려 국수주의 자체

178 위의 글, pp.115-117.
179 같은 글, p.117.
180 사카이 나오키酒井直樹, 《국민주의의 포이에시스》, 이규수 옮김, 창비, 2003.
181 니시하라 다이수케, p.117.

혹은 민족주의 혹은 거기서 발원한 제국적 징표들에 해당하는 것 같다. 예를 들어 "국경을 넘은 상호 이문화 이미지 연구"의 내용[182]을 보면 그것이 제국적 학문으로 출발한 지역연구와 어떻게 다른지 확연하지 않다. 야마무로 신이치山室信一에 의하면 근대 일본의 지역 연구는 군사, 통상, 대외 정략에 주요 목적이 있었을 뿐, 지역의 생활과 문화에 관심이 없었다. 설령 그런 관심이 있었다 해도 민족 공작의 대상이었으며, 전반적으로 일본이 수행한 아시아를 비롯한 아프리카의 연구는 "일본인의 활동 영역의 확장과 영역 지배 의욕의 표명"이었다는 것이다.[183] 이를 다케우치 요시미竹內好는 반성의 대상으로 삼았지만, 아쉽게도 민족주의에 빠졌다는 비판을 받는다.[184] 밖으로 나간 쪽이든, 안으로 향한 쪽이든, 민족주의라는 한계와 오류는 생길 수 있다.

외부에 문을 열고 외부로 뻗어 나갔다고 해서 민족주의가 자동적으로 극복되는 것은 아니며, 오히려 더 배타적인 것으로 변질될 수 있다. 일제의 경우가 그랬고 또 지금 우리가 겪는 세계화의 시대에서 민족주의가 더 강해지는 현상이 그러하다. 배타적 민족주의로 빠지지 않으면서 진정한 교류와 소통을 실현하기 위해서는 훨씬 더 복잡한 문제를 떠올리고 해결해야 한다. 예를 들어 니시하라 다이수케는 "일본 비교문학은 정신적 쇄국주의를 비판하는 한편 널리 세계적 시야를 가진 인물에 주목했"고, "조선반도에서 개화파는 종종 친일파이기도 했다"고 하면서 개화파를 "국수주의"를 극복하는 예로 삼았다.[185] 그러나 개화파가 일본을 배우려는 열망은 사실 일본화된 서양 근대문명을 따라잡으려는 것이었고, 거기에는 또한 조선 국민의 통일성과 자부심에 대한 확신과 열의, 즉 민족주의가 깔려 있었다는 것을

182 위의 글, p.119.

183 야마무로 신이치山室信一, 〈공간 아시아에 대한 인식의 확장과 변용〉, 《여럿이며 하나인 아시아》, 임성모 옮김, 창비, 2003, pp.31-64.

184 사카이 나오키, pp.50-55.

185 니시하라 다이수케, p.118.

간과할 수 없다.

그런 측면에서 볼 때, 후쿠자와 유키치福澤諭吉와 시바 료타로司馬遼太郎에 대해 '비교문학자' 니시하라 교수가 내리는 긍정적인 평가[186]는 오히려 일본의 민족주의를 그대로 드러낸다. 후쿠자와 유키치의 "탈아론"은 일본 사회의 진보와 국가의 발전을 이루었을지 모르나, 동아시아 국가들의 상호 대결과 억압을 불러왔다. 그는 입구入歐라는 슬로건 아래 일본을 서양과 평등하게 놓으면서 동아시아 내부에서는 개국을 강요하는 서양의 역할을 담당했다. 그것은 수평적인 관계가 아니었고 결국에는 제국과 식민의 결과를 낳았던 것은 역사적 사실이다. 한편 시바 료타로의 역사소설《언덕 위의 구름》은 러일전쟁의 영웅을 강조하는데, 사실 러일전쟁에 대한 일본과 러시아의 기억은 각각 방위전쟁과 침략 받은 전쟁으로 갈린다. 일본에게는 영웅일지 모르나 러시아로서는, 그리고 러일전쟁의 결과 국권을 상실하게 된 한국으로서는, 침략자로 인식되는 것이다. 어느 위치에서 보느냐에 따라 평가는 달라질 수밖에 없다. 이는 또한 앞서 언급한 타자의 개념과 깊이 연관된다.

결론에서 니시하라 교수는 일본 비교문학이 묘사한 일본의 본래의 모습은 "자유와 경쟁에 의한 사회의 진보"이며, 그것이 1945년 이후의 일본을 지탱하는 가치관이라고 주장한다. 그러나 그 가치관은 서양 중심주의와 국수주의에서 성공적으로 빠져나오지 못한 형태가 아닐까? 이를테면, 1945년 이후의 일본이 1943년 11월 6일 채택된 '대동아 공동선언'에 내재한 오류에서 벗어나지 못하고 있다는 실례들로 현재 문제가 되는 후쇼사 판《새 역사교과서》와 고이즈미 준이치로 총리의 야스쿠니 참배, 우익 내각의 구성 등 보수 우익화 흐름들을 들 수 있다.

덧붙여, 니시하라 교수는 "일본 비교문학의 성공의 열쇠는 한국 비교문학

---

186 위의 글, pp.120-121.

회의 성공의 열쇠"라고 단언한다. 그러나 지금까지 표명한 나의 입장에 따르면 그 말은 수정되어야 한다. 비교문학자의 위치성positionality은 대단히 중요하다. 비교문학자의 위치성은 동일자-주체의 자리를 거점으로 삼는 동시에 타자의 자리에 서는 능력을 말한다. 그것이 '비교'가 뜻하는 것이고, 비교문학이 서양 중심주의와 동아시아 내부의 민족주의에 동시에 대항하는 맥락이다. 따라서 설령 일본 비교문학의 성공이 결정적인 지침이 된다고 할지라도, '비교'의 정신이 살아 있는 한, 한국의 비교문학은 일본 비교문학과의 비교에 의해 또 다른 모습을 보여야 할 것이고, 일본 비교문학은 이를 다시 스스로의 변용을 위한 지침으로 삼아야 할 것이다. 그런 끊임없는 상호 수평적인 변이의 과정에서 비교문학은 보편의 문학 가치를 추구하는 한국과 일본 양국의 공통의 과제가 되어야 할 것이다.

전반적으로 보아, 적어도 니시하라 교수의 발제문에서 나타나는 일본 비교문학의 사상적, 정치적 기조는 보수적 성향을 띤 것으로 보인다. 여기서 '보수'란 시간이 아니라 경향의 측면을 의미한다. 나는 보수 경향 자체가 문제를 지닌다고는 생각하지 않는다. 다만 비교문학은 보편적인 문학 가치를 추구해야 한다고 봤을 때 어느 한 경향으로 기울어지는 것은 적절하지 않다고 본다.

한편 중국의 경우[187]도 민족주의의 경향을 내보이는 면에서는 일본과 그리 다르지 않다.[188] 역사적으로 중국의 비교문학 연구에는 서구를 중심에 놓는 경향이 뚜렷이 나타났다. 그러나 1980년대에 들어서면서 서구 중심주

187 중국 비교문학의 흐름에 대해서는 2004년 2학기 서울대학교 비교문학협동과정에서 개설된 '비교문학특강'에서 제출된 다음 보고서를 주로 참조했다. 김일, 《중국의 비교문학 연구와 동아시아적 시각》(미간행).

188 과거나 현재에 중국 지식인들에게 동아시아적 시각이 부재한다는 지적에 관해 다음 글을 참조할 수 있다. 백영서, 〈중국에 아시아가 있는가?— 한국인의 시각〉, 《동아시아의 귀환—중국의 근대성을 묻는다》, 창비, 2000.

의를 극복하는 노력과 함께 이상하게도 자국 문학 우월주의가 나타나기 시작했고, 이 경향은 1990년대에 들어와 압도적으로 확산되어 양적으로 보면 서구 중심주의에 맞먹는 또 하나의 주류를 이루었다. '비교문학의 중국학파'라 자칭하는 이 흐름은 근대 이전의 중국 전통문학의 우수성을 서양문학과의 대비를 통해 입증하는 데 주력하였다.

중국에서 동아시아적 시각에 대한 관심이 나타나기 시작한 것은 극히 최근의 일이다. 그 대표적 인물로는 한국에도 소개된 쑨꺼孫歌와 왕후이汪暉를 꼽을 수 있다.[189] 그러나 중국에서 동아시아적 시각에 대한 관심은 비교문학 연구와 아직 적극적으로 결합되지 않고 있는 것으로 보인다. 중국의 비교문학은 동아시아에 대한 관심보다는 서양과 맺는 관계의 재구성에 더 노력을 기울여 왔다. 동아시아 문학이 서구 중심적인 비교문학에 대한 반성으로 성장하는 것임에 비해, 중국 비교문학의 기본 틀이 되어 온 '중서中西' 비교, 즉 중국을 서양에 대항하고 서양을 극복하는 중심으로 놓는 태도는 자국 문학에 대한 배타적 우월 의식을 그대로 드러내는 것이다.

이는 비교문학의 영역에서 '중국 학파'라는 전선을 구축하고 이른바 '중국 담론'을 제창한 것으로 드러난다. 비교문학 중국학파의 목표를 리다싼李達三은 다음과 같이 다섯 항목으로 정리하고 있다.[190] 첫째, 자국의 문학에서 민족성을 내재한 텍스트들을 발굴하여 세계문학에 편입시킨다. 둘째, 서양문학은 문학 표현 방식들 중 하나에 불과하며, 따라서 지역 문학들을 인정해야 한다. 셋째, 비서구 국가의 발언자가 되어 문학에 대한 제3세계의 공헌을 선양하고 옹호한다. 넷째, 비교의 방법으로 문학을 연구하여 세계의 문학들을 알게 되고 점차 새로운 문학 관념을 구상하면서 서양의 전통적 문학 관념

189 쑨꺼孫歌, 《아시아라는 사유공간》, 류준필 옮김, 창비, 2003 ; 왕후이汪暉, 《새로운 아시아를 상상한다》, 이욱연 옮김, 창비, 2003.

190 李達三, 〈比較文學中國學派〉, 《中外文學》, 1977. 10.

과 맞설 수 있게 되는데, 거기서 진정으로 세계화된 비교문학이, 태어난다. 다섯째, 널리 퍼진 무지와 오만을 없애고 비교문학을 진정한 인터내셔널리즘 위에 올린다. 동서 각국은 겸허한 태도로, 객관적으로 자신의 문화유산을 바라보고 피차 상호 간에 흡수하고 융합하여야 한다.

이러한 논의에는 전통적인 비교문학을 넘어서려는 중국의 비교문학의 목표가 자리한다. 영향 관계에 초점을 맞추는 프랑스 학파와 유사성 및 차이를 중시하는 미국학파의 관계를 상호 보완의 관계로 파악하고, 중국학파는 이 둘을 조정하고 보완하는 역할을 맡고 있다는 것이다. 이런 논지는 1977년에 발표된 글에 나타난 것이지만, 20여 년이 지난 후에도 변하지 않는다. 2000년에 발표한 글에서 왕닝王寧은 '비교문학 중국학파'라는 말이 중국 중심주의를 연상시킬 것을 경계하여 '비교문학 동양학파'라는 말을 만들고, 이를 '비교문학 유럽학파(종래의 프랑스학파)'와 '비교문학 북미학파(종래의 미국학파)'와 함께 '삼족정립三足鼎立'으로 파악했다.[191] 여기서 '동양'은 중국과 인도, 일본을 중심으로 한다. 그러나 그 자신도 밝히고 있듯이 그가 내놓은 '동양학파' 개념은 리다싼의 '중국학파'론을 계승한 것이며, 중국뿐 아니라 인도와 일본을 포함시키고 있지만 그저 형식적 방편일 뿐 실제로는 중국을 동양으로 말만 바꾼 것에 지나지 않는다.

베이징대학 비교문학과 비교문화 연구소에 터를 둔 비교문학 연구 집단의 경우도 영향과 대비 연구를 상당히 중립적인 위치에서 수행하려 하고, 인접예술과의 상호 조명 연구, 다문화주의적 연구, 그리고 탈식민주의적 연구 등 다양한 측면에서 비교문학에 접근하려 하지만, 민족주의에서 별로 벗어나지 않는다. 이 집단의 주요 구성원들인 위에다이윈樂黛雲, 천위에훙陳躍紅, 왕위건王宇根, 그리고 장후이張輝 등이 함께 쓴《비교문학원리신편比較文學

191 王寧,〈文化相對主義·文化多元主義和比較文學東方學派〉,《比較文學與當代文化批評》, 人民文學出版社, 2000, p.51.

原理新編》[192]은 '비교시학'이라는 용어를 통해 새로운 비교문학을 시도하고 있다. 그러나 이들이 말하는 비교시학은 중서의 비교에서 그친다. 이들은 중서 비교시학의 필요성은 중국과 서양 양쪽에서 동시에 제기된다고 주장한다. 서양은 서양대로 자신의 문학 체계 내부의 병폐를 극복하기 위해, 중국은 중국대로 중국 시학의 현대적 전환을 이루기 위해 중서 비교시학을 필요로 한다는 것이다.

우리가 동아시아를 염두에 둔다면, 서구와 비교할 대상으로 떠오르는 것은 중국 이외에도 최소한 한국, 일본, 몽고, 베트남 등의 국가들일 것이다. 그러나 중서 비교시학은 이들을 '중'이라는 범주에 포괄하면서, 동아시아 내에서도 특수한 입장과 경험이 존재한다는 사실을 무시하는 것 같다. 그것은 서구의 전통적인 비교문학이 추구했던 서구 중심주의의 재판이 아닐 수 없다.

3.3. 동일성에 대한 저항

일본과 중국의 비교문학은 동아시아 문학을 추구하기에는 지나치게 자기동일성에 함몰되어 있는 것으로 보인다. 민족주의의 동일성의 경계에서 벗어나려는 노력이 부족하다는 것이다. 가라타니 고진식으로 말해, 일률적으로 닫혀진 구조, 즉 내부에만 머물 뿐, 거대한 다양성의 외부, 바꿔 말해 부재로서의 외부로 나가려는 노력이 부족했다. 자기동일성은 공동체를 이루는 필수불가결한 요소이지만, 또한 공동체의 유지를 위해 지양해야 할 장애물이기도 하다. 동일성의 토대 위에서 동일성의 토대 자체를 계속해서 해체하고 재구성하는 변이의 과정을 작동시킬 때 공동체는 공동체로서의 정체성을 유지할 수 있는 것이다. 그렇다면 동아시아 문학이라는 문학 공동체 혹은

192 樂黛雲 外, 《比較文學原理新編》, 北京大學出版社, 1998.

공동체의 문학을 수립하고 유지하기 위해 우리가 할 일은 동일성의 해체와 재구성을 지속해 나가는 일일 것이다. 이를 동일성에 대한 저항이라고 표현하고자 한다.

역사적으로 동아시아 공동체는 어떠했던가? 근대 이전에 한·중·일은 유교와 불교라는 이념 외에도 한자를 중심으로 공동체를 이루고 있었다. 한자 공동체가 '공동체'라 불릴 만한 것이었는지는 또 다른 광범위한 논의를 요구한다. 그러나 그 이후에 근대화와 함께 근대 국민국가를 단위로 한 국어가 등장하는 시대에 비하면, 한자를 공식 언어로 하던 시대에는 분명 하나의 문명권을 이루고 있었다. 근대화와 함께 민족의식 혹은 민족을 단위로 한 국민국가 의식은 이전보다 훨씬 더 강해졌다. 그에 따라 민족 언어, 즉 국(민)어의 존재도 중요한 논의의 대상이 되었다. 일제의 식민을 겪은 한국의 경우는 복잡하다. 일제 강점기에서 일본어는 한국에게 강요된 '국어'였지만, 대중의 일상 언어는 한국의 민족 언어였다. 일상 언어와 국어가 분리된 사회였다.

개화와 함께 본격적인 근대 국민국가를 이룩하고자 하는 한국의 목표는 일면 조선어의 회복으로 나타났다. 중국과 일본이 단일 목표를 지녔던데 비해 한국은 이중적인 목표를 추구할 수밖에 없었다. 즉, 일본이 중국 전통을 부정하기만 하면 되었고 중국이 자체의 고유 언어와 전통을 부정함으로써 근대화로 나아가려했던 반면, 한국은 한자 문명권의 중국 전통을 부정하는 동시에 일본의 제국적 언어에 저항하는 일이 필요했다.[193]

한자 문명의 전통과 제국 권력을 동시에 넘어서는 것은 그들 모두를 완전히 폐지하고 조선어의 자리를 확보하는 것으로만 이루어지지 않았다. 사실 그런 폐지와 확보는 완전히 가능하지 않았고 바람직하지도 않다. 왜냐하면 조선어의 확보가 자동적으로 전통과 권력의 폐지의 정신을 담는 것은 아닐

193 이에 대해서는 다음을 참조할 수 있다. 이보경, 《근대어의 탄생—중국의 백화문 운동》, 연세대학교출판부, 2003.

것이기 때문이다. 그보다는 좀더 복잡한 국면을 상상하는 일이 필요한데, 그것은 저항의 과정 자체에서 새로운 시대와 정신을 발견할 수 있다는 점이다. 우리가 들여다보아야 할 문제는 외부 언어에 대한 저항보다는 어떤 식으로든 동일화된 언어 공간에 대한 저항이다. 즉 근대국가들마다 균질한 자체의 언어를 수립하고 유지하려 하는 노력 자체가 저항의 대상인 것이다.

저항을 생각할 때 저항성의 지표가 되는 것이 언어 자체인지, 아니면 언어에 담긴 정신인지 따져볼 필요가 있다. 전자의 경우에는 일제하 조선어 창작을 고수했던 작가들이 해당되는 한편, 후자의 경우에는 자신의 작품을 일본어로 썼다고 해도 거기에 저항을 내재시키는 작가들이 해당된다. 그러나 저항성은 조선어 창작으로 자동적으로 이루어지지 않는다. 물론 조선어 창작도 저항성의 지표가 되지만, 그 저변에 자리하는 어떤 정신의 층을 함께 따질 때 저항성의 정도는 다양한 스펙트럼으로 나타난다. 언어의 형태는 사실 부차적일 수 있다. 그보다 거기에 담긴 저자의 정신과 그것이 해석되는 맥락이 한 시대와 사회, 그리고 언어 자체까지도 저항성을 갖도록 만드는 것 같다.

반복하건대, 문제는 외부(언어)에 대한 저항이 아니라 (모든 종류의) 동일화(된 언어 공간)에 대한 저항이다. 예를 들어 최정희의 《야국초》는 일문으로 씌었다. 김윤식은 《야국초》가 징병제 실시[194] 이전에 씌어졌음에도 불구하고 타자의 언어인 일어로 쓰는 것에 대한 상당한 자의식이 들어 있다고 말한다. 이런 평가는 《야국초》에 대한 소위 서브 텍스트sub-text적 읽기를 행한 최경희의 논문[195]에 근거를 두고 있다. 《야국초》에 대한 최경희의 독법은 "중심 서사

194 일제가 각의閣議에서 조선인 징병제를 결의한 것은 1942년 5월이었고 시행한 것은 1943년 8월이었다. 《야국초》는 1941년 11월에 《국민문학》에 일문으로 발표되었다. 김윤식, 〈문학적 연구와 문명적 연구—'야국초'와 '원효대사'〉, 《한겨레》, 2006.4.21.

195 이와 함께 김윤식은 서브 텍스트적 읽기에 따르면 "춘원의 《원효대사》(1942)도 친일(협력)에 대한 '도전'으로도 읽힌다"고 말한다(위의 글). 김윤식은 자신의 관찰이 이중심의 〈숨은

인 친일적 표층 서사surface narrative와 그 주변과 저변에 위치한 하위 서사sub-narrative인 여성 근대성 서사 사이에 문학 텍스트로서의 형식적 균열이 존재한다는 인식에 근거를 둔다".[196] 이는 텍스트의 중층적 구조에 주목한다는 면에서 언어의 층과 그 저변에 위치한 정신의 층을 구별하는 것이기도 하다. 이 저변의 정신의 층을 김윤식은 "자의식"이라고 불렀는데,[197] 나는 그것이 최정희의 실존의식을 가리킨다면 그보다는 더 구체적으로 자기부정성 혹은 저항성이라고 부르고자 한다.

문제는 《야국초》가 당시의 '국어'(일본어)로 쓰였던 것으로 보나 내용으로 보나 친일 작품으로 규정해 마땅하다는 기존의 평가와 달리 최경희가 서브 텍스트적 읽기를 통하여 "이 작품의 친일 협력의 선전적 서사propagandistic narrative가 자기 결정권을 향한 욕망을 에토스로 삼는 신여성에 관한 하위 텍스트와 맞물려 짜였다"[198]고 파악하면서, "친일 선전물로만 여겨졌던 이 작품에서 발견되는 다층적 의미의 결들은 친일 협력의 문제를 따질 때 식민지 조선에 존재했던 다양한 문제와 모순들과의 긴밀한 연관성 속에서 재고"되어야 한다고 주장했다는 점이다. 이런 서브 텍스트적 읽기를 통해 우리는 민족주의만으로 재단되지 않는 하나의 '문학' 텍스트의 존재를 발견하게 된다. 거기서 《야국초》는 "일본의 제국주의 담론이든 조선의 반식민지 민족주의 담론이든 아니면 페미니즘 담론이든, 그 어떤 담론도 다른 담론을 완전히 배제시키지 않는"[199] 하나의 열린 해석의 장으로 재평가되고 있다.

그런 평가는 《야국초》가 어느 한 국가의 일방적인 지배의 상황에서 나온,

텍스트—'원효대사'론〉(제22차 유럽한국학회 발표, 2005)에 근거한다고 밝히고 있다.

196 최경희, 〈친일 문학의 또 다른 층위—젠더와 '야국초'〉, 《해방전후사의 재인식》 1, 박지향 외 엮음, 책세상, 2006, pp.394-395.

197 김윤식, 같은 글.

198 최경희, p.407.

199 최경희, p.406.

또는 오히려 그런 상황으로 인해 나올 수 있었던 '문학적' 생산으로 간주한다는 뜻으로 보인다. 앞에서《야국초》의 저변에 자리한다고 재해석된 정신의 층을 자기부정성 혹은 저항성으로 부르고자 했다. 친일문학으로 규정하는 과거의 해석과 달리《야국초》는 어떤 저항성을 지닌다는 것이다. 그 저항의 대상은 우선《야국초》를 친일문학으로 규정해 왔던 일방적이고 배타적인 민족주의였지만, 다른 층위에서 보면 그런 민족주의에 속박되어 일본어로 써야 하는 운명이고 그런 운명이 일반화된 당대의 상황이며, 더 중요하게 그런 운명이 뼈 속까지 배어 든 작가 자신이었다. 최정희의《야국초》가 언어로 보나 그 표층 서사에 나타난 정신으로 보나 친일문학의 전형임을 의심할 수 없다는 저간의 평가는 이러한 중층적 구조를 생각하지 않은 결과다.

최경희가 주목한 여성성은《야국초》의 중층 구조에 담긴 저항성의 대표적인 사례다. 민족주의의 동일화된 관점에서 바라볼 때《야국초》의 해석은 한 방향으로만 진행되어《야국초》를 친일문학으로 규정하게 되지만, 여성성을 주목할 때《야국초》를 한층 더 복합적인 미적 구조와 언어로 형성된 '문학' 텍스트로 재해석할 수 있다. 그 결과《야국초》는 진정한 문학 텍스트로서의 위치를 회복하고 그와 함께 민족주의에 의해 차단되었던 그 미적 해석의 가능성의 장을 활짝 열면서 '문학'의 재생을 가져온다.

결국 저항은 언어라는 한 측면이나 어떤 한 표층의 의미만으로 결정할 수 없는 중층적 계기들로 이루어진다. 아마《야국초》에서 가장 두드러지게 나타나는 저항의 대상은, 정확히 말해, 그러한 다양한 중층성을 무화시키는 모든 종류의 닫힌 힘과 사고일 것이다. 우리가 잊지 말아야 할 것은 최정희의 내면에 담긴 역사성을 주목하는 일, 바꿔 말해 그녀의 내면에 역사성을 담는 작업이다. 나는 그것이 해석의 실천이라고 생각한다.《야국초》에 대한 최경희의 새로운 해석의 내용은《야국초》에 이미 들어 있었다기보다, 그렇게 해석하는 새로운 문학 과정에서 생산되기 시작한 것이다.[200]

이런 측면에서 최정희(에 대한 새로운 해석)에게서 내가 보려는 것은 그녀의 저항, 즉 일본어로 썼고 친일 정신의 표층이 두드러진다는 전통적 평가에 대한 저항의 가능성이다. 거꾸로 말해, 새로운 해석이 있기 전까지 최정희에게 가해진 평가는 동질적 민족주의에서 나온 것이었다. 새로운 해석을 통해 나는 최정희에게서 민족주의가 장려하는 단절된 대화의 상황에 가두어진 피해자의 얼굴을 비로소 본다. 그것은, 파농 식[201]으로 말해, 내면화된 제국의 신경증적 증후가 드리워진 얼굴이다.

동일성에 대한 저항은《야국초》와 그에 대한 새로운 해석에서 민족주의를 넘어선 '문학'의 '재생'을 가져왔다. 여기서 문학의 재생이란 문학의 보편성이 어떻게 구성되는지의 문제와 연결된다. 문학의 보편성은 문학이 모든 종류의 동일성에 저항하는 것에서 나올 수 있기 때문이다. 문학이란 곧 다양한 텍스트 층위들을 형성하고 다양한 해석을 낳는 과정 자체를 가리킨다고 볼 때, 그런 문학 과정은 곧 동일성을 강요하는 모든 힘과 구조에 대한 저항의 과정이기도 하다. 모든 것을 동일화하는 것이 보편으로 이해되는 것은 강요된 보편일 뿐이다. 그것은 거짓된, 가짜 보편이다. 가짜 보편은 사실상 어떤 특수를 중심으로 이질적인 것을 허용하지 않고 주변의 모든 것을 동일화하는 '특수한 보편'이다. 따라서 진정한 보편은 동일성에 기초한 가짜 보편에 대한 저항에서 나오며, 같은 맥락에서, 특수성의 일방적이고 배타적인 옹호에서 나온다.

동일성에 대한 저항이 보편의 문제, 더 정확히 말해 보편과 특수의 관계의 문제와 연결되는 예를 우리는 언문일치의 문제에서 볼 수 있다. 언문일치의 문제의 본질은 구어와 문어의 일치가 아니다. 그 차이는 언제, 어디서나 있었다. 적어도 동아시아 국가들에서 언문일치는 쉬운 문자와 문장을 사용할

200 이는 분명 비교문학 연구자에게 필수적으로 요청되는 위치성의 요건에 직결되는 사항이다.
201 프란츠 파농,《검은 피부 하얀 가면》, 이석호 옮김, 인간사랑, 1998.

필요에서 출발했고, 신분에 상관없이 전 국민을 대상으로 하는 교육과 관련되었으며, 그래서 근대 국민국가 체제의 성립으로 가는 관문이었다. 그것은 한자와 함께 구성되었던 동일화된 언어 공간을 해체하는 것으로 나타났다.

언문일치의 문제는 언과 문의 선택이 아니라 언에 대한 문의 우위를 뒤집는 것이었다. 한자 폐지가 언문일치 운동의 초점이 된 것은 그런 차원이었다.[202] 문으로부터의 해방이란 언뜻 보편으로부터의 해방이며 특수의 승리를 의미하는 것처럼 보인다. 그러나 어느 하나의 일방적 승리라기보다는(그것은 이항대립적 사고에 불과하다), 보편과 특수의 조화로 가는 과정을 가리킨다. 가라타니 고진은 "기독교의 선험적 개념이 비주얼한 형태로 존재하고 있"는 단테의 "형상적 사고"를 예로 들면서 언문일치 이전의 일본 시인들이 그러한 사고에 빠져 있었다고 진단한다.[203] 이 "선험적 개념"은 신 중심의 중세와 이성 중심의 르네상스가 한결같이 받쳐 온 것이며, 매너리즘을 거쳐 바로크 시대의 작가와 예술가들이 비로소 거기서 벗어나 눈에 보이는 현실을 재현하게 된 것은 주지의 사실이다.[204] 그렇게 언문일치가 문으로부터의 해방이고, 또한 보편("선험적 개념")으로부터의 해방이라면, 그것은 또한 특수한 주체의 현실을 재현하는 문제, 즉 재현의 진정성을 어떻게 받치느냐 하는 문제이며 동일성으로부터의 해방의 문제다.[205] 이는 다시 서양의 문학이 동아시아

202 가라타니 고진, p.70.

203 가라타니 고진은 엘리엇을 인용한다. "단테의 상상력은 시각적인 성질의 것이었다. 하지만 그것은 정물화를 그리는 현대 화가의 상상력이 시각적인 것과는 다른 뜻으로, 단테가 아직 인간이 환상에 둘러싸인 시대에 살고 있었다는 사실을 뜻할 뿐이다." 위의 글, p.72.

204 Argan, Giulio Carlo. *L'arte barocca*, Roma : Newton Compton, 1989. p.8.

205 내가 말하는 재현은 스피박이 자기 재현self-representation과 자기 의미작용self-signification에서 나온다고 비판하는 주체와 대상 사이의 동일성identity을 가리키지 않는다. 그보다는 주체의 특수한 위치의 보여줌이란 면에서 동일성의 해체에 훨씬 더 가깝다. 즉, 동일성의 해체에서 우리는 무수히 많은 내부적 차이들을 드러내고 발산하는 특수들의 재현을 목격할 수 있다. 다음 책을 참고할 수 있다. 가야트리 스피박, 《다른 세상에서》, 태혜숙 옮김, 여이연, 2002, pp.37-38. *Gender Trouble: Feminism and the Subversion of Identity*, New York & London:

에 선험적인 보편 개념으로 그림자처럼 자리했을 뿐 결코 동아시아에 재현되지 못했다는 탈식민주의의 문제로 직결된다.

언문일치의 예는 동일성에 대한 저항을 보여 주며 선험적 보편으로부터의 해방의 담론을 담고 있다. 동일성에서 벗어나는 문학은 '문'에서 벗어나는 것, 즉 언문일치로 가능하다. 더 정확히 말해, 벗어난다기보다 문을 언에 연결하는 것이며, 보편성의 개념을 특수한 경험들과 역사들에 접목하는 일이다. 이런 작업은 기원을 거스르는 새로운 해석의 과정에서 나온다. 기원은 단지 '특수한 보편'일 뿐이기에 오히려 그에 대한 위반의 가능성을 스스로 품고 있다면, 보편을 가장한 특수도 마찬가지로 저항의 가능성을 처음부터 내재한다. 위반과 저항으로서 해석의 실천은 보편과 특수를 함께 작용하게 만들면서 그들을 서로 연결시킨다. 그것이 문을 언에 연결하는 것의 의미다.

3.4. 해석의 실천성

개화기의 동아시아에서 '근대'는 하나의 신화와도 같은 것이었다. 동아시아의 각 국가들은 근대의 뿌리를 자국의 역사에서 찾으려는 시도를 했다. 그러면서 근대라는 서양의 개념을 신화로, 또 궁극적 가치로 추구하고 맹종하는 위험에 빠졌다. 재구성의 단계는 이런 국민국가의 기획과 틀을 벗어나서, 전통과 근대의 대립을 넘어서서, '동아시아'라는 문명 단위를 상상하고 문제의식을 펼치고자 하는 단계를 가리킨다. 궁극적인 단계는 동아시아의 국가들이 저마다의 정체성을 유지하면서 공동의 정체성을 재구성하는, 새로운 형태의 공동체일 것이다.

전통에서 근대로 가는 길은 단선적이거나 선조적이지 않다. 또 근대가 전통을 포괄하면서 극복하는 것은 아닐 것이다. 재구성의 단계는 상당히

Routledge, 1990; 〈젠더 트러블—페미니즘과 정체성의 전복〉. 조현준 옮김. 문학동네. 2008.

복합적인 양상을 띤다. 그러나 그 재구성이 근대가 가로막은 전통을 부활시켜 근대와 새롭게 접합하는, 일종의 '섣부른' 탈근대적 시도들을 가리킨다고 보는 것에는 주의를 요한다. 그 부작용의 예들을 우리는 1990년대에 유교자본주의나 아시아적 가치와 같은 것들로 만난 적이 있다. 이들은 "자본주의라는 세계적 보편에 동아시아가 성공적으로 편입한 현실을 설명하는 자본주의 하위 범주일 뿐, 자본주의 자체를 문제 삼거나 그에 대한 대안을 제시하는 문제 틀은 되지 못한다." 그런 면에서 그들은 "반서구적 서구 중심주의"들이라는 비판을 면하기 힘들다.[206]

근대의 해체는 더 철저하게 이루어져야 한다. 그래야, 역설적으로, 근대의 재전유가 가능해지며, 탈근대가 전통의 순전한 회복이나 전통과 근대의 애매한 접합의 도구나 구실로 전락하지 않을 수 있다. 안소니 기든스Anthony Giddens가 적절하게 지적하듯이, 전통이 우리에게 의미를 갖는 것은 현재를 과거에 얽어매는 끈을 확인하기 위해 수행되는 끊임없는 해석 작업으로부터 도출된다.[207] 그런 식의 전통의 해석은 바로 근대의 해체이며, 또한 전통과 근대의 접합이기도 하다. 앞에서 말했듯, 전통과 근대의 접합은 전통을 근대의 변용을 통해 특수의 진정한 자리로 만드는 과정 위에서 이루어져야 한다. 그것은 전통과 근대라는 동일성의 요소들을 해체하고 재구성하는 비동일화의 변이 과정이라고 할 수 있다.

오카쿠라 텐신岡倉天心의 범아시아주의가 자신의 의도에 반해 일본 제국주의의 이데올로기로 이용당했던 것과 대조적으로 나쓰메 소세키는 "어느 한편의 극단으로 도망치는 일 없이, 말하자면 동양과 서양의 불안정한 '사이'에서 계속해서 사유"[208]함으로써 진정한 보편성을 지향했다. 반면 가라타니

206 김기봉, 《역사를 통한 동아시아 공동체 만들기》, 푸른역사, 2006, p.51.
207 안소니 기든스 외, 《성찰적 근대성》, 임현진, 정현준 옮김, 한울, 1998, p.101.
208 가라타니 고진, p.60. 이것이 내가 말하는 '재구성의 변이'에 해당한다. '사이'의 사유는 재구

고진이 메이지 20년대에 완성되었다고 파악하는, 정치적 좌절로 인해 내면=문학으로 향하는 패턴과 문학적 담론으로서의 그 안정되고 의문시되지 않는 초역사적 구조로 존재하는 것은 정치적 구조를 소거시키는 일이다.[209] '사이'에서 사유한다는 것은 문학을 정치화된 담론으로 전환시키고 해석을 개입시키면서 문학을 역사와 맥락에 접목시킨다. 그러면서 문학을 전통과 근대의 접합의 장으로 만들고, 거기서 동아시아의 문명 단위를 가능태에서 현실태로 변용하는 효과를 낸다. 이런 문학의 얼굴을 상상하기 위해 해석의 실천성에 대해 더 적극적으로 이해하고 그를 활용할 필요가 있다.

주디스 뉴턴Judith Lowder Newton의 신역사주의적 확신에 따르면 초역사적이거나 보편적인 인간 본질은 없다. 인간 주체성은 우리 모두를 여러 분할된 방식들로 위치시키고 제한하는 문화적 코드들로 구성된다. '객관성'은 없다. 우리 각자는 세계를 각자의 언어로 경험하고, 우리 자신은 우리의 세계 재현, 우리의 텍스트 해석, 과거를 해석하는 우리 자신의 역사적 위치에 의해, 그 해석에 뿌리를 둔 가치와 정의에 의해, 형성된다. 그런 세계의 서술로서 '역사'는 권력 관계와 투쟁의 이야기다. 역사는 중심과 주변부를 비롯한 수많은 목소리들과 수많은 형태의 권력들이 내는 이야기다.[210]

이런 식의 역사 이해는 새로운 비교문학이 받아들여야 할 역사관이다. 예컨대, 카리브 지역은 콜럼버스 이래 대량 학살, 노예무역, 경제 착취, 빈곤, 인종차별의 역사 속에서 세계 전체의 식민지였으며, 멕시코계 미국인Chicano의 역사도 강탈과 인종차별, 착취의 그것이었다. 카리브인이나 멕시코계 미국인의 역사 개념은 대단히 유연하다. 그것은 그들에게 단일한 정체성이

성의 변이가 추구하는 약하고 유연한 과정성과 통하는 것 같다.

209 가라타니 고진, p.61.

210 Newton, Judith Lowder, "History as Usual? Feminism and the 'New Historicism'", *The New Historicism*, ed, H. Aram Veeser, New York : Routledge, 1989, p.152.

없고 공통의 계보가 없으며, 대신 인종과 문화의 과잉을 인정할 수밖에 없는 역사적 위치에 서 있기 때문이다.[211] 이 '과잉'의 과정에서 비교문학은 타자의 개념과 타자화의 작동 원리를 문제로 삼는 하나의 정치적 담론으로 재생한다. 왜냐하면 과잉은, 카리브의 예가 말해 주듯, 타자화의 조건이며 능력이기 때문이다.

타자는 공간적인, 혹은 심지어는 정신적인, 외부가 아니라 하나의 계기다. 타자는 오히려 동일화된 내부에서 있을 수 있는 존재이며 일어날 수 있는 사건이다. 그런 타자는 내부를 외부화하고 자신을 낯설게 보는 능력과 윤리를 갖게 하는 계기이며 사건이다. 타자화의 능력과 윤리적 자세는 비교문학자들이 그들 자신을 역사적 위치와 상황에 처한 독자이며 작가, 그리고 비평가이며 문학사가로 인식하면서 얻어질 수 있다. 그들은 타자화의 능력과 윤리를 유지하는 한에서 공통적으로 해석의 실천에 대한 믿음을 지닐 수 있다. 그들이 볼 때 역사는 다양한 해석들의 연속이며, 해석에 따라 비로소 존재하는 텍스트들의 겹침이다. 이러한 역사관에서는 모든 종류의 동질적 관점은 해체의 대상으로 된다.[212]

예를 들어 동아시아에서 나타난 문화민족주의cultural nationalism는 (역사에 대한) 해석을 둘러싸고 일어날 수 있는 민족주의의 교묘한 논점들을 보여 준다. 문화민족주의는 민족주의를 문화의 측면에서 주조하고 갱생하며 지속시키는 경향을 말한다. 하루미 베푸Harumi Befu는 문화민족주의가 국민국가의 주권이 성취된 후에 나타나며, 국민의 문화적 정체성을 창안하고 동일하게 고정시키며 전파하는 민족주의라고 정의한다.[213] 예를 들어 파리의 개선

211 Bassnett, Susan, *Comparative Literature : A Critical Introduction*, Oxford : Blackwell, 1993, p.79.
212 역사를 맥락화된 해석의 대상으로 삼는다는 것은 역사를 고정된 패턴에 가두는 대신 맥락의 가변적인 흐름, 그 복합적인 과정을 통해 역사를 서술하고 수용한다는 뜻이다. 앞에서 보았듯, 동일성에 대한 저항이 '특수한 보편'을 지향하는 민족주의를 넘어선 '문학의 재생'을 가져온다면, 기억과 상상, 해석에 기반을 둔 역사 서술은 그 문학의 재생과 서로 협업 관계를 이룬다.

문, 워싱턴의 링컨기념관, 남한의 독립기념관, 그리고 스메타나의 〈나의 조국〉, 보로딘의 〈중앙아시아 초원에서〉, 시벨리우스의 〈핀란디아〉와 같은 것들은 민족주의의 감성을 자극한다. 다른 하나는 이들에 대한 논쟁적인 해석들로 나타난다. 해석은 해석을 제공하는 혹은 필요로 하는 사람이 누구냐에 따라서 불가피하게 변하며, 민족주의에 대한 해석에 따라서 민족주의의 (표층적) 내용도 달라질 수 있는 것이다.[214] 예를 들어 낸시 아벨만Nancy Abelmann이 보여 주는 바와 같이, 한국의 '민중' 운동은 한국 전통의 갱생을 지향하고 거기서 한국의 정체성을 찾으려 하지만, 한국 국가가 창안한 한국 전통의 (아마도 보수적 혹은 수구적인) 정의와 대립한다.[215] 앤 아낙노스트Ann Anagnost가 지적하듯,[216] 한 국가의 민족주의는 국민이 문화적으로 동질적이기 때문에 한 목소리로 울려 퍼진다는 믿음과 달리 그 자체가 다성적多聲的인 형태로 자체의 동일성을 유지한다.

중국의 예를 들면, 중국 사회주의 국가는 과거를 묻고 전통을 잊었다는 것이 일반적 견해다. 아서 왈드론Arthur Waldron은 마오쩌뚱 이후의 문화와 정치 담론은 지역 소수민족들을 연합하고 국제적 연대로 나아가기 위해서 사회주의 국가에 의해 묻혔었던 과거를 재구성하는 상상력에 호소해야 했다고 말한다.[217] 그러나 또한 마오쩌뚱 당대의 사회주의 문화에서도 역사는 파괴

213 Befu, Harumi, ed, *Cultural Nationalism in East Asia : Representation and Identity*, Berkeley : California University Press, 1993, pp.2-3.

214 이것이 힘의 질서에 따르는 것은 아닐 것이다. 그보다는 문화의 질서를 생각할 수 있다.

215 Abelmann, Nancy, "*Minjung* Theory and Practice", Befu, ed. pp.139-166. 흥미롭게도, 국가에 의해 창안된 전통도 근대화와 산업화의 흐름에 맞추어 새로운 종류의 국민적 정체성을 만들어 내는 식으로 조절된다. 그러나 민족주의의 본질은 변화시키지 않는다. 문화민족주의는 민족주의의 다양한 가능태들을 생산하면서 민족주의를 변주한다.

216 Anagnost, Ann, "Cultural Nationalism and Chinese Modernity", Befu, ed, p.67.

217 Waldron, Arthur, "Representing China: The Great Wall and Cultural Nationalism in the Twentieth Century", Befu, ed, pp.36-60.

되지 않았고 계속해서 다시 창조되었다는 주장도 편다. 사회주의 문화는 과거를 회고하는 (문학적) 서사의 힘 위에 세워졌다는 것이다. 그렇게 볼 때 1960년대 중국 대륙을 휩쓴 문화혁명도 과거의 전통을 삭제한다기보다는 일종의 거부의 형태로 이해할 수도 있다.[218]

아낙노스트는 문화혁명이 중국 전통을 망각할 정도로 강력한 것이었다고 말한다면, 우리는 대중적 기억의 그에 못지않은 강력한 저항을 잊는 것이라고 말한다. 문화혁명의 시기는 개인 혹은 집단의 역사적 기억과 문학적 상상에 비추어 짧은 시간이다. 문화혁명이 공식적인 담론이라면, 개인 혹은 집단의 역사적 기억과 문학적 상상은 공식적인 담론에 제한되지 않으며 대중적인 기억 속에 새겨지기 마련이다.[219] 같은 맥락에서, 레이 초우는 중국 사회주의 혁명에서 서벌턴의 혁명은 일어나지 않았다고 지적한다. 여성에 대한 성적 억압, 빈농의 지속적인 문맹, 인민의 복지를 담당해야 할 관료 권력의 횡포가 여전히 있다는 것이다. 그러면서 그는 중국 사회주의를 신비화하지 말 것을 주문했다. 중국 사회주의는 서양 중심주의에서 나온 오리엔탈리즘적 신화이기 때문이다.[220]

다카시 후지타니는 이런 모든 것이 "창조하고 망각하고 기억하는" 복합적인 과정에 놓여 있다고 주장한다.[221] 문화혁명의 와중에서 중요한 중국 문화유산이 사라졌지만, 전면적으로 완전히 사라진 것은 아니었으며, 또는 사라졌다고 해도 그 부재 자체가 흔적이며, 그 흔적 위에서 많은 것들을 상상할 수 있다는 것이다. 이런 상상의 능력은 역설적으로 문화혁명이 과거의 전통의 일방적·전면적 삭제보다는 선별적 거부(의 계기)였다는 아낙노스트의 관찰과 상응한다.[222] 중국

---

218 Anagnost, Ann, "Cultural Nationalism and Chinese Modernity", Befu, ed, p.67.

219 위의 글, p.68.

220 레이 초우, 《디아스포라의 지식인》, 장수현, 김우영 옮김, 이산, 2004, p.46.

221 Fujitani, Takashi, "Inventing, Forgetting, Remembering: Toward a Historical Ethnography of the Nation-State", Befu, ed, pp.77-106.

의 민족주의는 마오쩌뚱의 사회주의 문화에서도, 마오 이후의 자본주의 문화에서도 모습만 달리하며 지속되고 있는 것이다. 그래서 중국의 전통과 정체성은 민족주의에 따른 필요와 주체에 따른 선별과 해석에 의하여 창조와 망각과 기억의 복합적인 과정을 통해 더욱 증폭되는 것이다.

문제는 문화민족주의가 민족주의가 누구의 것이며 누구를 위한 것인지에 따라서 그 자체가 투명하고 일관적으로 재현되지 않도록 조장한다는 점이다. 두아라는 국민을 본질적 단위가 아니라 국민의 문화적 정체성을 지키는 동시에 근대의 기획에 참여하고자 하는 의지의 변증법이 만들어지는, 고도로 겨루어진 구역임을 보여 주면서, 필연적 범주로서의 국민의 개념은 물론 문화 자체를 해체하고자 했다.[223] 문화적으로 국민은 단일하게 인식되지 않을 수 있으며, 문화 자체도 다양할 수 있다는 것이다.

국민이 문화적 정체성에 따라 만들어질 수 있는 것처럼, 문화민족주의에 의해 만들어지는 다양한 민족주의의 서사들은 이른바 '창조된' 전통이거나 역사들이다. 민족주의가 누구의 것이고 누구를 위해 봉사하느냐에 따라 민족주의의 상징들은 다양하게 해석되고 창조될 수 있다. 이 창조의 과정에는 사실을 조작하고 국가의 역사적·문화적 유산들을 선택적으로 기억하고 망각하는 과정이 포함된다. 중요한 것은 그런 한편에 이에 대한 저항적 해석들

222 Anagnost, p.69. 계속해서 그녀는 이렇게 말한다. "기억되는 과거는 결코 화석화되거나 인지할 수 없는 과거가 아니다. 그와 반대로 항상 다시 발명되고 현재와 절연되지 않는 어떤 것이다."(ibid) 이는 스피박의 '역사 서술'의 전략에 연결된다. 중국의 역사 서술에 전략적으로 개입하여 중국 문화에 깃든 오리엔탈리즘 경향에 이의를 제기하는 것이다. 한편 나는 우리의 '붉은 악마' 현상이 바로 기억을 망각하고 다시 재창조하는 과정에 놓여 있다고 생각한다. 망각한 것은 '붉음'으로 상징되는 공산주의이며, 재창조된 기억은 월드컵의 새로운 세대다. 'W세대'라 불리는 이 새로운 세대가 이어 나갈 새로운 기억에서 과거의 역사는 재구성된다. 따라서 과거의 망각은 사실상 망각이 아니라, 현재와의 관련 속에서 재구성되는 과정에 놓여 있을 뿐이다. 그런 과정에서 민족주의는 거듭나면서 지속된다.

223 Duara, Prasenjit, "Provincial Narratives of the Nation : Centralism and Federalism in Republican China", Befu, ed, pp.9-35.

counter-interpretations이 존재하고 작동할 수 있다는 점이다.

동아시아에서 자라날 수 있는 문화민족주의는 사이드가 말한 문화제국주의와 그것을 함유하는 '특수한 보편'을 조장하는 한 방식으로 보인다. 거기에 내재한 문제는 이른바 문화상대주의cultural relativism라는 개념을 빌어 지적할 수 있다. 문화들이 저마다의 가치를 지니고 평등한 입장에 선다는 것은 상대주의라는 용어로 잘 이해될 수 있는 사항이다. 이는 분명 복수의 문화들의 존재를 인정하고 그 가치의 독자성을 존립하려는 취지에 서 있다. 그러나 다른 한편, 상대주의가 빠질 수 있는 함정도 생각해야 할 텐데, 그것은 특정 문화의 가치가 그야말로 상대적일 수 있다고 주장하는 점이다. 특수한 보편의 일방성과 중심성을 해체하는 것은 좋으나, 모든 가치들을 상대화함으로써 결국 가치들의 연대를 구축하지 못하게 될 수 있는 것이다.[224]

이런 측면에서 문화상대주의에는 한편으로 상대주의의 논리에 함축된 문화들의 원칙적인 평등과 다른 한편으로 특수한 보편주의의 논리에 함축된 문화들의 불평등이 함께 들어 있다. 서로가 서로의 상대적 가치를 인정하는 대신 서로에게 순수와 타락, 우월과 열등을 규정하는 그러한 문화상대주의는 퇴화 혹은 정체停滯를 함유한다. 우열의 대립 자체가 문화의 논의에 들어설 수 없는 것임에도 불구하고 문화상대주의는 그걸 허용할 수 있는 것이며, 결국 문화제국주의에 포섭되고 이용될 수 있는 것이다. 그럴 때 문화들이 서로 삼투하고 서로에게로 흐르는 가능성은 배제된다. 이는 어느 한 문화의 절대적 우위를 전제하고 장려하는 특수한 보편주의의 오류와 다르지 않

224 그러한 파편화로 이르는 상대주의는 신자유주의의 특수한 보편 위에 선 가치평가 체제와 상응한다. 상대적 가치들을 파편화하는 동시에 그 파편적 가치들을 신자유주의의 특수한 보편의 가치 체제에 종속시킬 수 있기 때문이다. 이 점에서 문화상대주의의 가치를 복원하고 그 결점을 보완하는 것은 멀게는 문화제국주의, 가깝게는 신자유주의적 자본주의의 총체화와 가짜 보편화에 대항하는 길이다. 다음 책 참조. Graeber, David, *Toward An Anthropological Theory of Value*;《가치이론에 대한 인류학적 접근》, 서정은 옮김, 그린비, 2009.

다.[225]

특수한 보편주의의 해체(똑같이 상대적 가치의 해체)는 민족주의의 폐쇄성을 무너뜨릴 뿐만 아니라 민족주의를 넘어선 트랜스민족주의의 차원에서 민족주의가 스스로의 해체와 재구성을 위한 하나의 저항적 해석의 비본질적 대상으로 설 수 있도록 해 준다. 서구 중심주의에 저항하는 민족주의가 본질화된 정체성을 앞세운다면, 그것은 서구중심의 근본주의를 흉내 내는 것에 불과하다. 사회적 소외를 감수하는 한이 있더라도 피의 결속에 저항하는 '디아스포라의 지식인'[226]은 홍콩처럼 역사적·지리적 조건이 맞는 경우에만 해당하는 것은 아니다. 타자처럼, 디아스포라는 정신적·실천적 계기다. 즉, 각성과 행동을 추동시키고 거기서 솟아나는 무엇이다. 이것이 디아스포라의 지식인의 고유 역할이다. 그것은 예컨대 한국인이라는 내셔널리티를 어떤 하나의 궁극적 기의로 채택하려는 유혹에 저항하는 동시에 모든 종류의 배타적 동일성에 저항하는 것을 말한다.

현재 동아시아에는 서양 근대성의 식민 담론에서 벗어난 순수한 외부가 없다. 그러나 그런 혼종적 상황을 부정하기보다는 현실로 받아들이고 공동체를 구성하는 기반으로 삼을 필요가 있다. 이는 자기동일성을 경계하는 느슨한 정체성에 바탕을 두는 공동체를 말한다. 세계화가 주로 자본의 전 지구적 흐름과 지배로 나타나는 현 상황에서 한 국가가 그에 대항하는 거점으로 동일화된 정체성을 내세우고, 거기에 호응하지 않는 개인들을 소수자로 배제하는 것은 세계화에 맞서는 것이 아니라 거기에 동조하는 것이다. 세계화는 전 지구적 동일화뿐 아니라 국지적 특수성(과 그 생략)도 포함하기 때문이다. 즉, 동일화된 정체성의 강조는 그저 국지적 특수성으로 무시되고 생략될 수 있다. 세계화에 대한 저항은 동일화와는 다른 성격의 열린 연대에

225 다음 글을 참조할 수 있다. 박상진, 〈타자의 시선으로 본 유럽문학〉, 《세계의문학》 2004 여름호, pp.280-290.

226 레이 초우, 《디아스포라의 지식인》, 장수현, 김우영 옮김, 이산, 2004.

의해 이루어진다.

동아시아 문학은 개별 국민국가의 지역적 · 문화적 특수성을 무마하고 동일화하려는 신자유주의 세계화에 대항해야 한다고 말한다면, 이는 결코 민족주의를 강화하자는 말이 아니다. 각 국가들을 거점으로 세워지는, 그러나 국가의 틀을 넘는 연대, 문학 공동체의 열린 연대가 필요하다는 말이다. 다시 한 번 두아라를 빌면, 그것은 국가를 쫓아내면서 동시에 국가를 구출하는 것이다. 비교문학은 이에 관련하여 다자주의, 문화 다양성, 지역 블록, 공동체 등 세계화에 연루된 문제들을 종합적으로 논의할 철학과 담론의 장으로서 역할을 할 수 있을 것이다.

비교문학의 관점과 방법은 하나의 역사적, 문화적 맥락에서 태어나고 평가된 문학 텍스트에 대해 다른 역사적, 문화적 맥락으로부터 접근하는 것을 의미한다. 그것은 하나의 문학 텍스트가 하나의 단일 맥락에서 형성해 온 문학적 가능성을 타자의 맥락으로 확산시킴으로써 그 텍스트의 문학적 가치를 재점검하는 것으로 연결된다. 비교문학이란 흔히 직접적인 영향관계를 연상하기 쉬우나, 이질적인 문학들과의 교류가 다양하거나 많지 않았던 한국문학에 대해서는 비교문학의 엄격한 정의를 적용하기보다는 비교문학의 '증후'를 추적하는 일이 긴요하다. 비교는, 들뢰즈 식으로 말해,[227] 차이를 반복적으로 확인하는 과정이다. 그 과정에서 차이는 언제나 차이로 남지만 또한 차이 사이의 거리는 좁아졌다 멀어지기를 반복하면서 차이의 정체성을 이룬다. 역사적으로 비교문학이 차이의 반복의 실현으로 이루어지는 일은 흔하지 않았다. 우월을 전제하고 패권을 목표로 하는 자기중심적인 비교는 주위에서 자주 목격되어 온 잘못된 비교문학의 흐름들이었다. 넓혀 생각하면 그것은 근대문학의 한계이기도 하다. 예를 들어 일본의 비교문학

227 Deleuze, Gilles, *Différence et Répétition* ; 《차이와 반복》, 김상환 옮김, 민음사, 2004.

자들은 일본의 비교문학이 일본 근대문학 혹은 일본의 근대화와 맞물려 발전된 것으로 파악하기 때문에 비교문학 혹은 근대문하을 근대의 가치에 갖다 맞추는 인상을 보인다. 그것은 자연스럽게 일본문학의 근대성을 강조하게 되고 또한 그 우월성과 선도적 위치를 주장하게 된다. 그런 상황에서 진정한 비교문학의 지평은 펼쳐지기 힘들다. 동아시아 공동의 문학이라는 화두는 진정한 비교문학의 지평을 펼치는 하나의 수단이다. 동아시아 공동의 문학은 비교의 지평을 재확인하고 구성하게 해 주는 하나의 경우다.

우리는 동아시아 문학을 민족 혹은 국민으로 구성된 국가 단위를 해체하고 재구성하는 비교문학의 과정 위에 놓아야 하고, 그를 작동시키는 맥락화된 주체를 상상할 수 있어야 한다. 여기서 해석의 실천은 대단히 중요한 작업으로 떠오른다. 해석은 의심이고 도전이며 위반이고 재구성이다. 비교문학은 맥락화된 주체가 당대의 문제들을 어떻게 해석하느냐의 과제를 제기함으로써, 당대의 문화에 대해 이의를 제기한다. 그 결과 비교문학은 기존의 학문들, 국가들, 역사들, 인종들, 이념들을 그 내부에서, 그리고 그들 사이에서 가로지르며 새로운 지도를 그리는, 그래서 언제나 논쟁을 불러일으키는 전위의 속성을 지닌다. 비교문학은 결코 중립의 위치에 서지 않는다. 그 자체로 기존의 이론과 입장에 대결하고 겨루는 하나의 이론이며 입장이다. 이런 내용의 비교문학은 민족주의에 깔린 동일성을 의심하고 경계를 넘어서는 일의 중요성을 거듭 확인하고자 한다.

국민문학과 문화적 경계의 관계는 비교문학의 중심 문제이며 역사와 문화의 문제를 일으킨다.[228] 비교문학은 저들의 둥지에 안온하게 도사리는 기존의 국민문학들보다 위반과 재구성을 수행할 능력과 의도를 더 적극적으로

228 Goodwin, Sarah Webster, "Cross Fire and Collaboration among Comparative Literature, Feminism, and the New Historicism", Higonnet, M.R., ed. *Borderwork : Feminist Engagements with Comparative Literature*, Ithaca: Cornell University Press, 1994, p.255.

발휘해야 한다. 이렇게 당위를 말하는 것은, 비교문학이 뭐냐를 따지기보다 무엇을 할 수 있느냐, 비교문학을 어떻게 할 것이냐를 따지는 것이 중요하기 때문이다. 정치적 담론으로서 비교문학은 순수문학이나 국민문학과 이분법적 대립물이 아니라, 문학의 실천을 강조하는 형태를 이룬다. 동아시아 문학은 그런 차원에서 떠오른다.

결론적으로 말해, 동아시아 문학은 동아시아 지역에 속하는 국민문학들의 집합이 아니라 그들 사이에 이루어지는 관계 그 자체다. 관계로 이루어지는 동아시아 문학에 비교문학이 기여를 한다면, 그것은 국민문학들 각각이 추구하는 배타적 동일성을 해체하고 그들을 가로지르는 대화의 실천을 유지하는 것에 있을 것이다. 그 성공 여부는 '비교'의 정신과 자세를 충실히 살려내는 것에 있다. 지금까지 동아시아 비교문학의 대부분을 차지했던 서구 문학과의 관계를 따지는 작업은 언제나 동아시아 각국의 문학들이 서구 문학을 수용하고 영향받는 양상에 초점이 맞추어졌다. 그런 식으로 과거의 비교문학이 제국주의의 학문의 성격을 띠었다면, 그를 반성하는 새로운 비교문학의 구성이 요구된다. 새로운 얘기는 아닐 것이다. 문제는 그런 문제제기마저 서양 학자들 위주로 이루어졌고, 정작 내부 반성을 필요로 하는 동아시아 쪽에서는 그에 비해 활발한 논의가 나오지 않았다는 점이다. 따라서 '동아시아 문학'을 말할 때, 그것은 기존의 비교문학이 아니라 새로운 '문제제기의 비교문학'이 될 것이다. 이는 동아시아를 위한 비교문학이지만, 그 자체로 보편적 평화공동체와 보편적 문학 가치 실현에 기여하는 보편적 비교문학이 될 것이다.

3.5. 전망

어떤 문학이 진정으로 '문학'이라는 가치를 구현하느냐 하는 것은 문학의 보편성 혹은 보편적 가치의 문제와 연결되는 사항이다. 동아시아 문학은 지금까지 보편문학이 서구 중심으로 논의되어 온 상황에 대한 반성과 비판 위에서 보편문학의 자리를 새로 모색하는 기반을 이룬다. 동아시아를 이루는 개별 국민문학들의 경계를 넘어서면서 동시에 국민문학들의 특수한 맥락성을 끊임없이 되묻는 것이 곧 동아시아 문학의 기본 구도일 것이다. 이는 문학이라는 문제를 근본부터 다시 생각하는 일이며, 그 문제를 추상으로 흐르도록 두지 않고 구체적인 맥락에 근거하여 다루는 일을 말한다. 이렇게 특수와 보편이 교차하는 과정에서 구성될 동아시아 문학은 서구 근대문명이 위기를 맞이하는 현재의 세계적 현실에 대한 하나의 문명적 대안까지 제시할 책무를 지고 있다.

민족과 국가의 단순한 넘어섬의 차원에서 동아시아 문학을 일구어 낼 수 있다고 믿는 것은 근본적으로 오류다. 이는 일회적인 탈중심화의 오류와 같은 것이다. 이보다는 지속적인 탈중심화와 비동일화로서의 비교의 방법과 자세가 중요하다. 이렇게 구성되는 동아시아 문학은 비교문학과 본질적으로 같은 노선 위에 선다. 동아시아 문학의 구성은 서구 문학은 물론 동아시아 국민문학들 사이의 상호 수용의 관계와 실제 양상들, 그리고, 더 중요하게, 변용의 관계와 양상으로 이루어진다. 동아시아 문학은 수용과 변용의 이중주로 빚어진다. 그러한 관계와 양상의 연구를 통해서 동아시아 문학을 이루는 개별 국민문학들이 서로 어떤 유사성과 차이를 빚어내는 과정을 관찰할 수 있다. 이는 다시 개별 국민국가들과 국민문학들의 적절한 정체성을 타자화의 과정을 통해 인식하고 구성할 수 있게 해 줄 것이다.

동아시아 문학의 가능성을 묻는 것은 서구 문학이 보편 문학으로 인정되어온 저간의 상황에 비추어 서구 문학 대 동아시아 문학의 구도를 형성한다는 그 자체로도 상당한 발전이다. 이제 서구 문학과 동아시아 문학을 포용하는 진정으로 보편적인 문학의 개념을 생성시켜야 할 단계다. 동아시아 문학이 진정한 보편적 문학 가치를 이루어 내는 목표를 지향한다면, 동아시아 문학은 사회역사적, 정치적, 윤리적 맥락성을 지녀야 한다. 보편적 문학 가치는 서구 중심의 문학에서 결코 실현될 수 없다. 중심은 창조되고 강요된 보편일 뿐이기 때문이다. 우리는 문학이라는 보편적 존재에 대한 믿음과 실제로 국민문학이라는 방식으로 문학을 만나는 현실 사이에서 어떤 갈등을 겪고 있다. 과거에 수행된 서구 중심의 비교문학이 그 갈등을 세계문학이라는 거짓된 보편적 지평 위에서 가두어 놓은 채 비서구적 비교문학들도 그 보편에 사로잡아 놓았다면, 동아시아 문학은 거기를 벗어나는 새로운 비교문학의 한 예가 될 것이다. 그렇다면 동아시아 문학은 끝없는 자기 부정과 저항, 그리고 타자화의 과정 위에서 새로운 보편적 문학 가치의 제시를 목표로 하는 한에서 올바로 세워진다. 동아시아 문학을 새로운 비교문학 정신으로 다시 해석하고 구성하는 것 자체가 기존의 세계문학과 비교문학을 재구성하는 것이다.

동아시아 문학은 그런 뒤집음에서 떠오를 수 있다. 동아시아 공동의 문학은 동아시아가 그런 문제의식을 공유하고 서로 강압적 보편의 위치에 서지 않도록 주의하며, 그래서 재구성의 변이의 과정에 스스로를 올리면서 가능해진다. 동아시아 문학의 논의는 서양 문학의 수용이 동아시아 근대문명에 미친 영향은 무엇이었고, 서양문학에 대한 동아시아의 수용 기제는 무엇이었는지 하는 문제들에 연결된다. 또한 한국과 중국, 그리고 일본이 서양문학에 대해, 또 한국과 중국, 일본이 서로에 대해 정당한 관계를 형성했는지 검토하는 일과 연결된다. 그 결과 동아시아 공동의 문학 또는 동아시아 문학 공동체가 이루어졌는지의 여부, 그리고 앞으로 어떤 전망을 할 수 있는지를 판단할 수 있을 것이다. 그 위에서 동아시아 문학은 문명들의 진정한 교류에 기여하고 세계화 이후에 구성될 새로운 시대정신의 일부가 될 수 있을 것이다. 그 목표는 동아시아 (공동체) 혹은 동아시아 (공동의) 문학이 과거에 어떻게 구성되었는지(될 수 있었는지가 아니라) 새롭게 해석하는 것이며,

또한 앞으로 어떻게 구성할 것인지를 전망하는 것에 있다. 이런 작업의 궁극적인 목표는 새로운 동아시아를 상상하고 나아가 인류 보편의 공동체를 건설하는 미래의 과제에 참여하는 일이다. 그를 위해서 문학에 관한 논의가 정치나 경제 등과 같은 분야들에 못지않게 중요한 가치를 지닌다는 점에 대한 이해가 필요하다.

제2부

한국문학

보편적 문학 가치의 구성

4. 원환의 세계
—고전《구운몽》의 보편성의 조건

4.1. 전제

김만중의《구운몽》은 불제 성진이 스승인 육관대사를 대신하여 용왕에 인사를 하러 갔다가 술을 얻어 마시고 돌아오던 중 여덟 명의 선녀를 만나 유혹을 받는 바람에 잠시 속세의 부귀영화를 생각하다가 스승의 벌을 받아 인간 세상에 양소유로 환생하는 것으로 시작한다. 양소유는 용모가 수려하고 재주가 비상하여 정통 출세 가도를 달리며 태평성대를 실현한다. 그에 더해 여덟 선녀가 환생한 재색을 겸비한 여자들을 부인이나 첩으로 거느리며 부귀영화를 누린다. 환생 전에 성진이 생각했던 속세의 욕망을 모조리 실현하는 것이다. 그 끝에서 그는 꿈에서 깨어나 다시 성진으로 돌아온다. 성진은 양소유의 일생이 일장춘몽이었음을 알고 인생의 허망함을 깨달으며, 더욱 열심히 수련하여 극락세계로 향한다.

단테 알리기에리의《신곡》은 작가 단테가 스스로 지옥과 연옥, 천국이라는 초인간 세계들을 순례하면서 하느님의 구원의 길을 깨닫는 내용이다. 단테는 어느 날 잠에 취해 올바른 길을 잃고 어두운 숲에서 방황한다. 아침이 되어 언덕 위로 솟아오른 빛을 보며 잠시 희망을 갖지만 세 마리 짐승이 앞에 나타나 위협하는 바람에 다시 어두운 숲으로 밀려나다가 베르길리우스의 도움을 받아 위기를 모면한다. 그리고 베르길리우스를 길잡이로 삼아 지옥을 순례하며 현세에서 지은 죄에 상응하는 벌을 받는 영혼들을 돌아보고 연옥으로 올라 현세의 죄를 씻고 구원을 받을 준비를 하는 영혼들을 둘러보며, 다시 베아트리체를 새로운 길잡이로 삼아 천국에 올라 영원한 축복을 받은 영혼들과 더불어 궁극의 행복이 무엇인지 깨닫고 마침내 하느님의 빛과 일체를 이루면서 구원을 성취한다.

《구운몽》과 《신곡》은 여러 측면에서 동양과 서양의 세계관을 대표하는 특징들을 보여 준다. 그 점들을 비교하는 것이 이 글의 첫 번째 단계를 이룬다. 《구운몽》이 유불선이 종합된 동양적 세계관 위에 서 있는 반면 《신곡》은 기독교 교리를 중심으로 하는 서양의 정신의 바탕을 이룬다. 전자가 원환의 동양적 가치관에 터를 둔다면 후자는 발전과 종국이라는 서양적 가치관에 터를 둔다. 둘 다 인간의 구원을 목표로 삼지만, 전자는 세상의 안정을 목표로 하면서 정착된 구원을 향하는 반면, 후자에게서 구원은 늘 저편에 위치하며 세상을 벗어나야 비로소 이루어진다. 그 밖에도 애정, 여성관, 구성, 욕망, 내세관, 종교관, 정치적 이상 등등, 비교의 준거들은 대단히 많고 흥미롭다.

두 번째로, 둘의 공통점을 따져 볼 수 있다. 그것은 둘 다 구원을 추구한다는 점, 잠과 꿈이 주요 모티프로 등장한다는 점, 사랑의 주제가 큰 비중을 차지한다는 점, 당대에서 큰 환영을 받았다는 점, 각각 새로운 문명을 출발시키고 기반을 형성한 대표적인 고전이라는 점, 당시로서는 비공식의 언어인 속어(각각 언문과 이탈리아어)와 비공식의 문학양식(각각 소설과 희극)을 썼다는 점, 구성과 성격의 묘사가 치밀하고 탁월하다는 점, 이후 문학의 전범이 되었다는 점, 배경의 스케일이 넓다는 점, 당쟁이라는 정치적 갈등에서 밀려나 좌절의 상황에서 쓰였다는 점 등등을 들 수 있다.

세 번째로, 이러한 차이와 공통점들은 차이나 공유로 나누어 보기보다는 차이인 동시에 공통점으로 봐야 할 것이다. 그들을 어떻게 구별하느냐 혹은 구별 자체보다는, 그런 여러 가지 준거들을 통해서 해석의 시각을 다양하게 들이댐으로써 두 텍스트에 대한 더욱 새로운 해석을 도출하는 것이 중요하다. 서로가 서로를 바라보는 발판이 됨으로써 서로에 대한 새로운 의미 부여의 터가 되는 것이다. 그럼으로써《구운몽》과《신곡》에 대한 지금까지와는 다른 새로운 측면들을 발굴하는 노력 자체가 그들을 고전으로 살아남게 해줄 것이다.

이러한 비교의 접근의 목표는《구운몽》의 보편적 문학 가치를 확인하고, 그런 측면에서 세계문학과의 관계를 재설정하려는 것이다. (《신곡》은 그런 목표를 돕는 조력자의 위치에 있다.) 문학 가치의 보편성의 의미와 조건을 논의하는 작업은 문학이 무엇이고 무엇을 할 수 있는지의 두 문제를 포괄한다. 이 두 문제에 대해 여러 갈래로 답할 수 있을 것이다. 여타의 창조적 예술 활동들에 비해 문학만이 갖는 특징적인 양상들을 살펴보거나, 문학 텍스트와 독자의 특수한 상호작용을 분석하거나, 사회와 역사에 대한 문학적 효과를 탐사하거나, 그를 통하여 문학의 사회적 중요성과 문학 제도의 역할을 관찰하거나, 하는 일들은 그러한 문제의 세부 논점들이다. 이 가운데 특히 문학의 가치와 효과의 관계에 초점을 맞추고자 한다. 문학 가치는 역사와 사회에 따라 달라지는, 극히 상대적인 개념이라는 전제 위에서, 동양과 서양의 두 고전을 비교함으로써 이른바 주변부에 위치한 고전이 어떻게 보편적 가치를 얻고 보편의 효과를 내는지, 주로 텍스트 해석의 관점과 차원에서 살펴보고자 한다.

《구운몽》을 세계문학의 텍스트로 인정할 수 있는 근거는《구운몽》이 여느 세계문학의 텍스트들처럼 특수한 맥락들을 초월하여 읽히고 해석될 수 있는 구조와 내용을 지닌다는 점에서 찾을 수 있다.《구운몽》의 구조와 내용은 원환이라는 개념으로 압축된다. 원환의 구조는《구운몽》이라는 텍스트를 다양한 현실의 맥락으로 연결시켜 준다. 대표적인 예가 몽환 구조다.《신곡》도 몽환 구조로 설명할 수 있으나,《신곡》은 처음부터 끝까지 꿈으로 차 있어서 그 꿈을 현실과 연결시키는 것은 작가－텍스트－독자로 연결되는 문학 과정에서 비로소 가능한 반면,《구운몽》의 경우 그러한 문학 과정의 중층적 구조와 이행은《구운몽》의 텍스트 내부에 이미 구현되어 있다. 꿈 이전-꿈-꿈 이후로 이루어진《구운몽》의 구조에서 그 대부분이 꿈의 단계에 속하지만 꿈 이전과 꿈 이후의 짧은 단계들은 결코 소홀히 취급될 수 없고, 오히려《구운몽》의 현실 관여성을 결정적으로 받쳐 준다. 독자는 꿈의 단계에 비해서 꿈 이전과 꿈 이후의 단계들을 자신과 동일시하기에, 꿈의 단계는 그 자체로 고이지 않고 텍스트 내부에서 독자의 사회역사적 현실 세계와 연결된다. 따라서《구운몽》은 초월주의보다는 현실 관여성의 측면에서 열린 구조를 하고 있으며, 시간과 공간을 초월한 다양한 현실들과 관련하여 새로운 의미를 계속해서 방출하는 역동성을 갖고 있다는 점을 주목해야 한다.

원환의 내용에서 주목할 것은《구운몽》을 받쳐 주는 유불선의 전유專有다. 유불선은 각각 그 자체로 보편적인 철학이며 세계관으로 인정될 만한 것들이지만, 여기서 문제는《구운몽》이 유불선의 보편성에 기대거나 묻히지 않으면서 자체의 보편성을 구현했다는 점이다. 그 힘은 바로 유불선의, 그들이 지닌 보편성들의, 전유에서 나온다. 대단히 자주 거론된 사항이지만,《구운몽》의 주제가 공空 사상이라는 우세한 견해에 전적으로 기대기보다, 즉 불교적 세계관이 유교와 도교보다 더 강력하게《구운몽》에 자리한다는 정설을 인정하는 데 그치기보다, 그 주제적 배경들이《구운몽》에 어떻게 녹아들어 있는지, 그 방식을 자세히 들여다보는 것이《구운몽》의 보편적 문학 가치의 평가에 더 적절하게 접근하는 길일 것이다. 따라서《구운몽》에서 불교가 우세하다 해도 불교 자체보다는 불교가 지닌 포용성의 주제를 부각시킬 필요가 있다. 이렇게 보면《구운몽》에서 실현되는 유불선의 전유는 불교가 펼쳐내도록 해 주는 의미의 세계가 도교라는 가능 세계의 보조를 받아 유교라는 당대의 지배적 이념을 포용하는 과정으로 이루어진다고 볼 수 있다. 이런 과정에서《구운몽》은 상대성의 동력, 즉 타자의 재맥락화라는 힘, 스스로를 보편의 차원에서 해석되도록 만드는 힘을 지닌 것으로 이해된다.

《구운몽》은 우리로 하여금 절대적인 혹은 규범적인 사고 체계에 매이지 않으면서 인간의 삶 자체에 접근하고 그를 포용하며 재현하게 해 준다. 《구운몽》이 어떤 진리를 담고 있다면, 그것은 《구운몽》이 문학적 구원을 성취해 왔고 성취하고 있으며 성취할 것으로 기대되기에 가능할 것이다. 그 구원은 삶의 반성이기에, 그 구원의 세계에서 진리는 불변하지 않으며 해석과 맥락에 따라 무수히 변용하는 문학 과정 위에 놓인다. 문학 가치의 측면에서 《구운몽》은 이러한 구원의 진리를 시공을 초월하여, 그러나 여전히 현실인 인간의 세계에서 소통시키고 나누는 데 성공했다. 그것이 《구운몽》을 세계문학 텍스트로 제출할 수 있는 결정적인 기반이다. 보편이나 보편 가치가 한 편의 문학 텍스트에 어떻게 내재하느냐를 말할 때, 우리는 여러 맥락들이 빚어내는 다양한 차이들의 관계와 그들의 공통된 소통 방식 혹은 과정만을 말할 수 있을 뿐이며, 그 과정에 대한 평가로 보편의 진정성을 가늠할 수 있을 뿐이다.

이 글에서 시도하는 비교문학적 연구는 문학사적 위치나 사회적 맥락, 텍스트의 구조 등을 직접 비교하기보다는, 각각의 텍스트들에 대한 해석과 가치 판단, 그리고 비평을 통하여 이루어진다. 수많은 가능한 비교의 준거들 하나하나는 각각 단행본 하나의 분량의 연구가 되고도 남는다. 나는 그들을 예시하고, 거기서 고전이라 불리는 문학 텍스트가 지닌 보편적 문학 가치가 무엇이고, 고전으로 살아남는 것의 조건이 무엇인지, 그리고 《구운몽》과 《신곡》이 어떤 점에서 그럴 수 있는지를 점검하는 데 논의를 집중하고자 한다.

문제는 이 둘을 어느 한쪽의 맥락에 치우치지 않은 공정한 입장에서 비교하는 일이다. 그것은 일반적으로 대상을 둘로 나누어 고찰할 때 일어나기 쉬운 우열의 가름이라는 오류에 빠지지 않기 위해 중요한 조건이다. 즉, 둘로 나눈다는 것은 논의의 편의상 필요할 뿐이다. 논의의 궁극 목표는 둘의 공정한 비교에 있으며, 그를 통해 그들이 더욱 보편적인 가치를 담아내고 추구하게 만드는 것에 있다. 이를 위해 먼저 두 텍스트를 중간에서 맞아들이는 지점이 필요하며, 그것을 보편적 문학 가치라는 개념의 재검토와 함께 세워 보고자 한다.

이런 재고의 작업을 통해 살아남는 것이 바로 진정한 고전이 된다. 언제나 시대에 맞게 새로운 맥락에서 다시 해석되어야 하며, 거꾸로 그런 과정에서 더욱 풍요로운 얼굴로 부활하는 고전들이 계속 고전으로 살아남는다. 이러한 작업의 목표는 고전의 의미를 여러 갈래로 추출하자는 것이며, 그렇게 다양한 의미 창출은 고전 자체가 가진 가능성이며 특징이다. 그러나 여러 갈래의 의미들을 추출한다고 해서 고전 텍스트가 지닌 '진리'가 일정하지 않다는 말은 아니다. 분명히 《구운몽》이나 《신곡》은 확고한 진리를 내재하고 있다. 다만 대단히 다양하고 중층적인 방식으로 재현되고 있다는 점이 중요하다.

이 두 텍스트가 내재한 '진리'는 시간과 공간을 초월하여 불변으로 존재한다. 그러나 각각의 작가들이 그 진리를 문학적 생산물로 번역하는 가운데 독자에게 진리를 전달하고 독자는 그 문학적 생산물을 해독하는 가운데 진리를 수신한다는 점이 중요하다. 텍스트 내부에 숨어 있는 진리는 작가들이 장착한 교묘하고 치밀한 미적 형식들, 그 상징적이고 비유적인 의미들을 포착하고 분석함으로써만 이해될 수 있다. 그것이 작가로서 김만중과 단테가 의도했을 법한 이른바 '문학 과정'으로 볼 수 있다. 작가 김만중과 단테는 초월의 세계를 문학적 상상의 여행과 그 언어적 기록을 통해서 펼쳐 보여 준다. 초월의 세계가 비초월자인 작가 김만중과 단테에 의해 재현되는 것은 바로 문학적 상상과 언어가 펼쳐지는 '문학 과정'을 통해서였다. 그 '문학 과정'에서 빼놓을 수 없는 것은 《구운몽》과 《신곡》을 읽는 독자의 역할이다. 텍스트 《구운몽》과 《신곡》에 대한 주도면밀한 읽기가 바로 그들 작가들의 기획에 참여하는 독자로서의 임무다.

독자로서 나는 비서양 세계를 다 알지 못한다. 다만 동아시아의 세계가 그런대로 친숙하다. 동아시아를 단위로 삼는 것은 서양을 포함해 세계적 차원을 염두에 둘 때 한국(그것도 분단체제에서 남한)만을 기준으로 생각하기가 불가능한 역사적 맥락 때문이다. 동아시아(공동체)는 반드시 이루어 내야 하는, 정치와 경제의 현실 측면에서 더 유효하게 떠오르는 필연적 단위보다는, 그것을 이루는 작은 단위들의 연결고리들의 작동에 따라 끊임없이 펼쳐지는 역동적 과정 자체다. 동아시아를 기준으로 하여《신곡》을 다시 해석하는 것은 다만 내가 더 직접적으로 속해 있는 세계를 발판으로 하여 고전의 문학 가치를 다시 수립하려는 것이다.

역으로 이런 나의 시도는《구운몽》과 같은 한국의 고전에 대해 잘 작동되지 않는다고 생각할 수 있다.《신곡》을 동아시아의 맥락(에 처한 나의 맥락)에서 다시 해석하듯이,《구운몽》도 한국이 아닌, 어떤 다른 맥락(에 처한 주체의 맥락)에서 다시 해석되어야 하는데, 내가 그런 맥락을 갖기가 힘들기 때문이다. 그러나 '다른 맥락'이란 것 자체가 이질성을 고착화시킴으로써 타자를 자기 객관화의 계기보다는 그야말로 낯선 것으로 고착화시키는 발판이 될 수 있는 것처럼, 단순히 다른 맥락에 서는 것이 반드시 재해석을 가능하게 하는 조건은 아닐 것이다. 오히려 맥락화와 재맥락화의 의식을 갖는 것이 재해석을 위해 훨씬 더 바람직하고 실현 가능한 조건일 것이다.

4.2. 주변부의 고전

고전은 시간과 공간에 따라 새로운 맥락에서 다시 해석되어야 하며, 그런 과정에서 더욱 풍요로운 얼굴로 부활하는 한에서 계속 고전으로 살아남을 수 있다.《신곡》은 오랜 세월 동안 이탈리아뿐만 아니라 서양에서 엄청난 양의 판본들과 연구를 낳았고 대중적인 강력한 영향력을 행사하며 서양을 대표해 온 고전이며,《구운몽》역시 짧지 않은 시간 동안 한국문학에서 확고한 고전의 위치를 누려 왔다.[229] 두 텍스트는 각각 그들이 태어난 문화와 역사의 맥락에서 확고한 고전의 지위를 누려 왔으나 상대방의 맥락에서는 거의 그리고 적절히 검토된 적이 없다.《신곡》에 대한 한국의 폭넓은 관심은 서양 문학이 헤게모니를 쥐어 온 근대 한국문학의 역사적 사정에 기인한 것이면서, 정작 그에 대한 학술적 평가와 연구는 거의 나오지 않았다. 한국의 연구자에 의한《신곡》연구는 서양은 물론 한국이《신곡》에 부여한 가치에 비해 턱없이 부족한 것이 사실이다.[230] 한국에서《신곡》이 지닌 가치를 단지 피상적으로 인식해 왔음에도 불구하고 서양 고전의 최고로 인정하기에 주저하지 않았다는 것은 서양 고전의 억압에서 자유롭지 못한 상태에서 그를 신비롭게 여기는, 일종의 '서구주의'가 작용한 것이라고 추정해 볼 수 있다. 한편 서양에서《신곡》에 대한 관심과 연구는 엄청나게 이루어졌지만, 그 연구의 내용은 서양의 문명 내부에서 이루어진, 자기 반복적인 심화의 측면을 띠었던 것 같다. 그렇게 볼 때 한국은 물론 서양도《신곡》에 대해 고전으로서의 보편성을 적절히 부여하지 못한 채, 그 진정한 문학 가치를 평가하지 못했다는 의심을 지우기 힘들다.[231]

《구운몽》은 한국의 다른 여느 문학 텍스트들처럼 서양의 관심에서 멀어져 있었다. 그것은《구운몽》자체가 지닌 본래의 문학적 가치보다는 문학 외적인 요인들의 영향이 더 컸을 것이다. 근대화의 과정에서 문명은 계속 서에서 동으로만 흘렀다. 지금까지《구운몽》은 여섯 개 외국어로 번역되는 등,[232]

229 Alighieri, Dante, *Divina Commedia*, a cura di Umberto Bosco, Firenze: Le Monnier, 1982. 우리말 번역본은 박상진 옮김,《신곡—단테 알리기에리의 코메디아》, 2007, 민음사. 김만중,《구운몽》, 김병국 교주·역, 서울대학교출판문화원, 2009.

230 졸고,〈한국 근대문학의 단테 수용 연구〉,《비교문학》제41집, 한국비교문학회, 2007, pp.309-346.

231 이에 대한 부분적인 논의는 다음 글을 참조할 것. 졸고,〈동아시아에서 단테의 수용과 변용을 통한 문학의 보편성과 근대성〉,《문학과 경계》2006년 겨울, 23호, pp.77-96.

232《구운몽》의 영역본은 1922년에 나왔다. Kim, ManChung, The Cloud Dream of the Nine, James, S. Gale, London : Daniel O'connor, 1922. 권영민은 이 영역본이 한국문학의 존재를 처음으로 서구세계에 구체적으로 알린 것으로 평가한다. 권영민,〈한국문학의 해외소개, 그 실상과 문제점 : 한국문학의 세계화를 위해〉,《한국현대문학 50년》, 유종호 외, 민음사, 1995, p.459.

그나마 한국문학에서 가장 널리 외부에 소개되고 연구되는 텍스트들 중 하나가 되었지만, 그래도 외부에서 이루어지는《구운몽》의 가치 평가는 대단히 부족한 형편이다.[233] 한편 한국 내부에서《구운몽》은 발표된 17세기 이후부터 폭넓은 독자층을 형성하였다. 20세기 이전의 기록이 별로 남아 있는 것이 없지만, 영조 때에 이미 나주 지역에서 목판으로 인쇄 보급되었다는 사실에서 상당히 인기를 누렸다는 것을 짐작할 수 있으며, 사대부뿐만 아니라 서민들도 독자층으로 참여하였다.[234] 또《춘향전》이나《홍길동전》과 함께 한국 고전을 대표하는 텍스트로서 확고한 자리를 잡고 있으며, 그에 대한 연구도 대단히 활발하다.[235]

정리하면,《구운몽》과《신곡》은 각각 한국과 서양을 대표하는 고전들이면서, 서로에게는 아직 낯설고 신비로운 상태에서 벗어나지 못한 예로 꼽을

그 외의《구운몽》의 외국어 번역은 다음과 같다. Kim, Man-džžung. *Sen devíiti z obláákůu*, Lööwensteinováá, Miriam, Praha : Reflex, 1992(체코어) ; 金萬重,《九雲夢》, 웨이쉬성韋旭昇, 太原 : 北岳文藝出版社, 1986(중국어) ; 金萬重,《九雲夢》, 코오노 에이지鴻農映二, 東京 : 第三文明社, 1990(일본어) ; Kim, Man Jung, *Il sogno delle nove nuvole*, Maurizio Riotto, Palermo : Sellerno Editore. 2001(이탈리아어) ; Ким, Манджун, *Облачный сон девяти*, Артемьева, А.& Рачков, Г.Москва: Государственное издательство художественной литературы, 1961(러시아어) ; Ким, Манджун, *Облачный сон девяти*, Троцевич, Аделаида Фёдоровна, Ленинград: Художественная литература, 1985(러시아어). 그 밖에 현재 루마니아어와 월남어로 번역 중에 있다(한국문학번역원 정보마당, www.ltikorea.net).

233 외국 학자들에 의한 연구는 다음과 같이 수행되었다. Bantly, Francisca Cho, Embracing Illusion: Truth and Fiction in "The Dream of the Nine Clouds", New York: State University of New York Press, 1996. 리차드 러트는《춘향전》이 민족의 분야인데 비해《구운몽》은 '문학작품'이라고 결론을 내렸다. Rutt, Richard, "Classical Korean Novels in Chinese Neglected—Ku-un-mong case", *Korea Journal*, Vol.10, No.1, 1970. S. E. Soberg, "The Ku'unmong: A Morality", 《天涯洋柱東博士華誕紀念論文集》, 探求堂, 1963, pp.213-30.

234 설성경,《구운몽 연구》, 국학자료원, 1999, p.302. 구체적으로 1725년 한문본이 인쇄 보급되었으며, 최초의 상업적 소설의 출판으로 평가된다. 정병설,〈17세기 동아시아 소설과 사랑. '구운몽', '옥교리', '호색일대남'의 비교〉,《관악어문연구》 제29집, p.115.

235《구운몽》에 대한 연구사는 다음 책에 잘 정리되어 있다. 김병국,〈'구운몽' 연구사〉,《한국고전문학의 비평적 이해》, 서울대학교출판부, 1995, pp.351-370.

수 있다. 두 텍스트는 각각 동서양의 기본적인 우주관과 세계관의 전형들을 담고 있으면서 인간의 구원이라는 동일한 주제를 천착하고 있다. 다만 그들에 대한 연구는 각각의 역사적, 사회적, 문화적 맥락에서만 충실히 수행되었다. 그 결과 서양에서 수행된 《신곡》 연구는 치밀하고 폭넓은 것이었지만, 대부분 서양 중심적인 시각을 벗어나지 못했고, 마찬가지로 《구운몽》에 대한 연구도 전적으로 한국 문학자들에 의해 이루어져 왔으며 서양의 맥락에서 논의된 적은 거의 없었다. 따라서 두 텍스트에 대한 연구는 중심주의라는 한계에 갇혀 있다는 의심을 사기에 충분하다. 물론 각자가 속한 맥락에서 지대한 분량과 깊이의 연구가 이루어졌던 것은 사실이지만, 이른바 '고전'이라고 불릴 때에는 타자의 맥락들을 포괄하는 보편적인 가치를 담고 있어야 하건만 그 가치를 제대로 조명하지 못했다는 판단이 드는 것이다. 그것은, 반복하건대, 그들에 대한 연구가 각각의 맥락에서만 충실히 수행되었기 때문이다. 다시 말해, 타자의 맥락에서는 어떻게 해석되고 어떤 가치를 인정받을 수 있는지 검토된 적이 없기 때문에, 고전으로서의 보편성을 재고할 필요가 있다는 것이다.[236]

고전이라 불리는 것은 보편적인 문학 가치를 지니며 또한 지녀야 한다. 한 편의 고전은 그것이 속한 역사적, 문화적, 지리적 맥락에 관계없이, 그 모든 맥락들의 경계를 가로지르는 보편적인 가치를 지녔기에 시공을 초월하

236 '가치'라는 용어가 원래부터 우열의 비교를 함의하며, 따라서 가치보다 '차이'를 논의해야 한다는 반론이 나올 수 있다. 복잡한 논의가 필요하나, 요컨대 여기서 말하는 '가치'의 논의는 차이의 논의를 포괄한다. '가치'는 평가를 전제로 하는 개념이기 때문이다. 여기서 평가란 가치의 절대적인 기준이 먼저 존재하고 그에 따라 가치의 고유한 자리를 고정시키는 것이 아니라, 그러한 결정을 끝없이 유보하는 가운데 가치가 변동하는 과정을 관찰하는 것을 의미한다. 그에 비해 '차이'는 그러한 평가의 과정을 시작하고 진행하는 데 필요한 개념이자 정신이다. 나아가 차이는 그 자체로 머무를 때 기존의 현상을 설명하는 것에 그치기 쉬우며 결국 차이 그 자체에 초점을 맞추는 차별의 효과를 낼 수도 있다. 가치 평가의 과정은 차이의 그러한 부정적 효과에 저항하는 힘까지 발휘할 수 있다.

여 살아남을 수 있었던 것이다. 바로 그 때문에 고전의 해석은 시대마다, 장소마다, 맥락마다 거듭날 필요가 있으며, 역으로 고전은 그런 모든 것을 가로지르며 부활하는 힘을 지닌다.

이 글의 목표는《구운몽》이 진정한 고전으로서 지녀야 할 보편성의 조건이 무엇인지 점검하는 것이다. 비교문학적 접근은 보편성의 조건을 논의하는 데 필요하고 적절한 방법들 중 하나다. 하나의 맥락에서 이미 공인된 가치를 타자의 맥락에서 재고할 수 있게 해 주기 때문이다. 하나의 문학 텍스트가 지닌 문학 가치의 보편성을 측정하기 위해 우리는 타자의 맥락에 속한 다른 텍스트들이 지닌 문학 가치들과의 차이와 소통의 관계, 더 정확히 말해 그 관계가 이루어 내는 비교의 과정을 우선 논의할 필요가 있다. 그것은 왜냐하면 그 자체로 존재하는 혹은 인정되는 절대적인 보편은 없기 때문이다. 요컨대 보편은 타자들의 맥락들을 가로지르면서도 여전히 살아남는 무엇을 가리키는 것이다. 따라서 한 텍스트가 지닌 보편성의 진정성은 복수의 보편들을 전제로 하여 그 보편들과의 차이와 소통의 관계와 과정을 탐색하는 가운데 구성될 수 있다.

하나의 보편이 얼마나 진정한 것이냐 하는 것은 정도의 차이일 뿐, 모든 텍스트들은 보편의 가치를 일정하게 함유한다. 결국《구운몽》의 보편성은 그 자체로서가 아니라 타자의 맥락에 서 있는 다른 텍스트들과의 비교에 의해서, 상대적인 위치에서, 측정되고 구축될 수 있다.《구운몽》이 다른 맥락에 속한 텍스트들과 차이를 빚어내면서 또한 서로 공유하고 소통하는 지점들을 보여 주는 정도에 따라《구운몽》의 보편적 가치의 진정성도 높이 올라갈 것이다. 그것은 다른 맥락에서 배제되지 않고 다른 맥락을 배제하지도 않는다는 것을 의미하는데, 흥미롭게도《구운몽》은 바로 이런 보편의 원리 자체를 펼쳐낼 힘을 내재한다.《구운몽》은 복수의 가치들을 다양한 맥락들을 가로지르며 포용하는 보편성의 원리를 자체 내부에서 구현하는 독특한 문학 텍스트이기 때문이다. 그 점을 잘 보여 주는 것이 원환의 개념이다.

이런 측면에서《신곡》은《구운몽》을 비교문학적 방식으로 고찰하기 위한 거점으로서 적절한 텍스트들 중 하나로 생각된다. 주지하다시피 두 텍스트는 모두 중심주의라는 한계에 갇혀 그들이 지닌 보편성의 재고가 불가피하다. 그런 상황에서 두 텍스트가 각각 처한 맥락으로부터 서로를 바라보는 비교의 작업은 보편성의 재고를 위해 큰 도움이 될 것이다. 우리의 논의는 중심과 주변부의 관계라는 오래된 것이면서 인간의 문명을 좀먹어 온 문제에 상당 부분 관여한다. 우리의 논의에서《신곡》의 역할은 중심의 위치에서서《구운몽》의 주변부적 위치를 중심으로 끌어올리는 것이 아니다. 그보다《신곡》을 주변부와의 비교의 관계에 던져 넣음으로써 그것이 중심적 위치와 보편성을 부당하게 선취해 왔다는 혐의를 제기하고, 그와 함께 주변부의 고전이 중심까지 아우르는 보편성을 어떻게 담지할 수 있는지 검토하려는 것이다. 그런 비교에 의해서《구운몽》과《신곡》은 각각의 보편성'들'을 구축하되, 그렇게 구축된 그들 각각의 성격은 서로 다를 수 있다.

《구운몽》을 주된 논제로 삼되《신곡》에 비교하여 논의하려는 이유는 바로 '주변부의 고전'이란 개념이 갖는 도전성을 부각시키고자 하는 것에 있다. 그것은《신곡》이 표방할 법한 '중심의 고전'과 겨룬다거나 그 공인된 보편성의 범주에 삽입하여 인정받으려는 것이 아니라, 중심의 개념의 변용, 중심과 주변부의 관계의 변용, 그리고 보편성의 개념의 변용을 추구한다는 것을 의미한다. 보편성이라는 개념은 오랜 세월 동안 논쟁의 대상이 되어 왔으며, 유럽적 보편주의가 그야말로 보편화된 우리의 세계화의 시대에서 특히 비판적 재고와 재구성의 대상으로 떠오르고 있다. 근본적으로 나는 수많은 종류의 보편성'들'이 있으며, 그들 사이의 대화가 민주적으로 이루어질 때 수평적 '관계'가 이루어진다는 것을 강조하고자 한다. 이는 보편성에 대한 급진적 재고찰이라 할 만하다.

본고의 작업은《구운몽》을《신곡》과 비교함으로써 차이와 공통을 밝히고, 원환성을 중심으로《구운몽》의 보편적 문학 가치를 재고하며, 이를 타자의 맥락과 관련하여 확인하고 설명하고 정의하는 것에 집중된다. 그러나 그렇게 확인된 가치가 보편적인지 아닌지 결정하기보다, 그것이《구운몽》이 고전으로서 보편성을 지닐 수 있는 하나의 조건이며, 또《구운몽》의 보편성 논의가 자리할 수 있는 하나의 거점이 될 것이라고 주장하는 데 초점을 맞추고자 한다.《구운몽》에 대해 국내에서 논의된 내용들을 가능한 대로 많이 참고하고자 했다. 이들은《구운몽》의 보편성에 관련하여 선별되고 검토되며 보완되고 논평되었다. 이런 작업은 '주변부의 고전'《구운몽》에 대한 논의를 진정한 의미의 '세계문학'의 차원으로 올리기 위한 하나의 길일 것이다.

4.3. 원환의 구조

4.3.1. 겹의 효과

겹의 효과는《구운몽》이 원환성을 텍스트의 의미를 독자의 맥락과 관련하여 해석하는 방식으로 구현하도록 해 준다.《구운몽》과《신곡》두 텍스트에서 겹의 효과는 공통적으로 꿈에 근거한 서사 구조에서 나타나지만, 그 차이를 주목할 만하다.《구운몽》은 복수의 겹을 이루며, 복수의 겹은 텍스트 내에서 충분히 설정되고 완결된다. 즉, 꿈 이전과 꿈, 그리고 꿈 이후의 기본적인 구조에 더해, 그 사이에 또 다른 꿈들이 끼어 있는 중층적 구조를 이룬다.[237] 그에 비해《신곡》에서도 꿈을 꾸는 장면은 여럿 등장하지만, 전체의 텍스트 구조는 단선적이며 미완에 머문다. 그것은《신곡》의 꿈은 '희극', 즉 행복한

237 이들 단계들은 텍스트에서 확연하게 구분되지 않는다. 성진은 현실 세계에서 "冥司로 향하"면서 꿈의 단계로 들어가고 양소유로 환생하면서 현실 세계로 귀환한다(《구운몽》, pp.19-22). 그리고 "춘몽"에서 갑자기 깨어나면서 꿈의 단계에서 빠져나오며(pp.230-231), 극락세계로 오르면서 여행을 이어나간다(p.233). 그의 변신은 현실 세계와 꿈의 세계를 계속해서 가로지른다.

결말의 목적의식이 미리 내비치는,[238] 단수의 겹의 구조를 이루기 때문이다. 즉,《구운몽》처럼 꿈 이전과 이후의 구조를 텍스트 내부에 확연하게 제시하기보다는 문학 과정을 통하여 간접적으로 혹은 사후事後적으로 보여 준다.[239]

어떻게 숲에 들어섰는지는 확실히 말할 수 없으나,
올바른 길에서 벗어난 순간
잠에 취해 있었던 것은 분명하다.[240]

《신곡》의 도입부에서 주인공 단테는 "잠"에서 깨어나 "어두운 숲"에서 길을 잃은 자신을 발견한다. 여기에 두 겹의 현실이 존재한다. 단테가 잠에 취해 길을 잃고 헤매던 숲과 잠에서 깨어나서 올바른 길에서 벗어난 것을 알게 된 장소로서의 숲이자 이후 여행의 출발점으로서의 숲이다. 그러나 잠에 취해 있던 상태는 올바른 길을 잃은 현실의 세계, 즉 작가 단테가 당시 겪고 있던 피렌체의 현실 세계인데 비해, 잠에서 깨어나 올바른 길을 찾아나서는

238 'comedia'의 의미는 단테가 칸 그란데 스칼라Can Grande della Scalia에게 보낸 편지에서 확인할 수 있다. 단테는 이렇게 말한다. "희극은 어떤 장르와도 다른 서사 문학 장르입니다. 그 주제의 측면에서 특히 비극과 다르지요. 비극은 시작이 웅장하고 평화롭지만 끝은 음험하고 끔찍합니다… 대신 희극은 어려운 상황으로 시작하지만 행복하게 결말을 맺지요." Scott, John A. *Understanding Dante*, Notre Dame, Indiana : University of Notre Dame Press, 2004, pp.171-173.

239 엄밀히 말해 '텍스트'라는 용어가 가리키는 범위는 텍스트《신곡》의 밖, 즉 그것을 쓰고 읽는 과정까지 포괄한다. 그것을 더 명확히 하기 위해 '문학 과정'이라는 용어를 사용했는데, 그것은 작가가 삶에서 얻은 경험을 바탕으로 텍스트를 생산하고 그 텍스트가 유통되어 독자에게 읽히고 독자는 그 경험을 삶에 반영하고 소통시키며, 다시 다른 텍스트의 생산에 직간접적으로 간여하는 과정을 가리킨다. 이러한 문학 과정은 일종의 순환 구조로 이해된다. 왜냐하면 문학 과정은 글자 그대로 자체를 하나의 원을 형성하면서 진행시키고, 그 속에서 의미들을 작가와 독자 사이에서 반복해서 흐르게 함으로써 자체를 유지하기 때문이다.

240 Alighieri, Dante, *Divina Commedia*, a cura di Umberto Bosco, Firenze : Le Monnier, 1982, 7판, 제3권 중 1권, Inferno, 1. 10-12.

것은 사실상 꿈의 여행이다. 《신곡》은 주인공 단테의 꿈이 깨어나지 않은 채 끝을 맺는다. 《신곡》의 세계는 처음부터 끝까지 주인공 단테의 꿈으로 채워진다. 《신곡》이 꿈 이전과 꿈 이후까지 확장되는 것은 작가와 독자의 단계에서 일어나는 일이다. 《신곡》이 꿈의 중층 구조를 작가의 발신에서 독자의 수신에 이르는, 그리고 그 관계가 반복하고 중첩하여 계속되는 문학 과정에서 실현하는 반면, 《구운몽》의 중층 구조는 이미 텍스트 내부에서 구현되어 있다.

두 텍스트가 터를 두는 기본적인 세계관의 차이가 그런 차이를 만들어 낸다. 《구운몽》에서는 순환과 허무의 원환적 미학이 중층적 구조를 더 강하게 드러내는 반면, 《신곡》에서는 일방적 진보와 궁극적 희망이 빚어내는 합목적적 미학이 중층적 구조를 비교적 덜 드러낸다. 두 텍스트의 결말은 똑같이 초월 세계에 도달하여 그와 하나가 되는 것이지만, 그 과정이 《구운몽》은 머무르며 순환하는 것인 반면 《신곡》은 하느님이라는 한 점을 향해 계속 나아간다는 차이가 있다.

그런 차이에도 불구하고 그들은 겹의 효과를 낸다는 점에서 공동의 기반 위에 서 있다. 겹의 효과는 "지속적 이중부정을 통한 환상구조의 의미와 기능에 대한 예시적 복선"[241]이라는 구절로 표현될 수 있다. 비록 이 구절이 《구운몽》에 나타나는 여러 꿈들 중 양소유의 꿈에 해당하는 분석이라 해도, 그것은 《구운몽》의 꿈의 전체 특징을 드러내기에 부족하지 않다. 설성경의 분석에 따르면, "《구운몽》의 몽은 세 차원의 통합적 층위와 다양한 계열몽을 갖추고 있고, 각 층위와 계열 사이에는 상호 유기적 관련을 보이고"[242] 있다. 설성경이 파악한 세 가지 층위의 꿈들의 구조는 《구운몽》의 전체 구조를 "몽夢과

241 설성경, 〈夢의 통합적 層位와 系列相〉, 정규복 해설, 김열규, 신동욱 편집, 《김만중 연구》, 새문사, 1981, pp.I-13-4.

242 위의 글, p.I-22.

각覺의 표리관계"로 만든다. 그 복잡한 구조의 절묘함에 대해서는 설성경의 분석에 덧붙일 것이 없으나, "표리관계"라는 꿈들의 겹침 구조가 현실과의 부단한 소통의 구조를 갖추면서 원환의 세계를 이룬다는 점은 강조해 두고자 한다.[243]

두 텍스트가 겹의 효과에서 차이를 보인다 해도 그들이 지닌 문학 가치들로 인해 그들은 다양한 맥락에 두루 통하는 힘을 내재한다. 앞에서 말했듯, 이 힘은 문학 텍스트가 시공을 초월하여 살아남고 그럼으로써 보편성을 얻고 유지하는 데 가장 중요한 조건이다. 시대와 현실의 다양한 겹들 사이를 오가면서 이 텍스트들은 텍스트와 현실의 이원적 경계를 흐리고 고전 텍스트가 보편적 의미를 유지하는 과정을 그대로 보여 준다. 그렇다면 텍스트는 겹의 효과에 의해 어떻게 현실의 맥락에 관여할 수 있는가?

4.3.2. 이원론의 극복

《신곡》의 단테와 《구운몽》의 성진은 둘 다 불멸의 초월 세계의 여행자들이지만 두드러진 차이를 보인다. 단테가 여행하는 곳은 절대지고의 세계로서, 그 자체가 구원의 장소다. 반면 성진이 양소유로 환생하여 여행하는 곳은 중국이라는 현실의 세계이며, 그저 '더 넓은 세계'라는 배경적 의미에 불과하다. 또한 단테의 여행이 하느님이라는 고정된 종착점을 목표로 하는 반면, 성진과 양소유의 여행은 현실과 초현실의 세계를 오가며, 어떤 지점을 향해

243 한편 이강옥은 《구운몽》이 "입몽과 각몽보다는 사념思念의 실현이라는 맥과 환생幻生이라는 또 다른 맥이 공존"한다는 전제 위에서 《구운몽》의 "다양한 서사적 장치들의 특징을 밝히고 그 불교적 의미를 해명"하고자 했다. 이강옥, 〈구운몽에 나타난 환생과 사념실현의 의미〉, 《우리말글》, 27호, 2003, pp.99-132. 이강옥의 논의 역시 본고에서 논의하는 겹의 구조를 또 다른 측면에서 조명하는 것이거니와, '겹'이 텍스트의 계열적 진행에 따라서만 이루어지는 것이 아니라 텍스트의 단면을 상하로 꿰뚫는 심층적 차원에서도 이루어진다는 것을 보여 준다.

나아가기보다 여러 지점들을 순환하는 형태로 이루어진다. 장소와 운동의 성격이 그렇게 다르기 때문에 현실과 초현실에 대한 주인공들의 반응도 다르다. 단테는 필멸의 존재임을 스스로 명시하고 거기에 의미를 부여한다. 그것은 물질과 영혼이라는, 서양의 고대 철학부터 중세 그리스도교 신학을 거쳐 단테의 당대에 이르기까지 일관하여 꾸준하게 논의된 화두에 관련된다. 단테는 필멸의 존재로서 불멸의 세계를 순례하면서 하느님이라는 초자아에 이르고자 한다. 그래서《신곡》에서 사랑은 신의 은총과 직결되며 인간의 영혼도 신화神化하는 한에서 구원을 받는다. 그런 상황에서 단테는 초월과 비초월의 간격에 대해 늘 주의를 기울이지 않을 수 없으며, 그것이 사실상 《신곡》의 핵심 주제이기도 하다.

반면《구운몽》에서 필멸과 불멸, 초월과 비초월의 구분은 훨씬 덜 부각된다. 대신《구운몽》의 세계 전체는 인간의 애정과 욕망을 다루며, 선녀나 귀신, 용왕과 같은 신들도 인간화되어 육체와 물질의 차원에서 묘사된다. 그런데 인간화되어 묘사된다는 사실보다 육체와 영혼, 그리고 신까지도 분리되지 않는다는 사실, 적어도《구운몽》이 그 분리에 초점을 맞추지 않는다는 사실이 중요하다. 그것은《구운몽》이 육체와 영혼, 삶과 죽음, 인간과 신 등의 이원론이 대립과 모순을 일으키지 않는 세계관을 내재한다는 것을 의미한다.

사실상《구운몽》은 그러한 설정으로부터 출발한다. 텍스트 처음에 성진은 용왕에게 술을 얻어 마시고 취한 모습으로 인간 세계로 돌아온다.[244] 또 선녀들도 현실 세계로 내려오고, 그것이 성진의 여행의 동기와 주축을 이룬다.[245] 이런 식으로 꿈의 세계에서 성진은 양소유가 되어 초월 세계를 여행하

244 "이때 성진이 물결을 열고 수정궁에 나아가니, 용왕이 크게 기꺼 친히 궁문 밖에 나아가 맞아 상좌에 앉히고 진찬을 갖추어 잔치하여 대접하고 손수 잔 잡아 권하거늘… 성진이 용왕의 괴로이 권함을 거스르지 못하여 연하여 석 잔을 먹고 용왕께 하직하고 바람을 타고 연화봉으로 도라올새, 산 아래 이르러는 스스로 깨달으니 술기운이 올라 낯이 달구어지거늘…"《구운몽》, p.17.

고 꿈에서 깨어 현실 세계로 돌아오는 것이《구운몽》의 전체 구조라는 것이 일반적인 견해다.[246] 그런 구조에서 성진은 꿈 이전과 꿈 이후에 존재하는 것으로 볼 수도 있고, 이미 처음부터 내내 초월 세계에 놓여 있다는 지적도 또한 가능하다.[247]

그 두 의견의 구분이나 적부의 판단은《구운몽》의 세계가 이원론을 넘어선다는 점을 지적할 때 별 의미가 없어진다. 나아가 이원론적 구분의 무화는 그것으로 인해《구운몽》이 현실 세계와 관련을 맺게 된다는 측면에서 주목할 필요가 있다.[248] 여기서 '현실 세계'란 꿈 이전과 꿈, 꿈 이후의 세 단계들 중에서 꿈 이전과 꿈 이후를 가리킬 수 있으나, 이상택의 지적을 따른다면 성진은 이미 그 세 단계들을 초월하여 걸쳐 있는 존재이기 때문에 그들을 구분하는 것은 큰 의미가 없다. 그런 맥락에서 이상택은《구운몽》을 "초월주의적 존재

245 성진이 여덟 선녀에게 유혹을 받자 사부는 꾸짖으며 그를 다른 세상으로 보낸다(《구운몽》, pp.19-41). 사실상 초월과 비초월의 세계는《구운몽》전체에서 확연하게 구분되어 제시되지 않는다. 그래서《구운몽》의 세계가 이미 초월이냐의 문제는 학자들 사이에 논쟁의 대상이었다(이상택 참조). 그러나 그 구분의 경계가 애매하다고 해도 구분 자체는 가능하다고 생각한다. 본고 주 239) 참조.

246 이에 근거하여 정규복의 작업(〈幻夢說話考〉,《亞細亞硏究》18호, 1965.) 이래 현실과 꿈과 현실의 중복된 단계로 이루어진 몽환 구조를 논구하는 논문들이 다수 발표되었다.

247 이상택, 〈'구운몽'과 '춘향전', 그 대칭상위〉, 정규복 해설, 김열규, 신동욱 편집,《김만중 연구》, 새문사, 1981, pp.III-45-50.

248《구운몽》의 환상 개념은 단연 중요한 논제로 다루어져 왔다. 특히 김병국(〈구운몽 연구—그 환상구조의 심리적 고찰〉. 〈구운몽의 에피그라프 '記夢'— 西浦와 그의 꿈〉), 설성경(〈'구운몽'의 몽환체계와 선문답〉, 〈'구운몽'에 나타난 시간 인식의 양상〉), 안재식(〈'구운몽' 연구—작품의 심층구조 분석을 중심으로〉. 〈'구운몽'의 작품 구도와 환상 구조〉)의 논문들은 공통적으로 환상이 현실과 소통하는 방식에 대해 논구하고 있다. 또한 김병국은《구운몽》의 환상적 구조의 보편성을 세계적인 차원에서 평가해야 한다고 역설한다(김병국,《한국고전문학의 이해》, p.361). 환상의 구조는 보통 정신분석학적인 접근이나 신화학의 관점에서 분석될 수 있겠으나, 환상이 그 자체 내부에서만 파악되고 운행되기보다는 현실의 측면과 부단히 소통하는 원환의 관계를 이루는 가운데, 그럼으로써 환상이 현실에 대해 반명제의 위치에 서지 않는 가운데, 그 의미를 갖는다는 차원에서 접근할 필요가 있다. 이런 내용은 특히 문학에서 환상이 적절한 함의를 확보하기 위해서, 혹은 확보하도록 만들기 위해서, 유념해야 할 사항이다.

론과 세계관을 근거로 한 영원회귀의 문학"[249]으로 정의내리지만, 그것은 꿈 이전과 꿈 이후에 비해 꿈의 단계가 압도적으로 우세한《구운몽》의 플롯에 초점을 맞출 경우에만 수긍할 수 있다. 사실상 꿈 이전과 이후의 단계들은 꿈의 단계에 흡수되지 않는다. 양으로 따져 보았을 때 꿈의 단계가《구운몽》의 거의 대부분을 차지하지만, 그 앞과 뒤에서 그를 받치는 꿈 이전과 꿈 이후의 단계들은 꿈의 단계를 어떤 다른 세계와 연결시켜 주는 결정적인 구실을 한다. 그래서 성진의 존재가 꿈 이전과 꿈, 꿈 이후의 세계의 구분을 넘어선다고 할지라도 그의 존재가 비현실적인 존재로 남지 않게 해 주는 것이다.[250]

요컨대 꿈 이전과 꿈 이후의 단계들이 꿈의 단계와 마찬가지로 초월 세계에 속한다고 할지라도, 그 중층의 구조는 그 진행을 따라《구운몽》을 읽는 독자에게 겹의 효과를 준다. 즉 독자는 꿈의 단계에 비해 꿈 이전과 꿈 이후의 단계들을 자신과 동일시하는 것이다. 그러한 겹의 효과 덕분에 꿈 이전과 꿈 이후의 단계들은 꿈의 단계가 그 자체로 고이지 않고, 텍스트《구운몽》에서든 그것을 읽는 독자의 사회역사적 상황에서든 현실 세계와 소통되도록 만들어 주며, 더 나아가 꿈과 꿈 아닌 것을 서로 순환시키는 기능을 한다.《구운몽》이 현실의 세계와 관련을 맺는 방식을 그런 식으로 고찰한다면, 꿈 이전과 꿈, 꿈 이후로 이루어진《구운몽》의 구조를 마냥 초월주의에 비추어서만 생각할 수는 없을 것이다.

4.3.3. 텍스트의 열림

《구운몽》의 복수의 겹의 구조에 비해,《신곡》의 겹의 구조는 텍스트 외부로

249 이상택, 같은 글, p.III-53.
250 이강엽은 문학지리학이라는 새로운 접근 방식을 통하여《구운몽》의 공간 지도를 자세히 그림으로써《구운몽》이 초월과 현실의 구분을 넘어서고 있음을 밝힌다. 이강엽,〈'九雲夢'의 문학지리학적 해석—凝縮과 擴散〉,《어문학》94집, 2006, pp.203-240.

나아갈 경우에만, 즉 문학 과정에서만 실현되며, 거기서 비로소 현실과 부단히 넘나드는 효과를 낸다. 텍스트 내부를 볼 때, 단테에게는 성진이 꿈을 꾸고 난 후에 꿈 이전의 장소로 돌아오는 귀환의 경험이 없다. 단테의 여행과 그 재현은 초월 세계에만 속하기 때문이다. 《신곡》이 꿈과 꿈 이전 혹은 이후의 단계와 연결되는 것은 《신곡》의 세계 밖으로 나왔을 경우에 한한다. 그 연결이 《신곡》의 외부가 아닌 내부에서 구현되는 것은 오직 '기억'에 의지함으로써 가능해진다. 그래서 주인공 단테는 초월 세계를 여행하는 내내 비초월 세계를 기억한다. 뿐만 아니라, 작가 단테는 비초월 세계에서 초월 세계를 기억한다는 설정을 텍스트 곳곳에서 내보이고 있다.[251]

단테가 작가이자 주인공으로서 기억을 통해 자신의 여행을 기록하고 재현한다는 설정 자체는 그들이 이미 텍스트 《신곡》 외부로 나와 있다는 것을 함의한다. 《신곡》에서 순례자 단테의 여행은 초월 세계에 국한되지만, 그 여정은 현실 세계까지 확장되는 문학적 효과를 내며, 그것을 받쳐 주는 것은 기억이라는 문학적 장치다.[252] 요컨대 기억을 통해 순례자 단테는 여행하는 중에도 계속해서 현실 세계를 호출하고 있으며, 그럼으로써 끊임없이 현세로 귀환한다. 여행의 끝은 초월자에 도달하는 것이 아니라, 그 도달의 과정을 기억하며 재현하는 작가 단테의 《신곡》에서, 그리고 그것을 읽으며 독자들이 생산하는 수많은 종류의 가능 세계들 속에서, 무수하게 해체된다. 여행은 도달하면서 끝나는 것이 아니라 그 과정에서 계속해서 다시 다른 모습으로 살아나는 것이다. 그것은 단테의 귀환이 '도달'을 넘어설 뿐만 아니라, 귀환

251 예를 들어, "아! 뮤즈여! 지고의 지성이여! 날 도우소서! / 아! 내가 본 것을 기록한 기억이여! / 여기서 그대의 고귀함을 드러내소서!" 《신곡》 지옥편 2, 7-9. "기억" 혹은 그 뜻을 함유한 용어들은 《신곡》에서 수없이 반복된다.

252 더 자세한 논의는 다음 글을 참고할 수 있다. 졸고, 〈누가 단테를 구원할 것인가? — '신곡'에 나타난 구원에 관한 고찰〉, 《이탈리아어문학》 제18집, 한국이탈리아어문학회, 2006, pp.63-110.

자체를 이루지 못하는 방식으로 이루어지고 있음을 보여 준다.

그렇다면 그에 비추어 볼 때 성진은 귀환을 이루는가? 그렇지 않다. 《구운몽》의 처음과 끝은 각각 꿈 이전과 꿈 이후로 설정되지만, 그것은 도달로서의 귀환점이 아니라 중간 기착지일 뿐이다. 《구운몽》 끝에서 성진은 꿈에서 깨어 인간 삶과 부귀영화의 허망함을 깨닫고 더욱 열심히 수련하여 극락에 이른다고 묘사된다.

> 이후에 성진이 연화도량 대중을 거느려 크게 교화를 베푸니, 신선과 용신과 사람과 귀신이 한가지로 존승함을 육관대사와 같이하고, 여덟 이고가 인하여 성진을 스승으로 섬겨 깊이 보살대도를 얻어 아홉 사람이 한가지로 극락세계로 가니라.[253]

꿈 이전의 장소로 귀환했으나 또 다른 세계(극락)로 떠나는 새로운 여정이 텍스트의 끝에서 제시된다. 따라서 그의 '귀환'도 단테와 마찬가지로 도달로서의 귀환이 아니라 잠시의 머무름이었고 그 다음 여정으로 가는 또 하나의 준비 단계였다. 다만 도달점 없이 순환하는 단테의 여행이 기억이라는 작가와 독자의 차원까지 확장된 차원에서 비로소 이루어지는 반면, 《구운몽》의 꿈 이전－꿈－꿈 이후의 구조는 성진의 여행을 결코 한 곳에 도달하지 못하는 귀환으로 '텍스트 내부에서' 온전히 재현한다는 차이는 있다. 이러한 소위 '의미 생성의 열린 구조'를 통해 《구운몽》과 《신곡》이 재현하는 도달 없는 귀환은 공통된 의미를 보여 준다. 문학 텍스트들로서 《구운몽》과 《신곡》의 구조는 자체로 끝나는 폐쇄적인 초월 세계의 여행기가 아니라, 그 여행의 시작과 끝을 작가와 독자의 현실 세계에 닿게 하고 또 멀리 퍼져나가게 한다. 그것이 그들이 내재한 의미들을 현실 세계의 맥락에 맞춰 끝없이 생성하게 만드는 열린 구조인 것이다.

253 《구운몽》, p.255.

두 텍스트의 차이를 좀더 생각해 보자. 《신곡》의 열림은 간접적이지만 《구운몽》의 열림은 직접적이다. 그것은 귀환의 끝없는 유예를 《구운봉》은 텍스트에서 직접 보여 주지만, 《신곡》은 숨겨 두기 때문이다. 《신곡》이 더 교묘하게 보이는 것은 《신곡》에서 설정된 여정이 일방향의 발전 노선을 취함에도 불구하고 기억이라는 장치를 통해 일방의 구조에서 벗어나 원환의 구조를 지향하며 성취하려 하기 때문이다. 이에 비해 《구운몽》은 원환의 구조를 직접 드러내며, 그 이전에, 품고 있다.

그 차이가 다음과 같은 차이를 연동하여 만들어 낸다. 단테는 그가 여행하는 세계에서 언제나 국외자로 남는 반면, 성진은 늘 함께 한다. 순례자 단테는 언제나 관찰자의 위치에 있다. 방문하는 지옥과 연옥, 천국에서 그는 마치 시찰을 나온 듯 둘러보는 것이다. 그와 함께 독자도 《신곡》의 세계를 단테의 눈으로 둘러본다.[254] 반면 《구운몽》에서 성진 혹은 양소유는 관찰하지 않는다. 그들은 그저 행동한다. 독자는, 그들이 여행하는 세계와 하나가 되듯이, 그들의 체험을 함께 하며 그들과 하나가 된다.

그 이유는 《신곡》은 텍스트의 외연에서 독자를 만나는 반면 《구운몽》은 텍스트의 내포에서 독자를 만나기 때문이다. 《신곡》이 (작가와 화자로서) 단테의 기억을 통해서 비로소 열린 공간으로 변신할 수 있다면, 《구운몽》의 세계는 처음부터 열려 있다. 그래서 단테는 기억하려 애쓰지만, 성진은 그저 꿈을 꿀 뿐이다. 그것은 사후事後적인 재현이 아니라 동시적인 보여 줌이다. 독자들은 단테가 현실 세계를 기억하는 장면마다 어김없이 단테의 초월 세계에

254 예를 들어, 지옥에서 단테는 자신을 이렇게 묘사한다. "고통스러운 불길이 떨어지는 가운데/몇 사람을 눈여겨보았지만/아무도 알아볼 수 없었다."(지옥, 17. 52-54) "나는 저 구렁 속을/뚫어지도록 바라보았습니다."(지옥, 19. 18-19) 이러한 관찰 행위는 또한 작가 단테가 자신이 의도하는 진실을 포착하도록 독자에게 권하는 장면에서도 나타난다. "독자여! 눈을 날카롭게 하여 진실을 바라보라!/이 순간 진실은 얇은 너울에 덮여 있어/안을 들여다보기 이제 쉬울 테니까!"(연옥, 8. 19-21).

서 차단되고 의식을 환기하게 되는 반면,《구운몽》의 세계에는 처음부터 그냥 들어가 있으면서 성진 혹은 소유와 함께 동시에 초월 세계를 보고 겪는다. 그래서 성진이 꿈에서 깨어 인생이 꿈과 같다고 허망함을 토로할 때[255] 독자들도 함께 꿈에서 깨어난다. 모든 진행이 현재적으로 이루어지며, 독자는 성진 혹은 양소유와 함께 마치 일생을 보낸 듯한 느낌을 갖게 되는 것이다.

국외자로서 단테는 필멸이든 불멸이든 모든 세계가 하느님을 '중심'으로 설계되고 운행되는 세계를 체험한다. 그 '중심'의 개념은 작가 단테가 하느님까지도 문학 장치의 하나로서 구성한 것이라는 해석에서도 여전히 변하지 않는다. 즉, 이 경우 하느님이라는 중심은 사라지지만 작가 단테가 새로운 중심이 된다. 그래서 그의 구원이 하느님이 중심이 된 그리스도교적 구원이 아니라 문학 과정 속에서 이루어지는 문학적 구원이라고 새롭게 해석할 때에도 여전히 그는 그런 구원의 기획의 중심에 서 있는 것이다. 다만 그 중심은 절대적이지 않고 탈중심의 변혁을 기대하고 있다고 해석하는 한에서 비로소 그의 문학 기획은 중심에 갇히지 않고 열린다.[256]

반면《구운몽》에서 재현되는 세계는 처음부터 열려 있다.《신곡》처럼 텍스트를 여는 새로운 해석의 수고를 기울이지 않아도 텍스트 자체가 열려 있다. 작가는 희미하고 잘 보이지 않으며, 처음부터 부정과 탈출의 대상으로서의 중심 자체가 설정되어 있지 않다. 그저 이러저러한 세계가 있다는 식으로 펼쳐질 뿐이다. 지속적이고 자발적인 세계로서의 삶이 포용과 긍정으로 체

255 이는 육관대사의 입을 빌어 표현된다. "네 승흥하여 갔다가 흥진하여 돌아왔으니 내 무슨 간예함이 있으리오? 네 또 이르되 '인세에 윤회할 것을 꿈을 꾸었다' 하니 이는 인세와 꿈을 다르다 함이니 네 오히려 꿈을 채 깨지 못하였도다. '장주가 꿈에 나비 되었다가 나비 장주가 되니', 어느 것이 거짓 것이요 어느 것이 참된 것인 줄 분변치 못하나니, 어제 성진과 소유가 어느 것은 정말 꿈이요 어느 것은 꿈이 아니뇨?"(《구운몽》, pp. 549-551).

256 이러한 내용의 논의는 다음 글에 의거한다. 졸고, 〈누가 단테를 구원할 것인가? — '신곡'에 나타난 구원에 관한 고찰〉, 《이탈리아어문학》 제18집, 한국이탈리아어문학회, 2006, pp.63-110.

험될 뿐이다. 그래서 단테의 여정이 계속 한 방향으로 나아가는 반면 성진의 여정은 왕복하거나 결국에는 머물고 있으며, 단테의 길이 오직 한 점으로 수렴되는 반면 성진의 길은 어디나 있고 어디로든 뻗어나간다. 둘 다 열려 있되, 열림의 성격과 원리가 다른 것이다.

결론적으로,《구운몽》의 원환 구조는 독자들을 사회역사적 맥락에 따라 끊임없이 새로운 의미를 생성하도록 초대하는, 열린 구조다.《신곡》이 텍스트의 외부까지 확장함으로써 그러한 의미 생성의 효과를 낼 수 있는 구조라고 한다면,《구운몽》은 텍스트 내부에 그 구조를 이미 장착하고 있다. 다시 말해,《구운몽》 자체가 열려 있다. 둘 다 원환의 구조를 갖고 있지만,《신곡》은 더욱 적극적인 독자의 해석을 통해서 그 구조를 실현하는 반면,《구운몽》에서 그 구조는 이미 실현되어 있다. 그러나《구운몽》의 열림의 구조가 이미 텍스트 내부에 주어져 있다는 것이 열림의 효과를 보장하지는 않는다.《신곡》과 마찬가지로 해석의 개입이 필요하다. 즉,《구운몽》의 이미 실현된 열린 구조를 작동시키는 독자의 역할은 '여전히' 요청되는 것이다.《구운몽》의 원환의 구조는 그 자체 내에 이미 들어 있으나, 독자의 협력을 통해 또 다른 원환의 구조로 나아가기를 기대하는 한에서 비로소 원환의 열림은 작동한다.[257]

---

257 유광수는 작가 김만중이《구운몽》의 독자들을 성진과 양소유, 그리고 다시 성진으로 이어지는 윤회의 과정에 동일시하게 만들면서 성진의 깨달음에 동참하게 만든다고 파악한다(유광수,〈구운몽—자기망각과 자기기억의 서사〉,《고전문학연구》 29호, pp.377-409). 그러나 독자를 텍스트 내부에 동화시키는 것은 작가의 "의도적 전략"이라는 것이 유광수의 주장이라면, 그것으로《구운몽》의 원환 구조와 효과가 보장되지는 않는다는 점을 지적하고자 한다.《구운몽》의 원환 구조와 효과는 궁극적으로《구운몽》의 외부에서《구운몽》을 바라보는 독자의 해석을 요청한다. 그것이《구운몽》의 원환성이《구운몽》 내부뿐만 아니라 그 외부의 현실 세계를 향해 열려 있고 뻗어 나가게 만드는 원동력이다.《구운몽》의 독자는 성진과 함께 꿈에서 깨어남으로써 성진 혹은 양소유와 동화하는 동시에 이화하는 이중적 위치를 견지함으로써《구운몽》의 원환성에 참여할 수 있다. "성진이 육관에게 본질적 깨달음의 문제를 물었듯이 독자는《구운몽》 텍스트에 동일한 물음을 건네게 되고… 독자들에게 미망

원환의 열림은 텍스트의 의미들을 작가에게서 독자로 흐르게 한다. 그러한 소통의 과정, 즉 본고에서 문학 과정이라 부르는 것을 원환의 구조가 받쳐 준다. 바꿔 말해, 독자의 적극적인 읽기가 성진의 구원의 의미를 현실에서 환기하는 결정적인 힘이 되는데, 독자의 그러한 읽기를《구운몽》이 내재한 원환의 구조가 가능하게 해 주는 것이며, 거꾸로 원환의 구조가《구운몽》을 독자들 사이에서 살아남게 했던 것이다. 앞에서 피력했듯, 살아남는다는 것이 보편성의 조건이자 이유라면,《구운몽》의 원환의 구조는 그 보편적 문학 가치를 유지하는 데 결정적으로 기여한다고 볼 수 있다. 결국 이러한 문학 과정 전체의 열림과 작동을《구운몽》은 원환의 구조로 거울처럼 비추며 내재한다. 그러한 구조는 그러한 내용과 서로 받쳐질 때 비로소 제 기능을 발휘할 수 있을 터이므로 내용의 측면에서는 원환성이 어떻게 파악될 수 있는지 살펴보고자 한다.

4.4. 원환의 삶

4.4.1. 사회역사적 유사성

김만중과 단테는 둘 다 여러 분야의 지식과 학문에 통달한 작가들이었다. 김만중은 경서, 예학, 역서, 산수, 음률, 천문, 지리, 그리고 유교와 불교, 도교에 대한 출입이 자유로웠고 패관소설까지 꿰뚫은 박학다식한 사람이었다.[258] 단테 역시 그리스도교 교리와 고대 및 중세의 문학과 신학, 철학, 역사, 지리, 천문학에 두루 통달하였다. 둘은 세계에 대한 학제적 지식과 접근을 각각《구운몽》과《신곡》에서 펼쳐 내었다. 그러면서《구운몽》은 성리학,《신

에서 벗어나기를 촉구"(위의 글, p.405)하는 것은 바로 독자가 이화하는 시점이며, 나아가 독자는 그러한 텍스트 전체를 텍스트의 외부, 즉 문학 과정 위에서 성찰해야 하는 것이다. 그것이 텍스트에 내재하는 작가의 의도적 전략이며, 또한 텍스트의 원환의 구조가 현실적 효과를 내는 길이다.

258 정규복,〈해설〉, 정규복 해설, 김열규, 신동욱 편집,《김만중 연구》, 새문사, 1981, pp.5-6.

곡》은 특히 제도적 측면의 그리스도교라는 당대의 현실적 중심으로부터 일정한 거리를 두었고 또 그로 인해 비판을 받고 고초를 겪기도 했다.

《구운몽》과《신곡》은 천문학의 지식을 공유했다고 볼 수 있다. 둘 다 프톨레마이오스 천동설에 바탕을 두고 있다. 마테오리치Matteo Ricci 이래 중국을 통해 서양의 자연과학을 접촉해 오던 조선에서 차츰 진보적 지식인들은 중국이 세계의 중심이 아니라는 것을 깨닫게 된다. 김만중은 당시 그들 중 하나였고, 외국의 선진 문물을 받아들이기에 주저하지 않았다. 또한《서포연보》는 그가《의상질의儀象質疑》와《지구고증地球考證》과 같은 실학에 관련된 책을 썼다고 전한다.[259]《구운몽》이 배경으로 삼은 중국은 그의 궁극적 목표가 아니라 '더 넓은 세계'로 나아가고자 하는 상징적 지표였다.

당대 현실 세계와 이념, 그리고 학문에 대해 김만중과 단테가 품었던 열정과 그들이 추구한 탐구는 그 현실과 이념, 학문에 대한 더욱 근본적인 성찰로 나아가게 만들었다.《구운몽》과《신곡》은 둘 다 비공식의 문학 양식을 취하고 있다. 또는 문학 자체가 당시로서 비공식이며 전위였다. 이탈리아 속어로 쓰인《신곡》은 비극이라는 우월하고 숭고한 장르 대신 희극이라는 천하고 가벼운 장르를 직접 제목에 붙임으로써 희극이 위치한 주변부적 성격을 통하여 오히려 일반 대중과의 원활한 소통과 그를 통한《신곡》의 생산적인 문학 과정을 가능하게 만들었다.[260] 마찬가지로《구운몽》은 언문소설의 형태[261]

259 김만중은《서포만필西浦漫筆》에서 다음과 같이 기술한다. "오직 서양의 지구설은 땅을 하늘에 기준을 두어, 지역을 360도로 구획하였다. 경도는 남북극의 고하를 살피고, 위도는 이를 일월식에 증험하여 그 이치가 확실하고 그 기술이 정확하다. 믿지 않아서는 안 될 뿐만 아니라, 믿지 않을 수도 없다. 오늘날의 학사·대부들은 혹은 지구가 둥글다면 땅이 둥근 고리에 붙어사는 것이라고 의심하지만, 이것은 우물 안 개구리나 여름 벌레와 같은 견해이다." 김만중 저, 홍인표 역주,《서포만필》, 일지사, 1987, p.285.

260《신곡》은 상류층 중심의 라틴 정신 일색이던 당시의 상황에서 대중의 고민을 담아내는 실천을 강조함으로써 당시 부르주아 계급을 중심으로 새롭게 일어나던 인문주의의 방향을 정초하였다. 이는 특히〈연옥편〉의 존재로 증명된다. '연옥'이라는 장소는 죄를 씻는 곳이

를 통하여 붕당이라는 당대의 정치적 갈등을 극복하고 중국 문학의 주변부라는 문학현실의 한계에 도전하는 것으로 나타났다.[262]

단테가 매우 일찌감치 이탈리아 문학을 기초하고 확립했듯이, 당시 천대받던 한국문학에 대한 김만중의 관심과 열정은 잘 알려져 있다. 그들이 각자의 국민문학의 틀을 다진 것은 그들의 특수한 사회역사적 상황에 대한 실존의식과 도전에서 비롯했다.《구운몽》과《신곡》은 둘 다 정치적 몰락기에 구상되고 망명지에서 쓰였다. 대부분 학자들이 동의하듯이,《구운몽》은 사대부 계층부터 하층민까지 이르는 넓은 범위의 독자들을 확보하고 있었다. 이 사실이 중요한 것은《구운몽》에 담긴 세계관이 일반적으로 널리 수용되었다는 것, 그리고《구운몽》이 추구했던 세계는 "파탄과 절망, 승리와 환희의 양극을 왕래하는 욕망의 혼란을 초래하는 세계가 아니라, 인간의 욕정이나 삶의 지향성이 언제나 조화롭고 안정된 세계"[263]였다는 것을 말해 주기 때문이다.

김만중이《구운몽》을 귀양 가 있는 자신의 처지에서 어머니 유씨 부인을

다. 이교도인들이 죄 없이 산다거나 도덕성을 성취하며 사는 것은 그리스도교의 원죄설의 입장에서는 불가능한 일이나, 단테는 그것이 가능하다고 보았다. 그 점에서 단테의 윤리는 현세적이고 비종교적이며 정치적이었다. 특히 내세의 구원보다는 현세적 이윤 추구를 삶의 목표로 삼았던 상인과 자본가 중심의 신흥 계급의 사회적 요구에 기인했다고 볼 수 있다. 다음 책에서 자세한 내용을 참고할 수 있다. 자크 르 고프,《연옥의 탄생》, 최애리 옮김, 문학과지성사, 1995.

261 대부분의 한국문학 및 한국 고대소설 관계 논저들이 국문 원본설을 따르고 있으나, 정규복은 꾸준히 한문 원본설을 주장하고 있다. 정규복.〈'구운몽'— 텍스트 문제의 근황〉,《민족문화연구》40집, 고려대 민족문화연구소, 2004, pp.101-116.

262 설성경,《구운몽 연구》, 국학자료원, 1999, p.12.《구운몽》의 작가 김만중은 조선의 명문 출신으로 국가의 요직을 두루 거친 당대의 최고 엘리트였다. 그는 유교가 지배했던 당대의 주류에 속했고 주류의 자양분을 섭취하며 그 핵심을 이루었다. 그러나 그는 진보적인 사상과 실천으로 유교적 사고와 질서에 자주 도전하였으며, 그에 따라 여러 차례 유배 생활을 해야 했다. 더욱이 그가 학자와 관료로서보다 오히려 한 사람의 소설 작가로서 더 알려졌다는 사실은 소설 자체가 천대받던 시대를 거스르는 혹은 앞서가는 개척자의 면모를 풍긴다.

263 김병국, 2001, p.268.

위로하고 재미나게 하려는 효성에서 썼다는 것도 같은 맥락에서 이해할 수 있다. 소설《구운몽》은 김만중이 평북 선천에 유배되던 때에 창작되었다.[264] 당시에 현실 정치에 몸담은 누구도 피할 수 없었던 정쟁의 와중에서 김만중에 대한 평가는 극과 극을 달렸다. 그러나 그의 글재주[265]와 효심에 대해서는 이견이 없었다. 어머니에 대한 효심은《구운몽》의 직접적인 창작 동기였다.《서포연보》는 유배지에서 자신을 걱정하는 어머니를 그리워하고 위로하고자 하는 마음에서 김만중이《구운몽》을 창작했다고 전한다.[266] 사실상《구운몽》은 어머니가 지닌 소망의 충족이라는 측면에서 구상된 것이었다.[267] '모델 독자'로서 어머니도 시름을 덜고 싶었을 뿐, 인생에 대한 새로운 결단을 내리는 정신적 모험을 원하지는 않았을 것이다. 마찬가지로 대부분의 독자들은 특별한 깨달음이나 훈육을 목적으로 하기보다는 그저 재미로《구운몽》을 읽었을 것이다.[268]

이런 면에서《구운몽》은 독자로 하여금 세계에 대한 긍정과 포용을 경험하도록 해 준다. 위로와 재미의 효과도 거기에 합류한다고 보아야 하며, 또 그런 한에서 그 의미를 찾을 수 있다. 긍정과 포용의 세계관은 정치적, 지적,

264 김병국은 김만중의 유배지와 시기, 그리고《구운몽》의 창작 연대에 대한 논쟁들을 면밀히 분석한 끝에 1687년에서 1688년 사이에 선천에 유배되어 지었다고 결론을 지었다(김병국, 1995, pp.284-305).

265 이에 대해《서포연보》는 자세한 기록을 제공한다. 김만중은《문집》,《서포만필》,《구운몽》,《사씨남정기》를 남겼으며,《서포연보》 기록에 의하면《당시성음합편》,《송율》,《고시선》,《시선》 등을 지었다고 전한다(김병국, 1995, pp.256-261).

266 "멀리 어머님께서 아들을 그리며 눈물 흘리실 것을 생각하니 하나는 죽어 이별이요, 하나는 생이별이라. 또 글을 지어 부쳐서 윤 씨 부인의 소일거리를 삼게 하였는데 그 글의 요지는 일체의 부귀영화가 모든 몽환이라는 것이었으니 또한 부군이 뜻을 넓히고 슬픔을 달래기 위한 것이었다." 김병국, 최재남, 정운채 역주,《서포연보》, 서울대학교출판부, 1992(송성욱, 〈'구운몽'을 읽는 재미〉, p.239에서 재인용).

267 위의 글, 같은 쪽.

268 조동일,〈'구운몽'과 '금강경'. 무엇이 문제인가?〉, 정규복 해설, 김열규, 신동욱 편집,《김만중 연구》, 새문사, 1981, p.III-16.

종교적, 그리고 도덕적 현실에 대한 작가의 진지한 갈망과 성찰의 과정에서 형성된 것이며, 그것이 바로 《구운몽》의 원환의 내용을 빚어냈다.

4.4.2. 조화성

《구운몽》에서 성진의 구원은 수많은 벼슬을 함으로써, 즉, 세상의 체제와 제도를 통해 완전과 태평, 안정을 이루는 세계와 더불어 추구된다. 반면 《신곡》에서 단테는 그리스도교 신앙과 지식에 정통함으로써 구원으로 나아간다. 〈천국편〉에서 신학의 교리에 대한 시험을 통과하면서 하느님에게 다가가는 것은 그 좋은 예다. 단테에게도 현실에서는 정치와 외교, 군사 등, 《구운몽》처럼 제도적인 실천이 있었으나, 적어도 《신곡》 내에서는 혼자만의 구도와 순례, 혼자 떠나는 길이 우세하게 보인다.

《신곡》에서 순례자 단테가 성취한 구원받은 장소는 《구운몽》에서 '태평성대'로 나타난다. 《신곡》에서 구원은 궁극적으로는 세계 전체와 연결되지만 적어도 순례자 단테에 국한해서 볼 때 저 혼자만의 구원에 관련되는 반면, 《구운몽》에서 인간의 껍질을 쓰고 인간의 삶을 산 양소유와 선녀들은 세상 전체의 태평을 가리킨다. 태평성대는 무엇을 의미하는가? 양소유는 물론 독자들에게 그것은 세상을 인정하고 세상살이 자체를 목표로 하며, 구원의 행로가 이미 운명적으로 정착되어 있고 아무런 모순과 문제가 없는 세계를 가리킨다. 요컨대 성진의 구원은 《구운몽》 내에서 태평성대의 전체로 흡수되어 통일을 이루는 반면, 단테의 구원은 《신곡》 내에서 개인의 차원에서 추구된다. 이 점은 앞에서 논의했듯, 《구운몽》이 이미 자체로 열려 있는 반면 《신곡》은 누군가가 열어야 할 구조를 갖고 있다는 차이와 통한다.

《신곡》은 구원의 장소를 향해 나아가는 순례자의 눈에 비친 영혼의 세계를 재현한다. 이는 바꿔 말해 순례자는 구원의 장소를 향해 나아갈 뿐 결코 그곳에 도달할 수 없다는 것을 의미한다. 왜냐하면 구원은 저승에 속한 사건인 반면 순례자는 이승의 존재이기 때문이다. 그 도달, 즉 구원은 늘 여행의 저편에 있으며, 무엇보다 세상을 벗어나야 이루어지는 것으로 설정된다. 이는 또한 단테의 구원이 그가 살면서 구원을 향해 출발하는 세계와 그가 구원받을 세계라는 이분법적 대립 위에 서 있음을 의미한다. 오직 단테가 독자를 만나고 또 자신이 독자로 되는 경험을 하는 문학 과정을 통해서만 그의 구원은 그 자신의 세계에서 이루어질 수 있다. 《신곡》이 단테가 구원을 이루는 과정을 보여 준다고 하지만, 그 과정은 단지 부조화의 완성이나 치유를 목표로 하여 전개될 뿐이다. 따라서 단테의 구원의 행로는 줄곧 불안정하고 고난을 요구하며 시험을 치러야 하고 진보를 필요로 한다.

반면《구운몽》에서 구원은 늘 이루어지고 있으며 조화로운 세계만이 펼쳐진다. 《신곡》에서는 저승의 영혼들이 하느님의 섭리를 추구하고, 그 과정에서 변해야 하며, 그 결과에 대해 하느님의 의지와 심판이 기다리고 있지만,[269] 《구운몽》에서 재현되는 세상은 아무 일이 없는 상태에 놓여 있고, 현재의 상황이 안정적으로 지속된다. 그래서 《구운몽》의 세상에서는 또 다른 미래가 갈등 없이 이어지고, 설령 혼란이 있어도 또 다른 태평성대를 아무런 문제없이 기대할 수 있다.[270] 그것은 혼란과 태평의 반복과 순환, 그 자체에 대해 인정하는 긍정적 세계관으로 볼 수 있다.

이런 차이는《구운몽》과《신곡》이 각각 순환과 긍정의 동양적 가치관과 하나의 목표를 향한 발전에 의지하는 서양적 가치관에 터를 두고 있음을 보여 준다. 중간에 성진이 양소유가 되어 성취하고자 하는 발전 구조가 있으나,

269 이 점은 특히 영혼들이 하느님의 구원을 얻으려고 부단히 노력하는 연옥에서 잘 나타난다. 연옥을 둘러보면서 단테도 천국으로 오를 준비를 한다. "나는 이제 태양으로부터 시선을 옮겨 그녀를 바라보았다./내 마음에 움튼 느낌. 그것은 마치 어부/글라우코스가 해초를 먹고 바다의 신으로/변신할 때의 느낌과 같은 것이었다."(천국, 1. 67-70).

270 "승상이 일개 서생으로 지기의 임금을 만나 무는 화란을 평정하고 문은 태평을 이루니… 복록의 완전함이 진실로 천고에 없는 바더라."《구운몽》, pp.527-529.

전체적인 맥락에서 그 발전은 한 점을 향해 나아가는 것이 아니라 삶의 인정과 순환 안에 놓여 있다. 이는 성취가 가리키는 유교의 입신양명의 욕망이 호접몽胡蝶夢[271]으로 상징되는 불도의 중도로 상쇄되고 원만해지는 구도를 나타낸다.

양소유의 길, 그 영웅적 일생[272]은《구운몽》의 현실 포용성의 의미를 잘 보여 준다.《구운몽》의 현실 포용성은 작가 김만중의 사상의 전달보다는 사상이 삶에 녹아 있는, 혹은 그저 삶의 반영과 재구성으로서《구운몽》의 문학적 면모를 더 부각시킨다. 여기서 '영웅'은 자아가 고정되어 세계를 그 안에 흡수하는 방식 혹은 영웅이 터를 두는 기존 체제의 강화라는 구도가 아니라,[273] 세계를 인정하고 거기에 자신을 합일시키는 인물을 말한다.

그 점을《구운몽》에서 양소유가 영웅의 일생을 살다가 성진으로 돌아가 모든 것의 헛됨을 깨닫고 다시 극락으로 간다는 설정에서 발견하게 된다. 양소유가 성진으로 돌아가는 것은 천상인의 하강으로 태어난 주인공이 천상으로 복귀한 것과 상통한다. 그러한 원환의 구조에 실린 채 독자는 한 인간의 일생이 꿈이라는 안전한 구조(현실의 영향을 받지 않는) 속에서 최고로 구현되는 과정을 읽으면서 세상에 대한 긍정적 감정 혹은 낙관적 위로를 받게 된다.

《구운몽》은 그 원환의 성격으로 다른 맥락의 텍스트와 소통의 관계를 이루며, 그 소통의 과정으로 말미암아 그것이 지닌 문학적 가치들이 배제되지도, 다른 가치들을 배제하지도 않는다. 그러한 열린 소통의 과정 자체가 바로 보편성을 조건 짓는 것이며, 그 자체가 바로 원환의 구조를 이루고 있다. 결론적으로, 낙관성은 윤리적 실천과 통하며, 두 텍스트를 시공을 넘어 순환하도

271《구운몽》, pp.549-551. 앞의 주) 257 참조.

272 조동일,〈영웅소설 작품구조의 시대적 성격〉,《한국소설의 이론》, 지식산업사, 1977.

273 그것은 세계의 인정이 아니라 부정이며 변형이다. 서구 그리스도교 식의 일직선적 발전론에 속한다.

록 만들 수 있는 요소다. 그것이 곧 문학 과정이며, 그 문학 과정에서《구운몽》은 보편성을 (이미 가졌다기보다는) 획득하게 된다.

4.4.3. 양가성

《구운몽》 특유의 양가적兩價的인 우주관 내지 세계관은 두 가지 측면에서 분명히 나타난다. 그것은 끝나지 않는 귀환과 양성성兩性性이다. 끝나지 않는 귀환의 유형은 사실상 성진의 존재 방식이다. 그가 꿈 이전과 꿈, 꿈 이후의 단계들 사이에서 변신하는 것은 앞에서 보았듯 순환적이다. 초월 세계를 향한 그의 여행은 무사한 귀환을 보장하는 사부의 확언에서 시작한다.

> 마음이 깨끗하지 못하면 비록 산중에 있어도 도를 이루기 어렵고, 근본을 잊지 않으면 홍진에 가서도 돌아올 길이 있으니, 네 만일 오고자 하면 내 손수 데려올 것이니 의심 말고 행할지어다.[274]

안전한 귀환의 목적지는 분명하지 않다. 성진의 여행이 분명 그의 구원을 위해 마련된 것이기에 귀환 지점은 그가 구원을 이루는 곳이어야 하지만, 그것이 "산중"인지 "속세"인지 명확히 제시되지 않는 것이다. 그러나 우리는 그의 귀환 지점이 어디냐 하는 것보다는 귀환의 유형에 초점을 맞출 필요가 있다. 그것은 "의심 말고 행"하라는 사부의 명령에서 보듯 안전하다는 것이다. 성진의 귀환은 그 목적지가 어디인지 전제되어 있지 않지만 언제나 보장되어 있다. 그래서 그가 비초월 세계로 돌아왔다가 다시 초월 세계로 또 다른 여행을 떠나는 것은 도달 없는 귀환이 안전하게 지속되고 있음을 보여 주는 것이다.

이는《신곡》에 등장하는 루키페르의 예와 비교할 수 있다. 루키페르는

274《구운몽》, p.29.

원래 하느님을 보필하는 천사장이었으나, 교만의 죄를 짓고 지옥으로 쫓겨 내려와 천국의 원래의 자리로 영원히 돌아갈 수 없다.[275] 하느님의 완벽한 은총을 누리던 그의 하강은 곧 은총의 결핍을 뜻하는 한편, 근원적으로 하강 이전의 단계로 돌아가려는 합목적적인 기원에 매여 있다는 것을 의미한다. 이에 비해 성진의 귀환은 합목적적인 기원을 초월하고 자기 앞에 닥쳐오는 수많은 현실의 겹들(꿈까지 포함해서)을 포용함으로써 은총의 결핍을 치유해야 하는 일종의 강박에 포섭되는 대신 천상과 지상의 가치를 능동적으로 두루 포용하는 면을 보여 준다.[276]

양성성은《구운몽》이 지닌 양가성을 설명할 수 있는 또 다른 측면이다. 그에 관련한 논의들을 비판적으로 우선 살펴보자. 송성욱과 조광국은《구운몽》을 17세기 소설의 통속화의 한 국면으로 보면서 김만중의 교화주의를 읽어 낸다.[277]《구운몽》이 교화의 역할을 했다는 것을 부정할 수는 없으나,

---

275《신곡》중〈지옥편〉31곡 참조.

276 "再受容이 보장된 隔離와 疎遠이 다름 아닌 楊生의 謫降"이라는 김열규의 분석(김열규,〈'구운몽'의 구조〉, 정규복 해설, 김열규, 신동욱 편집,《김만중 연구》, 새문사, 1981, p.I-29)은《구운몽》이 갈등과 분열이 없는 세계임을, 혹은 더 정확히 말해, 그런 세계를 추구함을 보여 준다.《구운몽》이 적강소설의 변형이라는 논의는 다음을 참조할 수 있다. 성현경,《한국소설의 구조와 실상》영남대학교출판부, 1981, pp.126-131. 한편 조동일은 김만중이 17세기 당대의 "표면과 내면의 관계를 핍진하게 보여 주는 소설을 써서 사물의 본질이 표리부동임을 일깨워 주었다"(조동일,《소설의 사회사 비교론》3, 지식산업사, 2001, pp.15-48)고 갈파한다. 과연《구운몽》은 당대의 지배적 이념인 유교와 그에 비해 '하강'되어 있는 불교와 도교의 대립구조를 노출시켰고, 나아가 그들을 아우르며 긍정하고 포용하는 풍경을 구성해 보인다.《구운몽》에서 나타나는 삶의 포용과 긍정은 천상과 지상의 구분을 무화시키며 그 둘을 원환의 과정에 합류시킴으로써 원만한 세계관을 구성하는 것이다. 이에 대해서는 다음 장에서 상술할 것이다.

277 송성욱,〈17세기 소설사의 한 국면〉,《한국고전연구》8집, pp.241-269, p.249 ; 조광국,〈17세기 후반 김만중의 현실 인식에 관한 고찰〉,《고전문학연구》20집, 2001, pp.207-238. 한편《구운몽》에서 통속적 욕망이 최대한 구현되는 세계를 갈파하는 논문들이 있다. 이상구,〈구운몽의 구조적 특징과 세계상〉,《민족문학사 연구》, 2004, pp.187-213 ; 윤채근,〈김만중 사유의 세계표상양식과 '구운몽'— 공의 의미와 통속성을 중심으로〉,《한국문학연구》34집, 2004, pp.347-388.

그것은《구운몽》의 한 측면일 뿐이며, 더욱이 그것이 담당하는 문학적 요소와 효과는 크지 않아 보인다. 물론 김만중의 낙관적인 구원관이라는 문제의식을 표출하고 소통시키는 것도 넓은 의미에서 교화의 일면이다. 그러나 송성욱이 말하는 '교화'는 가부장제라는 특정한 이념의 확산을 가리킨다는 면에서 그 뜻은 제한적이다.

다른 이들은 가부장제의 주제를 페미니즘의 관점에서 논의한다. 예를 들어, 강상순은《구운몽》에서 가부장제와 거기에 억눌린 남성성으로부터의 일탈은 역설적으로 짝을 이루어 남성적 특권을 유지하는 데 귀결되며, 따라서《구운몽》은 가부장제 이념에 충실하다고 보았다.[278]《구운몽》의 사대부 남성 독자는 당대의 지배 이데올로기인 유교적 가부장제의 이념을 궁극적으로 지지하는 측면에서《구운몽》을 읽었고, 여성 독자는 그 이념에 의한 비극적 억압을 맛보면서도 지속적인 친연성을 보였는데, 그것은 이념이 아니라 소설 자체의 서사적 흥미 때문이었다는 분석도 있다.[279] 결국《구운몽》의 초월 세계의 배경에도 가부장제 이념을 절대화하고자 하는 의도가 깔려 있다는 것이다. 그렇다면 문제는《구운몽》이 가부장제라는 기존 이념의 재생

278 강상순,〈'구운몽'과 영웅소설의 역사적 상관성〉, 정규복 외,《김만중 문학연구》, 국학자료원, 1993.

279 한문 번역도 남성 독자의 수요에 부응한 것이었다. 송성욱,〈17세기 소설의 한 국면〉, pp.259-261. 같은 맥락에서 다음과 같은 지적도 음미할 만하다. "《구운몽》의 기층에 존재하는 이질적인 목소리는 양가적 인물의 형상화, 여성 인물의 자매애적 친밀감, 남성적 권위의 희화화, 남성 인물의 애정 행각에 대한 이중적 태도에서 드러난다. 이러한 좌표를 통해 유교적 가부장적 의식의 강요에서 일탈하려는 또 하나의 움직임을 찾을 수 있게 된다. 그러므로《구운몽》은 표면적으로는 조선조 사회의 지배 이데올로기를 강화하고 있지만, 이면적으로는 여성의 욕망을 드러내고 가부장제의 허상에 대한 비판을 드러내는 중층적인 담론이 길항하고 있는 텍스트가 된다." 김문희,〈'구운몽'의 중층적 담론 연구〉,《한국고전여성문학연구》, 한국고전여성문학회, 2005, p.262. 한편 정병설은 상업문화의 등장을《구운몽》의 환상적이고 낭만적인 사랑의 원인으로 파악했다.〈17세기 동아시아 소설과 사랑〉,《관악어문연구》 제29집, pp.111-125.

산인지, 그 이념에 억압당하는 부류에 대한 위로인지, 그 이념에 대한 반성의 계기인지를 구별하는 것일 것이다. 《구운몽》에서 가부장제를 읽어 내는 측에서 보면 적어도 세 번째는 아닌 듯하다. 그러나 가부장제의 재생산과 그 억압에 대한 위로로 한정하기에는 《구운몽》이 가진 문제의식이 대단히 역동적이다.[280]

《구운몽》을 양성성에 관련시켜 논의할 때 그 복합성을 효과적으로 드러낼 수 있을 것이다. 나는 양성성을 원환의 세계관이며, 중간에 서는 실천으로 이해한다. 양성성은 이분법을 거부하고 자기 위치를 확고히 하지 않는 불안정한 속성을 지닌다는 면에서, 동성성과 이성성이 각각 동성과 이성이라는 중심을 설정하고 타자를 배제하는 중심의 언어와 사고들인 것에 비해, 타자들을 가로지르는 과정으로 적절히 이해된다. 그 가로지름의 과정에서 모든 차이의 부정적 효과는 끝없이 유예된다. 그것은 원환의 흐름 자체도 잇다가 없애는, 원환 자체를 채우면서 버리기를 끊임없이, 끝없이 반복하는, 완결된 열림 혹은 엶의 과정이다.

《신곡》에서 지배적인 주제를 이루는 사랑은 하느님의 구원과 은총의 주제로 귀결된다는 것이 일반적인 평가다. 그러나 특이한 것은 그 사랑이 흔히 말하듯 인간을 하느님의 구원으로 인도하는 천사의 존재로서의 사랑뿐만 아니라, 속세의 세계에서 흔히 보이는 남녀의 심리적인 갈등과 용서, 화해와 같은 것으로도 나타난다는 점이다. 더욱이 사랑의 주제가 집중되는 베아트리체는 천상과 지상, 불멸과 필멸, 천국과 지옥을 연결하는 중간자로서 양성애의 방식으로 존재함으로써 구원을 성공적으로 성취하게 해 주는 것이다.

280 예컨대 김병국은 이 점을 《구운몽》의 사상적 연구의 측면에서 강조한다. 《구운몽》은 "분명한 주제가 일관해서 처리되어 있기 때문에 야담식 또는 로맨스식 낡은 수법을 탈피하고 있"는 거의 유일한 조선조 소설이다. 文詳得, 〈九雲夢小考──一夫多妻와 佛教的 主題〉, 《皮千得先生華甲紀念論叢》, 三和出版社, 1971, p.91 ; 김병국, 2001, p.358. 나는 그 "분명한 주제"를 유불선의 전유로 설명하는 것이 적절하며, 양가성이나 양성성도 그 한 측면이라고 생각한다.

《구운몽》도 비슷한 관점에서 해석할 수 있다.《구운몽》은 사랑과 애정 성취에 집중하고 그 묘사가 치밀하다. 위에서 보았듯《구운몽》에 나타난 사랑의 성격에 대해 논의가 분분하지만, 나는 그 옳고 그름의 판단을 떠나서, 그 사랑의 주제를 원환의 세계관을 펼치는 구심점 (중심이 아니라 그 자체로도 원환을 이루는)으로 보고자 한다. 그것은 그 사랑이 양성애에 속하기 때문이다.《구운몽》은 당대 상업문화의 등장을 배경으로 일본의《好色一代男》이나 중국의《玉嬌梨》가 다분히 현실적인 사랑을 묘사하는 것에 비교해서 현실적인 욕망과 이해를 배제하고 '여성'들의 사랑보다는 '선녀'들의 환상적, 낭만적 사랑을 표현했다.[281]《구운몽》은 비현실적인 세계를 배경으로 하는 만큼이나 거기서 묘사되는 사랑의 동기도 비현실적이었고, 따라서 환상과 우연에 비교적 더 크게 의지했다. 또한《구운몽》의 세계는 사랑과 이별, 성취와 상실, 행복과 불행이 둘이 아니고 하나라고 가르친다.[282] 이와 같이 파악되는《구운몽》의 비현실적 사랑의 세계는 현실에 대한 반명제가 아니라 모든 종류의 이분법적 대립을 해소하는 장이며 과정이라고 볼 수 있다. 그것은 거기에 등장하는 사랑의 주체들이 양성성의 특징을 지니는 것에서 분명히 드러난다.

《구운몽》에는 팔선녀들이 등장하여 그들끼리 어떤 갈등도 일으키지 않고 양소유와 완벽한 사랑을 구현한다. 그 팔선녀들의 존재는 각기 구분되기보다는 한 몸 안에 있는 여러 성격들이라고 볼 수 있다.[283] 그것은 그들의 동성애적 화해를 보여 주는 것이며, 또한 양소유의 여성 편력과 그가 추구한 모성이 복합된 결과로 나타난 양상이기도 하다.[284] 양소유로 대리 충족된

281 정병설,〈17세기 동아시아 소설과 사랑〉, p.120.

282 조동일,《소설의 사회사 비교론》3, 지식산업사, 2001, pp.15-48.

283 김병국,《한국고전문학의 비평적 이해》, p.267.《구운몽》의 한 구절을 보라. "제자 여덟 사람이 각각 집에서 비록 나서 자랐으나 한 사람을 섬겨 정히 합하고 기미가 같으니"《구운몽》, p.523.

성진의 욕망은 애정에 집중되어있다. 여덟 명의 여자들을 갖은 방법을 동원해 손에 넣는 애정 욕구는《구운몽》전체의 줄거리를 이룬다. 조선시대 소설에서 일부다처제는 일반적인 양상이다. 조선시대 소설의 대표적인 유형인 영웅소설은 절손絶孫의 위기에서 시작하여 다산의 풍요로움으로 끝난다. 영웅소설은 이런 구조를 통해 가문의 중요성을 강조한다. 그런데《구운몽》의 일부다처는 독특하다. "여덟 사람이 각각 자녀가 있으니 두 부인과 춘운, 경홍, 섬월, 요연은 아들이요, 숙인과 용녀는 딸이로되 다 한 번 출산 후는 다시 잉태치 아니하니 이 또한 범인과 다름이더라."[285] "한 번 낳은 뒤에 다시 잉태하지 않았다"는 것은 당시 가문 의식이 팽배한 유교적 분위기나 당시의 소설의 일반적인 양상과도 다르다.《구운몽》의 등장인물들은 자식에게 애정의 증거물 이상의 의미를 부여하지 않았다. 따라서 양소유에게 여덟 명의 여자는 애정 욕구를 다양하게 성취하기 위한 대상이었다. 속세의 부귀영화는 여덟 명의 여자들을 만나 연애하는 과정에서 생긴 부산물이다. 이는 속세의 성취를 위해 위기와 고난을 헤쳐 나가는 다른 영웅소설의 주인공과 전혀 다른 양상이다.[286]《구운몽》에는 김만중의 애정 욕구가 대세를 이루며 그것이 수렴되는 곳은 어머니다. 여덟 명의 여자들은 다른 처지와 개성을 지니지만 하나의 이상적인 여성, 즉 어머니의 모습으로 제시된다.[287] 어머니에 대한 김만중의 심리와 정신은 더욱 근원적인 것에 닿아 있다고 볼 수 있다. 김병국은 칼 융의 이론을 빌어 이렇게 설명한다. "서포의 뇌리에 점철된 어머니의 의미는 단지 실제의 어머니일 뿐 아니라, 그의 전 생애의 욕망libido이 자아의 주체 속으로 깊이깊이 내면화되어 생명의 원천에까지 소급하여 도달한 지

284 김병국, 〈서포 김만중의 생애와 문학〉, pp.23-45.
285《구운몽》, p.525.
286 송성욱, 〈'구운몽'을 읽는 재미〉, pp.243-246.
287 김병국, 1995, p.267.

점, 즉 모든 생명 유기체의 원형Archetype으로서의 어머니의 심상mother type을 형성"했다는 것이다.[288]

나는 팔선녀와 양소유가 이루는 그러한 복합적 존재 방식이 베아트리체가 지닌 양성애적 성격, 즉 신성과 인성, 초월과 비초월, 문학과 현실 등의 이원성을 가로지르며 연결하는, 그 자체가 가로지름과 연결로 이루어진 과정적 존재로서의 성격과 연결된다고 생각한다.[289] 팔선녀가 지닌 양성성은 이원적 대립을 가로지르기에 양소유가 줄곧 성취하는 태평성대의 원만한 원환의 세계를 구현하는 원동력으로 작용한다.[290] 그 세계에서 팔선녀는 남녀의 구분을 넘어서고 그와 함께 양소유의 남성성이나 그것이 받친다고 여겨졌던 가부장제의 표상도 사라진다. 그런 측면에서 다시 들여다본《구운몽》에서 우리는 양성성의 효과가 최고의 단계에서 구현된 세계를 목격한다.

4.5. 원환과《구운몽》의 보편성

지금까지 논의한 원환의 구조와 내용은《구운몽》이 현실과의 대결에서 나왔고 조화와 종합의 세계를 추구한다는 것이었다. 그 바탕에 깔려 있으면서 또한 전면적으로 제시되는 사상적 기반은 이른바 유불선의 '전유'를 통해 설명할 수 있다.《구운몽》에는 유교와 불교, 도교의 기존 세계관들이 '종합'되어 있다는 의견이 지배적인 듯하다.[291]《구운몽》의 보편성을 말할 때《구운

288 김병국,〈구운몽의 에피그라프 '기몽'—서포와 그의 꿈〉, p.79.

289 이런 주제에 대해서는 다음 글을 참고할 수 있다. 졸고, "Transversal Communication: Beatrice's Strategic Bisexuality in the Divine Comedy",《이탈리아어문학》28집, 2009, pp.89-107.

290 이상구는《구운몽》의 의미를 본원적 세계에서 동등한 존재였던 팔선녀가 순전히 우연에 의해 각기 다른 신분으로 태어나는 과정을 구체적으로 형상화함으로써 유교적 명분론이 천리에 따른 절대적 질서 체계가 아니라는 인식을 보여 준 것에서 찾았다. 이상구,〈구운몽의 구조적 특징과 세계상〉, p.209. 그에 비추어 볼 때 양성성의 효과를 세계의 긍정이면서 또한 절대적 가치체계에 대한 저항의 측면에서 생각할 수 있다.

몽》이 그 세계관들을 '종합'하기보다 '전유'했다는 것을 주목해야 한다. 더 정확히 말해 그 전유의 결과보다는 그 구조와 과정이 《구운몽》을 보편적으로 만든다. 유교와 불교, 도교의 세계관들은 이미 보편성의 지위에 올라 있거나, 혹은 보편성을 타자들의 맥락에서 전면적으로 재검토하는 사업에서도 보편성을 재획득할 수 있는 강력한 후보자들이지만, 그들의 보편적 세계관을 그 보편성에 묻히지 않는 방식(이것이 보편성의 진정한 수용 방식이다)으로 전유한 것에서 《구운몽》의 보편성이 인정되는 것이다. 그것은 곧 《구운몽》이 자체의 보편성에도 또한 묻히지 않는 채, 자체의 특수성을 견지해 왔다는 말이다. 이는 또한 언제나 새롭게 읽히면서 특수하게 살아난다는 의미다. 즉, 새로운 맥락에서 읽히면 새로운 의미를 던진다는 것이다.

《구운몽》은 몽유소설의 기본 설정과 함께 불교적인 의미가 대세를 이루고 육관대사가 《금강경》을 가르쳤다는 점에서, 작품의 주제가 《금강경》의 공사상이라는 견해가 우세하다.[292] 김만중은 자신의 정치적 안정기에서는 정통 성리학을 추구했으나 몰락기에 접어들면서 성리학에서 이단시하는 불교를 배경으로, 학문을 계속하는 대신 소설을 썼다. 《구운몽》의 사상적 배경을 놓고 "삼교 사상설"이니 "불교 사상설"이니 하는 논의들이 계속되고 있으며, 환상 구조를 놓고 삼교, 즉 유불도의 어느 것이 더 우세한 영향을 주었는가 하는 논쟁도 이어지고 있다.[293] 불교 중에서도 성리학의 심성론과

291 다음 최근 논의를 참고할 수 있다. 신태수, 〈구운몽에 나타난 대칭적 세계관〉, 《한민족어문학》 48집, 2006, pp.123-154.

292 이에 대해서는 대단히 자주 거론되었다. 조동일, 《한국문학통사》 제4판 3권, 지식산업사, 2005, pp.124-5 ; 윤채근, 〈김만중 사유의 세계표상양식과 '구운몽'—공의 의미와 통속성을 중심으로〉, 《한국문학연구》 34집, 2004, pp.347-388 ; 김일렬, 〈'구운몽'과 금강경 관계 논쟁의 행방〉, 《배달말》 27집, 배달말학회, 2000, pp.319-345 ; 정규복, 《구운몽 연구》, 고려대학교 출판부, 1973, pp.214-247 ; 정규복, 〈'九雲夢'의 根源 思想 考—'空' 思想을 중심으로〉, 《아세아연구》, 고려대학교 아세아문제연구소, 1967.

293 이에 대한 종합적 소개로 다음을 참고할 수 있다. 김병국, 2001, pp.358-360.

유사성을 지닌 능엄경과 금강경의 공의 철학을 반영하여[294] 사상적 연속성을 유지하는 듯 보인다. 그러나 일찍이 조동일이 지적한 대로,《구운몽》은 소설인 이상 목적을 지닐 수 없을뿐더러 불교의 목적을 지닌 소설도 아니고, 또한 불교(여기서는 금강경이나 공사상)의 내용과 사상을 적절히 반영하지도 않았다.[295] 불교는 차라리 성리학으로 출세했다가 좌절한 김만중이 중국 중심의 유학적 사고의 한계를 지적하기 위해 '더 넓은 세계'[296]로 거론되었다고 보는 것[297]이 더 적절하다는 것이다. 조동일에 따른다면,《구운몽》의 사상적 배경이나 주제적 배경이 불교냐, 유교냐, 도교냐를 따지기보다, 그 배경들이《구운몽》안에서 어떻게 녹아들어있는지, 또는 더 정확히 말해, 그 녹아드는 방식을《구운몽》이 어떻게 품고 있는지 해석하는 것이《구운몽》의 문학적 가치를 평가하는 적절한 길일 것이다.

이 점에서 유병환의 작업[298]은 주목할 만하다. 그는 작가 김만중이 유불선을 불교를 중심으로 종합하였으며, 그를《구운몽》에 성공적으로 재현했음을 치밀한 논의를 통해 보여 준다. 그의 논의의 목표는《구운몽》을 불교 소설로 규정하는 것이지만, 그 내용을 보면 불교가 펼쳐 내도록 해 주는 의미의 세계를 도교라는 다른 가능 세계의 보조를 받아 유교라는 지배적 이념을 포

294 설성경,《구운몽 연구》, 국학자료원, 1999, p.341.

295 조동일,〈'구운몽'과 '금강경', 무엇이 문제인가?〉, 정규복 해설, 김열규, 신동욱 편집,《김만중 연구》, 새문사, 1981, pp.III-9-21.

296 중국도 또한 '더 넓은 세계'로 인용되었다(이 책의 4.3.2.장 참조). 여기서 중국은 이제 불교세계를 향해 나아가는 하나의 단계다. 다시 말해, '더 넓은 세계'로서의 중국 혹은 중국 중심주의는 또 다른 '더 넓은 세계'에서 극복되어야 할 것으로 간주된다. 그러나 불교 자체는 불교 중심주의를 넘어서고 또 다른 '더 넓은 세계'를 향해 끊임없이 나아가려는 경향을 갖고 있다. 이런 끝없는 연쇄 속에서 모든 종류의 중심주의와 이원론은 분쇄된다. 이것이 원환의 개념이 뜻하는 것이다.

297 조동일,《한국문학사상사시론》, 지식산업사, 1978, pp.201-215.

298 유병환,〈'구운몽'의 불교사상적 연구를 위한 지반〉,《불교사상과 한국문학》, 동국대학교 한국문학연구소 엮음, 아세아문화사, 2001, pp.45-75.

용하는 과정으로 이해했다고 보인다. 나는 그런 논의에서 엿볼 수 있는 이념들에 대한 포용성이《구운몽》에 보편적 문학 가치를 부여하도록 해 준다고 본다. 그것은《구운몽》을 불교 소설로 규정한 결과보다는 그 '과정'에서《구운몽》이 상대성의 동력을 지닐 수 있었기 때문이다.

여기서 상대성이란, 구체적으로 말해 유교의 절대성에 대하여 나온 것이다. 공사상이나 중도, 연기와 같은 불교와 도교의 개념들은 당대의 지배적인 중심 사상이었던 유교를 상대화시키는 역할을 했다. 즉, 불교와 도교는 그 자체로서《구운몽》을 특징화하는 주된 세계관임에 틀림없으나, 그 내용 자체보다는 그것이 수행한 상대성의 효과에 주목할 때《구운몽》의 보편적 가치를 수립할 수 있는 것이다. 유교 혹은 그 무엇의 세계관의 절대성, 즉 그것이《구운몽》이 생산된 당대에 군림한 절대적 위치 및 그 내용이 지닌 절대적 체계 대신 내세운 상대성의 세계관의 '실체'가 뭐냐 하는 것을 고찰하는 것도 중요하지만,《구운몽》의 보편성의 세계는 그러한 상대성의 '과정' 자체를 재현한 것으로 더 잘 설명되는 것이다. 설령 불교와 도교가 그 상대화의 세계관의 실체라고 할 때에도, 그들의 실체는 어떤 절대에 대한 상대적인 위치를 언제나 고수함으로써 그것이 지닌 상대성의 원리를 펼쳐내는 한에서 의미를 지닐 수 있다.

양가성이 그러하듯 상대성도 타자화의 철학이며 타자에 대한 열림의 과정이다. 김만중의 문학 세계는 유불선보다 위에 있다. 유불선보다 더 우수하다거나 그들을 지배한다는 의미가 아니라, 그들이 제공하는 체계 대신 인간의 삶 자체의 가변성과 흐름을 재현한다는 의미에서다. 유병환은 공과 연기, 중도와 같은 원리들이《구운몽》을 구축하고 있으며, 그렇기 때문에 불교 소설로 이해해야 한다고 주장한다. 그 점에 대해 원칙적으로 동의하지만, 그 동의는 불교 소설로서의《구운몽》이 불교를 포함해 유교와 도교를 전유하는 과정에 있다는 것을 그가 인정한다는 차원에서 이루어진다. 즉, 불교를 자체

를 포함해 모든 이념들의 전유 그 자체로 이해한다면《구운몽》을 불교 소설로 부를 수 있을 것이다.[299]

원환은 그런 것이다. 원환의 내용은 인간과 세계에 대한 긍정적 사고와 낙관적 포용으로 채워진다. 낙관성을 인간의 구원과 연결시켜 말할 때, 그것은 인간의 구원이 반드시 하느님이나 어떤 절대자의 힘에 의해서만 이루어지는 것이 아니라, 인간 스스로의 실천에 의해 추구되고 완성된다는 의미를 담는다.[300] 그런 면에서 볼 때《신곡》은 그리스도교라는 하나의 종교에 경도되었다기보다는 당대의 철학과 신학, 역사, 자연과학, 그리고 단테 자신이 처한 정치적 상황에 대한 이해와 실존적 자각들을 종합적으로 구성하고 재현한 문학 텍스트였다. 단테는 언제나 구원을 생각했지만, 그 구원은 그리스도교에서 말하는 구원이라기보다는 현실의 세계에서 이루어지는 윤리적 실천이었다. 그런 면에서 단테는 낙관적인 구원관을 지녔다. 그것은 그가 그리스도교를 넘어서서 인간 구원을 이해했다는 것을 의미한다. 즉, 그는 인간이 그리스도교나 여타의 신앙들과 그 제도들에 의존하지 않고서도 구원

299 이에 대해 황패강을 거슬러 참조할 수 있을 것이다. "'김만중은' 흔히 대립적인 것으로 보는 유교윤리와 인간적 욕망을 서로 조화할 수 있거나 조화해야 하는 것으로 이해하고, 그 조화의 계기로서 인간심정의 일관성, 순수성을 존중하였다. 이 점 경직화된 전통적 유가의 사고와는 다른, 인간주의적 요소를 인정할 수 있다. 그러나, 그는 근대적 의미의 휴머니스트는 아니다. 인간적 요소를 중시하는 한에서도, 그것은 어느덧 유교적 이념인 천명으로 돌아가는 것이었다.《구운몽》의 주인공이 비록 독자성을 가지고 행동한 듯하되, 결국 보니 천명의 시키는 바에 따라 움직이고 있었던 것으로 되어 있다. 이른바 '天網恢恢 疏而不失'(노자)이다. 인간적 가치는 초월적 가치와 대립되거나 이질적이기만 한 것이 아니라, 그 안에 포용되며, 그것에의 계제가 되며, 결국은 통합되어 동일화될 수 있는 것으로 보았다. '迷悟同體'를 말한 불교의 논리와 어느덧 일치하고 있다." 黃浿江,〈金萬重의 文學과 儒家的 士意識〉, 정규복 해설, 김열규, 신동욱 편집,《김만중 연구》, 새문사, 1981, p.II-13.

300 Martinez, Ronald and Robert Durling, "Introduction" Dante, Alighieri, *The Divine Comedy of Dante Alighieri*, vol.2, Purgatorio, Oxford : Oxford University Press, 2003, pp.3-16. 낙관성은 그리스도교의 단선적인 발전론과 구원론 대신 세상을 있는 그대로 인정하고 포용하는 허무주의에 닿는다.《신곡》에서 그런 측면은 주로〈연옥편〉에서 발견된다.

을 성취할 수 있다고 생각했다.

비슷하게 김만중 역시, 유교와 불교, 도교를 가로지름으로써, 인간을 절대적인 혹은 규범적인 사고 체계에 매이지 않으면서 어떤 초월적 가치도 포용할 수 있는 것으로 보았다. 단테와 김만중의 공통점은 인간과 세계에 대한 포용성에 있다. 인간과 세계에 대한 그들의 이해는 어떤 교리나 사상, 철학의 범주들의 구분을 넘어선다. 그들의 그러한 자유로움, 소속되지 않음 그 자체가 그들의 사유를 특징짓는다고 할 때, 그들은 이미 인간의 삶 자체를 보편적 가치로 받아들이고 재현하는 문학의 진정성을 선명하게 보여 준다.[301]

결국 포용성은《구운몽》의 보편적 문학 가치를 강력하게 실현하는 요소다. 원환은 그 점을 구조의 측면과 내용의 측면에서 내포하는 개념이다. 즉,《구운몽》의 원환의 세계는 구조적으로 작가와 텍스트, 독자의 위치와 세계를 포괄하며 내용으로는 유교와 불교, 도교를 포괄하는 것이다. 원환의 구조는 원환의 내용을 담아내고 흐르도록 해 준다.[302] 원환은 열림이고 세상과의 소통이다. 문학의 가치를 따져서 말한다면, 원환은 서로 다른 문학 가치들의

301 단테는 그리스도교의 독단적 교리는 물론, 르네상스 인간주의와 그 이후의 근대적 인간관에서도 일탈하는 모습을 보여 준다. 서구 인간주의Humanism가 인간에 대한 규범적 이해 위에 서 있는 반면 탈인간주의post-humanism는 인간에 대한 포용적, 긍정적 이해 위에 선다고 할 때, 단테는 물론 김만중까지도 탈인간주의의 측면에서 해석할 수 있다. 졸고를 참조할 수 있다. Park, Sangjin, "Post-Humanism and the Origin of Dante's Universality : With Special Reference to Canto 1 of *The Paradiso*",《Medieval and Early Modern English Studies》17권 2호, 2009, pp.169-196.

302 원환의 구조는《구운몽》을 "완결의 양식의 한 전형적 작품"으로 설명하도록 만들기도 했다(김윤식 · 김현,《한국문학사》, 민음사, 1973, p.91). "완결의 양식"은《신곡》에서도 돋보인다. 그것은 아마 보편적 문학 가치를 지닌 텍스트들의 필수적이지는 않아도 큰 특징일 것이다. 그런 평가는 나의 논의와 상치되지 않는다. 그러나 그 "완결"의 의미를 적어도 닫힌 텍스트 중심의 구조주의 방식으로 이해하지는 않는 한에서, 자체로 완결된 것이 아니라 완결된 열림이라고 이해하는 한에서, 그러하다. '완결된 열림'이란 말은 모순이 아니다. 독자들의 옮을 기다리는 완벽한 준비를 한 상태라는 의미로 이해한다면, 완결성은 열림의 소통의 시작인 것이다.

소통을 여는 것이다. 거기서 보편적 문학 가치가 나온다. 보편이나 보편 가치가 한 편의 문학 텍스트에 어떻게 내재하느냐를 말할 때, 우리는 그저 여러 가치들이 빚어내는 다양한 차이들의 관계와 그들의 공통된 소통 방식 혹은 과정만을 말할 수 있을 뿐이며, 그 과정에 대한 평가로 보편의 진정성을 가늠할 수 있을 뿐이다. '유일한 보편'은 이미 보편의 자격을 상실하면서 출발하기에 보편이 아니다. 다만 '진정한 보편'이 있을 수 있을 뿐인데, 그것도 자기를 부정하는 정도에 의해 그 진정성이 가늠될 하나의 대상일 뿐이다.

4.6. 문학적 구원

김만중이 추구한 세계가 기원도 없고 도달도 없는 원환의 세계라고 할 때, 그 원환성은《구운몽》에 그대로 적용되어 형식과 내용에서 원환의 구조와 세계관으로 나타난다. 원환성의 궁극은 포용에 있으며, 포용은 타자의 인정이자 타자와의 소통이다.《구운몽》에서 구원은 언제나 이루어져 있다. 거기서 재현되는 삶 자체가 구원이다. 거기서 보이는 것은 무모순의 세계며 이분법의 대립을 초월한 세계다. 그 세계는 구원이 이미 이루어진 우리의 현실 세계다.

원환의 형식과 내용은 김만중의 문학적 구원을 바로 우리의 현실 세계에서 실현시켜 준다. 그것은 시간과 공간을 초월하여, 그러나 언제나 우리의 현실 세계에 매인 채, 살아남는 것을 말한다. 살아남는다는 것은 생명을 지속하는 것을 의미한다. 지속하되 끊임없이 변하는 것. 그 지속과 변화의 과정에서 하나의 텍스트가 계속해서 읽히고 의미를 생산하는 것이 문학적 구원이며 고전의 생성 원리다. 그것이 한 편의 고전이 품는 진리의 근거이며 내용이다.

《구운몽》이 어떤 진리를 담고 있다면, 그것은《구운몽》이 문학적 구원을 성취해 왔고 성취하고 있으며 성취할 것으로 기대되기에 가능할 것이다. 그 구원은 삶의 반성이기에, 그 구원의 세계에서 진리는 불변하지 않으며 해석과 맥락에 따라 무수히 변하는 문학 과정 위에 놓인다. 문학 가치의 측면에서 《구운몽》은 이러한 구원의 진리를 시공을 초월하여, 그러나 여전히 현실인 인간의 세계에서 소통시키고 나누는 데 성공했다. 그것이 고전의 보편성을 가능하게 하는 기반이며 결정적인 고리다. 고전은 새로운 진리를 부여받으면서 생장하고 살아남게 하는 자체의 미적 형식을 내재한다. 그렇게 보는 개별 독자들에 의한 능동적 해석이 그렇게 만들어 준다. 우열을 따진다기보다는, 문학적 구원을 작동시키는 역할은 작가보다 독자에게 더 크게 적용되는 것 같다. 그러나 적어도 그런 해석적 실천을 생성하는 어떤 장치를 작가가 만들어 놓았다고 보는 것에는 이견이 있을 수 없다. 문제는 문학적 구원을 실현하는 작가와 독자라는 주체들이 다양한 사회역사적 맥락들에 터를 둔다는 사실, 그리고 그렇기 때문에 문학 텍스트는 다양한 문학의 가치들이 교류하는 장으로서 언제나 새롭게 거듭나야 한다는 점이다.

요컨대 서로 다른 문학 가치들을 얼마나 공유하느냐, 얼마나 다양한 맥락들에 대치할 수 있느냐에 따라서 한 편의 문학 텍스트의 보편적 문학 가치의 정도가 측정되고 평가된다. 《구운몽》과 《신곡》은 공인된 '고전'들로서 보편적인 문학 가치를 발산해 왔으나, 그들이 생산되고 살아 온 맥락은 서로 다르며 제한되어 있다. 맥락이 제한되어 있고 또 맥락에 따라 보편적인 문학 가치가 달라진다면, 그것은 이미 '보편적'이라고 할 수 없다. 그러나 동시에 문학 가치는 맥락에 따라 달리 수용되고 변용될 수 있어야 보편적일 수 있다. 다시 말해, 맥락을 초월하면서도 맥락에 근거하는, 둘 사이에서 모순이 일어나지 않는, 그 대신 끝없는 자기부정의 과정으로 끊임없이 그 양가적 관계를 낙관적으로 열어 나가는 원환 그 자체가 보편성을 유지해 준다. 《구운몽》을 그러한 원환의 세계 자체를 내부에서 구현하는 문학 텍스트라고 판단한 지금, 그것은 그 자체로 보편적 문학 가치를 생산하는 과정으로 존재한다고 결론을 내릴 수 있다.

5. 이광수의 '문학'과 문학'들'
—이광수 문학의 탐색

5.1. 이광수 문학의 읽기

문학 텍스트의 평가는 사회적, 역사적, 상호 텍스트적 맥락들에 근거한 독자의 자유로운 해석을 기본 전제로 삼아야 한다. 그러나 한국문학을 논의하는 현장에서는 마치 흑백을 가르는 듯한 엄정한 분별과 선명한 이해를 요구하면서 해석에 이념성을 강요하는 경향이 있었던 것 같다. 이는 문학의 생명력을 파괴하기 쉽다. 문학의 생명력은 문학의 읽기의 미결정성을 읽기의 가능한 층위들 위에서 자꾸 포개어 가는 것에서 나온다. 그 중첩 위에서 문학은 유지되는 것이다. 우리는 그런 읽기의 훈련이 부족하지 않은가 의심해 볼 필요가 있다. 이러한 의심의 필요는 특히 민족주의라는 이념과 관련하여 그 울림을 더한다. 민족주의 이념은 한국문학의 공간에서 다른 어떤 이념들보다 더 넓고 강력한 평가의 기준으로 작용해 왔던 탓이다.

문학 텍스트는 언어적 기호를 선망하는 반면 강고한 민족적 정체성은 견디어 내지 못한다.[303] 문학언어는 기호 작용, 즉 의미의 생성과 소통 작용의 과정으로서, 그것이 펼쳐내는 지평은 민족적 정체성이라는 좁은 테두리에 갇히지 않는다. 어떤 한 문학 텍스트가 한국어로 쓰였다는 것은 자동적으로 한국 민족의 정체성을 지탱하려는 경향으로 직결되지 않는다. 문학은 개별

303 이런 역설 덕분에 번역이 활발하게 이루어질 수 있고 그 정당성과 의미를 확보할 수 있다. Spivak, Gayatri, "Translation as Culture", *Parallax* 6(1), 2000, p.21.

맥락들을 담은 언어가 개별 맥락들과 관계를 맺는 가운데 무수하게 가변적인 의미들을 생성하는 과정에서 그 본질을 구현한다. 그렇게 볼 때, 문학은 개별 국어와 지역, 시대의 경계를 초월하여 타자를 지향하려는 힘을 태생적으로 지닌다고 말할 수 있다. 민족주의가 추구하는 집합적 정체성이라는 일반화의 작용으로부터 이광수라는 특수한 문학 작가를 분리하려는 맥락화의 의도는 문학에 대한 그러한 믿음에 기반을 둔다. 이러한 쉽지 않은 작업을 위해서는 무엇보다 그의 문학을 미결정된 의미들의 복합적 층들로 이루어진 텍스트를 중심으로 읽는 작업이 필요하다.

텍스트 해석의 미결정성을 강조하는 것은 텍스트의 가능한 해석들이 사회역사적 맥락에 근거한다는 점과 대립하지 않는다. 오히려 사회역사적 맥락은 텍스트가 해석을 지극히 다양하게 산출하는 조건이며, 나아가 텍스트들 사이의 상호 연관적 해석(흔히 상호 텍스트성이라 불리는 것에 바탕을 두는)을 가능하게 하는 배경이다. 이광수의 문학을 사회역사적 맥락과 함께 고려할 때 조명해야 할 중요한 점들 중 하나는 근대성, 그것도 왜곡된 근대성과 마주하여 이광수의 작가적 능력이 어떻게 작동했는지 하는 것이다. 그 피할 수 없는 주제를 대단히 다양한 방식으로 논의할 수 있다는 사실 자체를 강조할 필요가 있다. 이광수 문학을 민족주의의 이념적 틀을 넘어서 다시 읽는 것은 그 다양한 방식들 중 우리가 유력하게 수행할 수 있을, 그리고 수행할 필요가 있는, 사항이다.

이광수의 문학을 '읽는' 우리가 민족주의를 염두에 두는 방식은 민족주의는 이광수의 문학을 설명하면서 또한 설명하지 못한다는 역설이다. 이광수의 문학은 민족주의에서 출발하고 거기에 근거하지만, 그의 문학은 또한 거기서 출발하지 않고 거기에 매이지 않는다. 그것이 이광수의 문학을 민족주의의 이념적 틀을 넘어서면서, 또한 문학적 가치를 외면하지 않으면서 읽는 유력한 독법이 될 것이다.

이광수의 문학에 대한 이런 식의 문제 제기는 문학의 텍스트성(달리 말해, 텍스트로서의 문학의 성격)의 가치를 다시 묻는 것으로 연결된다. 이는 이 글의 가장 기본적인 방침이기도 한데, 작품과 구별되는 텍스트라는 개념에 의거하여 이광수와 이광수의 문학에 접근하고자 하는 것이다. 이런 식의 접근은 작가의 의도가 과연 어떠했는지, 작품이 과연 그렇게 쓰였는지 '확인'하는 작업보다는, 중층적으로 포개어진 수많은 기표들의 상호 관계와 기호 작용의 전체로서의 텍스트를 여러 갈래로 해석하는 데 따라 작가와 작품의 의도를 재구성하고 평가하는 작업이다. 따라서 이광수와 이광수의 문학을 다루는 이 글의 목표는 탐색과 확인보다는 재구성과 평가, 그리고 그를 가능하게 하는 자유로운 해석 행위에 훨씬 더 기울어져 있다.

민족주의가 강요하는 집합적 정체성으로 가두기 힘든 이광수의 특수성은 무엇보다 문학언어들 사이를 변이하는 것으로 나타났다. 그는 일생 동안 자기의 위치를 계속해서 변경하고 이동시켰다. 언어의 측면에서 그것은 이른바 '국어'의 위치를 정립하려는 노력으로 처음에 나타났으나, 나중에는 국어를 특수하게만 보는 것에서 그치지 않고 특수성을 저항의 동력으로 삼는 것으로 나아간다. 이때의 저항은 일본에 대한 것이기도 했고, 일본이 포장한 근대에 대한 것이기도 했으며, 그들에 젖은 이광수 자신의 몸에 대한 것이기도 했을 것이다. 문학을 통해 추구된 그의 저항은 어떤 한 대상에 집중되는 것이 아니라 그 대상을 받아들이면서 넘어서는, 한층 더 복잡한 방식으로 이루어진다. 그의 문학은 저항의 대상의 내부와 외부에 걸쳐 있다. 더 정확히 말해, 내부와 외부를 넘나드는 과정 그 자체로 존재한다. 따라서 그의 문학은 저항의 대상으로 이루어지면서 동시에 그를 제거하려는 노력의 소산으로 볼 수 있다. 그러한 복합적인 과정이 이광수 문학의 특수성을 구성한다.

이광수 문학의 특수성을 구체적으로 살펴보기 위해 그의 문학을 일제강점기에 형성된 이른바 '국민문학'의 특수한 보편에 대해 저항한 결과로 조명하고자 한다. 일제가 구성한 국민문학이 저항의 대상이 되는 이유는 그것이 외부를 허용하지 않는 동질의 구조 위에 선 일방적 보편성 혹은 가짜 보편성이기 때문이다. 그러한 저항이 어느 정도로 이루어졌는지 측정하기 위해 이광수의 문학 전체가 이른바 타자화의 과정을 제공했는지, 또 그것이 어느 정도로 이루어졌는지를 재구성하는 것이 중요하다. 타자화의 측정은 문학의 가치, 즉 맥락들 사이의 소통과 연결, 그리고 해석과 사고의 유희를 얼마나 활발하게 생성시키는지 가늠하는 적절한 척도이기 때문이다.

이광수의 문학의 자리는 고정되어 있지 않다. 그 부동성浮動性은 그의 문학언어가 자체로 존재하는 랑그 위에 서 있는 것이 아니라 속어들끼리의 경합 과정으로 작동하는 가운데 유지된다. 마찬가지로 그 부동성은 문학이라는 기표의 유희를 직감하는 이광수에게 비동일성, 그 리좀rhizome식의 갈려나감과 얽힘으로 작동한다. 들뢰즈와 가타리 식으로 말해,[304] 비동일성은 기표가 권력을 장악하거나 그에 상응하는 주체화 과정이 생겨나는 것을 지속적으로 저지한다.

기표가 권력을 장악하지 않도록 하는 것. 그것이 이광수의 문학을 하나의 문제로 제출하는 방식이다. 이는 기표의 헤게모니를 의문시하고 기호계에 자유를 되돌려 주는 것이다. 우리는 결코 이광수 문학을 탈기표 작용에 적용하는 일을 중단할 수 없다. 그 중단에서 이광수와 문학은 전제적專制的 심급으로 떨어지고, 그들이 내뿜는 비동일성은 동일성으로 대체될 것이다. 이광수의 문학이 '문학'을 실현할 가능성을 구성해 보일 수 있을 이러한 작업들을 통해 이광수의 문학은 '친일문학'이나 민족주의와 같은 이념성이 깃든 비문학적 틀에 담아내기 힘든, 그보다 훨씬 더 복잡한 논의를 우리에게 요구한다는 점을 강조하고자 한다.

304 Deleuze, Gilles and Félix Guattari, *Mille Plateaux*; 《천 개의 고원》, 김재인 옮김, 새물결, 2003, p. 22.

5.2. 이광수의 문제

이광수라는 작가가 한국 근대문학에 자리하고 있다는 것은 한국 근대문학에 내린 큰 축복이 아닐 수 없다. 그것은 보편문학의 차원이 서양 위주로 혹은 서양에 거점을 둔 이른바 세계문학의 차원에서 논의되고 구성된 작금의 상황에서 이광수의 문학이 주변부 문학 혹은 특수한 문학이 보편성을 전유하는 가능성을 점검하는 발판이 되기 때문이다. 이광수는 대단히 많은 글을 남긴 다산多産의 작가였고 그 글들이 서로 모순되고 경합하는 복합적이고 다층적인 문학의 결을 보여 주지만, 그런 가운데 어떤 일관된 맥을 견지한다고 보인다. 더욱이 그의 문학이 위치했던 공간은 근대화의 가장 역동적인, 그러면서도 일제의 식민으로 인해 굴절되고 왜곡된 시기였다. 때문에 그의 문학은 복잡다단한 지형을 내재하고 있으며 다각적인 접근을 우리에게 요구하고 있는 것이다.

이광수는 단연 한국문학 전체에서 가장 활발하게 논의된 작가들 중 하나일 것이다. 그럼에도 불구하고 이광수 문학은 지금까지보다 훨씬 더 많은 논의에 열려 있다. 그것은 이광수의 문학이 한국이라는 근대 국민국가의 형성과 그 과정에서 표출된 제국에 대한 저항, 그리고 그러한 독특한 시기에서 빚어진 근대문학과 같은 여러 지층들과의 상호작용 아래 이루어졌기 때문이다. 다시 말해, 현재 이후에 오히려 더 활발하게 논의되어야 할 사항들과 연루하여 이광수의 문학을 과거와는 또 다른 차원에서 다시 조명하고 나아가 새롭게 구성할 필요가 있는 것이다. 근대와 국민(민족)국가, 제국, 그리고 문학에 대한 전면적인 재검토의 필요성이 제기되고 또 그런 작업이 이루어지는 현재적 시점에서 이광수의 문학은 이전에 비해 더 적절한 자리를 찾을 권리와 필연성을 요구한다.

이러한 문제의식과 관련하여 이광수의 문학은 복합적이고 다양한 갈래의 접근을 우리에게 허용한다. 근대적 주체, 이중어 글쓰기, 친일문학, 계몽적 근대화, 세계시민주의, 그리고 세계문학과 같은 항목들과 관련하여, 그리고 이중어 글쓰기 공간이라는 아마 한국 근대문학사에서 가장 문제적인 공간에 직면한 이광수의 문학적 반응을 분석하는 작업, 이러한 작업들을 통해 이광수의 문학이 그동안 '친일문학'으로 분류되어 온 사정에 대해 비판적인 입장에서 그 문학적 가치를 평가하는 작업, 그리고 이광수의 문학이 동아시아 문학이라는 현재 다시 떠오르는 문학적 가능태의 구성에 기여할 가능성을 세계문학의 차원에서 논의하는 작업과 같은 논점들은 이광수 문학에 대한 가능한 접근 경로들 중 일부의 예들에 불과할 것이다. 한국 근대문학에 자리한 이광수의 문학은 현재 다시 제기되는 세계문학의 논의를 적절한 방향으로 이끌기 위해 유용한 자료가 된다. 이런 식의 일종의 선언은 이광수의 문학을 현재적 맥락에서 하나의 문제로 다시 제출한다는 면에서 의미가 있다.

그러면 구체적으로 어떻게 문제를 설정하고 풀어 나갈 것인가? 이광수의 문학을 하나의 문제로 제출할 때, 그것이 문제일 수 있는 것은 방금 앞에서 정리한 몇 가지 이유에서다. 그 이유들을 하나하나 점검함으로써 이광수의 문학이 우리 시대에서 하나의 진정한 문제로 떠오르게 만드는 것이 나의 목표다. 이를 위해 주로 동원하는 것은 1부에서 논의한 비동일화의 사고와 그에 따르는 자기부정과 저항, 그리고 지속적 재구성의 과정과 같은 개념적 장치들이다. 이 장치들의 재조직과 아울러 이광수의 텍스트에 대한 적용을 통해서 이광수 문학이 근대라는 특수한 시대와 국민국가라는 특수한 환경을 넘어서는 양상을 보여 주고자 한다.

이광수의 문학에 대해 친일문학이라는 비판적 측면 외에 문학 차원의 심미적 접근이 필요하다는 인식이 나온 것은 그리 오래되지 않았다.[305] 이광

305 김윤식, 〈한국 근대문학사의 시선에서 본 이중어 글쓰기 공간에서의 글쓰기 유형론〉, 《작가세계》 2004, 통권 제63호, pp.354-373 ; 〈이광수의 글쓰기와 향산광랑의 글쓰기—자부심과

수의 문학에 대해 과거와 다른 접근이 필요하다는 인식은 분명 우리가 새로운 지점에 서 있기 때문이다. 이는 이른바 현재적 독자의 위치성과 맥락을 가동시키는 일이다. 원론적으로 말해, 해석의 대상으로서 텍스트 자체는 독자의 위치에서 해석(보충)할 무엇을 결정체와 같은 것으로 지니고 있지 않다. 다만 독자의 해석(보충)이 일어나게 할 장치를 내재하거나 준비하고 있는 '잠재적 상태'라고 볼 수 있다. 이 '상태'는 독자의 위치에서 텍스트를 대하면서 텍스트를 적극적으로 발굴하고 재구성함으로써 '실현'된다. 말하자면 텍스트의 의미는 텍스트와 독자의 결합과 소통의 관계, 그 내용으로 채워지고 발현되며 또한 발산한다.[306]

우리는 이렇게 전면화된 우리의 독자로서의 현재적 입장을 전제로 이광수의 문학을 다시 들여다볼 필요가 있다. 그런 작업은 이광수 문학의 그 세밀한 공간을 재조명하여 그 가치를 재수립하는 목표 외에도 현재의 맥락이 그렇게 '부활'한 이광수 문학의 재의미화를 필요로 하기 때문이기도 하다. 그 현재적 필요란 세계시민주의적이라고 말할 수 있는 새로운 열린 사고가 이 시대에 더욱 요구된다는 것을 말한다. 이러한 논의는 특히 '문학'의 의미와

굴욕감의 역전현상〉,《작가세계》 2003년 여름호, 통권 제57호, pp.14-39 ;《일제 말기 한국 작가의 일본어 글쓰기론》, 서울대학교출판부, 2003 ; 류보선,〈친일과 반성의 미학적 맥락—이광수를 중심으로〉,《한국현대문학회 2006년 동계학술발표회자료집》, pp.118-126 ; 박슬기,〈이광수의 문학관, 심미적 형식과 '조선'의 이념화〉,《한국문학이론과 비평》 제30집, 2006, pp.279-296 ; 황종연,〈문학이라는 譯語—'文學이란 何오' 혹은 한국 근대문학론에 관한 고찰〉,《동악어문논집》 32집, 1997, pp.457-480 ; 이경훈,《이광수의 친일문학연구》, 태학사, 1998. 이경훈의 책은 "친일의 내적 논리를 근대성의 문제의식 속에서 다룬다"(최영석,〈민족의 마모된 비석, 이광수 해석의 역사〉,《작가세계》 2003년 여름호, 통권 제57호, p.54)는 측면에서 이광수의 이중어 글쓰기를 포함한 문학 전반에 대한 새로운 접근을 이끈 것으로 생각된다.

306 여기서 "보충supplement"은 자유로운 변이로 연결되는 무엇이다. 하나의 코드는 그것에 내재하는 탈코드화 과정과 분리될 수 없다. 코드는 본질적으로 탈코드화의 여백을 담고 있다. 《천 개의 고원》, p.109. 내가 말하는 발산은 들뢰즈와 가타리의 용어로는 재영토화나 덧코드화에 해당하는 것 같다.

가능성을 재점검하는 작업과 함께 그 의미가 더 명확해질 것이다. 말하자면 이광수의 문학은 이러한 논점들을 가능하게 만드는 하나의 거점인데, 그것은 그 장소가 문학을 한국 근대문학이라는 모순과 저항의 맥락에서, 또 거꾸로 한국 근대문학의 공간을 문학이라는 보편적인 맥락에서, 근본적으로 다시 생각하게 해 주기 때문이다.

일반적으로 말해 한 국가의 문학, 즉 국민문학을 성립시키는 요소는 국가, 국어, 국민일 것이다. 국민문학이라면 국가가 있어야 하고 국어로 쓰이고 읽혀야 하며 국민이 쓰고 읽어야 한다. 근대주의에 터를 둔 국민문학에 대한 이러한 정의는 적어도 이광수의 통국가적 글쓰기와 상상에 비추어 볼 때 어느 정도 협소해 보인다. 이광수는 조선어로 쓰는 한편 일본어로도 썼다.[307] 거기서 한국문학과 일본문학의 경계는 사라진다. 나아가 단지 언어의 차원이 아니라 텍스트의 심층 구조에 내재한 복수의 기의들의 생산력과 그 양상에 주목할 때 이광수의 상상은 국가의 경계를 넘어선 것으로 보인다. 그러면 이광수의 문학은 어디에 있는가?

이광수의 문학은 한 국가의 문학, 즉 하나의 국민문학의 경계 내에 한정시키기는 곤란해 보인다. 그러나 다른 한편, 그의 문학이 강력한 계몽적 민족주의에서 출발했다는 것은 주지의 사실이며, 민족을 저버린 친일 작가라는 널리 공인된 비판[308]에도 불구하고 이광수 자신은 그의 문학이 민족 중심적

307 또한 한국 국민뿐만 아니라 일본 국민도 그의 글을 읽었을 것이다. 이 진술은 아직 실증적으로 확인되지 않은 가설이다. 이광수의 작품들을 일본 국내의 일본인들은 거의 읽지 못했겠지만 조선에 살던 일본인들은 예컨대 일문으로 발행된《경성일보》에 실린 일본어로 된 글을 읽었을 것이다. 일본에 살던 일본인들 중에서는 최소한 문학자들이 일본어로 쓴 글(혹은 번역된 몇몇 작품)을 읽었을 것이다. 이런 사항들에 대한 규명은 글의 유통과 소비(독자층)에 관련한 실증적 연구를 통해 이루어져야 하겠지만, 지금으로서는 이광수의 글쓰기의 의미 자체를 작가와 창작 차원에서 고찰하는 것에 한정 지으려 한다.

308 몇몇 예를 들면, 김동인은《春園硏究》(1938)(신구문화사, 1956)에서 이광수에게 시종 비판적인 태도를 취했다. 백철은 "춘원의 문학은 그의 전 작가 생애를 통하여 혹은 애정문제를, 인도

사고와 삶에서 결코 벗어난 적이 없다고 강변한다.[309] 결국 이광수의 문학에 대한 위의 두 상반된 입장들을 모두 수용할 때, 이광수의 문학은 국가의 경계를 넘어서는 동시에 한 국가의 정체성을 지향하는 역설로서의 문학의 본질에 대해 다시 생각하게 해 준다는 가설을 세워 볼 수 있다. 이 가설을 증명하고 그 가치를 평가하는 것이 앞으로의 목표다.[310]

국가를 넘어서면서 또한 국가의 내부에 머무는 이러한 모순적인 위치성,

주의를 설교해 간 문학인데 그의 문학이 일관해서 설교의 성격을 버리지 못한 것은 춘원이 문학자로서 등장한 시대의 영향 즉 계몽기의 문학자인 관계가 크다고 생각한다. 그는 문학자로서 개척자이기 전에 민족주의자로서 정치인으로서 그의 자기존재를 자인한 사람이었다."(백철,《신문학사조사》, 민중서관, 1953, p.66)고 진술한다. 김윤식과 김현은 공저《한국문학사》(민음사, 1973)에서 이광수가 역사의식을 결여했으며, 그것이 친체제적인 사고방식으로 그를 몰아갔고, 그 결과 나타난 친일 행위는 민족문학의 정신사적 상처나 일시적 결여태로 볼 수 있다고 말한다. 또, 민족주의와는 다른 맥락에서 이광수의 한계를 지적한 구인환의 글을 거론할 수 있다(〈常的 文學論〉, 구인환,《이광수소설연구》, 삼영사, 1983, p.230). 김춘섭에 따르면 이러한 논의는 문학의 공리성과 심미성의 양극단을 피하는 문학 가치의 중도성을 강조한 데서 연유된 것이라고 볼 수도 있으나, 다른 한편 이러한 문학의식 자체가 이광수의 의식의 한계라고 지적한다(김춘섭,〈李光洙의 文學論과 民族主義〉,《한국문학이론과 비평》제26집, 2005, p.34). 그러나 친일이라는 기준 자체가 적절하지 않다는 것이 나의 기본 입장이다. 즉, 민족 대 반민족의 구도 자체를 폐기하고, 민족을 단순히 넘어서는 것denationlization보다는 민족의 지양이라 할 만한 것postnationalization의 측면에서 이광수의 문학을 보자는 것이다. 나는 이광수의 문학의식이 지닌 가능성을 전면적으로 개발하고자 한다.

309 다음 글 참조. 이광수,〈나의 고백〉,《이광수 전집》, 삼중당, 1962, 제13권, pp.175-287.《이광수 전집》은 이하《전집》으로 표시.

310 한편 이런 작업은 비교문학의 방법으로 추구되었다. 이선영은〈춘원의 비교문학적 고찰〉(《새교육》134호, 1965)에서 톨스토이와의 관련성을 추적했고 김윤식은 이광수의〈文學이란 何오〉에 나타난 쓰보우치 쇼요坪內逍遙의《小說神髓》(1885)의 영향을 찾아내며(김윤식,〈초창기의 문학론과 비평의 양상〉,《근대한국문학연구》, 일지사, 1973, pp.68-73), 김창규는 나쓰메 소세키夏目漱石의 문학론과의 비교를 수행한다(김창규,〈春園과 漱石의 文學論 Parallélisme의 意味〉,《서울교대논문집》13집, 1980). 한편 김태준은 이러한 선행 연구들이 이광수의 문학의 민족주의적 성격을 적절하게 이해하는 데 한계가 있음을 지적하면서 외래 이론의 수용이 이광수의 민족주의 문학과 어떻게 조응하였는지를 루쉰魯迅과의 비교를 통해 밝히고 있다(이상 다음 글에서 재참조. 김태준,〈이광수의 문학론—'문학이란 하오'를 중심으로〉,《춘원 이광수 문학연구》, 연세대학교 국학연구원 편, 국학자료원, 1994, pp.123-149).

혹은 양가적인, 횡단적인 운동성은 이광수의 문학언어를 세계시민주의 cosmopolitanism[311]적 관점과 연결하도록 해 준다. 그의 문학을 이루는 언어(그것은 분명 국어와 다른 '속어'였다)[312]는 국어가 지탱하는 국가적 경계를 넘어서서 '문학'을 실현한다는 면에서, 다시 말해 국민의 동일성[313]에 대한 저항으로 이루어진다는 면에서, 세계시민주의의 전망에서 적절하게 고찰될 수 있다. 그런 면에서 그의 문학을 묘사하는 '민족주의'의 개념은 가장 지역적(특수)이면서도 보편적인 것으로 생각해야 한다.[314]

이광수의 문학은 근대화(혹은 서구화)와 함께 형성된 고정된 언어적 장소들(영토, 경계)에 묶이지 않는다. 즉, 그의 문학은 민족주의와 근대 국민국가 체제를 넘어선다. 그러나 또한 그의 문학은 한국이라는 자신의 터, 장소, 근대 국민국가로 돌아가기를 항상 희구한다는 점에서 민족-국민주의에 근거를 둔다. 이광수의 이러한 미묘한 위치에서 문제는 이광수의 문학을 추적하는 것, 정체성의 영토화된 상상을 근대주의적 혹은 민족주의적으로 고집하는

311 이광수의 문학과 세계시민주의에 대해서는 7장을 참조할 것.

312 이광수의 문학을 더 적절하게 조명하기 위해서는 국가 이데올로기에 결합된 '국어'와 중립적인 의미의 '언어'보다는 한 작가가 선택하는 자신의 문학언어로서의 '속어'의 개념을 사용하는 것이 더 낫다. 선택은 소속의 정체성을 열린 것으로 만든다. 속어는 지역어, 토착어, 일상어, 개인어를 함의하고, 국어와 공용어, 공식어 따위에 대립한다. 이광수가 처했던 국어가 없거나 혼란 속에 있던 제국의 상황에서 국어의 독립성은 보장되지 않거나 국어가 이상한 방식으로 존재했다. 즉 한 국어가 다른 국어를 압도하는 구도였다. 그런 상황에서 속어는 국어로 인정되고 장려되는 언어와 구별된다는 의미를 지닌다. 또 속어의 사용 자체가 언어를 국가와 민족과 같은 근대적 기제들과 긴장관계에 놓이게 한다. 국어의 국민·민족적 차원의 동일성을 계속해서 끊임없이 해체하고 재구성하게 해 주는 것이다.

313 여기서는 구체적으로 말해 제국적으로 확장된 일본 국민주의의 동일성과 거기에 물든 한국 국민주의의 동일성 둘 다를 가리킨다.

314 이러한 문제 설정과 해결 방식의 설정은 사실 완벽하지 않고 더욱이 더 많은 근본적 문제들과 연결되고 그런 문제들을 일으킨다. 세계시민주의나 세계문학과 같은 '문제적' 개념들과 관련하여 이광수 문학의 탈민족주의적 성격을 가늠하는 작업은 그 개념들이 아직 체계화의 과정에 있다는 점을 생각할 때 그 개념들에 기댄다기보다 그들과의 협업 아래 문제의 전체 지형도를 다시 짜야 하는 것이다. 이광수의 문학은 적어도 그런 재구성의 계기를 제공한다고 볼 수 있다.

것을 넘어서는 그 궤적을 추적하는 것이다. 이는 탈영토화의 국면이라고 할 수 있을 텐데, 특이한 점은 그러한 탈영토화가 이민, 미디어, 자본의 흐름과 같은 현재 일어나는 세계화의 현상들과 달리 이광수 문학언어의 '내부'에서 일어난다는 것이다.

이광수의 문학은 언어적 장소들 사이의 망명과 세계시민적 공동체의 추구의 흔적이라고 묘사할 수 있다. 그것의 성격은 예컨대 다문화주의가 내놓는 문화적 복수성으로 설명되지 않는다. 왜냐하면 다문화주의의 문화적 복수성은 여전히 근본적으로 한 국가적 틀 안에 갇혀 있다는 비판도 받기 때문이다. 그런 면에서 이광수의 문학은 다문화주의보다 일종의 허무주의의 상태에서 태어났고 지속되었다고 볼 수 있지 않을까. 초기에 그가 보인 민족주의적 추구는 하나의 지점 (이를테면 근대 국민국가의 수립)으로 향한다기보다 일종의 저항 자체로 채워진 것이었다. 그가 참조했던 중국과 일본이라는 중심들은 지향점이라기보다는 저항의 촉발이며 매개였다.

나의 논의의 목표는 이광수의 문학이 '문학'으로 '되는' 이유와 과정을 보여 주는 것이다. 이광수의 문학을 받쳐 주는 것은 저항의 언어로서의 속어(속어의 본질이 저항이다)이며, 그 저항성이 이광수의 특수성을 이끌어 내면서 그의 문학을 예컨대 세계시민주의와 세계문학의 차원에서 재검토하고 그 의미를 다시 정의하도록 해 준다. 이광수의 특수성이란 이중어 글쓰기 방식으로 형성된 그의 속어 문학언어가 식민지적 근대화의 환경에서 근대의 민족주의를 문제적으로 놓고 그와 대결하는 가운데 추구되었다는 점이다. 이러한 이광수의 특수성을 일단 저항으로서의 속어성이라 부를 수 있을 것이다. 그것은 근대와 세계시민주의가 그 과정과 작동에서 겹치면서 나타나는 세계화의 현 시점에서 근대와 국민국가, 그리고 문학을 문제적 시선으로 '다시' 바라보게 해 준다.

이광수의 문학은 통국가적인 문화 환경에 직면하여 이중적이고 반복적인 재현 구조, 달리 말해, 복수의 기의들을 산출하는 언어 구조 위에 세워졌다. 이중적이고 반복적인 재현의 언어 구조는 단지 이광수의 문학만이 아니라 무릇 모든 문학이 지니는 또는 지녀야 하는 당연한 가치다. 그러나 이광수의 문학이 문학으로서의 당연한 가치를 지닌다는 것을 보여 주는 것 자체가 우리로서는 의미 있는 작업이다. 왜냐하면 이광수의 텍스트들이 장착한 '문학적' 재현 구조는 그의 언어의 저항성을 증명해 주기 때문이다. 여기서 저항이란 문학을 문학으로 존재하지 못하게 하는 상황에 대해 이루어진다. 그 상황은 구체적으로 말해, 언제나 민족을 생각하면서도 민족을 버려야 했던 상황, 계몽을 실천하는 스스로의 처지를 계몽의 대상으로 만들 수밖에 없었던 상황, 문학 창작의 도구로서의 '국어'를 이중적으로 정의하고 사용해야 했던 상황(일본어와 조선어가 둘 다 국어로 되는 상황), 문학언어가 의식적 · 무의식적 분열을 일으키는 상황[315]과 같은 것들이다.

이광수의 문제가 '사실'과 일치하는지의 물음, 즉 이광수가 실제로 그러했던가의 물음은 무의미하다. 과거로 회귀하며 일치성을 묻는 자들에게서 나는 권력의 기원을 찾는, 거기에 매달리는, 순수에서 나올 법한 쉬운 해결의 의도를 목격한다. 그런 물음은 동일성의 범주에서 벗어나지 못한 채 이광수의 문제를 바라보는 것이다. 이광수가 과연 그랬는지는 모른다. 다만 이광수가 남긴 흔적들, 동일성의 범주 외부로 걸쳐 있는 잔여물들의 연속적인 재배치를 통해 이광수의 새로운 형상들을 끊임없이 재해석하고 재구성할 필요를 주장하고자 한다. 그러한 문학적 풍요를 허용하는 이광수의 흔적들에 감사하면서.

이광수의 문학을 민족 대 반민족(친일)의 구도로 보는 것 자체가 이광수의 문학을 하나의 문제로 올바로 설정하지 못하게 만든다. 예컨대 이광수는

315 예컨대 김동인의 경우처럼, 조선어와 일본어 중 어느 언어로 사고하고 쓰는지 자신도 잘 몰랐던 상황을 가리킨다.

〈무명〉과《사랑》을《세조대왕》과 더불어 "편협하고 착오된 민족관념을 완전히 이탈하고 천황을 내 임금님으로 모시고 일장기를 나와 밋 내 자손들이 피로 지킬 국기를 사랑하면서 쓴 작품들"[316]이라고 밝힌다. 텍스트의 의도가 그의 작가로서의 진술과 어긋난다. 작가의 의도에 맞춰 텍스트를 해석할 이유가 어디에도 없다면, 그런 텍스트의 의도와 작가의 의도 사이의 차이가 왜 그리고 어떻게 일어나는지에 대한 논의는 분명 필요하고 의미가 있다.

5.3. 속어화와 속어 문학언어

앞에서 이광수 문학의 특수성을 저항으로서의 속어적 성격으로 정의하고자 했는데, 그 구체적 내용을 그의 속어 문학언어의 형성 과정을 통해 살펴보자. 속어화俗語化/vernacularization는 속어를 발견하기보다는 창출하는 과정 자체를 가리킨다. 속어는 그 문자적 정의에 따르면 어떤 보편적인 혹은 제국적인 언어에서 갈려 나와 그것이 속한 국지적인 특수성을 반영하는 언어다.[317] 중국의 속어화는 전통 언어에 대한 구어체의 확립(백화문 운동)으로 나타났고, 일본의 속어화는 중국어에 대한 자국어의 확립으로 나타났다. 한국의 경우 속어화는 다중적인 단계를 거쳤다. 중국어를 배제하고 조선어를 선택하는 단계와 일본어와 조선어의 공존의 단계가 그것이다. 복수의 국어들이 공존하면서 그 각각의 영토적 구분을 넘어설 때, 남는 것은 문학언어다. 문학언어가 이른바 영토화된 속어의 형태로서의 국어를 초월하는 것은 국어를

316 이광수,〈조선문학의 참회〉,《每日新報》1940.10.1. ;《친일문학전집》, 이경훈 편역, 평민사, p.121.

317 여기서 국지적이란 지역, 관습, 문화, 역사를 포함하는 포괄적인 용어다. 속어화는 속어를 정립시키는 과정이지만, 주목할 것은 속어를 정립시키는 과정에서 그 속어가 스스로 연원을 두었던 보편언어 혹은 제국어를 전유한다는 점이다. 모든 속어가 그런 것은 아니다. 다만 어떤 경우에 그런 현상을 관찰 혹은 해석할 수 있다. 그런 경우의 속어화는 보편어 혹은 제국어의 국지적 전유라고 할 수 있다. 이 책에서 채택하는 속어라는 개념에 대해서는 주 16과 312를 참조할 것.

포기하는 것이 아니라 국어 자체가 자기부정의 동력을 내재하도록 함으로써 국어의 동일성을 해체하는 일이다. 결국 속어화는 적어도 이광수에게서 국어의 경계를 정하는 동시에 위반하는 것이었다. 요컨대 이러한 방식으로 이루어진 이광수의 문학언어를 나는 쉘돈 폴록Sheldon Pollock의 표현을 빌려 세계시민주의적 속어라고 부르고자 한다.[318] 다음과 같은 폴록의 진술은 이광수의 문학언어의 성격을 들여다보는 데 좋은 출발점이다.

> 속어 문학적 문화들은 작가들이 더 작은 장소를 위해 더 넓은 세계를 거부함으로써 저들의 문화적 우주의 경계를 다시 고치는 것으로 시작되었다. 그들은 그들의 결정의 의미를 충분히 알고서 그렇게 했다.[319]

이광수의 문학에서 관찰할 수 있는 속어화는 세계시민적 속어를 생산하는 결과를 낳았다. 이광수의 세계시민적 속어란 어떤 하나의 확정된 단일 언어라기보다 중국어, 조선어, 일본어를 가로지르며 문학언어의 창출을 고민한 과정 전체를 가리키는 개념이다. 속어화 과정은, 미하일 바흐친Mikhail Bakhtin을 빌면,[320] 단일한 구심력 위에 서 있는 제국적 공식 언어에 저항하는

318 Pollock, Sheldon, "Cosmopolitan and Vernacular in History", Carol Breckenridge, et. al, ed. *Cosmopolitanism*, Duke University Press, 2002, pp.15-53. Pollock, Sheldon, "The Cosmopolitan Vernacular", *The Journal of Asian Studies* 57, no.1(February 1998), pp.6-37.

319 Pollock, Sheldon, "Cosmopolitan and Vernacular in History", p.16. 이는 특히 남아시아와 서부 유럽을 두고 한 말이지만, 우리의 경우에도 적용될 수 있을 것이다.

320 문학언어가 국어의 창조를 이끌어 간다는 말은 다음과 같은 바흐친의 견해에서도 엿볼 수 있다. "어느 시대, 어느 장소(즉, 우리가 역사적으로 탐사할 수 있는 문학의 모든 시대들)에서고 문학언어 의식은 언어가 아니라 '언어들'에서 나온다. 거기서 의식은 하나의 언어를 선택해야할 필요성에 불가피하게 직면한다."(Bakhtin, M.M. *The Dialogic Imagination : Four Essays*, Austin : University of Texas Press, 1981, p.295.) 이와 함께 언어의 혼성성과 물리적 현실성, 그리고 대화성과 관련하여 폴란드 출신의 영국 작가 조셉 콘래드Joseph Conrad를 주목할 수 있는데(권덕하의 《소설의 대화이론》(소명출판, 2002) 참조), 이광수도 문학의 속문주의를 주장하며 콘래드를 언급한다. 이광수, 〈조선문학의 개념〉, 《전집》 16권, p.176.

비공식 언어의 원심력을 후원한다는 의미에서 언어 다양성의 원천이며 한 언어가 다른 언어에 지배되지 않는 도덕적 상태를 형성한다(그런 면에서 제국은 '부도덕한' 중심의 정치, 언어, 경제 체제로 규정할 수 있다).

이러한 속어화 과정을 과연 이광수가 의식하고 문학으로 담아냈다고 볼 수 있는가? 이 문제를 크게 두 가지 방향으로 나누어 살펴보고자 한다. 첫째, 이광수가 조선어에 깃든 외부적 감수성(타자적 존재)을 어떻게 다루는지 하는 문제다. 이광수에 국한된 문제는 아니었겠으나, 어쨌든 그가 당대에 추구한 한국문학의 언어인 "국문"은 적어도 외부의 감수성이 깃들어 있는 한에서 기존의 국문이 아니라 새로운 종류의 속어였다. 이는 그 국문을 다언어 사이를 횡단하는 속어로, 즉, 복수의 속어들을 사용하는 것 자체를 가리키는 것으로 보자는 것이다. 둘째, 이러한 새로운 종류의 속어를 만드는 과정에서 이광수의 문학이 국민국가의 경계를 어떻게 가로지르는가 하는 것이다. 그것은 조선어와 중국어, 일본어 사이의 경합, 선택, 공존의 관계로 이루어진다.[321] 먼저 첫 번째 문제를 들여다보자.

1908년에 쓴 에세이 〈國文과 漢文의 過度時代〉에서 이광수는 한문을 외국어로(즉 타자로) 인식[322]함으로써 국어national language의 위치를 확보하고, 그러는 가운데 근대 국민국가 의식을 보여 주었다. 그는 "漢文을 專廢하고 國文을 專用할 것"을 주장한다.

---

321 이러한 횡단성에서 세계문학을 하나의 문제로 제기하는 문학, 또는 문학을 하나의 문제로 제기하는 세계문학의 조짐을 발견한다. 8장 참조.

322 이광수는 김부식, 최만리, 조광조와 같은 한문, 즉 중국어 숭배자를 정신병자로 취급했다. "世宗朝에 훌륭한 朝鮮文이 發明되었건만도 여전히 精神病者들은 서투른 漢文으로 잠꼬대를 하려 들었다. 그러나 다행히 精神病者 아닌 民衆이 많았기 때문에 말과 글이 이만큼이라도 生命을 扶持하였다. 비록 姓名·地名은 다 漢化하여 버렸다 하더라도." 이광수, 〈朝鮮語〉, 1935년 10월 11일, 《전집》 13권, pp.537-8.

> 國文을 專用하고 漢文을 專廢한다함은 國文의 獨立은 云함이요 絶對的 漢文을 學하지 말나 함이 아니라 此萬國이 隣家와 갓치 交通하는 時代를 當하야 外國語學을 研究함이 學術上 實業上 政治上은 勿論하고 急務될 것은 異議가 無할 바이니 漢文도 外國語의 一課로 學할지라.[323]

이광수는 국민문학을 수립하는 과정에서 언어에 주목했고, 그 언어는 분명 속어였다.[324] 말하자면 그는 소위 속어화, 즉 속어를 세워 가는 과정 위에서 국민문학을 세우고자 했다. 그런데 적어도 서구에서 속어화는 근대 국민국가의 형성을 동반하고 원조했다. 속어화는 근대의 출범을 지원했고, 그것이 속어를 근대성의 특수한 모습을 띠는 것으로 보게 해 준다. 이광수도 역시 〈朝鮮文學의 槪念〉(1929)에서 조선문학을 정립하기 위해 위대한 전통(중국)의 속어화에 착수한다.

> 어느 나라의 문학이라 함에는 그 나라의 문으로 쓰이기를 기초조건으로 삼는 것이다. 중국문학이 한문으로 쓰이고, 영문학은 영문으로, 일본문학은 일문으로 쓰이는 것은 元亨利貞이다… 조선문학은 조선문으로 쓰이는 것이다.[325]

그는 조선문학을 중국문학으로부터 엄격하게 구별하면서, 조선문학은 조선문으로 쓰여야 한다고 말한다. 그는 향가鄕歌와 시조時調가 '조선문'으로 쓰였기 때문에 "조선문학의 연원이요 본체"로 생각했다. 그에 비해 조선의 한문문학을 '지나문학支那文學'이라 부르면서, 조선문학이 아니라 단지 조선

323 이광수, 〈國文과 漢文의 過度時代〉, 《太極學報》 제21호, 1908, pp.16-7. 이 글은 이광수가 열일곱 살 때인 메이지학원 보통부 4학년 시절에 쓴 것이다.

324 "문학이란 내용을 담는 기는 문이다… 고로 신문학은 반드시 純現代語 日用語, 즉 何人이나 知하고 用하는 語로 作할 것이니라." 〈文學이란 何오〉, 《전집》 1권, pp.514-5. 여기서 "순현대어 일용어 (누구나 알고 쓰는 언어)"는 이광수가 의도하는 문학언어가 공식어에 대한 속어의 위치와 성격을 갖추고 있음을 보여 준다.

325 이광수, 〈朝鮮文學의 槪念〉(1929), 《전집》 16, pp.175-6.

땅에서 생겨난 중국문학으로 간주했다.[326] 여기서 이광수가 말하는 조선문학은 분명 국민문학을 가리키며, 조선문은 국어, 즉 국민국가의 언어를 가리킨다. 국어의 강조는 국어가 위치하는 장소와 체제로서의 근대국가의 강조와 직결된다.[327] 이런 면에서 이광수의 속어가 서구와 특히 일본의 근대적 민족주의의 발생과 같은 맥락에 서 있었다고 볼 수도 있다.[328]

그러나 "국민문학의 기초 요건은 그 국문"[329]이라고 선언할 때 이광수가 말하는 "국문"이 국가의 차원을 초월하는 저항의 속성도 또한 갖고 있다는 점을 강조할 필요가 있다. 그가 주목했던 국민문학의 언어("국문")는 조선문학을 받치는 것임에는 틀림없지만, 저항성을 띤다는 면에서 "국문"의 차원을 또한 초월하는 것이다. 다시 말해 이광수는 중국어를 배제함으로써, 즉 중심-주변부라는 구도를 부정함으로써, 그리고 더 중요하게, 조선문에 깃든 그 구도를 부정함으로써, 자체의 차원을 벗어나는 조선문을 상상했던 것이다. 그것을 이광수 특유의 속어화의 과정으로 부를 수 있다면, 우리는 그것을 기존의 언어들 중 하나(중국

326 위의 글, pp.175-8.

327 위의 글, p.176.

328 "도쿠가와 시대 지식인들이 당시 지배적이었던 중국 중심의 동아시아 질서에 맞서 중국과 일본이 대등함을 주장하기 위해서 사용한 한 가지 전략은 중국을 부르는 호칭으로 '쥬고쿠中國' 대신 '시나Shina'를 사용하는 것이었다." 헨리 임, 〈신채호의 역사서술〉, 《한국의 식민지 근대성》, p.484. "지나"라는 용어의 역사적 배경에 대해서는 다음 책을 참고할 것. Stefan Tanaka, Japan's *Orient: Rendering Pasts into History*, Berkeley : University of California Press, 1993, p.4. 한편 이광수의 비슷한 맥락의 발언으로 다음을 참고할 수 있다. "漢文으로 쓰인 모든 文學, 崔孤雲, 鄭圃隱 이하로 黃梅泉에 이르기까지 모두 支那文學 製作者였다. 그와 반대로 朝鮮文으로 번역된 三國志, 水滸志며 海王星, 復活 같은 것이 도리어 朝鮮文學이다. 朝鮮文으로 쓰인 까닭으로… 그러므로 朝鮮文學을 위하여서는 太學館은 이야기책 쓰는 村家 사랑만 못하였고 大提學, 副提學은 무당과 妓生만 못하였던 것이다. 朝鮮文學이란 무엇이뇨? 朝鮮文으로 쓴 文學이다." (〈朝鮮文學의 概念〉, 《전집》 16, p.178). "오늘날 같은 처지에 있어서 조선어문으로 된 신문잡지나 서적을 애독할 줄 모르는 이는 조선인이 아니다… 조선인의 첫 조건, 첫 의무는 조선어문을 잘 알고 잘 쓰는 것이다." 이광수, 〈朝鮮語文 禮讚〉, 《전집》 13, p.544. 한편, 중국에 대한 반감은 다음 글에 잘 나타나 있다. 이광수, 〈그의 자서전〉, 《전집》 9, p.387.

329 이광수, 〈朝鮮文學의 概念〉, p.176.

어 혹은 조선문 혹은 나중에 가면 일본어)를 선택하고 유지하는 문제가 아니라 새로운 언어, 구체적으로 말해 비동일화의 동력을 내재한 언어를 어떻게 창조할 수 있느냐 하는, 확장하고 심화해야 할 문제로 대면해야 한다. 바로 그런 측면에서 우리는 이광수가 채택한 조선문(조선어)의 내부를 들여다볼 필요가 있다.

이광수는 조선문이 민족 고유의 언어, 다수 민중의 감수성을 표현하는 언어임을 내세우며 속어화의 정당성을 확보하고자 노력했다. 그러나 그는 실제로 그 정당성 확보에 어느 정도 어려움을 겪었던 것 같다. 왜냐하면 그의 언어 선택 과정에는 외부에서 새로 획득한 감수성이 장애물처럼 가로놓여 있었기 때문이다. 즉, 민족과 다수 민중 고유의 감수성과 외부의 감수성을 함께 재현할 언어가 필요한 상황이었다. 이광수는 이런 문제에 직면하여 복수의 언어, 복수의 감수성을 인정하고, 그와 함께 거기서 일어나는 경합을 통해 최적의 언어를 뽑아내고자 했던 것 같다. 그것은 사실상 조선 고유의 감수성과 함께 외부의 감수성에 물든 조선인의 복합적 감수성을 혼융하여 담아내고 흐르게 하는 언어였다.

예를 들어 3인칭 대명사를 쓰는 경우. 《무정》과 〈육장기〉를 비롯한 텍스트에서 이광수는 비록 여성을 따로 구분하여 '그녀'라는 대명사를 쓰지는 않지만, 그리고 여전히 고유명사를 사용하는 전통적 방식에 충실하지만, 남성과 여성을 통칭하여 '그' 혹은 '그네'라는 3인칭 대명사를 과감하게 사용한다.[330] 근대 이전까지 한국의 문학작품에서는 주로 고유명사를 사용했으며, 대명사를 사용하는 경우도 가끔 있었으나 성별의 구분은 없었다. 개화기 이후 한국 작가들은 3인칭 대명사에 남성과 여성의 구분이 있음을 영어와 일어를 통해서 알게 되었다. 여성과 남성을 구분해서 지칭한다는 것은 전혀 새로운 감수성이었다. 그러나 '그녀'라는 대명사를 만들어 낸 중국과 일본과 달리

330 이에 대해 김동인은 여성 대명사 사용에 대한 고민을 털어 버린 "그 용기가 장쾌하다"고 평한다. 김동인, 〈조선근대소설고〉, 《김동인 전집》 16권, 조선일보사, 1988, p.29.

이광수는 당시의 실제 말 관습에 따라 '그' 혹은 '그네'라는 대명사로 통칭한다. 이는 외부의 감수성에 전적으로 따르기보다 당대의 감수성에도 또한 충실했던 것이며, 전통의 무게에서 벗어나야 했던 중국에 비해 상대적으로 자유로웠던 상황이 작용했다고 할 수 있다.[331]

그런 면에서 이광수는 속어화를 일종의 다언어주의multilingualism의 기반 위에서, 더 정확히 말해 일상의 조선문에 깃든 다언어주의적 층위를 인정하고 운용함으로써 출발시켰다고 볼 수 있다.[332] 이광수에게 외부에서 새로 획득한 감수성은 조선의 외부, 즉 일본과 서구에서 수입된 감수성을 가리키는 동시에, 더 중요하게 그러한 당대의 다중언어와 다중 감수성의 현실에 직면하여 이광수가 내면에 형성했던 감수성을 가리킨다. 다시 말해, 속어화 과정에서 이광수가 제출했던 언어("조선문")와 그 언어가 재현해야 할 감수성은 기존에 영토화된 상상 위에서 존재하던 국민국가 단위의 것이 아니라, 그가 당면한 통국가적 현실과 대결하면서 구성한 언어이며 그 언어를 통해 새롭게 구성한 '스스로의' 복합적 혹은 횡단적 감수성이었다.[333]

331 이런 요지에 대해서는 다음 글 참조. 이보경, 〈근대초기 '세계고' 시대의 한·중 문인의 글쓰기—'3인칭 대명사' 문제를 중심으로〉, 《중국어문학》 제46집, 2005, p.357.

332 "近五百年前에 벌써 中國과 印度의 經典을 朝鮮말로 옮기었거니와, 오늘날의 朝鮮말은 비록 朝鮮語源의 말은 줄었다 하더라도, 西洋語源의 漢字譯을 吸收·同和함으로 말미암아 古代經典을 飜譯하던 때보다도 比較도 안되게 더 豊富하게 되었다. 朝鮮말은 앞으로도 內的生長과 外來語의 吸收·同和로 날로 豊富하게 되려니와, 今日의 現狀으로 보더라도 世界의 가장 發達된 말 중에 하나다." 이광수, 〈朝鮮語文 禮讚〉, 《전집》 13권, p.543. 비록 일상의 조선문은 아니고 또 이광수 당대에 일어난 외부의 감수성의 수용에만 해당하는 내용은 아니지만, 조선어의 혼성성에 대한 의식은 충분히 엿볼 수 있다.

333 그가 대결한 현실은 역사적으로 중국의 문화적 헤게모니 아래 놓여 온 현실과 중국을 넘어선 조선의 실체적 현실의 두 가지로 중첩되어 있었다. 같은 식으로, 일본과의 대결에서 이광수의 현실은 일본화된 현실, 즉 일본이 주조한 현실과 일본을 넘어선 조선의 실체적 현실, 둘로 생각해 볼 수 있다. 그러한 이중적 현실'들'에 정면으로 대결하는 것 자체가 이광수의 언어적 선택의 조건이자 목표였다. 이는 이광수의 언어 개념이 운명적으로 지닌 저항과 자기 지양의 조건과 성격을 잘 보여 준다.

그렇게 볼 때 이광수가 보여 준 속어화에서 우리가 관찰할 포인트는 그의 문학언어가 외부의 감수성을 인지하고 담아낸 과정이다. 일찍이 〈文學이란 何오〉(1916)에서도 보이듯, 이광수는 중국과 관련하여 민족문학으로서의 조선문학의 과거를 부정하고 오직 미래만을 전망[334]하는 데 그치지 않고 조선어를 외부의 감수성을 담은 하나의 번역어로 보면서 '조선의 언어', 즉 조선의 이중적 현실을 재현할 언어를 찾고자 한다. 중국과 일본으로 표상되는 외부에서 벗어나기 위해(정확히 말해 내면화된 외부에서 벗어나기), 그럼으로써 진정으로 외부와 연결되고(이때의 '외부'는 내면화된 외부가 아닌 타자화의 계기로서의 타자를 가리킨다) 그와 함께 내부의 회복을 꾀하기 위해, 이광수는 조선어에 깃든 외부적 감수성에 주목했던 것이다. 그가 찾은 '조선의 언어'는 단지 동일성의 궤적 위에 서 있는 국어로서의 조선어가 아니라 새로운 종류의 속어였다. 국어로서의 조선어는 다만 거기에 크게 다가설 뿐, 그에 맞는 유일무이한 언어는 아니었다.

이런 점에서 이광수의 속어화는 속어의 사용을 국민의 탄생과 동일시하는 인식이 수정될 필요가 있다는 점을 가르쳐 준다. 근대 국민국가 건설에서 특정한 국민이 구사하는 특정한 '속어'라는 것이 존재한다고 전제하는 것은 단지 상상에서 이루어진 측면이 있다. 속어는 원래부터 존재하지 않으며, 다만 선택되고 만들어져야 하는 언어다. 결국 이광수의 속어화는 당대의 복합적 현실과 감수성을 담고 재현하는 언어를 모색하는 것이었고, 그가 지지하고 구사한 조선문은 국어라기보다 그러한 '통국가적 속어'를 지칭하는 것이었다. 그렇다면 그러한 복합적 구도 위에서 이광수는 국어들 사이의 대립에 어떻게 대처했던가?

334 "今日 朝鮮人은 皆是, 中國道德과 中國文化下에 生育한 자라. 故로 名은 朝鮮人이로되, 其實 中國人의 一模型에 불과하도다… 合併以來로 萬般 文物制度가 悉皆 新文明에 依據하였거니와 思想感情과 此를 應用하는 生活은 依然한 舊阿夢이니, 從此로 新文學이 蔚興하여 新하여진 朝鮮人의 思想感情을 發表하여서 後代에 傳할 第一次의 ㅏ 遺産을 作하여야 할지라." 이광수, 〈文學이란 何오〉, 《전집》 13, p.512.

5.4. 이중어 글쓰기[335]

이중어 글쓰기 공간은 '국어national language일 수 없는 조선어Korean language'라는 물음 앞에 한국 근대문학사가 정면으로 대응했던 공간이었다. 한국 근대문학의 전제는 조선어가 국어로 존재해야 한다는 것인데, 국어로서의 조선어가 부재하는 한, 한국 근대문학의 존재와 정체성이 부정되어야 하는 상황이었다. 그러나 그것은 조선어가 국어 이전에 속어로 존재하는 정황이기도 했다.[336] 이중어 글쓰기 공간에서 근대 국민국가를 이루는 조건으로서의 언어가 아니라 문학의 조건으로서의 언어는 조선어와 일본어 두 가지가 있었다. 이중어 글쓰기 공간을 문학(뿐만 아니라 한국 근대문학)의 암흑기가 아니라 하나의 기회라고 본다면, 그것은 조선어에 깃든 주변부성을 적극적으로 활용하는 기회였으며 일본어에 깃든 제국성을 극복하는 기회였을 것이다. 둘 다 자기부정이라는 점이 중요하다. 단순히 일본어를 부정하고 조선어를 선택하는 혹은 그 반대의 경우는 근대 국민국가의 해결은 될 수 있을지 모르지만, '문학'의 해결은 될 수 없다. 문학의 '해결'은 '해결'이란 말이 사실 어울리지

335 "이중어 글쓰기"의 정의는 김윤식으로부터 출발한다. 〈한국 근대문학사의 시선에서 본 이중어 글쓰기 공간에서의 글쓰기 유형론〉, 《작가세계》 2004, 통권 제63호, pp.354-373 ; 〈이광수의 글쓰기와 향산광랑의 글쓰기—자부심과 굴욕감의 역전현상〉, 《작가세계》 2003년 여름호, 통권 제57호, pp.14-39 ; 《일제 말기 한국 작가의 일본어 글쓰기론》, 서울대학교출판부, 2003. 김윤식은 이중어 글쓰기의 시기를 1942년 10월에서 1945년 8월까지로 잡는다. 이 시기는 김윤식의 지적처럼 조선어학회 사건과 해방을 기점으로 한 것이다. 그런 시기 규정은 이중어 글쓰기 공간의 본질을 명확히 규정하기 위해 필요한 것이지만, 그 시기에서 벗어난 작가와 텍스트들도 그러한 경향과 그 효과의 측면에서 고찰 대상에 오를 수 있을 것이다. 그런 차원에서 이광수가 〈사랑인가〉(1909)부터 〈돌베개〉(1949)까지 그의 문학 전반을 가로지르는 시기를 이중어 글쓰기의 문제의식에서 고찰하고자 한다. 또한 그런 면에서 이광수에게 이중어 글쓰기라는 용어는 방법적 측면을 가리킨다는 점을 부언하고자 한다. 한편 '이중어 글쓰기'라는 용어는 범주와 공간이라는 용례와 더불어 하나의 문학적 개념, 즉 문학을 수행하는 하나의 방식을 정의하기 위해 쓰일 수 있는 개념이 되어가고 있는 듯하다. 그것은 특히 한국 근대문학사의 어느 한 지점에서 수행된 문학 방식을 가리킨다고 할 때, '한국 근대문학'을 문학의 한 특수한 경우로 새롭게 생각하게 해 준다.

336 김윤식, 2004, p.362.

않을 정도로 어떤 깨끗한 결론을 내놓지 않는다. 오히려 고민의 깊이를 더하는 것을 의미한다.

일본어와 조선어의 관계는 예를 들어 라틴어와 이탈리아어의 관계와 다르다. 라틴어는 국어가 아니라 보편 제국의 언어였다. 왜 보편인가? 물론 정도의 문제지만, 그만한 정신적, 철학적, 역사적 기반을 갖춘 언어였다.[337] 라틴어는 제국의 방언, 즉 근대 국어들이 출현할 때 그들에게 그 보편의 자리를 내주었다. 단테는 그 가장 선봉에 선 경계의 작가였다. 그가 라틴어의 보편성을 이어받은 것은 라틴어를 오히려 배제했기 때문이었다. 더 정확히 말해, 라틴어의 보편성의 외부를 인식함으로써 이탈리아어라는 특수어를 채택할 수 있었고 (혹은 거꾸로 이탈리아어라는 특수어를 채택함으로써 라틴어의 외부를 인식할 수 있었고), 그를 통해 당대의 살아 있는 정서와 삶, 이상, 욕망을 재현하고자 하는 시대적 고민을 담아냄으로써 그의 언어는 보편성을 지니게 되었던 것이다.[338]

이중어 글쓰기 공간에서 조선어로 글을 쓴 이광수는 이런 종류의 고민을 했을 터, 조선인이며 이중어 글쓰기의 상황에 처해 있다는 자기의 특수한

337 이 진술은 라틴어가 근대 이전의 언어였다는 점에 관계한다. 타자들의 교류로 생성하고 소멸하는 보편 제국들은 근대 이전에 역사적으로 존재했다. 라틴어의 보편성과 근대국민언어에 관한 논의는 다음을 참고할 수 있다. Bloomer, Martin, ed, *The Contest Of Language : Before and Beyond Nationalism*, Notre Dame, Ind.: University of Notre Dame Press, 2005.

338 야콥 부르크하르트, 《이탈리아 르네상스의 문화》, 이기숙 옮김, 한길사, 2004, p.276/pp.326-7 참조. 다른 서양 근대 국어들이 모두 보편성을 지녔다고 말하는 것은 아니다. 또 단테의 보편성을 그대로 인정하는 것도 아니며, 단테의 보편성이 근대에 속한다는 것도 아니다. 근대 국어들이 보편성을 지닌 것처럼 보이는 것은 서구 근대문명이 낳은 제국적 속성과 효과에 기인하며, 단테의 보편성은 거기서 벗어나 있는 것으로 재조명하는 한에서 인정될 수 있다. 그 재조명은 독자의 위치, 즉 단테를 수용하는 특수한 타자의 위치에서 이루어져야 한다. 그것이 단테의 특수성이 라틴어의 보편성을 전유하는 과정과 원리를 설명해 준다. 이에 대한 논의는 졸고 〈동아시아에서의 단테의 수용과 변용을 통한 문학의 보편성과 근대성〉(《문학과 경계》 2006년 겨울호, 제23호, pp.77-96)을 참고할 수 있다.

맥락에서 일본어가 선양한 (가짜) 보편성을 비판적으로 전유하려 했던 것으로 보인다. 이광수가 주장한 조선어의 해방은 중국과 일본에 대한 것으로 나타났다. 우선 중국으로부터의 해방은 하나의 속어화의 과정으로 이루어졌는데, 그러나 실제로 속어보다는 국한문체의 사용이 개입되었다. 이는 국문체로는 해방을 완수할 수 없기 때문이었고,[339] "신지식의 수입에 저해가 되겠음으로" 국한문을 쓰지 않을 수 없다는 현실적 판단[340] 때문이었다. 그럼에도 불구하고 그런 과정은 속어화 과정의 일부로 보지 않을 수 없다.

일본으로부터의 해방도 역시 일종의 속어화 과정으로 나타났는데, 조선어와 일본어의 혼용을 통한 타자화의 과정이 실질적으로 작용했다. 거기서 중국, 일본, 조선과 같은 근대 국민국가들의 기틀을 만든 혹은 거꾸로 근대 국민국가의 기틀 위에서 세워진 동질적이고 따라서 외부와 타자에 대해 닫힌 구조를 넘어서서 외부로 열리고 타자를 포용하는 보편적 언어의 사용이 가능했다. 이는 이광수의 '문학'과 맞물려 일어난 일로서, 동질화된 언어로부터의 해방이라고 할 수 있다. 보편언어가 예컨대 민족어 혹은 국어를 고집하는 또 다른 동일성의 고리에 함몰된다면, 보편언어는 거기서 다시 벗어남으로써 자체의 보편성을 유지하는 것이다.

결국 이광수는 중국과 일본으로부터 벗어나려는 노력과 경험, 그리고 의식을 고스란히 조선어 자체에도 적용함으로써 보편언어를 추구할 수 있었던 것이다. 단, 이 보편언어는 제3의 독립된 (국가) 단위의 언어가 아니라 비동일화의 과정 위에서 (어떤 국가의 언어든) 문학언어를 '사용'하는 그 자체를, 또는 그 생산물(문학 텍스트)과 그 해석들(비평, 사후적 읽기)을 가리킨다. 이러한 비동일화의 과정이 이광수의 문학이며 그 바탕을 이룬다.

339 임형택, 1999, 2000.
340 이광수, 〈今日我韓國文에 대하여〉, 《황성신문》 1910.7.24. ; 김윤식, 김현, 《한국문학사》, 민음사, 1973, p.150에서 재참조.

일본어로 글을 쓴 이광수의 경우는 좀더 복잡하지만, 그 역시 일종의 내파內破로 볼 수 있다. 다시 말해 일본어로 쓰면서 일본어가 실제로 터를 둔 가짜 보편성을 드러내 보여 주는 것을 말한다. 더욱이 "미정형의 유동체"[341]로서 일본어는 라틴어처럼 안정된 것이 아니었다. 제국의 언어로서 일본어와 제국의 방언으로서 조선어를 놓고 볼 때 일본어는 제국의 언어를 자처했지만 사실은 하나의 근대 국민국가의 언어, 즉 '국어'였다. 그러면서 조선어에 대한 가치적 우위를 주장하는 것은, 김윤식의 표현을 빌면, "논리적 사기술"이었다. 일본에서도 일본어가 단지 '국어', 즉 식민지 언어를 제압하는 공식 언어가 아닌가 하는 혼란이 일었으며 조선 지역 작가들의 혼란은 특히 더 심했다.[342] 이는 일본어가 조선 작가들의 내면에서는 조선어와 겨룸의 관계, 혹은 적어도 일본어가 그 자체로 보편성의 그릇이 되는지 실험의 대상으로 활용되었을 가능성을 의미한다.

이광수에게 일본어는 보편언어가 아니었다. 일본어는 식자층과 민중이 함께 쓰는 일본의 국어일 뿐이었다. 이광수가 보편언어로서의 일본어를 부정한 것은 국가적 단위에서 이루어졌다. 이는 단테가 이탈리아어로 라틴어를 대체한 것이 계급적 차원에서 이루어진 것과 대조적이다. 단테에게 라틴어는 중세라는 한 시대와 유럽을 대표하는 언어였으며, 식자층이라는 한 계급을 대표하는 언어였다. 반면 이광수에게 일본어는 다양한 계급으로 혼합된 구성물로서의 한 국가를 대표하는 언어였다. 물론 일본에서도 근대화 과정에서 국가를 주도하던 계급도 있었고 국민이라는 단위가 단지 국어를 사용하도록 호명된 경우에 지나지 않았을 수 있지만, 어쨌든 일본어는 일본이라는 국가를 대표하고 전 국민을 포괄하는 초계급적 성격을 지녔다. 따라서 보편언어에 대한 단테의 부정 혹은 전유는 계급적이고 그의 목표는 지식

341 김윤식, 2004, p.365.
342 김윤식, 2004, p.364.

의 대중화였던 반면, 보편언어에 대한 이광수의 부정 혹은 전유는 국가적 단위에서 이루어졌으며, 그래서 그의 목표는 국가와 민족을 초월하여 지식을 전파하는 것으로 볼 수 있다. 이는 일본의 제국성이 보편적이 아니라 조선의 주변부성처럼 단지 하나의 특수한 경우라고 인식하는 것으로 연결된다. 진정한 보편언어에 대한 이광수의 추구는 이렇게 특수한 경우들이 서로를 타자로 놓고 인정하며 대화의 상대로 삼는 국면을 설정하는 것으로 시작되었다. 그것은 타자를 인정하는 이광수의 위치도 또한 타자로 만들어 놓고 봄으로써 자기중심주의에 빠지지 않고 동일성의 해체의 출발점으로 서게 하는 것이었다.

조선어에도 제국성이 스며들었고 일본어에도 주변부성이 존재했으리라는 추정도 가능하다. 국가의 문학을 형성하는 과정에서 그러한 혼종 상황이 어떤 영향을 주는지 검토하는 것은 이중어 글쓰기 방식이 문학의 문제와 관련하여 우리에게 주는 각별한 의미다. 그런 면에서 이광수의 '문학'의 가치는 일본어가 지닌 속어로서의 성격, 즉 일본어는 단지 일본의 국어라는 의식을 보편성을 전유하는 발판으로 삼았느냐의 여부를 갖고 측정할 수 있다. 선취하여 말한다면, 최재서가 "조선어가 고민의 종자"[343]라고 말한 그 뜻이 이광수의 일본어 창작의 내적 배경으로 그대로 삽입된다. 즉, 그 "고민"의 내용(시대적 상황과 대결하기)이 일어 창작에서도 고스란히 반영되는 것이다. 조선어 창작과 달리 일본어 창작에서 그 "고민"은 보편어로 보인 것의 특수성을 인식하고 그것을 보편어로 보인 것의 특수한 언어로 표현하는 과정에서 보편어를 배제하는 동시에 전수하는, 전유의 절묘함을 내보인다.[344]

343 최재서, 〈편집후기〉, 《국민문학》 1942년 5·6월 합병호.

344 여기서 "보편어로 보인 것"이란 진정한 보편어가 아니라 보편을 가장한 지배 언어를 말한다. 보편을 가장한 지배 언어는 다수를 배제한다. 이에 대해 속어는 일상 언어이고 익숙한 언어이며 체화된 언어를 가리킨다. 이념이 깃든 제도적 언어로서의 국어와 구별된다. 진정한 보편어는 속어의 사용에서 구성될 수 있다.

그것은 일본어 자체를 부정하거나 그 승리를 인정하거나 하는 것이 아니라 일본어에 깃든 동질화된 구조 자체를 부정하는 의식이 이광수에게 있었다는 것으로 설명할 수 있을 것이다. 그 의식은 특수로 남는 것(형식은 일본어 보편이되 정신은 조선이라는 특수)의 모색으로 나타났다. 말하자면 특수로 남는다는 것은 동질화된 언어 공간과 가짜 보편, 그 둘에 대한 부정이 진정한 보편을 생산하는 구도와 통하는 것이다.

이광수의 역전(뒤집기). 단테가 이탈리아어로 그랬듯, 이광수는 조선어에 더해 일본어를 또 하나의 새로운 표현 수단으로 채택한다. 그것이 일본어가 대세가 된 시대적 상황에 굴복한 것이 아니라, 그러한 어려운 시대에서 수행한 문학의 자발적 모색과 수용의 결과라고 본다면, 그 내부에는 분명 저항을 심고 있을 것이다. 말하자면 인정함으로써 거부한다는 것인데, 이는 단테가 수행한 중세어(라틴어)의 전유를 뒤집은 꼴이다. 단테가 라틴어의 외부를 인식함으로써 라틴어의 보편성을 수용했다면, 이광수는 거꾸로 일본어를 수용함으로써 일본어의 외부를 인식하고자 했다. 이광수는 보편으로 보인 것을 받아들임으로써 보편의 욕망을 거부하고 특수로 남고자 했던 것이다. 그 특수의 자리에서는 저항과 자기부정이 작동한다. 이광수의 일본어 창작은 그의 조선어 창작만큼이나 '속어의 승리'로 봐야 할 텐데, 그것은 바로 (조선어의 경우처럼) 저항의 언어의 탄생이라는 점에서 그러하다.[345]

속어의 진정한 승리는 속어'들'의 승리라고 말할 수 있어야 한다. 즉, 속어들의 연대와 그 횡단적 소통에 기초한, 그들의 상호이질성의 인정과 장려 위에 서는, 그럼으로써 서로 대화의 관계를 맺는 것 자체를 뜻한다. 다시 말해,

345 여기서 통국가란 계급의 연대라기보다는 국민의 연대, 즉 국가들의 연대에 더 가깝다. 그런 측면에서 나중에 국민문학들이 보편의 무대로 '함께' 나아간다고 말하려 한다. 그런 의미에서 이광수의 민족주의를 저항적 민족주의라고 정의할 수 있다. 여기서 진정한 탈민족주의도 가능하고 제 의미를 확보한다. 세계문학도 그런 의미다. 세계문학은 국민을 생략한 일반문학이 아니라 국민문학들 사이의 소통과 연대의 과정이다.

하나의 속어와 그에 기초한 국민문학이 다른 속어와 국민문학에 관계하면서 자체의 동일성에 저항하고 그를 부정함으로써 복수의 보편성이라는 원리 위에서 보편의 무대로 함께 나아가는 것을 가리킨다.

속어들의 승리는 이광수에게서 세 국어들 사이에서 이루어졌다. 조선어와 중국어 사이에서 이광수는 전반적으로 '의지'를 통해 조선어를 '선택'한다. 그것이 속어화의 첫걸음이었다. 이에 비해 조선어와 일본어의 관계는 '협상'의 특징을 띤다. 협상의 맥락에서 이광수는 특수어로서의 조선어와 보편어로서의 일본어의 '공존'을 모색한다. 이런 전체 과정 속에서 그의 속어는 단일하지 않으며 다중의 구조를 하고 또 시간에 따라, 상황에 따라, 가변적인 양상으로 나타난다.

이광수는 세 국어들 사이에서 선택과 협상, 포용의 단계로 진행하면서 국어와 국어의 대립을 녹이는 속어화의 과정을 이루어 나갔고, 그 과정에서 속어 문학언어를 창조하기에 이른다. 조선어가 이광수가 의지意志했던 속어라면 일본어 역시 그가 의지했던 속어였다. 그런 가운데 이광수는 '국민문학'이 아니라 '문학'을 실천하려 했다. 그의 속어 문학언어는 조선어와 일본어 둘 중 하나를 선택하기보다는 협상, 나아가 포용적 공존을 통해 세계시민주의적 속어의 단계에 올라선다.

협상과 공존의 단계에서 중요한 것은 타자의 속어를 '하나의' 속어로 인정하는 것이다. 이를 일본어의 경우에 대입하면, 일본어를 보편어가 아니라 하나의 특수한 속어로 인식하는 것을 뜻한다. 이광수는 1909년에 처녀작 〈사랑인가〉를 일본어로 썼다.[346] 이어 1915년에는 30회 정도의 기행문 〈五道踏

346 《白金學報》 1909. 12. 〈사랑인가〉는 "신구 사상의 대립이 현저하던"(김윤식 편역, 《이광수의 일어 창작 및 산문선》, 역락, 2003, p.223) 시대에서 동성애를 다룬 것으로도 해석된다. 이는 역설적으로 계몽의 의지로 연결된다. 왜냐하면 동성애라는 주제는 당시의 가부장제를 다시 생각하게 해 주는 모티프로 작동할 수 있었기 때문이다.

破〉를 일본어로 써서《경성일보》에 연재한다. 말하자면 일본어와 조선어의 창작을 처음부터 병행한 셈이다. 그에 대한 심정을 나중에 이렇게 회고한다. "어떻게 써야 할까, 모르기 때문이지요."[347]

처음부터 이광수는 창작 방법과 매체(언어)에 혼란을 느꼈던 것 같다. 그는 일본어 창작의 근본적 한계를 분명 인식하고 인정한다.[348] 그러나 이중어 글쓰기 공간이라는 협상과 공존의 시기(1942-45)에는 조선어의 부재로 인하여 어떤 의식이 있었을 것이다. 어쨌든 이광수 문학의 출발과 귀결에서 일본어 창작이 있었고 그에 대한 고민도 있었다. 가능하지도, 잘 할 수도 없다는 고백. "외국인이 그 흉내 내기가 가능할까 어떨까는, 근본적으로는 의문을 갖고 있습니다."[349] "금년에 들어 저도 국어(일본어) 작품을 4, 5편 썼지만 이런 것은 쓸 것이 아니라고 생각했습니다. 아무래도 말솜씨가 나오지 않아서…"[350] 이러한 고민들은 적어도 이광수의 문학이 시종일관 한 가지의 국어나 국어의 사상에 의해 관리되지 않았음을 말해 준다.

사실 한 국가 안에 사는 한 국민이 반드시 하나의 동일한 국어를 사용한다는 생각은 단지 근대 국민국가의 성립 과정에서 기획된 혹은 상상된 하나의 이데올로기일 뿐이다.[351] 한 국가의 문학언어가 그러하듯, 하나의 국어는 다양한 언어들의 중층적 구조로 지탱된다. 앞에서 보았듯, 하나의 국어라고 해서 억센 동일성을 유지하는 것은 아니다.

이연숙에 의하면, 국어는 "일본인의 정신적 혈액"이라는 우에다 가즈토

347 《조선화보》 1944.1.; 김윤식 편역, 《이광수의 일어창작 및 산문선》, p.226.
348 "국어(일본어)로 소설을 쓰고자 하는 것 자체가 도대체 무모하니까요." 위의 책, p.226.
349 위의 책, p.227.
350 위의 책, p.228.
351 "국어라는 표현은 그 자체는 '정치적 개념'이면서도 실은 그 정치성을 은폐하고 언어를 자명화하며 자연화하는 작용을 띠고 있다." 이연숙, 《국어라는 사상—근대 일본의 언어 인식》, 고영진, 임경화 옮김, 소명출판, 2006.

시上田萬年의 선언은 사실상 일본의 국민국가 수립에 일본어가 동원되었다는 선언이다.[352] 뒤집어 보면, 이광수가 그러한 일본어를 '국어'로 인정하는 이면에는 일본어가 '국어'로서 동원되는 상황에 대한 역설적 참여, 반어적 참여가 자리한다. 달리 말해, 이광수가 '국어'로 인식한 일본어는 근대 국민국가로서의 일본이 확장된 형태인 제국의 언어였다. 이광수에게 '국어'는 일본어이기도 했지만 조선어이기도 했기에 그 이중적인 인정은 이광수의 언어를 '국어'로부터 놓여나게 했던 것이다. 이는 제국에 대한 저항이며 동시에 식민지 언어에 대한 저항이었다. 이러한 이중적인 저항에서 이광수는 "국어라는 사상"에 물들지 않고 국어의 동일성을 계속해서 유보할 수 있었다.

정리하면, 이광수의 속어 문학언어는 중국어－조선어－일본어라는 언어 다양성의 상황이자 조건에서 자기 부정과 저항의 동력에 힘입어 의지(선택)의 단계에서 시작하여 협상(공존)의 단계에서 포용(초월)의 힘을 발휘했다. 의지의 단계에서 이광수는 중국어 대신에 조선어를 선택했으며 협상의 단계에서는 조선어와 일본어의 공존을 의도했다. 그 공존의 방법은 두 국어를 초월하는 것이었다. 이는 이광수가 조선어와 일본어 어느 것 하나의 승리를 인정하는 것이 아니라 그 둘 각각에 깃든 동질화된 구조 자체를 부정하는 의식을 가졌다는 것을 뜻한다. 그 의식은 특수로 남는 것의 의미를 모색하는 것으로 나타났다.

특수로 남는다는 것은 동질화된 언어 공간의 지양을 통해, 그 외부의 인식을 통해, 그 외부로의 열림을 통해, 보편을 지향하게 해 준다. 이광수는 조선어와 일본어 모두를 '자신의 속어'로 사용함으로써 속어란 하나의 특수한 것임을 보여 주고, 그런 횡단적 과정에서 자신의 속어의 외부를 인식함으로

352 이연숙에 따르면 우에다 가즈토시 이전에는 '국어'라는 개념이 존재하지 않았다. '국어'라는 개념과 제도는 일본이 근대국가를 스스로 만들어 가는 과정에서 창안해 낸 하나의 작품이자 픽션이었다. 위의 책 참조.

써 그 속어가 세계시민주의의 성격을 지니도록 만든 것이다. 적어도 그런 측면에서 이광수의 문학을 다시 들여다볼 이유와 의미는 충분히 존재한다.

헨리 임의 지적대로, 내선일체는 외부화와 내적 배제가 결합된 양가성을 드러낸다. 내부〔內〕로서의 일본은 외부로서의 조선〔鮮〕을 배제한다. 하지만 동시에 이 외부(조선)는 언제나 이미 그 자리에 내부와 함께 있어야 한다.[353] 그렇다면 이광수가 동질화된 언어 공간의 외부를 인식 혹은 인정하고 그것을 향해 스스로의 문학을 열었다는 것은 내선일체의 논리처럼 외부를 배제하는 동시에 통합하는, 제국적 민족주의인가, 아니면 내부를 배제하면서 혹은 동일성을 견제하면서 외부의 이질성을 포용하는 보편적 민족주의인가? 틀림없는 것은 내선일체가 식민자와 피식민자 양자로 구성된, 즉, 조선인의 열등함과 일본인의 우월함이 서로 맞물리는 가운데 구성된 것이라는 사실이다.[354]

반면 이광수의 비동일화는 내부와 외부를 하나의 범주로 합치기(동일화)보다는 각각의 주권을 인정하면서 동시에 부정하는, 전략적 반본질론에 가깝다.[355] 구체적으로, 민족을 주장하되 언어의 망명, 정치적 소수자, 문화적 다원주의의 목소리를 높이는 것, 그리고 이를 민족의 틀 내에서 수행하는 것이다. 여기서 민족은 해체와 재구성의 과정 그 자체로 존재한다. 그 구체적 의미는 아마 민족주의와 제국주의의 경합 그 자체의 작동을 유지하려 한 것에서 찾아야 할 것이다 그것이 바로 이광수의 문학을 '다시' 생각하게 해 주는 하나의 유력한 가설이다.

353 헨리 임, 〈신채호의 역사서술〉, 《한국의 식민지 근대성》, p.491.

354 위의 글, p.492. 결국 일본 식민당국은 한국인을 피지배자와 주체라는 뜻을 동시에 지닌 신민subjects으로 만들면서 지배하고자 했다(위의 글, p.492). 이는 동일성의 반복적 오류에 해당한다.

355 전략적 반본질론에 대해서는 2장을 참조할 것.

5.5. 문학이라는 기표

자기부정과 비동일화 위에서 형성된 이광수의 속어를 세계시민주의적인 것으로 판단하는 것은 그의 '문학'을 전면화함으로써 가능하다. 그렇다면 이제 남은 문제는 이광수의 속어 문학언어가 실현된 예를 제시하는 것이다. 이를 이광수가 제출한 문학의 개념과 그의 문학 텍스트의 두 가지 측면에서 살펴보자. 나의 목표는 이광수 문학의 이데올로기적 정의가 아니라 문학의 실천이 어떻게 이루어졌는지 보자는 것이다. 문학 자체가 비동일화의 과정이기 때문에 이광수의 문학이 진정한 '문학'에 어느 정도 다가서는지 보려는 것이다. 이런 논의는 '친일'의 문제보다는 '근대'와 '한국', 그리고 궁극적으로 '보편'의 문제들에 더 관여한다.

언어들의 관계를 한 언어가 다른 언어를 불가피하게 이겨야 하는 전쟁 같은 것으로 이해할 필요가 없다. 이것이 복수 언어적plurilingual 환경에 처한 이광수의 문학을 들여다보는 전제다. 비록 이광수가 늘 최고의 언어를 구하고자 했지만, 결과는 복수의 언어들 사이의 긴장을 끊임없이 유지하는 것이었다. 나는 바로 이 긴장에 주목하고자 하는 것이다.

지금까지 살펴본 속어화는 결국 타자화[356]의 원리 혹은 과정 위에서 이루어진다고 말할 수 있다. 타자화가 과연 이광수의 문학에 어떻게 반영되어

356 타자화의 개념에 대해서는 서문에서 정리했다. 다시 요약하면, 오리엔탈리즘의 단계에서 타자는 이질적이고 낯선 것으로 그에 대한 인식이 가능하지 않은 한편, 제국의 단계로 나아가면 타자가 더 이상 타자가 아닌, 동일성의 거대 체제로 흡수된다. 이것이 타자화의 한 효과인 반면, 우리는 이제 타자의 위치를 다시 살려 내야 한다. 이것이 타자화의 다른 효과일 텐데, 타자가 동일화로 흡수되는 것이 아니라 동일성을 해체하는 것을 의미한다. 그것은 타자를 타자로 인정하고 타자를 대화의 상대로 삼는 것을 말한다. 또한 타자를 인정하는 주체도 타자로 봄으로써 주체를 고착된 자기중심에 빠지지 않고 소통의 출발점에 서게 만드는 것을 말한다. 이러한 타자화의 반복되는 연속적 과정에서 동일성은 계속해서 해체된다. 그 과정에서 특수한 타자의 위치는 끝없고 끊임없는 비동일화를 통해 복수複數의 보편들을 상정하며 스스로를 보편의 위치에 놓을 수 있게 된다.

있으며 그것이 이광수의 문학을 평가하는 데 어떤 작용을 할 수 있는가? 이광수가 제출한 문학의 개념을 검토하고 그의 문학이 '문학'을 실현하는 가능성을 검토하면서 그 대답을 찾아보려 한다.

이광수가 생각한 문학의 개념은 조선문학과 일본문학을 서로 타자화하는 구도에서 바라볼 수 있고, 그 지향점은 국민문학, 즉 근대 국민국가의 산물로서의 문학이 아니라 그것을 부정하고 또한 포괄하는 더 보편적인 가치를 지니는 세계시민주의적 문학이라고 이해할 수 있다. 다시 말해 이광수가 생각한 문학은 조선문학과 일본문학이라는 동일성의 범주들을 넘어서서 문학 자체의 보편성을 추구한다고 전망할 수 있다. 이광수는 문학을 사유하고 정의하는 새로운 방식을 다음과 같이 제안했다.

> 금일, 소위 문학이라 함은 서양인이 사용하는 문학이라는 語義를 취함이니, 서양의 Literatur 혹은 Literature라는 語를 문학이라는 語로 번역하였다 함이 적당하다. 고로, 문학이라는 語는 재래의 문학으로의 문학이 아니요, 서양어에 문학이라는 어의를 表하는 者로의 문학이라 할지라.[357]

서양에서 문학이 가리킨 "어의"가 무엇이었는지를 살피는 작업[358]이나 이광수가 서양의 문학 개념을 "情의 분자를 포함한 문장"[359]으로 정의함으로써 전통적인 문의 개념에서 벗어나 새로운 정서적 영역의 글쓰기로 나아갔다는 분석[360]은 앞서 이루어졌다. 나는 이광수의 문학의 정의가 기표의 유희[361]를 부추기고 있음을 주목하고자 한다. 기표의 유희는 그 기의를 자유롭

357 이광수, 〈文學이란 何오〉, 《전집》 1, 삼중당, 1962, p.507.

358 황종연, 〈문학이라는 譯語—'文學이란 何오' 혹은 한국 근대문학론에 관한 고찰〉, 《동악어문논집》 32집, 1997, pp.457-480.

359 이광수, 〈문학의 가치〉, 《전집》 1, 삼중당, p.504.

360 김현주, 〈공감적 국민=민족 만들기〉, 《작가세계》 2003 여름, 통권 제57호, pp.65-79 ; 김현주, 《이광수와 문화의 기획》, 태학사, 2005.

게 풀어헤친다. 여기서 말하는 기표의 유희는 특히 번역 과정에서 일어나는 변용에 더 관계한다. "문학은 번역어"라는 이광수의 진술에서 'literature'라는 기호를 쓰는 타자를 인식하고 그와 함께 '문학'이라는 기호를 쓰는, 그러나 그것이 번역된 것, 즉 타자의 것을 빌린 것임을 인식함으로써 자신을 타자로 의식하는, 타자화의 작용이 일어난다. 문학의 기표가 자유롭게 떠다니는 공간이 근대화의 시기였다면, 그 기표는 근대와 충돌하거나 근대를 견제하고 극복하고 변용하는 등의 현상이 나타났을 것이다. 더욱이 문학이라는 기표가 그 기의의 고정을 허용하지 않는 것은 문학의 심미화의 효과로서, 기표의 유희와 근대의 심화적 극복을 가속시키는 효과를 낸다. 만일 이광수가 기표의 유희를 하고 있었다면 (혹은 그랬던 것으로 해석할 수 있다면), 그가 써 놓은 문학이란 기표는 문(학)이라는 동아시아의 전통적 기의를 풀어헤칠 뿐 아니라 "서양에서 문학이라는 어의를 표하는 자"가 지닌 기의도 풀어헤칠 것이다. 이광수가 그것을 했던가?

문학에 주목할 때 우리는 그에 대한 긍정적인 대답을 내릴 수 있다. 이광수에 대한 "문학적 접근"을 강조하고 옹호하는 흐름과 더불어 문학의 보편적 개념 자체에 대한 성찰에 주목하고자 한다. 황종연은 이광수가 "문학의 심미화"를 통해 문학이 "전통적인 문의 전체성에서 분리되어 자율적이고 독립적인 예술로 성립"되도록 해 준다고 평가한다.[362] 더 나아가 나는 이광수가 문학을 심미적 차원에서 이해함으로써 문학이 전통을 부정할 뿐만 아니라 자체를 부정하는 본성을 지녔다는 점을 의식했을 것으로 본다.[363]

361 "기표의 유희"라는 말은 자크 데리다의 철학에 뿌리를 두는 개념이다. 그것은 "끝없는 기표들의 미끄러짐이나 차연, 보완성과 같은 텍스트의 모습들에 의거하여 궁극적 존재와 기원의 해체를 꾀하는 것"이다. 졸저, 《열림의 이론과 실제—해석의 실천과 윤리의 지평》, 소명출판사, 2004, p.52.

362 황종연, p.470. 이는 주정주의, 즉 "욕망하고 감각하는 인간, 육체를 가진 인간의 자기회복" (같은 글, 461)을 통해 개인성과 감수성을 강조하는 것과 연결된다.

'조선문학'의 이념은 전통으로서의 중국을 타자로 간주함으로써 중화적 보편주의로부터 해방된 것이기도 하지만, 그보다 더 중요하게 봐야 할 이광수의 효과는 조선문학이라는 특수한 문학을 통해 문학의 자율적 가치를 구축했을 가능성이다.

이와 함께 이광수의 '문학'은 근대와 국민을 특수한 것들로 바라보게 해준다. 황종연이 지적하듯, 이광수는 〈文學이란 何오〉에서 문학에 관한 새로운 담론을 문학의 심미화와 조선문학의 이념 두 가지로 표현했으며, 이는 이광수 문학론이 근대적인 성격을 갖도록 해 주는 요소들이다. 근대와 국민, 그리고 문학에 관한 새로운 담론은 문학이라는 역어가 펼쳐놓은 담론적 가능성 속에 내재해 있었다.[364] 그런데 이광수의 문학론이 근대와 국민의 새로운 담론이 펼쳐지는 장이라고 할 때, 중요한 것은 그 펼쳐짐이 근대와 국민을 절대적인 것이 아니라 특수한 것으로 보는 방식으로 이루어진다는 점이다. 즉 근대와 국민에 관한 담론은 하나의 타자로서의 위치에서 펼쳐지며, 그 위에서 근대와 국민은 또 다른 타자의 위치에서 바라본 타자적 개념들로 인식되는 것이다.

이광수가 중국을 타자로 놓으면서 조선문학의 특수성을 인식했던 것은 문학과 국민에 대한 근대적 인식의 효과라고 할 수 있다. 한편 조선문학의 특수성은 (일본)국민문학의 문제와 관련시키지 않을 수 없다. 〈文學이란 何오〉(1916)에서 이광수는 조선문학을 중국에 소속되었던 위치에서 구출하지만, 〈文學의 國民性〉[365](1939)에 가면 국민문학(일본문학)에 다시 소속시킨다. 그런데 조선문학을 국민문학에 소속시키는 것은 조선문학의 사라짐을 의미

363 이 의식은 〈文學이란 何오〉의 글에서만 발견될 것이 아니라 이광수의 문학 전체를 관통하면서 추상되어야 할 무엇이다.

364 황종연, p.471.

365 이광수, 〈文學의 國民性〉, 《경성일보》 1939.11.14, 16-17 ; 《친일문학전집》, 이경훈 편역, 평민사, 1995, pp.54-59. 이 글은 이광수가 내선일체를 주장한 친일파라는 딱지를 붙이는 데 기여한다.

하지 않는다. 일본문학에 속한 것으로서의 조선문학. 그것이 이광수가 조선문학에 부여한 '새로운 위치'였던 것으로 이해한다면 그 새로운 위치에 선 조선문학이 담당할 수 있는 일은 국민문학을, 또 자체를, 하나의 타자로 만드는 것일 것이다.

따라서 〈文學이란 何오〉에서 발생한 조선문학의 구출의 효과는 중국을 타자로 만들어 바라보면서, 그렇게 바라보는 위치에 선 조선문학 자체도 타자로 만들어 바라볼 수 있었다는 점이다. 중국은 중화사상으로 인해 그 중심이 굳건하게 서 있던 상황이었기에 거기서 조선문학을 빼내어 독립된 타자적 위치를 구축한다는 구상은 이해하기 어렵지 않다. 그러나 조선문학을 일본문학에 속하게 하면서 동시에 일본문학을 타자로 만들고 자체도 타자로 만든다는 구상은 더 복잡한 얘기다. 복잡하지만 분명 이광수는 그것을 보여주고 있다.

〈文學의 國民性〉에서 이광수는 "국민성을 떠나서 문학은 없다"[366]고 선언한다. 여기서 말하는 "국민"이 일본을 가리키는 것을 생각하면 위의 진술은 (일본)국민문학에 (조선)문학을 가두는 것, 바꿔 말해 (일본)국민문학이 (조선)문학을 대표하게 하는 것으로 보인다. 일찍이 〈文學이란 何오〉에서 표출된 (조선)문학의 독립성에 비추어 볼 때 부조리한 진술이다. 〈文學이란 何오〉에서 '문학'은 타자를 허용하는 하나의 장소이자 과정으로 제시된다. 조선인의 자아가 국문(조선문)을 전용함으로써 만들어졌다는 것은 국문(조선문)을 전용하지 않는 다른 국민의 자아의 존재를 인정한다는 전제를 동반하기 때문이다. 단 〈文學이란 何오〉에서 말하는 조선문학의 독립성이란 타자의 위치를 말하는 것이지 그 자체로 타자화의 과정을 포함하는 것은 아니다. 다시 말해, 타자 자체는 여전히 혹은 아직까지 동일성의 구조 위에 구축되어 있으며,

366 위의 글, p.59.

다른 타자와의 대화적 관계에 들어가지 않는 이상 동일성을 지속시키는 개별적인 혹은 배타적인 존재로 남아 있게 되는 것이다.

그러므로 〈文學이란 何오〉에서 조선문학을 개별화되고 특수화된 개념으로 띄워 올린 것은 조선문학의 동일성(혹은 동일화된 자기 정체성)의 구축과 다르지 않았다고 볼 수 있다. 그런 조선문학이 이제는, 즉 〈문학의 국민성〉에서, "일본 국민문학의 일부"가 되어야 한다는 주장은 조선문학이 작은 범위라면 일본 국민문학은 조선문학의 외부로서 더 큰 범위에 있다는 의미로 해석할 수 있다. 이는 조선문학의 동일성의 외부, 즉 일본 국민문학을 인식한다는 말이기도 하다. 외부를 인식하는 것은 동일성에서 벗어나는 계기이며 인식 주체와 대상을 각각 타자로 놓고 대화적 관계를 구축하는 전기轉機를 말한다. 이런 식으로 타자를 허용한다는 것은 거꾸로 자신도 그 타자에 대해 또 하나의 타자라는 것을 인식한다는 말이다.

외부의 인식은 또 소속(의 정체성)과 관련하여 살펴볼 수 있다. 무릇 문학은 소속감에 대한 특별한 척도를 제공한다. 문학을 한다는 것, 즉 누군가 어떤 한 장소에서 창작을 하거나 읽고 해석을 한다는 것은 그가 그 장소에 소속되어있음을 선언하는 것이다. 이광수는 조선문학과 일본 국민문학을 "범위"에 의거하여 규정한다.[367] 조선문학이 일본 국민문학에 속한다는 것은 조선문학이 일본의 "범위" 안에 있다는 말이다. "국민성을 떠나서 문학은 없다"고 말할 때, 그 "국민성"이란 무엇인지 이와 관련하여 물을 필요가 있다. "국민성"이 일본 국민을 함의하는 것이 확실하다면, 그 안에 이른바 조선 국민이 속해 있다는 것도 확실하다. 그런데 일본 국민이라는 개념이 조선 국민을 포함함으로 인해서 일본 국민의 원래 개념의 변용을 동반한다면, "국민성"은 조선과 일본 국민을 포괄하고 그를 넘어서 존재하는 더 큰 개념을 가리킬 수 있다.

367 〈조선문학의 참회〉(《每日新報》 1940.10.1. ; 《친일문학전집》, 이경훈 편역, 평민사, pp.120-3)에서도 조선문학을 '범위'를 통해 기술된다.

이는 이광수에게 조선 국민과 일본 국민이 각각 타자들이라는, 타자화의 인식을 가능하게 하는 과정 혹은 공간이 아니었을까? 이러한 타자화의 인식은 문학의 새로운 담론과 소위 이중어 글쓰기의 공간 사이에 어떤 소통의 회로를 놓을 때 더 명확하게 드러날 수 있지 않을까? 이광수의 심미적 저항은 문학을 근대와 국민에 의거하여 정의내리는 폐쇄성과 배타성을 열게 해 주지 않을까? 그 저항이란 동일화에 대항하는 것이라고 보고, 그를 통해 그의 문학과 나아가 한국 근대문학을 보편성의 차원에서 논의할 수 있지 않을까?

이광수의 '문학'은 문학을 이러한 자기부정, 자기초월, 비동일화의 과정으로 이해하게 만드는 힘을 내재한다. 이런 방식으로 국민의 배타적 효과가 '문학'에 의해서 치유된다면, 이 '문학'은 타자의 자리를 인식하고 타자들 사이의 소통을 장려하는 이른바 타자화의 과정임에 틀림없다. 이런 논리를 연장하여 이광수의 문학론이 조선문학뿐만 아니라 일본 국민문학의 외부를 상정했다고 본다면, 그것은 범위와 소속의 정체성을 초월하여 존재하는 '문학'이었을 것이다. 이것이 이광수가 〈文學이란 何오〉부터 〈文學의 國民性〉까지 가로지르면서 역설적으로 혹은 잠재적으로 지향했던 문학이었을 것이다.

이제 남은 문제는 그의 문학이 구체적으로 어떤 문학 과정을 통해 발현되어왔고 우리에게 도달했는지, 그 발산의 과정을 추적하는 일이다. 그것을 나는 이광수의 텍스트들을 서로 연결하여 그들이 이루는 소통의 회로를 점검하는 작업을 통해 고찰하려 한다.

5.6. 문학의 승리

5.6.1. 소통과 연결—《무정》과 《원효대사》

《무정》[368] 하나만 놓고 보자면 《무정》에 나타나는 두드러진 계몽적 근대 추구의 의지는 타자를 생각하지 않는 증표이며, 그것이 《무정》의 문학적 가치를 감소시킨다는 것은 부정하기 힘들다.[369] 그러나 이광수의 문학의 여정 전체를 놓고 보면《무정》은 타자화를 출발시키는 거점으로 생각할 수 있다.

《무정》에서 제시되는 '무정'의 원인은 크게 두 가지로 나눌 수 있다. 하나는 형식의 무정이다. 그것은 주로 기생이 된 영채를 의심하고 잊고 소외시킨 것으로 나타난다.[370] 다른 하나는, 형식의 그것에 비해 더 깊은 원인인데, 조선 민족의 전근대성과 그것을 자각하지 못하는 조선 민족의 현실이다.(347) 무정의 치유는 이 둘에 대한 대응으로 제시되는데, 그것은 각각 사랑과 계몽으로 선명하게 나타난다. 그런데 사랑은 그 궁극성에 대한 믿음(333)에도 불구하고 시종일관 계몽에 소속된다.

주로 형식을 빌어 묘사되는 사랑은 근대로 나아가는 과정에서 갖게 되는 무엇이다.[371] 형식의 사랑은 다른 이들의 사랑을 계도한다.(274) 예를 들어 영채는 자신의 사랑이 뭔지 모른다. 다만 "효와 정절이라는 일도덕률을 인생인 여자의 생명의 전체로 오인"(167)하여 자살을 감행하려 한다. 이 "오인"은 자살에서 벗어난 영채의 깨달음이 아니라 형식의 생각이다. 형식은 영채의 사랑의 실체뿐만 아니라 영채가 자살하려는 행동의 오류까지 분석한다. 그렇게 "이론으로는 영채의 행위를 그르다 하면서도 정으로는 영채를 위하여 울지 아니치 못하"(168)는 형식은 일면 갈등하는 문제적 주인공으로 볼 수 있

368《무정》은 1917년 1월 1일부터 6월 14일까지 126회에 걸쳐 당시 유일한 순한글 신문이자 일본 총독부 기관지였던《매일신보》에 연재되었다.

369 이런 평가는 백철의 언급에서 뚜렷이 드러난다. "《무정》에는 이 시대의 모든 민족적 사회적 도덕적 문제가 제시되어 이 시대의 사조를 일장대변한 작품이다. 이 작품은 전체가 민족정신을 계몽하고, 열렬한 이상주의자의 문학이다."(백철,《신문학사조사》, 민중서관, pp.64-5)

370 이광수,《무정》, 동아출판사, 1995. 이러한 형식의 심리와 행위가 "무정"이라는 용어로 직접 표현된 곳만 해도 다음과 같다. 171, 230, 240, 319, 335, 342. 379. 이하《무정》에 관련된 인용은 쪽수만 표시한다.

371 작가 이광수는 텍스트의 표면에 떠올라 그렇게 예고하고(325), 또 텍스트는 그렇게 결말지어진다.

으나, 그 갈등은 계몽을 향한 의지와 실천에 의해 쉽게 해결되고 묻힌다.

형식은 정에 기초한 전근대적인 사랑에 고민하지만 영채가 기생이기 때문에 합리적으로 이루어지기 힘든 사랑이라고 판단하고 선형과의 합리적 사랑으로 몸을 옮기며 계몽의 사명을 완수하는 길로 나아간다. 영채도 자신의 사랑의 전근대성을 딛고 계몽의 길로 나아가는데, 그를 원조하는 역할을 담당하는 사람은 병욱이다. 병욱은 기차에서 만난 영채에게 삼종지도를 폐할 것을 권하면서(275) 사람이 되자고 말한다. 영채는 자신의 사랑을 해소해버리고 "새로운 생활"로 나아간다. 이들은 텍스트의 결말에서 형식과 선영과 함께 계몽의 전위대에 합류한다.

사람이 된다는 것은《무정》에서 지배적으로 나타나는 근대적 계몽의 표현이다.[372] 영채가 죽음을 넘어서서 사람이 되는 것은 "제 뜻대로"(276) 사는 자유로운 개인이라는 근대적인 인간상을 가리킨다.[373] 이러한 근대적 계몽의 대상은 선형에게도 해당된다. 기차에서 영채를 만나러 간 형식을 기다리며 선형은 교육을 통해 어른이 되고 사람이 되는 것을 생각하며 "오늘에야 처음으로 사람의 맛을"(352) 본다.[374] 한편 영채를 데리고 있던 노파도 영채

372 마이클 신은 '사람'은 내면성interiority을 가리키며 이는 국민 정체성 수립의 필수적 조건이라고 분석한다. 여기서 국민은 사회라는 하나의 공동체의 근거가 된다. 따라서 한 개인의 내면성은 사회를 구성하는 기본 요소가 되는 것이다(Shin, Michael D. "Interior Landscapes : Yi Kwnagsu's 'the Heartless' and the Origins of Modern Literature", Colonial Modernity in Korea, Gi-Wook Shin and Michael Robinson, eds, Cambridge : Harvard University Asia Center, 1999). 개인에 대한 근대적 관념의 축으로서 '사람'은 감정의 교환, 일치, 통합을 바탕으로 형성되며, 이러한 '사람'들의 결합으로 구성되는 공동체가 바로 근대적 의미의 '사회'다(김현주,《이광수와 문화의 기획》, 태학사, 2005, p.125). 이광수 자신도《무정》에서 감정의 해방을 부르짖었다고 회고하는데, 그것은 곧 근대와 계몽의 지향과 다르지 않다. 이광수,〈조선문학의 참회〉, p.120.

373 김현주는 '사람'을《무정》에 나타난 근대적 개인의 한 면모로 보았다. '사람'은 모든 인간을 동일성과 유사성의 원칙 속에서 생각하게 만드는 개념으로, 인간을 일반화하고 추상화하며 일련의 보편적 특징을 가정할 수 있게 한다. 이는 사회적 영역과 대립하는 유일한 자아로서의 '개인'과 모순되는 개념이지만, 이 두 개념이 자율적인 근대적 주체를 구성한다(《이광수와 문화의 기획》, p.128).

안에 있는 '사람'을 봄으로써 과거의 잘못을 깨닫고 참회한다.[375]

'무정'은 영채를 잊은 형식과 전근대적인 상황에 처한 조선 민족을 표상한다. '무정'은 버려야 할 것들의 상징어이며 그 자리에 들어설 것은 '사람'으로 대표된다. 이것이 《무정》에서 제시되는 무정의 치유라고 할 텐데, 문제는 그 치유, 즉 '사람'의 개념이 미리 드높은 목표점으로 설정되어 그 아래에 있는 현실이 거기에 도달할 수 있을지에 대한 불확실이 텍스트 저변에 깔려 있다는 점이다. 텍스트의 결말이 이러한 불확실을 수면 위로 떠오르게 한다. 기차를 타고 유학의 길을 떠나던 형식과 선형, 영채, 병욱은 마침 홍수를 만나 정차한 역에서 수재민을 돕고 위로한다. 그리고 그들의 행위에서 커다란 미래의 희망을 본다.(354-377) 이 모호한 낙관주의와 지나치게 극적으로 설정된 사건은 텍스트의 대단원의 지표로 제시된다. 그에 직접 이어지며 불과 두 쪽을 할애한 대단원의 무대는 사 년 후의 미래로 옮겨지고, 그들의 성공적인 유학생활과 함께 조선 민족의 희망을 힘차게 전망하는 것으로 《무정》은 다음과 같이 종결된다.

> 어둡던 세상이 평생 어두울 것이 아니요, 무정하던 세상이 평생 무정할 것이 아니다.

---

374 이는 형식과 만나기 전에 사람이 되지 못한 선형과 대비된다. 작가는 이렇게 말한다. "그러나 선형은 아직 사람이 되지 못하였다. 선형의 속에 있는 '사람'은 아직 깨지 못하였다."(90)

375 "노파는 '세상'을 보는 외에 '사람'을 보았다. 영채의 따끈따끈한 입술의 피가 자기의 손등에 떨어질 때에 노파는 '사람'을 보았다. 노파는 이번 일의 책임을 전혀 인연과 팔자에 돌리지 못한다. 노파는 영채를 죽인 책임이 자기와 김현수에게 있는 줄을 알고 영채가 정절을 굳게 지킨 것이 영채 속에 있는 '참사람'의 힘인 줄을 깨달았다. 그러므로 노파는 '잠깐 울다가 얼른 눈물을 그치'지는 못한다. 노파의 이 눈물은 일생에 흐를 눈물이로다."(189) 이러한 계몽의 표현이 작가의 직접적인 목소리로 울려 퍼진다는 것은 텍스트의 장치뿐만 아니라 작가 자신이 계몽의 주체로 나서는 것을 의미한다. 사람이 되어야 한다는 작가의 계몽적 의지는 선형(90, 352)뿐만 아니라 텍스트 내에서 계몽의 주체로 등장하는 형식에게도 부과된다.(93) 이것이 《무정》의 소설로서의 특이한 형식이며 기법인지, 그것이 어떤 중층적 구조의 효과를 내는지는 더 자세한 고찰을 필요로 한다.

우리는 우리 힘으로 밝게 하고, 유정하게 하고, 즐겁게 하고, 가멸게 하고, 굳세게 할 것이로다.(379)

그러나 이렇게 "유정"한 미래를 전망하는 것은 '무정'하다. 계몽의 기획은 《무정》에서 이제 시작일 뿐인데, 그러한 계몽의 이상이 현실로 내려오며 쭈그러들 가능성은 전혀 언급하지 않은 채 일방적인 전망만 내놓기 때문이다. 그러한 일방성은 사실 텍스트의 전개에서 계속 드러난 계몽의 일방성의 여러 경우들의 귀결일 뿐이다. 작가는 계몽의 미래를 확신하지만, 그의 확신은 생물학이라는 뜻도 모르는 "불쌍한" 대중들로부터 멀리 떨어져 있는 듯하다.

그러나 듣는 사람 중에는 생물학의 뜻을 아는 자가 없었다. 이렇게 말하는 형식도 무론 생물학이란 참뜻을 알지 못하였다. 다만 자연과학을 중히 여기는 사상과 생물학이 가장 자기의 성미에 맞을 듯하여 그렇게 작정한 것이다. 생물학이 무엇인지도 모르면서 새 문명을 건설하겠다고 자담하는 그네의 신세도 불쌍하고 그네를 믿는 시대도 불쌍하다.(374)

놀랍게도 이러한 작가의 목소리는 같은 계몽의 주체들인 형식과 선형, 병욱, 영채를 향해 있다. 작가는 계몽의 군소 주체들을 불쌍히 여기는 또 다른 계몽의 대주체로 서 있는 것이다. 이것이 문제인 것은 계몽의 의지가 보호와 동정, 연민 혹은 그로 인한 분리의 눈길이라는 점이며,[376] 이 모든 것을 긍정하는 지점에 작가 이광수가 서 있다는 점이다.[377] 그 긍정은《무정》곳곳에서 직접 표출되며, 독자의 공감도 계도하려 든다. 형식의 높은 자리와 그보다 더 높은 이광수의 선각자의 자리는 소통보다는 계도하는 위치들로만 굳어질 뿐이다. 이렇게 볼

376 이는 형식이 계향과 함께 칠성문을 나서면서 만난 노인을 보고 생각한 내용에서도 엿볼 수 있다. pp.195-6.

377 이런 논지에 대해서는 다음 글을 참고할 수 있다. 권영민, 〈이광수와 소설 '무정'의 자리〉, 《무정》, 동아출판사, pp.437-449.

때《무정》은 타자를 고려하지 않는 '무정'의 굴레, 자기중심주의에 갇혀 있는 세계이며, 그로 인해 텍스트의 의도를 강요하는 형국을 빚어내고, 시공간적 맥락을 뛰어넘는 소통과 해석의 가능성을 원천적으로 차단한다고 평가할 수 있다.

《무정》을 맺는 모호한 낙관주의에 근거한 비현실적인 결말은《무정》자체의 '무정'성을 드러내는 역설적 효과를 자아낸다. 다른 한편, 이 역설의 효과를 허무주의의 동력을 적극적으로 생각하는 것으로 연결시킬 수도 있다. 그것은 냉엄한 현실 인식을 가리킨다. 다시 말해《무정》이 당시에 민족이 처한 암울한 현실을 적절히 재현한 가능성을 우리는 생각해 볼 수 있다. 즉, 당대 민족 현실을 '무정'한 것, 다시 말해, 영원한 타자로 고착된 상황으로 재현한 것이다. 단지 '사람'을 제시하는 시도는 민족 현실을 바꾸지 못한다는 작가의 냉엄한 현실 인식을 보여 주는 것이다.

주목할 것은 이광수의 문학에서《무정》이 고착화된 타자를 재현한 것으로 끝나지 않는다는 점이다.《무정》의 타자성이 텍스트 내부에서 일어나는 것이라면,《원효대사》[378]를 다른 한 축으로 삼고 바라보았을 때《무정》의 내부적 타자성은 '하나의 타자'로서, '다른 타자'를 상정하게 만드는 출발이자 축으로 그 위치를 다시 얻는 것이다. 이는 계몽의 근대를 하나의 특수한 타자로 놓는 것과 다르지 않다. 계몽의 근대를 궁극적이고 절대적으로 추구할 무엇이라기보다, 다른 단계로 넘어가거나 궁극적으로 그와 소통할 하나의 상대적인 단계로 인식하는 것이다. 다른 타자와 소통의 관계에 놓을 때《무

378《원효대사》는 1942년 3월 1일부터 10월 31일까지 186회에 걸쳐 역시《매일신보》에 연재되었다. 실질적으로 이광수가《원효대사》를 집필하기 시작한 것은 1941년 11월부터였다. 이때는 4년 5개월에 걸친 수양동우회 사건이 전원 무죄로 판결된 직후다.《원효대사》가 이광수가 친일의 모습을 보이는 시기에 쓰였음에도 불구하고 다른 '친일' 작품들과 다른 점을 내재한다는 근거로 이유진은《원효대사》와 거의 같은 시기에 쓰인 작품들(예로,《그들의 사랑》1941,《봄의 노래》1941)이 도중에 중단하여 미완성으로 끝난다는 점, 그것도 클라이맥스에서 중단한다는 점을 든다. 이유진,〈이광수 작품에 있어서 파계와 정조 상실의 의미—'원효대사'를 중심으로〉,《한국 근대문학과 일본》, 사에구사 도시카쓰 외, 소명출판, 2003, pp.576-7.

정》은 근대를 추구하면서 또한 근대를 초월하는 과정에 놓인 것으로 볼 수 있다. 그렇게 볼 수 있는 것은《무정》의 계몽적 근대의 한계가《원효대사》의 보살행에 의해 보정되기 때문이다.《무정》은 계몽적 민족주의와 근대주의에 문학이 압도되는 형국을 이루는 반면,《원효대사》에 나타나는 보살행은 그 모두를 포용하고 경합시키는 장으로서의 문학을 상상하게 해 준다. 그러므로 우리가 봐야 할 것은《원효대사》의 보살행이《무정》을 포용하는 형국이다. 이광수의 문학은《무정》으로만이 아니고《원효대사》로만도 아니며 그 둘을 가로지르는 것으로 우리 앞에 던져져 있다.

이와 관련하여《원효대사》에 대한 김윤식의 평가를 보자.

> 파계승 원효의 매력이 깃들인 곳, 이는 보살행으로 표상되는 대승불교에 대한 이광수의 행자로서의 온축과 불경에 대한 이해의 밀도에 비례하여 비로소 성립될 수 있었던 경지라 할 것이다.[379]

여기서 "경지"란 근대주의자 이광수가 근대를 실천하면서 보살행으로 나아간다는 뜻을 담고 있다. 김윤식은《무정》의 근대가 '국어의 일제 강점기'(1942-45)의 근대에 의해 억압되자 이광수는 주객일체의 논리(연속적 세계관)를 뛰어넘는 공空의 경지, 즉 보살행으로 나아감으로써 근대와《무정》을 포기하지 않으면 안 되었다고 본다.《원효대사》는 "한 근대주의자의 근대주의 포기에 대한 자기 정당화" 그 자체라는 것이다.[380] 그러나 반드시 근대와《무정》을 포기했다고 볼 필요는 없을 것 같다. 다만 그들을 억압된 기반으로 썼다고 볼 수 있다. 억압된 기반이란 포용의 대상이며 타자화의 출발이다. 다시

379 김윤식,《일제 말기 한국 작가의 일본어 글쓰기론》, 서울대학교출판부, 2003, pp.147-8.
380 위의 책, p.148. "파계승 원효가 바로 이광수임을 그는 '근대'에다 대치시키고 있었다. 근대의 이른바 국민국가를 전면 부정하기,《무정》을 송두리째 부정하기, 이 엄청난 '파계' 행위만이 그를 구원해 줄 수 있었다."(같은 책, 같은 쪽).

말해《무정》의 저변에 깔린 근대를 향한 일방적이고 거의 맹목적인 추구의 흔적을 외면하기 힘들지만,《무정》자체가 바로 그 근대의 동일화의 공간이라는 사실을 인정함으로써《무정》은 타자화의 출발점이 되는 것이다. 타자화의 출발점으로서의《무정》은 포기의 대상이 아니라 소통의 출발이며 한 축이다. 그렇게 볼 때 이광수의 문학은 근대를 실천하는 동시에 근대를 하나의 특수한 타자로 놓음으로써 근대와의 소통을 꾀하는 기획의 일부이자 산물이라고 볼 수 있다. 말하자면 근대에서 출발한 이광수의 문학은 자체의 견지와 초월을 함께 지니는 형국을 생산한다. 자체의 견지와 초월의 모순적 구도를 내재하고 작동시키는 것. 이것이《원효대사》에 온축되어 재현된 이광수의 보살행일 것이다.

《무정》의 근대가 소통의 한 축으로 된다는 것은《무정》과《원효대사》를 잇는 회로가 타자화의 방식으로 작동한다는 것을 말한다.《원효대사》의 보살행은《무정》의 근대의 외부에 위치하는 반면,《무정》의 근대는《원효대사》의 공空의 응축이다. 둘의 소통은 보살행을 통해 이루어진다. 즉,《원효대사》는《무정》의 외부이며 포괄이지만《무정》없이는 그 온전한 의미를 갖기 힘들며, 거꾸로《무정》역시《원효대사》와 함께 그 의미를 비로소 확보한다. 요컨대《무정》은《원효대사》의 보살행을 생성시키는 일종의 '업보'다.《무정》은 계몽의 근대를 운명적으로 설정하지만 거기로 나아가는 것의 오류를 스스로는 드러낼 수 없고,《원효대사》와의 짝짓기, 즉 타자화로 인한 보살행에서 그 업보를 해소할 때 비로소 자체의 한계를 넘어서는 가능성을 탐지하게 되는 것이다.

《무정》은《원효대사》와 함께 그 업보를 해소한다. "업보의 줄을 끊는 불보살의 대원력".[381] 그 해소의 과정이 이광수의 문학이다. 이런 의미에서《무

381 이광수,《원효대사》,《전집》11권, p.111.

정》에서 《원효대사》에 이르는 과정 전체가 이광수의 보살행이며 원효의 "파계"로 표상된 이광수의 '문학'이라 할 것이다. 여기서 파계는 해탈의 이상과 중생의 구원(혹은 중생의 삶의 긍정)을 서로 대등한 위치에서 겨루게 만드는 일이다. 다시 말해 해탈의 이상을 중생의 구원을 통해 이루어 내는 것이라고 말할 수 있다. 이는 구원의 의미를 더욱 깊게 한다. 해탈은 구원의 실천을 통해서 비로소 그 의미를 완성하는 것이다.

이광수는 스스로 《원효대사》에 나타난 파계의 의미를 강조한다.[382] 총독부 기관지였던 《매일신보》가 《원효대사》의 창작 동기를 시국과 관련짓는 것과 대조적으로 "오늘까지 해답 못된 문제다, 인성의 근저에 관련된 문제다, 일체유심의 정신과 대승보살행의 정신"이라고 하면서 보다 근본적인 지점으로 내려간다. 이는 김윤식의 지적대로, 불교와 고대인의 주제에 닿음으로써 일본을 초월하려 했던 것이 아닐까? 일종의 게임. 《매일신보》가 전시한 텍스트의 의도를 정면으로 거부하지 않으면서 작가의 의도를 관철시키고, 그럼으로써 텍스트의 의도를 더 깊은 문학적 구조와 더 멀리 나아가는 문학 과정에 싣는 것이다.

이유진은 《삼국유사》와 《원효대사》에 나타난 파계 묘사의 차이가 《삼국유사》에서는 원효가 주체가 되는 반면 《원효대사》에서는 요석 공주가 주체가 되는 점이라고 지적한다. 요석 공주를 원효의 파계의 주체이자 원인으로 만든 것은 이광수의 변용이다. 이에 따라 《원효대사》 전체의 구도가 짜이고, 원효는 파계의 책임을 상당히 벗게 된다.[383] 파계, 혹은 요석과의 관계 맺기는 원효의 충동, 즉 어떤 세계사적 전개, 그 얽힘의 구도에서 벗어난 우연적인

382 이광수, 〈작자의 변〉, 《매일신보》 1942.2.24./2.27. 다음 논의도 참조할 만하다. 이유진, 〈이광수 작품에 있어서 파계와 정조 상실의 의미—'원효대사'를 중심으로〉, 《한국 근대문학과 일본》, 사에구사 도시카쓰 외, 소명출판사, 2003, pp.575-596.

383 이유진, p.583.

것이 아니라, 시대와 상황에 대한 필연적이고 충실한 반응인 것이다. 이는 파계의 정당성을 높여준다. 파계는 "멸사봉공하야 중생을 위한 생활에 나가던 당대의 사기를 총후독자에게 보내고자 하는 바"[384]라는 작가의 보살행의 의도와 연결된다. 이로써 파계는 보살행의 조건이 된다.

《무정》의 근대가 《원효대사》의 공空에 소속된다는 것은 이광수의 민족주의의 새로운 해석을 도와준다. 이광수의 문학 전체에서 《무정》의 제1시기와 《원효대사》의 제2시기는 서로가 서로를 보는 관점을 이루는 소통의 관계에 선다. 만일 수양동우회 사건이나 조선어학회 사건이 일어나지 않고 이중어 글쓰기의 상황이 도래하지 않은 채 제1시기만 계속되었더라면, 그래서 이광수의 문학이 계몽적 민족주의의 기조를 계속 유지했다면, 이광수의 문학은 그러한 소통의 공간을 형성할 수 없었을지도 모른다. 조선의 정체성을 추구했던 제1시기와 내선일체의 새로운 정체성을 강요당하던 제2시기의 분립은 역설적으로 이광수의 문학을 대단히 복합적이고 풍요롭게 만들어 주었다. 그렇다면 지금 우리에게 던져진 이광수의 문학을 적절히 조명하기 위서는 그 두 시기 사이의 관계를 어떤 식으로든 조명해야 할 것이다. 나는 그것을 업보의 해소와 그를 통한 내선일체의 초월적 포용이라는 측면에서 고찰하려는 것이다.

한편 《무정》과 《원효대사》를 잇는, 타자화를 작동시키는 소통의 회로는 하나의 단일 텍스트 안에서도 작동한다. 일문으로 쓰인 〈진정 마음이 만나서야 말로〉는 그 한 예다. 〈진정 마음이 만나서야 말로〉는 조선인 충식과 석란과 일본인 타케오가 진정한 마음을 주고받는 내용이 주축을 이룬다. 여기서 살펴보아야 할 것은 그 진정한 마음이 내선일체라는 이념과 어떤 관계를 이루느냐 하는 것이다. 1939년 이후에 일문으로 쓴 글에서 이광수는 내선일체

384 이광수, 〈작자의 변〉, 《매일신보》 1942.2.27.

로 대표되는 소위 친일의 주장을 노골적으로 드러내는 듯이 보인다. 그 가장 두드러지는 것은 인간의 본능과 감정의 차원에서 일체화가 이루어지지 않았기에 내선일체가 이루어지지 않으며, 그러한 인간적 차원에서 일체화를 이루는 것이 황모皇謨이며 황도皇道, 혹은 대어심大御心이라는 주장이다. 문제는 그러한 이광수의 주장의 표면과 이면을 구분하여 보는 일이다.

내선일체의 가장 큰 오류는 동일성의 굴레에서 빠져나오지 못하는 것에 있다. 일체가 된다는 것은 내와 선이 처음부터 하나라는 전제에서 출발하기에 내와 선 각각의 개별성을 무화한다. 그런 구도에서 내와 선은 출발부터 도달까지 일관하여 동일성의 차원에 머무른다. 다시 말해 내와 선은 각각의 동일성을 견지하지도 부정하지도 못한 채 다른 더 큰 동일성의 단계로 포섭되는 것이다. 이에 비해 내가 말하는 비동일화는 개별자들이 동일성을 견지하면서 서로의 동일성을 인정하고 또한 그런 가운데 각각의 동일성의 변이를 허용하는 과정이다. 그래서 동일성은 약하고 열려 있으며 과정에 실리면서 비로소 그 의미를 확보할 수 있다고 앞에서 말했다.

이러한 비동일화의 구도에 비추어 볼 때, 이광수가 '우리'는 하나가 되어야 한다는 인간적 일체화의 '친일'의 주장을 되풀이할 때, 그것은 혹시 일본이 몰랐던 내선일체의 궁극을 '가르쳐 주는' 것인 동시에 그 궁극이 처한 한계를 극명하게 보여 주는 것이었다고 볼 수 있지 않을까? 다시 말해, 내선일체라는 논리가 궁극적으로 지행해야 할 지점은 인간적 일체화인데, 거기에도 역시 동일성밖에 다른 가치와 범주가 들어갈 여지가 없으며, 따라서 내선일체의 논리는 배타적 동일성의 범주에 머무는 한계에서 벗어나 동일성의 외부를 인식하고 그와 소통하는 단계로 나아갈 수 없는 태생적 운명을 지녔다는 것이다.

우리는 〈진정 마음이 만나서야 말로〉의 심층적 차원에서 그러한 복합적인 구도를 구성해 볼 수 있을 것이다. 깊은 우정을 나누던 충식과 석란, 그리고 타케오는 대동아의 이상을 실현하기 위해 전쟁에 참가한다. 내선일체의 '느낌'은 그들 사이에 이미 스며들어 있었으나, 타케오는 그 느낌을 '개념'으로 치환하여 의식 위로 떠올린다.

> 가) 우리들은 더욱 더 하나가 되지 않으면 안 된단 말이야. 그건 일본 제국을 위해서도 그렇지만, 조선을 위해서도 동양 전체를 위해서도 그렇단 말야. 우리들이 나빴다. 우리들 일본인 전체가 나빴다. 사과하네, 정말 사과하네. 우리들 일본인은 조선 동포에 대한 사랑과 존경이 부족했었다. 폐하의 대어심을 몰랐었다네. 나는 자백하네. 하지만 일본인은 본성이 나쁘지는 않다네. 마음은 지극히 단순하고 감격 잘 하는 국민이라네. 단지 이제까지 조선에 대한 이해가 부족했었다네… 우리들은 정말로 하나가 되자. 칠천만과 이천만이 정말 하나가 되자. 지금까지의 잘못은 모두 우리들이 바로잡고자 하는 것이 아닌가. 그리고 더더욱 살기 좋은 새롭고 높은 문화를 산출할 수 있는 일본을 만들어 내려 하는 것이 아닌가. 미나미 총독이 말하는 내선일체라는 것도 그 일이 아닐까.[385]

타케오의 이 진술은 〈진정 마음이 만나서야 말로〉가 내선일체와 관련하여 단순하지 않은 입장과 구도를 함의하고 있음을 암시한다. 타케오는 내선일체라는 것이 일본 제국을 위해서, 조선과 동양 전체를 위해서 필요하며, 그를 뒤늦게 깨달은 이유가 내선일체를 제대로 이해하지 못한 것에 있다는 것을 토로한다. 그는 내선일체를 "조선 동포에 대한 사랑과 존경"과 "조선에 대한 이해"가 필요한 것이며, 그것이 "폐하의 대어심"이라고 추측한다. 타케오가 위와 같이 발언하게 된 연유는 그가 앞서서 조선인과 하나가 되는 경험을 했기 때문이다. 그가 위의 발언을 하기 전에 충식의 집에서 석란의 정성어린 간호를 받는 장면의 한 대목을 보자.

> 나) 후미에가 입고 있는 조선인 여자의 상의가 눈에 띄자 묘한 기분이 들었다. 후미에

385 이광수, 〈진정 마음이 만나서야 말로〉, 《이광수 친일소설 발굴집》, 이경훈 편역, 평민사, 1995, p.40.

가 조선 옷을 입는다는 것은 있을 수 없는 일처럼 생각되지 않을 수 없었다. 그러나 또 다음 순간 타케오는 자기의 몸에 감겨 있는 것 역시 하얀 조선 옷이었다는 것을 알고 깜짝 놀랐다. 타케오는 일순간 불쾌함을 느꼈지만, 자기들이 어떤 조선인에게 구원되어 지금 이곳에 와 있는 것일까라고 생각하자, 왠지 눈물겨워지는 것을 금할 수 없었다.(14)

타케오는 타자화의 경험을 하고 있는 것으로 보인다. 타케오는 '조선화'된 자신을 낯설게 봄으로써 자신을 타자로 놓고 보는 경험을 하고, 거기서 조선을 비로소 타자로 보게 되는 것이다. 인용문 가)와 관련하여 볼 때, 인용문 나)는 처음부터 〈진정 마음이 만나서야말로〉가 내선일체를 지향하는 것처럼 보게 할 수도 있다. 그런데 인용문 나)에서 나타난 그 지향은 내선일체의 개념화 이전에 일어난 인간의 본능과 감정과 같은 것이었다. 타케오의 눈물겨움의 감정은 내선일체의 큰 의미를 구성하는 개념화 이전에 일어난 일이었다. 말하자면, 타케오는 자신의 특수한 경험(인용문 나)을 내선일체라는, 선재先在하는 일반적 개념의 틀에 넣으면서 사후적事後的으로 설명하고자 하는 것(인용문 가)이다.

타케오가 구성하는 내선일체의 개념의 사후성에 주목할 때, 내선일체의 개념이 하나의 이념적 덤(보충물)에 불과하지 않은가 의심하게 된다. 내선일체 개념의 부수성附隨性은 내선이 이미 감정적으로 일체가 되어 있었다는 경험적 사실에서 비롯한다. 인용문 가)에 나타난 타케오의 일체의 의식은 인용문 나)에 나타난 대로 이미 인간 차원에서 되어 있는 것을 '새삼' 다시 의식하고 이념화한 것에 불과하다. 내선의 이념은 그 '새삼 다시 의식하는' 차원에 놓여 있기 때문에 인용문 나)에 나타난 더 앞선 시기에서 경험한 감정적 차원에 비해 부수적인 것으로 된다. 정작 문제는 그러한 감정과 의식이 동일성에서 한 걸음도 벗어나지 못한 것들이라는 점이다.

내선일체의 근본 문제는 '내'와 '선'이라는 이분법적 동일성에서 출발하여 일원적 동일성으로 귀결한다는 점에 있다. 배타성은 출발에서나 귀결에서나 사라지지 않는다. 예를 들어, 〈진정 마음이 만나서야말로〉에 등장하는 김영준이 힘주어 말하는 '평등'은 이런 이분법을 받치는 효과를 낸다. 김영준은 내선 일체에 대해 "우선 평등하게 하는 일"(37)을 주장하는데, 이는 내선일체로 전향하는 것이 좌절이 아니라 하나의 입장을 갖는 일임을 역설하는 것이며, 결국에는 내선일체를 추구하고 계몽한 것으로 볼 수 있다.[386] 바꿔 말해 김영준이 말하는 '평등'은 내선일체로 나아가기 위한 동등한 위치에선 이원적 분할의 기반이며, 그 이원성이 내선일체의 전제가 된다. 즉, 이원 상태나 일원 상태나 동일성의 상태라는 것에는 변함이 없으며, 조선과 일본의 두 분리된 지점은 그대로 고착화되어 있는 것이다. 김영준의 '평등' 관념은 내선일체에 동의하는 조선인과 일본인의 그 원래적 이원성을 묘사함으로써 그들이 서로 진정한 타자로 인식하는 가운데 서로를 대화의 상대자로 설정하는 차원으로 나아가지 못함을 보여 준다. 그것은 분명 내선일체론의 한계이자 오류를 역설적으로 드러내는 것으로 보아도 좋을 것이다.

이런 식으로 내선일체론의 동일성을 함의하는 장면은 계속 등장한다. 예로, 충식과 타케오는 서로 좋은 감정을 갖게 되는데, 그러한 일체감은 처음에 일본의 조선 '발견'과 함께, 즉 일본의 깨달음이 주축을 이루며 묘사된다.[387] 조선인은 발견의 대상이며 일본인은 그를 위한 능동적 주체가 되는 것이다. 그런데 그와 함께 김영준도 타케오에 의해 "誠의 사람"으로 묘사되면서(36) 일본인을 발견할 능동적인 주체가 될 준비가 되어 있는 것으로 이해된다. 발견은 서로의 마음을 트고 의지하며 일체로 나아가는 전제로 되어 있다. 그러나 그들이 서로 발견하는 대상은 각각 자기 자리에 배타적으로 서 있는

386 이에 대해서는 이경훈의 지적을 참고할 수 있다. 〈진정 마음이 만나서야말로〉, p.38. 주 21.
387 이경훈은 이를 이광수가 줄곧 추구하는 테마라고 지적한다. 〈진정 마음이 만나서야 말로〉, p.85, 주 49.

동질적인 주체들이며, 역으로 그들 각각은 저들의 자리를 고수한 채 서로를 '발견'하기만 한다. 여기서 독자는 타자화, 즉 타자들 사이의 소통이 이루어진다고 느끼지 않으며, 그런 식으로 이루어지는 내선일체의 동일성, 즉 타자들 사이의 소통 불가능성을 예감한다.

이것은 이미 그 자체로 동일화된 타자가 동일성의 차원에서 완결되고 고정된 상태에 있는 형국이다. 거기서 타자는 이미 그 자체로도 동질화되어 있고 다른 타자에 대해서도 소통할 수 없는, 고립된 위치에 서 있다. 그래서 텍스트에서 내선일체를 향한 진행이 꾸준히 이어져 마침내 충식과 석란이 조선신궁에 참배하고 타케오 및 후미에와 함께 '조국'을 위해 출정하기까지 되지만, 그것을 읽는 독자는 그것이 내선일체의 긍정성과 진정성을 보여 준다고 생각하기 힘든 것이다.

출정한 타케오는 실명하지만 조국을 위한 전의에 불타올라 석란과 함께 적진으로 향하고, 적장 앞에서 대동아론의 신념을 열렬하게 펼친다. 타케오는 석란과 일체가 된 것처럼 묘사된다. 그들은 감옥에 갇힌 채 총살을 당할지도 모른다는 생각을 하는 것으로 텍스트는 종결된다. 그러나 텍스트는 결말을 제시하지 않는다. 그들의 일체가 어떤 미래를 맞이할지 텍스트 너머로 유보하는 것이다. 이광수는 내선일체의 깨달음을 최고의 단계로 실천하는 타케오와 석란을 '등장시켜'(타케오의 대동아론에 대한 신념은 작가 이광수가 아니라 타케오의 것이다. 다만 이광수는 그런 신념을 가진 타케오를 등장시킨 것이다) 그들의 희생이 받치는 구원이 대동아론에 있음을 말하지만, 정작 이광수 자신의 구원의 내용은 숨겨둔다. 그의 구원은 무엇일까? 그것은 타케오의 신념을 조롱하는 것일 수도 있고 지지하는 것일 수도 있지만, 최소한 어떤 가능 세계를 독자에게 장려하는 것만은 틀림없다. 이 가능 세계란 독자들의 상상을 열고 문제의식을 갖도록 하는 계기이며 장소다.

여기서 텍스트의 처음으로 다시 돌아가 보자. 인용문 나)에서 나타난 타케오의 일체의 경험은 분명 내선일체론에 대한 의식이 없는 상태에서 이루어졌으며, 오히려 내선일체와는 다른 길로 이어질 수 있을, 타자화의 경험이라고 생각해 볼 수 있다. 인용문 가)에서 입증되듯, 내선일체론을 정확히 이해하지 못하거나 그에 대해 큰 관심을 갖지 못했던 상태에서 그 타자화의 경험은 미성숙한 내선일체의 감정과 맞물려 나타나지만, 곧이어 내선일체론을 깨닫는 성숙한 의식과 함께 타자화의 경험은 사라지고 소통을 불허하는 고립된 타자들만 남는다.

더욱 주목할 것은 텍스트의 초반에 희미하게 나타난 타자화의 경험이 중반에서 타자들이 각각 고립되는 단계를 거쳐 텍스트의 끝에서 그 타자들의 동일화가 선명하게 나타나지 않는 국면과 상응한다는 점이다. 요컨대, 처음에는 타자화의 경험이 전제되고, 이어 그 경험이 내선일체의 깨달음과 대동아론의 실천으로 이어지며 '덮이지만', 텍스트의 끝에 가면 타자들이 동일화되는 내선일체와 대동아론의 성공 여부가 제시되지 않으면서 타자화의 가능성이 슬며시 드러나는 것이다. 다만 지향하는 타케오와 석란의 열망만 놓여 있고, 그에 대한 판단은 가능 세계로 남겨지면서 타자들의 위치들, 그들 사이의 소통의 전망이 가능 세계의 차원으로 남겨진다. 이로써 내선일체의 동일성은 텍스트의 심층과 연장延長에서 도사리고 있는 그러한 타자화의 가능성을 통해 묽어지고 희미해지는 것이다.

이와 같이 텍스트의 심층과 외연을 주목할 때 〈진정 마음이 만나서야말로〉는 타자화의 소통의 회로를 가능태로 내재하는 텍스트로 생각할 수 있거나 혹은 그렇게 구성할 수 있다. 그러면 왜 이런 식의 심층적 분석이 이광수의 '문학'을 점검하는 데 필요한가? 이는 계몽이라는 주제와 관련하여 설명할 수 있다. 계몽은 그 넓은 의미로 보아 이광수의 문학 전체를 가로지르는 주제라고 할 수 있다. 단테와 비교하면, 단테와 이광수는 계몽이라는 공통의 의식을 지녔다. 차이는 단테가 계몽을 현실적으로 실천함으로써 구원(유토피아를 향한)을 현실화해 냈다면(또는 거꾸로 말해 구원을 현실화할 수 있는 상황에서 계몽을 실천하고자 했다면), 이광수는 구원(조선의 독립과 근대화)이 현실적으로 이루어지기 힘든 상황에서 계몽 자체를 저항의 맥락에서 수행했다는 점이다.

그런 구도 위에서 쓰인 이광수의 텍스트는 계몽이 지닐 수 있는 역사적, 사회적, 철학적, 심리적, 실천적 단면들을 복합적으로 또 서로 모순되는 관계로 담을 수밖에 없다. 그래서 당대에 즉각적으로 실현되지 않았더라도, 심층적 읽기를 통해 재구성되기를 기다리는 것이다. 이광수의 텍스트는 직접 설파하지 않고 심층적이고 우회적으로 드러낸다. 이는 단테의 텍스트의 함의가 비교적 즉각적으로 실현되는, 일원적인 모습을 띤 것과 대비된다. 둘 다 독자의 심층적 읽기를 기다리지만, 이광수의 텍스트는 단테에 비해 훨씬 더 우회적이고 심층적이며 사후적인 접근을 요구하는 것이다. 그것이 일제의 강점이라는 외부 환경에 대한 내면의 깊숙한 반응이었다면, 우리는 그보다 더 깊숙한 지형까지 더듬어 가능 세계들을 창출할 필요가 있다. 이광수의 '문학'은 그런 한에서 제 가치를 우리에게 드러낼 수 있을 것이다.

이런 측면에서 〈진정 마음이 만나서야말로〉의 문학적 성취는 한설야의 《血》의 그것과 비교함으로써 좀더 분명해질 수 있을 것이다. 노상래는 친일문학의 옥석을 가리기 위해 《血》의 텍스트적 분석을 수행한다. 한설야의 《血》은 내선일체를 소재로 하면서도 그 문제를 비껴가고 있다는 면에서 친일문학의 전형적 틀을 깨뜨린다고 보는 듯하다.[388] 그런데 좀더 심층을 들여다볼 필요가 있다. 《血》이 하나의 문학으로서 친일문학의 범주를 뛰어넘는다고 말하기 위해서는 그것이 "내선일체 문제를 교묘히 비껴가"는 것이 아니라,

388 "일본인 여성과의 애틋한 사랑이야기를 그리되 그것이 결혼까지 나아갈 수 없는 한계 또한 분명히 드러냄으로써 한설야는 내선일체 문제를 교묘히 비껴가고 있는 것이다." 노상래, 〈이중어 소설 연구—'국민문학' 소재 비친일 일본어소설을 중심으로〉, 《어문학》 제86집, p.316. 다음 글도 이런 주장을 지지한다. 서경석, 〈카프 작가의 일본어 소설 연구〉, 《우리말글》 29호, 2003.

그 문제의 오류를 정확히 짚어내는지를 검토하는 일이 필요하다. 내선일체의 오류는 동일화와 배타성으로 요약할 수 있고, 그 오류를《血》에서 짚어내는지는 이별의 모티프를 통해 '검토'할 수 있다. 즉, 노상래의 분석은 이별이 내선일체가 운명적으로, 근본적으로 불가능하다는 것을 일깨워준다는 것인데, 그것 자체로서는《血》이 내선일체의 오류를 짚어낸다고 볼 수 없다. 왜냐하면 내선일체에 대한 비판은 '내'와 '선'이 갈라서는 말하자면 '내선이체'가 아니라 내선의 관계성 자체를 없애고 '내'와 '선'을 다른 많은 다양한 가치와 범주의 요소들 사이에 재배치할 필요와 당위를 주장하는 것이어야 하기 때문이다. 이별이라는 극적 해결이 이런 내용을 감당할 수는 없을 것이다. 따라서 한설야의《血》은 '친일문학'을 문제화하는 역할을 한다는 의미는 있지만, 내선일체의 오류를 지적하는 데까지 나아갔다고 보기는 힘들다.

5.6.2. 문학의 추구와 불교—〈육장기〉와《사랑》

김윤식은 고아의식으로 말미암아 이광수가 "평생을 두고 아비상 찾아 헤매기로 일관하지 않을 수 없"[389]었고, "그 아비상이란 이미 지상에 없는 것인데, 이를 찾아 헤매기야말로 그의 글쓰기의 근원이자 방랑의 근거이며 사상편력의 이유였던 것"[390]이라고 말한다. 김윤식이 이광수의 아비 찾기의 네 단계로 든 것은 동학, 임시정부, 도산과 동우회, 그리고 일장기와 법화경이다.

이러한 김윤식의 구상에 동의하며, 그중 아비상의 원래적 부재의 이유가 지속적인 탈주에 있었다는 것, 그리고 이것이 네 번째 단계에서 일제와 불교의 공존과 맞물린다는 점이 흥미롭다. 이것이 이광수 문학을 결정짓는 것들이다. 일제와 불교의 공존은 몰입과 자유의 동시적 발생과 작용으로 설명할 수 있다. 일제와 불교의 공존 관계가 가능한 것은 일제가 불교의 인因이기

389 김윤식,《이광수와 그의 시대》, 솔, 1999, 제2권, p.471.
390 위의 책, 같은 쪽.

때문이다. 네 번째 단계는, 다른 세 개의 단계들이 하나의 단일한 목표를 설정하는 반면, 두 이질적 세계들이 교차하는 꼴을 이룬다. 그런데 그 교차에서 궁극을 이루는 것은 불교다. 불교의 궁극으로 나아가는 과정에 일본이 처한 꼴이다. 자신의 탈주를 붙잡아 정착시키고 아비상의 부재를 고정된 존재로 확립시키려는 현실적 작용(일제 협력)에 대해 탈주와 부재를 지속할 수 있게 해 준 것은 불교였다. 불교는 그 자체에 의지함이 의지 자체를 없애게 만든다. 그것이 공의 원리다. 따라서 불교는 일제(협력)의 압박 아래에서 탈주와 부재를 지속시키려는 이광수에게 최후의 정신적 보루로 삼기에 적절한 것이었다.

앞에서《무정》에서《원효대사》에 이루는 과정 전체가 이광수의 보살행이며 문학의 추구라고 말했다.《무정》은 그러한 보살행으로 받쳐지는 이광수 문학의 전체 여정을 예고한다.《무정》의 윤리는 "유교의 으뜸 덕목인 절개와 기독교의 으뜸 덕목인 청교도적인 것을 은밀히 연결시켜 놓은 것"[391]이라고 할 수도 있지만,《무정》의 철학에는, 이광수의 문학 전체에 그러하듯이, 불교적 우주관이 스며들어 있다. 이는 다음과 같은 이광수의 발언으로 유추해 볼 수 있다.

> 이러한 내 우주관은 신구약의 우주관을 용납할 수 없었다. 이러하기 때문에 나는 예수의 가르침에서는 오직 그 도덕적 가치만을 취할 수밖에 없었다. 나는 이러한 내 우주관이 곧 불교적 우주관이었음을 훨씬 나중에야 알았고 내가 이러한 우주관을 가지게 된 것은 천문학 시간에서 새 상상력이 지어내인 것이었다.[392]

그러나 이광수의 불교적 우주관이 본격적으로 드러나는 곳은 역시《원효

391 김윤식,《이광수와 그의 시대》, 솔, 1999, 제1권, p.588.
392 이광수,〈그의 자서전〉,《전집》9, p.443.

대사》를 비롯해 〈육장기〉와 같은 후기의 저작들이다. 불교적 우주관, 즉 보살행은 생명의 감각으로 발현되는데, 그것은 언제나 다른 세계, 즉 가능 세계를 향해 열린 것으로, 하나의 비전으로 존재한다. 이는 이광수의 내면의 무르익음과 함께 문학의 발견이자 추구, 그리고 구성으로 직결된다.

이광수의 문학은 1930년대를 거치면서 〈육장기〉와 함께 무르익었다. 이광수가 방랑에서 내면 탐구로, 계몽에서 성찰로 나아가는 것은《유정》(1933)을 기점으로 한다.《유정》에서 〈만영감의 죽음〉(1936)을 거쳐 〈육장기〉와 〈무명〉(1939)에 이르는 시기는 이광수에게 계몽과 관념을 벗고 현실로 나아가는 동시에 문학적 내면을 깊게 하는 시기였다〔이를 이으면, 〈돌베개〉(1948)의 세계가 놓여 있다〕. 여기서 불교적 우주관은 근본적인 추동체로 자리했다. 그것은 일제의 강화(현실)와 맞물리면서 극히 복합적이고 모순적인, 그렇기에 또한 저항적이고 부정적이며 함축적인 양상을 보인다.

불교에 기초한 문학의 추구가 당시 본격화하던 '친일'과 맞물렸던 것은 주지의 사실이다.[393] 확실히 이 과정에서 이광수는 계몽("민족주의 운동"[394])과 준비론("도덕적 인격 개조 운동"[395])으로부터 신앙과 문학, 그리고 현실로 나아간다. 그러나 반복하건대, 문학을 기준으로 봐서 그 이전의 계몽과 준비론의 시절이 무의미한 것은 결코 아니다. 오히려 그것은 토대이자 출발이었고, 더 나아가 문학과 서로 조응하고 있다. 이러한 문학 추구의 구도에서 '친일'은 어떤 결정적인 위치에 자리한다. 이광수의 보살행은 바로 '친일'의 역설적인 역할을 받쳐 주는 원리다.

〈육장기〉는 그 자체로 '친일'과 관련한 이광수의 '보살행'의 의미를 잘 보여

393 〈육장기〉는 이광수가 친일에 진입하던 시기에 쓰였다는 점에서 주목할 만하다. 심원섭, 〈이광수 친일기 내면 풍경과 불교, 아베 요시이에〉,《한국 근대문학과 일본》, 사에구사 도시카쓰 외, 소명출판사, 2003, p.230.

394 이광수, 〈육장기〉,《전집》6, p.494.

395 위의 책, 같은 쪽.

준다. 이와 관련해 주목할 점은 〈육장기〉에서 "혼"과 "의식"이 구별된다는 점이다. 〈육장기〉를 기점으로 이광수는 개인의 구원, 혼의 구원의 문제와 대결한다. 개인적인 각성과 깨달음을 통해 민족이라는 상상적 추상을 현실로 끌어내리는 것이다. 현실로 내려온 민족은 운동과 구호(예로, 동우회 운동)에 의해 지탱되지 않는, 실제로 와해되어 가는 실체였다. 〈육장기〉에서는 당위에서 현실로, 이상에서 현실로 넘어가는 과도의 흔적이 발견된다.

〈육장기〉는 일상의 언어를 통해 깨달음을 담아낸다는 점에서 주목할 만하다. 언어 자체가 개념화되지 않으며 불교적이다. 〈육장기〉에는 "차별 세계"(현실)와 "무차별 세계"(이상, 구원된 세계)가 구별되어 존재한다.

> 내 나라를 침범하는 적국과는 아니 싸울 수가 없단 말요. 신문에서 보는 바와 같이, 우리 군사가 적군의 시체를 향하여서 합장하고 나무아미타불을 부른다는 것이 차별 세계에서 무차별 세계에 올라간 경지야. 차별 세계에서 적이요 내 편이어서 서로 싸우고 죽이지만은, 한번 마음을 무차별의 세계에 달릴 때에 우리는 오직 동포감으로 연민을 느끼는 것이오. 싸울 때에는 죽여야지. 그러나 죽이고 난 뒤에는 불쌍히 여기는 거야. 이것이 모순이지. 모순이지마는 오늘날 사바세계의 생활로는 면할 수 없는 일이란 말요. 전쟁이 없기를 바라지마는, 동시에 전쟁을 아니할 수 없단 말요. 만물이 다 내 살이지마는, 인류를 더 사랑하게 되고, 인류가 다 내 형제요, 자매이지만은, 내 국민을 더 사랑하게 되니, 더 사랑하는 이를 위하여서 인연이 먼 이를 희생할 경우도 없지 아니하단 말요. 그것이 불완전 사바세계의 슬픔이겠지마는 실로 숙명적이요. 다만 무차별 세계를 잊지 아니하고 가끔 그것을 생각하고 그리워하고 그 속에 들어가면서 이 차별의 아픔을 죽이려고 힘쓰는 것이 우리가 하여야 할 일이겠지요.[396]

이것이 '친일'의 형국에 직면한 이광수의 해결이다. 치유의 반복적 과정만이 "불완전 사바세계", "차별 세계"에 처한 우리의 숙명이다. "무차별 세계"를 잊지 않는 것, 그러나 "무차별 세계"의 비현실성을 또한 잊지 않는 것. 여기

396 위의 책, p.515.

서 두 세계의 양립 가능성을 발견한다. 그러나 그 가능성은 오직 "차별 세계"에서 이루어진다. 모순의 인정을 가능하게 하는 세계. 그것이 당대의 현실에 대해 불교의 방식으로 정리한 이광수의 문학적 인식이자 실천이다. 그렇다면 친일(로 보이는) 행적과는 무슨 관련이 있는가? 친일의 현실, 그 어쩔 수 없는 극한의 현실을 받아들이되 그를 넘어선 세계를 잊지 않기. 받아들이면서 받아들이지 않는 것. 이러한 모순적인 존재 방식은 바로 불교가 말하는 "차별 세계"(현실 혹은 사바세계)에서 이루어진다. "차별 세계"는 지옥이면서 또한 성불을 향한 정진이 가능한 세계다. 이광수는 "차별 세계"를 그렇게 모순적인 존재 방식을 수행하는 세계로 인정하고, 그럼으로써 그의 정체성이 더욱 유연하고 열린 것으로 형성되는 장소이자 과정으로 선택했으며, 그럼으로써 자신의 정체성을 소속과 범위, 경계를 넘어서 맥락에 따라 가변적인 것으로 만들었다.[397] 그리고 이 모든 것을 "차별 세계"에서 수행하는 문학을 통해 보여 주고 실천했던 것으로 보인다. 이것이 그의 보살행이며 공空이다. 이와 같이 이광수가 자신의 친일을 보살행으로 생각한 흔적은 〈나의 고백〉이나 〈윤회무진〉, 〈인과〉, 그리고 《사랑》과 같은 텍스트들에 남아 있는데, 그 초점은 '사랑'에 있다고 할 수 있다. 이를 《사랑》을 중심으로 살펴보자.

《사랑》은 이광수가 생각한, 그리고 이광수가 실천하고자 했던, 보살행이란 무엇인지를 우리에게 더욱 구체적으로 말해 준다. 대부분 신문연재였던 다른 소설들과 달리 전작全作 소설인 《사랑》은 생물학, 심리학, 의학과 같은 과학 지식과 불교와 기독교와 같은 종교와 철학의 지식을 풍부하게 빌려 온다.[398] 이광수는 당시 수양동우회 사건 이후에, 그리고 일제의 태평양전쟁과 함께 급속하게 친일로 기울어가던 이광수 자신의 경황[399] 속에서 스스로

---

397 소속의 정체성과 선택의 문제는 8.4. 장에서 다시 논의된다.

398 이광수는 《사랑》을 1938년부터 1939년까지 썼으며, 박문서관의 《현대걸작 장편소설전집》의 제1, 2권으로 출판되었다.

뭔가 중대한 맥락을 창작에 내포하고자 했을 것으로 보인다. 《사랑》은 《무정》에 비해 문체가 유려하고 인물들의 생동감이 넘치며 내면의 형상화가 뛰어나고 현실감이 잘 살아난다. 그것은 《무정》이 계몽이라는 목표에 매진한 반면, 《사랑》은 삶과 세계의 포용으로 빚은 철학으로 한층 성숙했기 때문일 것이다. 그런 면에서 《사랑》은 김윤식의 용어로 말해, 논리의 세계에서 심정의 세계로 나아간 확실한 징표이자 길목이었다. 전자는 계몽과 논설의 세계인 반면, 후자는 고뇌와 문학의 세계지만, 둘 다 가능 세계, 즉 조선의 독립과 민족의 번영을 지향한다. 다만 전자는 단선적이고 명쾌하고 선도하고 주장을 하는 반면 후자는 다기적이고 모호하고 체류하며 공감을 유도한다.

《사랑》에서 세계의 본질, 구성, 내용은 인과, 은원, 인연이라는 말들로 표현된다. 세계의 그 끝없는 반복, 그 복잡한 얽힘, 특히 "정업 인연"[400]은 끊을 수 없다. 그러나 그 "서클을 끊구 뛰어나야"(292)하는 것이 열반이며 해탈이다. 이것이 보살의 궁극 경지다. 《사랑》에 등장하는 모든 인연들의 서클들(예를 들어 안빈과 순옥, 안빈과 옥남, 순옥과 허영의 인연들)을 끊는 길은 보살행밖에 없는 것이다. '보살'은 인과와 은원의 업으로 이루어진 세계[401]에서 그 업을 지고 살아가는 인간이 거기서 벗어나도록 도와주는 존재를 가리킨다. 안빈은 보살에 대해 이렇게 설명한다.

---

399 이를 김윤식은 이렇게 설명한다. "자기 혼자가 친일이라는 패를 참으로써, '천황의 적자'가 된다는 성명을 함으로써, 요컨대 자기를 희생함으로써 동우회 동지를 구하는 길이 있다면 그는 그 길을 택해야 했다." 《이광수와 그의 시대》 2권, p.293. 김윤식은 이광수의 자서와 김동인의 비평(《춘원연구》(1934-9))을 들어 《사랑》이 작가 이광수보다는 인간 이광수의 내면의 고뇌의 기록이라고 강조하면서 《사랑》의 문학적 가치를 폄하한다.

400 이광수, 〈사랑〉, 《전집》 10, p.180. 이하 《사랑》을 참조하는 경우 괄호 속에 쪽수만 표시한다.

401 이는 안빈의 입을 빌어 이렇게 묘사된다. "이 우주에는 없던 것이 생기는 법도 없고, 있던 것이 없어지는 법도 없소. 났다 죽는다 하는 것은 한 계단에서 다른 계단으로 옮아가는 것을 가리켜서 말하는 것이요. 우리는 스러질 수가 없는 존재야. 마치 이 허공이 스러질 수가 없는 모양으로. 그러므로 우리의 행위의 인과의 사슬도 영원히 끝날 수가 없는 것이요. 우리가 우리의 존재의 목적을 완성하는 날에 비로소 우리는 무여열반에 들 수가 있는 것이요."(433)

태어나지 아니하면 아니 될 업이 없이 이 지구뿐 아니라, 수없는 세계에 그 세계의 중생들을 건지려고 일부러 자유로 중생의 몸을 쓰고 나오는 이를 불교말로 보살이라고 부르지.(78)

《사랑》에서 보살행을 작동시키는 주축은 끊어야 할 인과와 업보의 관계 그 자체다. 그들의 관계와 작동의 양상은 주요 등장인물들 사이의 행위와 갈등을 통해 들여다볼 수 있다. 안빈은 조선이라는 이상을, 허영은 일제를, 한씨는 제국 열강을, 순옥은 조선의 현실과 작가 이광수를 표상한다고 보면 《사랑》의 심층적 의미 구조가 잘 드러난다.

안빈과 순옥의 관계는 특히 1939년 《사랑》을 쓰던 시절 하나의 이상으로 설정했을 법한 조선의 모습과 그를 생각하고 상상하는 이광수의 관계와 상응한다. 그들의 관계는 "어기어가는 열차에 탄 사람"들이며, "보기는 서루 보았는데 함께 할 수는 없"는 존재들이며, "그 〔함께 할 수 없는〕(인용자 삽입) 운명의 줄만은… 끊을 도리가 없"는 존재들이다.(332) 이러한 "열차의 비유"(333)는 작중에서 사랑의 연을 맺지 못하는 안빈과 순옥의 관계가 인연이 없다기보다는 더 깊은 사랑과 인연으로 닿아 있음을 말해 준다. 인연의 서클을 끊는 것이 열반이지만, 이 업보의 세계에서 그 열반에 다다르기 위해 인연의 서클을 유지하고 회전시키면서 보살행을 실천해야 하는 것이다. 인연의 닿아 있음은 보살행의 실천의 조건인 셈이다.

보살은 "아무리 해서라도 중생을 괴로움에서 건지는 자"(166)다. "중생"은 업보의 세계에서 살아가는 조선인과 일본인을 다 가리킨다. 한편 "괴로움"이란 지배와 피지배의 일방적 관계이며, 그로 인해 타자화를 허용하지 않는 관계를 가리킨다. 그에 대한 저항은 지배와 피지배 관계를 뒤집는 것도, 그래서 또 다른 일방 관계를 만드는 일도 아니라, 타자화의 관계를 구축하는 것이다. 그러기 위해서는 더 본질적이고 더 심원한 길을 생각해야 한다. 그것이 조선 민족을 궁극적으로 구원하는 길이다. 여기서 이광수는 자신의 보살행을《사랑》에서 "사랑"을 통해, "큰 원"(166)을 통해, 선명하게 내보인다.

> 원을 세워서 오래고 오랜 동안 부지런지 부지런히 힘쓴 결과로 그 원을 이루셨다는 아미타불이나 관세음보살은 결코 우리와 동떨어진 신이 아니요, 우리와 같은 피를 가진 중생이시다. 다만 선배시고 다만 선생님이시다.(167)

안빈의 생각을 빌어 거듭 설명되는 보살행의 내용에는 아직 선구자와 계몽자 의식이 잔존하지만, 그 의식은 일방성을 벗어나서 어우러짐의 관계로 한껏 나아간다. 이와 함께 볼 것은 "피"의 의미다. 조선 민족의 보살행의 운명은 이미 결정되어 있다. 보살행을 전면에 내세우는 것은 이광수의 민족의식을 배타적이지 않은 것으로 평가하는 단초가 된다.

이광수의 '친일'은 허영에게 시집간 순옥의 형국이다. 허영에게 동물적 쾌락과 가정의 안온함을 잠시 느끼는 순옥은 '친일'하던 이광수가 느꼈을 법한 파편화된 어떤 안락 같은 것이라는 간접적인 고백일지도 모른다. 순옥이 "남의 아내"(351)로 안빈을 사랑하는 것이 죄가 아니냐는 물음에 안빈은 한참 숙고하며 사욕이 아니라 "진리의 근원에서 나오는 말이 되도록, 이 말이 젊은 아내인 여성 순옥을 그릇된 길로 끌지 않도록 염려하면서 입을"(351) 연다.

> 모든 악은 탐욕에서 나오는 것이니까 탐욕을 떠난 것이면 말이나 행실이나 악이 될 리가 없지. 그러나 양심이 맑은 사람을 유혹할 때에는 악마는 천사로 차리고 오는 법이니까, 그것이 악마인지 천사인지를 밝혀 보는 공부를 해야 하겠지. 그건 그렇구. 지금 순옥이 경우루 말허면, 될 수 있는 대루 내게 향허는 원 사모라든지, 존경이라든지 하는 감정두 될 수 있는 대루 누르는 것이 옳겠지.(351)

이것이 친일하는 이광수가 조선을 사랑하는 모순의 정당화 혹은 그 정당화의 방식일 것이다.

순옥은 허영과 결혼할 뿐만 아니라 허영의 탐욕스러운 어머니 한 씨, 결혼 전 숨겨 놓았던 허영의 여자 이귀득, 그리고 그들의 자식인 허섭까지 포용한다. 그 포용의 이유는 그들이 순옥을 필요로 하기에 거기에 부응하기 위해서다. "얼마 오래 살지도 못할 인생이면서 대수롭지 못한 것에 늘상 탐욕을 가지고 그것이 못 이루어져서 번뇌하는 생명의 소리."(363) 이는 순옥이 참으로 허술하고 경박하며 파탄에 이르는 허영의 심장 뛰는 소리를 들으며 든 생각이다. 이러한 순옥의 희생에 대해 이귀득은 "이것이 무슨 사람인가?"(365)하는 생각이 든다. 사람이 아니라 그야말로 보살이라는 것이다.

그것은 곧 "사랑의 길"(367)이다. 〈민족개조론〉 등에서 이광수 스스로 강조한 인류 차원에서의 조선의 사명을 실천하는 형국이다. 허영과 그의 모친 한씨, 그리고 그와 이귀득 사이에서 나온 자식 허섭에 대한 순옥의 헌신적인 사랑은 이렇게 묘사된다.

> 순옥은 마음이 늘 화평하고 기뻤다. 하루 종일 병원에서 환자를 보아 주고 집에 돌아가면 안식이나 행락이 있는 것은 아니라도 또 할 일—서어비스가 있었다. 남편에게 주사(혈압에 관한 것)을 놓고 어린애를 씻기고 옷을 갈아입히고 시어머니 어깨와 다리를 주물러 드리고 그리고 병인신 남편을 위로해 주고, 이리하여서 몸이 피곤하게 되는 것이 순옥의 낙이었다.(367)

안빈이 표상하는 이상적 조선의 모습은 성인聖人인 반면, 허영이 표상하는 일제는 탐욕과 허장성세이고, 순옥을 소유하려는 끈질긴, 그러나 다른 여자에게도 뻗치는 무한한 욕망이며, 혼전의 이귀득과의 관계나 순옥이 허섭을 포용한 후에도 순옥의 눈을 피해 그 관계를 유지하는 부도덕의 상징이다. 순옥 몰래 이귀득을 다시 끌어들이고 새로 잉태까지 하게 되는 상황에서 이혼을 요구하는 순옥에 대해 탐욕과 전근대적 자세에서 부인에게 위세를 부리지 못하는 자신의 처지를 불만으로 보아 이혼을 생각하다가도 순옥 없이는 생활이 곤란할 것이라는 "이기주의자"(387)의 판단으로 이혼 요구를 거부한다. 내선일체는 이상이 아니라 철저한 현실적, 경제적, 정치적 판단에서 나온 것이다. 겉으로 이상을 내세우는 일제처럼 허영은 번지르르한 말로 결혼 관계의 지속을 역설한다.(362) 그런 허영의 본성(피)은 변하지 않는다.

《사랑》의 처음에는 의사 안빈의 피 실험이 자세하게 묘사된다. 사랑과 분노의 원소들을 피가 어떻게 포함하고 서로 어떻게 작용하는지 분석하는 실험이다. 거기서 피는 유전자와 같다. 이광수는 〈민족개조론〉에서 민족의 본성은 변하지 않는다고 보았던 것처럼, 여기서도 우연이란 없으며 다만 원인을 알 수 없는 결과가 있을 뿐이라고 말한다.(220) 피는, 설령 가죽과 살과 같은 외피가 변형되어도, 모든 것을 결정하고 표현한다. 일제에 의한 변형에도 불구하고 민족의 피는 민족의 모든 것을 결정하고 대표한다. 더욱이 《사랑》에서 피의 실험은 특히 사랑의 작동에 관련된 것으로, 사랑의 진정성과 종류를 결정하고 표현하는 피는 인간관계를 결정하고 표현하는 것으로 나타난다. 안빈과 순옥의 관계, 허영과 순옥의 관계를 결정하고 표현하는 것이다.

《사랑》의 구도에 비추어볼 때 친일은 외피外皮에 불과하다. 일본의 피〔血〕와 조선의 피의 관계는 친일이라는 외피를 넘어선다. 만일 친일이라는 외피를 두를 때 거기에 사심이 있고, 그 사심이 피에 영향을 미치면 거기서 구린내가 진동할 것이다. 그렇다면 사심 없이 외피를 두른다고 할 때, 그 의미는 무엇인가? 그것은 안빈이 영명수선사를 인용한 말에서 잘 나타난다.

> 고기를 씹을 때에 그 맛이 나뭇개비와 다름이 없거든 고기를 먹어도 좋다. 젊은 여자를 품을 때에 그 촉감이 시체를 품음과 다름이 없거든 젊은 여자를 가까이하여도 좋다.(68)

한편 옥남이 순옥을 묘사하는 대목도 비슷한 의미를 표출한다.

순옥이는 벌써 사람들의 생물학적인 모든 욕망에서는 초월한 사람만 같아. 관세음보살과 같이 무슨 방편으로 짐짓 여자의 몸을 쓰구 사람의 형태루 세상에 나타난 신만 같어.(139)

순옥은 영혼을 구원하기에 옥남에게는 숭배의 대상이지만, 생물학적 기반을 초월한 존재는 아니다. 사랑과 욕망과 같은 요소들을 분석하는 안빈의 실험을 위해 순옥은 허영에게서 피를 뽑아오고, 그 결과에 대해 호기심을 갖고 또한 고민을 한다. 계속 이어지는 소설의 전개에서 순옥은 고민과 결단을 거쳐 허영과 결혼함으로써(내선일체) 안빈의 높은 이상을 실천하고자 한다. 순옥의 피는 고민을 반영하지만 순옥은 그것을 뛰어넘어 결단과 행동으로 나아간다. 순옥은 피에 터를 두는 동시에 거기서 벗어나는 존재다. 그것이 바로 사심 없이 외피를 두르는 것이며, 또한 보살의 존재 방식이다.

순옥의 처지와 고민, 결단, 행동 등 모든 것이 조선의 그것들이며, 그들을 내포하는 이광수라고 볼 수 있다. 순옥은 이광수일 뿐만 아니라 조선의 현실, 더 정확히 말해 보살행을 추구하는 조선의 현실상의 과정을 표상한다. 그런 순옥을 안빈은 기독교와 특히 불교의 가르침으로 인도한다. 일제의 탐욕과 부도덕을 겪는 조선의 현실은 조선의 이상을 향해 정해진 그 노선을 이미 걷고 있는 것이다. 그 핵심은 사랑이며 보살행이다.

조선의 현실로서의 순옥과 조선의 이상으로서의 안빈의 결합은 단순한 조선의 독립이 아니라 인류 평화와 구원의 차원에서의 조선의 민족주의를 실현하는 길이다. 그러나 그런 일은 결코 일어나지 않는다. 이에 대한 순옥의 생각(이광수의 생각)은 이러하다.

순옥은, '그러나 그것〔안빈과의 결합〕은 영원히 없을 일이다' 하는 생각을 할 때에 그것은 일종의 기쁨이요, 자랑인 동시에, 또한 일종의 슬픔이요, 적막이기도 하였다.(402)

결코 일어나지 않을 안빈과 순옥의 결합, 즉 조선의 현실이 이상에 이르지 못하고 자꾸 유예되는 것, 이것 자체가 조선의 보살행이다. 조선의 현실은 그 자체로 보살행이다. 그래서 안빈은 높은 이상을 지닌 고매한 인격의 소유자로서 순옥을 비롯해 주위 사람들에게 감화를 주지만, 안빈은 순옥을 자신의 스승이며 지도자로 간주하는 것이다. 조선의 현실은 조선의 이상을 이끄는, 이상을 이상으로 존재하게 만드는, 이상을 실현하는 과정 그 자체다. 조선의 현실을 표상하는 순옥은 원래도 경건한 존재지만, 역경을 거칠수록 경건의 도는 더욱 높아만 간다. 그래서 뇌일혈로 쓰러진 허영을 치료하는 "순옥의 얼굴과 몸에서는 일종의 빛과 향기를 발"(417)한다. 일제 및 제국 열강이 조선을 이용하고 배반해도 조선은 높은 도덕과 경건, 희생, 사랑, 신념(419)으로, 요컨대 보살행으로 나아간다. 그것이 허영을 반복하여 감동시키는 한편 그 감동은 늘 배반의 길을 걷지만, 그래도 순옥은 굴하지 않고 끝까지, 다음 세상에서도, 사랑을 주리라 결심한다.

안빈은 유난히 "간호부"의 존재를 의사보다 더 중요하다며 재차 강조한다.(406, 424) 순옥은 간호부를 대표한다. 따라서 간호부는 이상을 이루어나가는 조선의 현실, 보살행 자체를 가리킨다. 순옥-조선과 허영-일본의 인연은 간호부와 환자의 관계다.(425) 간호부의 사명이 조선의 이상을 지키고 보전하는 길이며, 또 그것 자체가 조선의 이상, 즉 인류의 구원이라는 초민족적 이상을 실현하는 것이다. 간호부의 이상을 이러한 조선의 이상과 직접 결합할 수도 있겠으나, 무엇보다 인연과 업보가 일본과의 관계로 이끈 것이다. 운명이 그러하다면 거기서 나오는 역경을 조선의 이상으로 접목시키는 노력, 즉 보살행이 필요하게 된다. 그래서 조선의 이상은 늘 한 곳에서 별처럼 빛나면서 순옥을 지키고 인도하고, 거꾸로 순옥의 보살행은 그 별이 제자리를 지키면서 더욱 빛나게 만든다.

결국 조선-순옥의 역할은 "사랑하는 일"(427)이다. 이렇게 "천지가 억만

번 부서져도 안 변하는 사랑"을 서로 간직하는 순옥을 떠나보낸 안빈은 순옥의 역할을 "누구든지, 어느 중생이든지, 인연 있는 중생을 사랑하는 일"(427)이라고 생각한다. 인연으로 닿아 조선을 지배하는 일제도 조선의 사랑의 대상이 된다. 허영에 대한 순옥의 희생과 사랑은《사랑》의 대부분을 차지하며 안빈을 향한 사랑보다 오히려 더 부각된다. 순옥의 사랑은 안빈-조선의 이상을 향하면서도 또한 허영-일제의 현실을 지향한다.

일본과 조선은 엄연히 분리된, 다른 운명의, 다른 피의 개체들이지만, 사랑의 대상들로서 하나로 붙어 있다. 조선에 대한 사랑은 이상의 추구이고, 일본에 대한 사랑은 역경의 극복을 통한 "자비심"(428)의 실천이다. 중생의 자비심(순옥, 조선, 이광수)은 인연의 형식(일제의 강점, 그에 대한 저항)으로 나타난다. 순옥의 오빠인 영옥의 대사를 보자.

> 사랑이란… 누구를 위해서 저를 희생하는 데서… 생명까지도… 그 누구에게 내어바치는 것이 사랑이어든. 남녀의 사랑이나 무슨 사랑이나 말야. 우정두 그렇지, 애국심두 그렇구.(202)

민족에 대한 사랑은 피에 욕망이 섞이면서 나는 구린내 같은 "암내"를 풍기지 않는다. 자기를 알아주기를 바라지 않고 자신의 행복을 바라지 않는, "금이온"으로 가득 찬 사랑. 그것이 이광수가 생각한 민족주의일 것이다. 이광수의 보살행은 명성을 떠나는 것, 즉 매국의 기표일지라도 그 속에서 민족의 기의를 추구하는 것이었다. 그런 보살행이 조선이 걷고 있는 길이라고, 이광수 자신이 나아갈 길이라고, 이광수는 상상했을까? 그러기에 자신의 친일은 민족을 위한 것이었다는 고백이 나올 수 있었던 것일까?

5.6.3. 보살행의 문학—〈행자〉, 〈삼경인상기〉, 〈무명〉

이광수의 민족주의의 목표는 일제와 조선의 악업의 사슬을 끊는 것이었다. 계몽의 시절, 그 작업은 간명하고 설득력과 호소력이 풍만했지만, 그만큼 또 다른 문제들을 안고 있었다. 〈민족개조론〉과 〈상쟁의 세계에서 상애의 세계에〉, 〈민족적 경륜〉과 같은 논문들을 쓰고 수양동우회를 결성하던 1920년대에도 이광수의 민족주의는 명쾌하고 낙관적이었다. 그러나 1939년 《사랑》을 쓰던 시절, 조선-일본 관계를 보는 이광수의 눈은 깊어지고 신중해진다. 《사랑》은 조선-일본 관계를 근원적으로 돌이켜 생각하는 이광수의 통찰과 그 문학적 형상화를 잘 보여 준다. 보살행은 그의 해결의 궁극적 방식이었다.

《사랑》에서 누차 강조되듯, 보살이 되기 위해서는 공덕이 있어야 한다. "공덕이 없는 자가 중생을 자비한다는 것은 거지가 가난한 사람을 불쌍히 여김과 같이 아무 효과가 없는 것"(167)이다. 이광수의 공덕은 무엇인가? 그의 문학의 길이고, 그의 문학으로부터 출발하는 문학 과정이며, 그들과 맞물려 돌아간 그의 인생과 그의 시대 전체다. 그것이 그의 보살행을 가능하게 한 것들이다.

보살의 개념 자체가, 보살을 내세우는 것 자체가, 이광수가 조선-일본 관계를 복합적이고 근원적인 것으로 본다는 의미를 담는다. 해결은 단순하지도, 명쾌하지도 않다. 그러나 삶과 세계를 구성하는 본질의 차원을 향한 문학적 고뇌는 모호하고 복합적일 수밖에 없다. 근원적인 것에 경도된 것이 이광수의 문학을 더욱 문학답게 만든다.

이광수 문학의 심층은 내선일체를 직접 부정하기보다 내선의 관계 자체를 부정한다. 이광수의 자기부정은 순수한 자기, 즉 일제와 관계없이 존재하는 자기를 전제할 수 없다. 왜냐하면 이광수 자신은 이미 일제에 물들어 있고 관계하고 있기 때문이다. 따라서 이광수의 자기부정은 '내선'이라는 관계의 부정이며, 일본의 부정이며 또한 조선의 부정이어야 했다. 그래서 그 어느 하나로 나아가는 부정이 아니라 그 모두를 부정하면서, 그 모두를 넘어서면서, 또한 포용하는 것이어야 했다.

이광수의 문학에서 일제는 실제 대상이라기보다 상상의 산물이었을지도 모른다. 정체성의 경계를 넘어서서 대화를 수행하기 위해서는 상상의 힘을 빌려야 하기에, 이광수의 문학은 일제를 상상하면서 자신의 정체성을 초월하여 대화적 관계를 구축하고자 했던 것으로 보인다. 그 의미는 무엇인가? 상상은 나에게 없는 것을 있는 것처럼 보는 일이다. 일제는 이광수에게 부재하는 기호였으며, 단지 존재하는 듯이 보았을 뿐이다. 부재하는 기호로서 일제는 거기에 얼마든지 새로운 기의들을 부여할 수 있는 가능성을 허락한다. 일제라는 기호가 담는 기의는 고정되어 있지 않았으며, 그렇기 때문에 이광수는 일제라는 기호를 스스로 제어하고 관리하며 통제할 권리와 힘을 가졌던 것이다.

이 점은 〈행자〉[402]에서 잘 나타난다. 〈행자〉에서는 대화숙에 머물던 이광수가 조선인이 일본인으로 되어야 하는 이유와 그 과정을 통절하게 쏟아낸다. 표층만 보자면 이광수는 단연 조선 민족을 무화시키고 일체를 일본화할 것을 주장하고 호소하는 것으로 보인다. 그러나 '행자'라는 제목이 이광수 자신을 가리킨다고 볼 때 (더욱이 '행자'는 일본 불교의 중심 경전인 법화경의 수행자를 가리킨다는 것을 생각할 때), 수행자로서 자신이 겪어야 할 고난 자체를 보여 준다고 볼 수 있다. 즉, 내선일체에 적극 공감하고 그를 주장하는 것이 곧 고난의 과정 자체임을 보여 주는 것이다. 더욱이 글쓴이를 "香山光郎"로 하고 괄호 안에 "李光洙"라고 한 것은 그 고난의 과정을 보여 주는 역할을 가야마 미쓰로라는 창씨개명한 어떤 사람이 맡되, 그 속에서 '이광수'는 부수적인

402 《문학계》 1941년 3월호에 "香山光郎(李光洙)"라고 이름을 표기하면서 일문으로 발표되었다. 《이광수의 일어 창작 및 산문선》, 김윤식 편역, 역락, 2003, pp.97-113.

선으로 물러서 있는 꼴을 보여 준다. 이러한 김윤식 식의 독법[403]으로 분석할 때 〈행자〉는 일본의 내선일체의 주장에 대한 역설적 모욕이며 또한 이광수 자신의 보살행—왜냐하면 자신의 고난을 통해 중생(즉 조선 민족)의 구원을 의도하므로—이라고 할 수 있다.

이런 식의 해석은 〈삼경인상기〉[404]로 이어질 수 있다. 〈삼경인상기〉의 곳곳에는 일본의 기원에 한국("반도" 141)이 자리하고 있음을 적시한다.[405] 김윤식의 해설에 따르면,[406] 이광수라는 본명을 사용한 것은 식민지 조선의 대표 작가로서의 자존심을 지키면서 종주국 일본 문단의 중심인물들과 싸움을 벌인 것과 다르지 않다. 그 방법론의 중심에 놓인 것은 불교였다.

이광수에게 불교는 일본 정신과 역사의 기원에 한국이 자리하고 있음을 보여 주는 한 증거다. 그는 보살행을 이렇게 정의한다.

> 보살행이란 무엇인가. 자기를 버리고 중생을 도와 구제함이다. 소위 불국토를 깨끗이 하고 중생을 성취함이다. 이것은 10년, 20년의 사업도 아니고, 일생이나 이생의 사업도 아니다. 삼계의 중생을 다 구할 때까지 계속되는 사업이다. 이것이야말로 삶의 유일한 목적이라는 것이 법화의 사상이다.[407]

이광수는 자신의 보살행이 쇼토쿠聖德 태자(534-622)와 그에게 법화경을 진상하고 강독한 고구려 승려 혜자 대사, 불상과 불각 등을 만드는 역할을

403 김윤식, 〈코바야시 히데오와 '행자'〉, 《이광수의 일어 창작 및 산문선》, 김윤식 편역, 역락, 2003, pp.111-113.

404 이광수, 〈삼경인상기〉, 《이광수의 일어 창작 및 산문선》, 김윤식 편역, 역락, 2003. 1942년 11월 도쿄에서 열린 대동아문학자 대회에 참가하고 돌아와 쓴 수필. 《문학계》 1943년 1월에 "李光洙"라는 이름으로 일문으로 발표되었다.

405 기온제의 시발에 고구려가 있다는 것을 예로 들 수 있다. 〈삼경인상기〉, p.141.

406 위의 글, p.144.

407 위의 글, pp.134-5.

한 백제 승려 혜총 대사, 호류지의 유명한 벽화를 그린 고구려의 담징의 시대로부터 비롯되었음을 웅변한다.[408] 자신의 '친일'도 그런 오랜 보살행의 하나라는 것이다. 여기서 보살행은 일본을 구제하는 것으로 치환된다. 태자에 대한 가르침이 팔굉일우八紘一宇, 즉 천황의 이상이 법화경의 이상이라고 보는 태자의 염원으로 이어진다는 것이다. 현재 일본이 벌이는 전쟁도 "아시아 10억의 백성"에 대한 "일본의 보살행"(136)이다. 그런 면에서 보살행으로서의 내선일체는 고대에 이미 이루어져있었던 것이다. 공연히 다시 강조할 까닭은 근본적으로 없었던 것이다.

김윤식의 해설을 참조하면,[409] 제1회 대동아작가문학자 대회에 초청받아 술에 취한 이광수는 "香山光郎"로부터 불교적인 고대인, 즉 법화경 행자로 돌변한다. 술에 취할수록 조선인 이광수는 오늘의 식민지 조선인이 아니라 고대인 조선인으로 환원하는 것이다. '가면 없이는 춤추지 않는' 이광수[410]에게 고대인이자 보살행으로 변심함이 그가 도달해야 할 이상이라면, 그 도달해 가는 도상에 잠시 나타난 명칭 중의 하나가 "香山光郎"였을 것이다. 이광수는 "香山光郎"라는 탈을 쓰고 법화경을 가져와 쇼토쿠 태자를 가르치며 호류지 벽화를 그리며 또 백제 관음상을 깎고 있었다. 그것은 시공을 초월한 이광수가 펼쳐낸 천황을 위한 보살행이었다.

여기서 1939년 이후에 쓴 혹은 일문으로 쓴 글 전체에서 이광수는 크게 두 가지의 모습을 보인다는 점을 지적하고자 한다. 하나는 달관과 초월, 관조의 모습으로, 대개 불교에 의지한 모습(〈산사 사람들〉, 《원효대사》, 〈육장기〉, 〈만영

408 위의 글, p.133.

409 위의 글, pp.147-8.

410 1940년 《경성일보》 10월 1일자에 발표한 〈동포에게 보낸다〉에서 이광수는 '내선일체'를 위해서 일본보다 한층 더 날뛰는 꼴을 보인다. 일본이 생각하지 못한 것을 내놓으면서 일본을 가르치려는 꼴이다. 이는 어딘가 과장된 연기를 보는 느낌을 자아낸다. 제목에서 "동포"는 일본 국민을 가리킨다.

감의 죽음〉, 〈무명〉)이고, 다른 하나는 술과 분위기, 자연, 사람에 대한 취함, 즉 감정적 동화의 모습(〈행자〉, 〈삼경인상기〉)이다. 전자의 경우는 보살행과 관련하여 다루었고, 후자의 경우는 이광수의 두 가지 정체성의 문제로 논의할 수 있을 것이다. 〈삼경인상기〉에서 이광수를 초청한 카와카미 데츠타로가 자꾸 이광수에게 술을 권하는 광경을 이광수는 "카야마香山란 자식, 한 번 속내를 드러내보라는 투였다."[411]라고 묘사하는데, 여기서 카와카미는 이광수가 취해서 드러나게 될 속내가 카야마가 아닌 이광수의 모습, 즉 친일 이면의 것이리라고 기대했으리라는 것이다. 그러나 친일 이면이기는 한데, 그것은 반일이나 극일이라기보다 일본의 구원, 즉 보살행이었다. 따라서 1939년 이후의 글에서 나타나는 이광수의 두 모습들은 불교에 의지한 모습으로 수렴된다.

《사랑》에서 이광수는 "무정"을 사랑과 인연을 돌아보지 않는 것으로 묘사한다.[412] 그에 비해 "유정"이 사랑과 인연을 돌아보는 것이라면 보살행은 그 모든 것을 초월하는 것이다. 또 《사랑》에서 "무명"은 "어리석음"[413]이라고 정의 내리는데, 그것은 사실 보살행을 실천하도록 하는 동기이며 그 장소다. 그 점이 〈무명〉에는 어떻게 나타나는가?[414]

〈무명〉에서 가장 돋보이는 것은 늘 보이던 낙관론이 사라졌다는 점과 사실주의의 필법이 돋보인다는 점이다. 이런 면에서 〈만영감의 죽음〉[415]과 통

411 〈삼경인상기〉, p.130.

412 《사랑》, p.243.

413 위의 책. p.430.

414 〈무명〉은 《사랑》, 〈육장기〉, 〈난제오〉와 함께 "그의 생애 중 가장 깊은 절망에 닿은" 때에 쓰인 것으로, 《文章》 창간호(1939)에 실렸다. "박복한 무리들"이 원래의 제목이었으며, 1937년 8월부터 12월까지 서대문 형무소에서 생활했던 경험이 바탕을 이룬다. 김사량의 일역으로 제1회 조선예술상(1940년 4월)을 수상했다.

415 일본의 저명한 사상지 〈가이조改造〉(1936년 8월)에 일문으로 쓴 단편. 인물 관찰을 토대로 쓴 것으로, 종래의 자전적 소설 창작과 구분된다. 이 작품을 기점으로 하여 이광수의 창작은

한다. 이광수는 자신과 함께 수감 생활을 하는 윤, 정, 민, 강의 피폐하고 메마른 모습들을 제3자적인 관찰을 통해 생생하게 그린다. 이들은 중생의 양상들이다. 구제(계몽)의 가능성이 없고 낙관론이 통하지 않는 이들은 이광수 문학에서 단연 새로운 인간상들이다. 이들의 묘사를 통해 작가는 희망을 주기보다는 체념과 절망의 삶을 같이하는 모습을 보여 준다. 그런 한편 작가의 관찰의 자세는 체념과 절망의 삶으로부터 거리를 둠으로써 계몽과 구제의 위치에 선 모습도 또한 보여 준다. 문제는 그 모순된 모습들—즉 같이함과 거리 둠—이 바로 이광수의 보살행의 터이며 방식이라는 사실이다. 그는 감방의 공간에서 자신이 보살행의 위치에 있음을 자각한다. 이는 추상적 관념에 사로잡힌 계몽의 이상의 비현실적 추구를 초월하는 것이다.

같이함과 거리 둠의 상호작용은 〈무명〉의 사실주의의 필법을 독특하게 만든다. 그것은 추상과 관념을 벗어던지고 가장 구체적이고 사실적이며 육체적인 것을 돋보이게 한다.

> 노긋노긋한 흰 밥, 이것이 이 세상에서 가장 귀하고 고마운 것인 줄은 감옥에 들어와 본 사람이라야 알 것이다. 밥의 한얀 빛, 그 향기, 젓갈로 집고 입에 넣어 씹을 때에 그 촉각. 그 맛. 이것은 천지간에 있는 모든 물건 가운데 가장 귀한 것이라고 느끼지 아니할 수 없었다. 쌀밥, 이러한 말까지도 신기한 거룩한 음향을 가진 것 같이 느껴졌다. 이렇게 밥의 고마움을 느낄 때에 합장하고 하늘을 우러러, '모든 중생으로 하여금 밥의 즐거움을 골고루 받게 하소서' 하고 빌지 아니할 사람이 있을까? 이때에 나는 형무소의 법도 잊어버리고, 민의 병도 잊어버리고 지리가미에 한 순갈쯤 되는 밥덩어리를 덜어서, "꼭꼭 씹어 잡수세요." 하고 민에게 주었다. 민은 그것을 받아서 입에 넣었다. 그의 몸에는 경련이 일어나는 것 같고 그의 눈에는 눈물이 글썽글썽하는 것 같음은 내 마음 탓일까?[416]

〈무명〉의 기념비로 이어진다.
416 〈무명〉, 《전집》 6, p.456-7.

이러한 물질적인 자각과 경험은 이광수의 '몸의 주체'를 형성하고, 그것이 보살행의 사고로 직결된다. 그렇게 나온 보살행의 내용도 극히 육체적이고 물질적이다. 민에게 사식을 나눠주고 민의 기뻐하는 육체적 반응을 주시하면서 민의 몸에 공감한다.

그러나 이광수는 줄곧 관찰자의 위치에서 "공부"[417]하는 입장에 서 있다. 관찰자의 위치는 김윤식이 "불교의 구원 사상은 〈무명〉의 작품적 성격을 감소시키는 것"[418]이라고 말할 수 있는 이유다. 다시 말해, 〈무명〉의 작품적 성격을 감소시키는 것이 있다면 그것은 김윤식이 함의하듯이 불교를 내세우는 이광수의 안이한 해결보다는 사태에서 한 발 물러서서 관찰자의 위치에서는 모습이라는 것이다. 관찰자의 위치에 서는 것이 불교적으로 비칠 수 있기에, 불교의 구원 사상이 〈무명〉의 문학 가치를 손상시킨다는 분석이 나올 법하다. 그러나 바로 그 점에서, 즉 관찰자의 위치와 보살행이 결합하는 과정에서, 〈무명〉은 그 문학 가치를 결정적으로 확보한다.

〈무명〉의 문학 가치는 작가-주인공이 계몽의 대상에 우회적이면서 확고하게 다가섰다는 것에서 찾아볼 수 있다. 작가-주인공은 자신을 계몽의 대상으로 돌려세우면서 계몽의 대상과 하나가 된다. 그래서 비록 거짓이고 혹세무민이라 해도, 이광수는 '중생'의 간절한 기복을 뿌리치지 못하는 것이다.

> 나는 생전에 이렇게 중대한, 이렇게 책임 무거운 질문을 받아 본 일이 없었다. 기실 나 자신도 이 문제에 대하여 확실히 대답할 만한 자신이 없었건마는 이 경우에 나는 비록 거짓말이 되더라도, 나 자신이 지옥으로 들어갈 죄인이 되더라도 주저할 수는 없었다. 나는 힘 있게 고개를 서너 번 끄덕뜨덕 한 뒤에, "정성으로 염불을 하세요. 부처님의 말씀이 거짓말 될 리가 있겠습니까?" 하고 내가 듣기에도 엄청나게 큰 목소리로 엄청나게 결정적으로 대답을 하였다.[419]

417 위의 글, p.469.
418 《그의 시대》 2, p.283.

그렇게 관찰자의 위치에 서면서 관찰의 대상에 위치하는 것, 관찰의 대상과 일체가 되면서 그것에 책임을 지는 것이 바로 보살행의 모습이며 원리이고 실천이다. 결국 보살행의 불교는 〈무명〉에서 작가-주인공 자신을 계몽의 주체이면서 동시에 그 대상으로 돌려 세우는 절묘한 깨달음과 실천을 "엄청나게 큰 목소리로 엄청나게 결정적으로", 영혼을 받치는 굉장한 무게로, 돕고 있다. 감방의 죄수들뿐 아니라 작가-주인공 자신도 '무명'의 우산 아래에 들어가는 것은 그들이 모두 보살행의 대상이면서 주체로 거듭나기 때문이다.

5.6.4. 친일과 민족주의의 틀을 넘어서

사자의 몸이 그가 먹은 양의 고기로 이루어진다고 해서 그로부터 양의 고기를 추출할 수 없듯이, 동화된 것에서 그 원래의 것을 분리하는 것은 불가능하고 무의미하다. 그러나 언제나 남아 있을 양의 흔적을 무시하자는 것은 아니다. 그 흔적을 사자의 몸에서 찾을 수 있기 때문이 아니라 사자가 그 흔적으로, 또 앞으로 양을 먹음으로써, 자신의 몸을 유지할 수 있기 때문이다. 사자의 몸은 양의 과거와 미래의 흔적으로 구성된다. 사자는 자신의 몸에서 양의 존재를 지울 수 없는 것이다.

이광수의 민족주의는 조선과 중국과 일본과 같은 여러 몸들로 이루어져 있다. 그 몸들은 이광수의 민족주의의 흔적으로 언제나 남아 있을 것이다. 그것은 그 몸들의 실체를 분리하여 찾아내서가 아니라, 이광수의 민족주의에 대한 우리의 해석에서 그 몸들의 존재를 고려해야 하기 때문이다. 그것이 사자가 양의 흔적으로 그 몸을 유지할 수 있다는 것의 의미다. 일본이 강요한 동일성에 대한 저항에서 나온 이광수의 민족주의도 그 출발에서는 역시 동일성에 기반을 두고 성립되었다는 점을 부정할 수 없다. 그러나 그 저항의

419 〈무명〉, 《전집》 6, p.487.

과정에서 이광수의 민족주의는 민족을 넘어서면서 또한 포용하는 모순적 동일자가 된다. 그 모순적 동일자의 양상은 곧 양의 고기의 흔적으로 유지되는 사자의 몸이다.[420]

이광수에게 일제는 현실이었고 조선은 가능태였다. 그런 구도에서 조선은 늘 과거에 머물거나 미래로 연기됨으로써만 존재한다. 조선을 현실로 불러오기 위해 이광수는 일제를 가능태로 만들고자 한다. 그것은 일제를 외부로 만드는 것이다. 일제를 외부로 만든다는 것은 (내선)일체를 거부하는 것이며, '내(내부)'와 '선(외부)'의 관계를 뒤집는 것을 의미한다.

이광수는 스스로 외부가 됨으로써(친일을 함으로써), 즉 외부를 하나의 특수로 만듦으로써, 외부(일제)를 자신을 타자로 인식하는 계기로 삼았다. 이로써 일제는 조선의 존재를 객관적으로 확인하기 위한 하나의 계기가 되는 것이다. 그럴 때 이광수에게 일제는 하나의 가능태인 한편 조선은 하나의 현실태가 된다. 이광수가 과연 숨어 있는 현실태로서 조선을 품고자 했는지는 모른다. 다만 그의 문학 텍스트가 그 가능성을 말해 준다. 문학을 통해서, 언어의 유희를 통해서, 이광수는 숨은 현실태를 품으면서 당대의 드러난 현실과 대결하고자 했다. 조선의 숨어 있음의 형태는 당시의 일제의 현실에서 불가피한 것이기도 했지만, 그 자체로 '문학'을 더욱 가능하게 만들고 더욱 풍요롭게 만든 것이기도 했다.

이광수의 친일의 문제를 미학적 차원 외부의 것으로 돌리면서 그 문제를 회피하는 것은 오히려 문제를 해결도 못하고 키우는 결과를 낼 수 있다. 미학

420 이는 동일화가 언제나 비동일화의 흔적을 운명처럼 지니고 있다는 것을 말해 준다. 엄밀히 말해 동일화는 불가능한 어떤 것이다. 불가능함에도 불구하고 가능하게 만들고자 했던 모든 노력에서 원만하지 못한 관계와 사태가 일어났다. 그렇다면 비동일화의 흔적을 인정하고 살려낼 때, 바꿔 말해 동일화의 한계를 인정하고 해체와 재구성을 통한 그 자기 갱신을 추구할 때, 동일화는 사물의 요소로서 긍정적으로 작동할 수 있다. "비동일자는 사물의 동일시에 대항하는 사물 자체의 동일성"(테오도르 아도르노, 《부정변증법》, 한길사, 2008, p.239)이라는 아도르노의 말은 그런 측면에서 이해할 수 있다.

적 차원 외부에 대한 미세한 관찰과 함께 미학적 접근을 분리시키지 말고 함께 보는 것이 필요하다. 다행히 이광수는 논리적이고 해설적인 글을 문학적 글과 함께 풍부히 남기고 있다. 이들을 소통과 연결의 관계로 묶고 다양한 맥락들에 따른 해석의 유희를 전개할 때, 계몽과 국수를 넘어서서, 또 반일과 극일이라기보다는 초제국과 통국가적 사고가 장려하는 보편화 과정의 차원에서, 이광수의 문학이 지닌 훨씬 더 풍요롭고 섬세한 결을 포착할 수 있을 것이고, 작가로서의 이광수, 즉 당대에 대한 고뇌를 당대에 맞서면서 품었고 실천했던 모습의 정당성을 평가하고 그 세계를 이해할 수 있는 길을 개척할 수 있을 것이다. 바로 이런 차원에서 지금까지 수행한 이광수 문학의 한 독법은 의미를 확보한다. 지금까지의 논의는 '이광수 문제'가 적어도 민족과 친일의 고정된 틀들을 넘어서서 열려 있다는 것을 설득하여 제시하는 것으로 그 소임을 다할 것으로 믿는다.

제3부

세계문학

한국문학의 새로운 지평

6. 한국 근대문학의 기원
—이광수 문학의 재평가

6.1. 기원의 문제

'한국 근대문학의 기원'에서 '기원'이라는 용어에는 권위가 스며들어 있다. '기원'에 스며들어 있는 그 권위는 한국 근대문학을 확고하게 한정 짓고 정의 내리며, 그 기원 자체를 심오한 근거가 있고 절대적 이성이 작용하는 곳, 객관적인 필연성으로 이루어진 곳으로 보이게 만든다. 다시 말해, '한국 근대문학의 기원'을 말할 때, 그 담론 자체에는 이미 한국 근대문학을 근원적으로 정의하려는 의도가 있는 것이다. 그런데 정의를 내리는 이 일에 동원되는 것은 '문학'보다는 '한국'과 '근대'다. 한국 근대문학의 기원의 담론은 '한국'과 '근대'의 비문학적인 요소들에 의거해 '문학'의 한계를 설정하고, 한국문학이 펼칠 수 있는 가능성의 세계를 차단하고 한정하는 효과를 내기 쉽다. 기원의 권위를 해체하고 기원의 부재와 확산을 앞세우는 방식으로 한국 근대문학의 기원의 담론을 재구성할 때, 그 담론은 역설적으로 한국 근대문학이 '문학'은 물론 '한국'과 '근대'에 관련된 다양하고 넓은 논의들에 열려 있음을 보여 주는 데 쓰일 수 있을 것이다.

근대문학은 근대 국민국가의 언어인 국어를 기반으로 하는 문학을 가리킨다. 그런데 한국의 근대와 국민국가의 형성 과정이나 그에 대한 분석적 성찰이 그 자체로나 문학의 개념과 관련하여 아직까지 선명하고 만족스럽게 이루어지지 않은 상태이기에 한국 근대문학의 정체성을 어떻게 규정할 것인지의 논의도 대단히 넓게 열려 있는 상태다. 근대 국민국가가 이른바 상상의 공동체라는 것 때문에 나오게 되는 근대문학에 대한 여러 회의들 이전에 이미 '근대'와 '문학'은 서로 양립할 수 없는 개념들로 보인다. 근대문학이라는 용어에서 '근대'는 '문학'을 구속할 수 없다. 다만 근대에 속한 문학, 근대 국민국가라는 제도 위에서 출발한 문학이라는 의미는 가능할 것이고, 그런 차원에서 '근대문학'이란 용어를 쓸 수 있을 것이다. 그러나 이 경우에도 '근대문학'은 근대국가 혹은 근대와 국가에 대해 일정한 길항 관계를 유지한다.

한국 근대문학은 아마 이러한 사정 전체를 포괄하는 용어로 쓰일 수 있을 것이다. 바꿔 말해 '근대'와 '문학'이 맺는 길항 관계는 한국 근대문학을 들여다보는 독특하면서도 적절한 통로라고 생각된다. 그러한 길항관계 속에서 '문학'은 물론이고 '한국'과 '근대'도 자체의 한정을 허용하지 않듯이, 그들이 뭉친 한국 근대문학이라는 용어 내지 개념 내지 범주도 역시 자체의 한정을 허용하지 않는다. 그러나 '기원'은 근원을 정의하는 힘으로 한국 근대문학을 구속한다. 기원은 그 자체로 불분명한 것이면서도, 한국 근대문학에 내재한 문제성을 깨끗이 무마하는 권위적 의도를 표출한다. 이런 측면에서 우리는 기원의 설정의 가능성보다는 기원의 부재와 확산의 가능성에 더 주목할 필요가 있다. 기원의 부재는 기원 자체의 위반, 즉 기원이 몰고 다니는 권위와 규정을 부정하게 하고, 기원의 확산은 기원의 권위와 규정에 대해 더 많은 요소들이 참여하게 함으로써 기원을 다원적인 모습으로 상상하게 해 준다. 기원은 이제 더 이상 권위적이지 않고 어떤 것을 규정하지 않으며 자체의 모습을 다양하게 만드는 것이다.

한국 근대문학의 기원이 부재한다는 것은, 한국 근대문학이 하나의 '특수'이기 때문에 하나의 자리로서의 기원에서 이탈한다는 것을 뜻한다. (특수가 어떤 한 자리에서 이탈하는 것의 의미는 서문에서 논의되었다). 그렇게 이탈하면서 한국 근대문학은 자체의 기원을 해체하고 재구성한다. 해체와 재구성의 과정은 기원으로 하여금 끊임없고 끝없이 스스로를 부정하게 해 주고 비동일화의 효과에 열리게 해 준다. 그렇다면 한국 근대문학의 기원의 부재와 확산은 구체적으로 무엇을 의미하는가?

기원의 부재와 확산을 생각할 때, 우리는 한국 근대문학의 기원이 실제로 매이는 곳을 하나가 아니라 여러 곳들로 유추해 볼 수 있다. 예를 들어 한국 근대문학의 형성은, 많은 논의들이 이루어졌듯이, 서양의 근대성에서 연원한다고 볼 수도 있고 한국 전래의 근대성에서 연원한다고 볼 수도 있다. 전자의 견해는 이른바 이식적 근대화론 혹은 식민지적 근대화론과 많은 부분이 겹치고, 후자의 견해는 이른바 내재적 발전론 혹은 자생적 근대화론과 맥락을 같이 한다. 그 둘 각각의 정당성과 근거를 폄하하거나 부정하기는 쉽지 않으며, 또 별로 의미가 없는 작업이기도 하다. 그보다 그 둘을 포용하면서 넘어서는 것이 유용한 해결책일 것이다.

기원의 부재를 상상하고 기원을 확산시킨다는 것은 바로 한국 근대문학이 근대성과 관련하는 방금 언급한 여러 양상들을 기원의 설정에 참여시키는 것을 말한다. 기원의 부재와 기원의 확산은 서로 맞물리며 일어난다. 그 두 진영의 문제들은 서로를 새롭고 풍요로운 시선으로 바라보게 해 준다. 둘은 서로를 응축하는 대신 확장하고, 서로를 문제적으로 만들며, 그 효과의 면에서도 둘은 공동의 결과를 갖는다. 그것은 문학의 제자리를 확보한다는 것, 즉 '문학'이 '한국'과 '근대'에 매이지 않는 더 넓고 자유로운 가치와 의미를 발산한다는 것이다. 이런 방식의 해결을 통해 기원은 한 장소, 즉 한국 근대문학을 정의하고 그 성격을 설명하고 그것이 터를 두는 자리를 한정하는 역할에서 벗어나 오히려 한국 근대문학을 다원적으로 해석하고 발산할 수 있도록 해 주고, 나아가 한국 근대문학의 담론이 머무는 다른 자리를 물색하도록 해 준다.

기원의 확산이라는 생각이 한국 근대문학이라는 개념을 동아시아 문학이나 세계문학과 같은 열린 지평의 맥락에서 논의하도록 도와준다면, 기원의 부재라는 생각은 한국 근대문학의 기원의 논의 자체가 어떻게 이루어졌는지를 반성적으로 고찰하도록 해 준다. 지금까지 우리는 그 자리를 동아시아 문학과 비교문학, 그리고 김만중과 이광수와 같은 작가들의 구체적인 경우들을 통해 묘사해 보았고, 이제 기원의 문제 자체를 논의하면서 한국 근대문학을 세계시민주의와 세계문학과 같은 통국가적 전망들과 함께 재조명하려 한다. 이러한 논의를 통해 한국 근대문학은 기원이라는 어떤 한 점으로 응축되는 것이 아니라, '한국'과 '근대'와 '문학'이라는 세 용어들 각각이, 또 서로 더불어서, 생산하는 문제들의 지평으로 발산된다.

좌표의 존재 자체가 기원의 존재를 예고한다. 기원은 주변부로부터 거리를 둠으로써 생명을 이어가는 하나의 중심이다. 좌표 식의 사고방식을 넘어서야 보편성이 가능하다. 가라타니 고진을 참고하면, 이것을 일본은 이미 하고 있었다. 마루야마 마사오가 말하는 "신토", 동경재판에서 보여 준 "무책임의 체계"와 "천황제의 구조", 그리고 "근대의 초극"과 같은 것들은 다케우치 요시미가 말하듯 일본에 원리적인 좌표축이 없음을 보여 주는 사례들이다. 중국은 근대 서양의 물결에 '저항'했지만, 일본은 그런 것이 없었다. 저항해야 할 '자기'가 없었기 때문이다. 외부의 것이 들어와 정착한다면, 그것이 변조되었을 때뿐이다. 그래서 90년대에 들어와서 서구로부터 탈근대가 들어왔을 때 일본은 그런 것이라면 진즉부터 일본에 있었다고 느꼈던 것이다.[421]

요컨대 일본은 무엇이든 받아들인다. 거기에는 저항이 없고 매순간마다의 변용이 있을 뿐이다. 그러나 그것은 일종의 배제를 의미한다. 왜냐하면 무엇이든 받아들이지만, 무엇이든 그들의 기원을 지닌 채 섞여 있을 뿐이며, 받아들인 그것들은 외부의 것이라는 의식이 언제까지라도 사라지지 않기

421 가라타니 고진柄谷行人, 《일본정신의 기원》, 송태욱 옮김, 이매진, 2006.

때문이다. 따라서 외부의 것에 대해 이질감을 가지면서 배제의 의식도 항상 작동한다. 그래서 그들의 변용은 중심이 없고 다만 변용 자체만이 끊임없이 일어난다. 한국의 경우에는 일본에 비해 동질감에 대한 자의식이 강하다. 기원은 하나로 통일되며 이질적인 것은 배제된다. 그러나 그러한 동일성의 모습 안에는 혼종적인 것이 자리한다. 동일성은 외부와 혼종을 허용하는 방식으로, 중심과 주변부의 존재를 인정하고 그들 사이의 타자화를 허용하는 방식으로 작동함으로써 존재하는 것이다.

가라타니 고진은《일본근대문학의 기원》[422]에서 일본 근대문학이 서양문학의 수용 과정에서 싹튼 과정을 당대의 텍스트들의 새로운 해석을 통하여 분석함으로써 그 기원을 제시하고자 했다. 그러나 그의 논의가 근본적으로 '기원'을 전제하는 것인 이상, 즉 일본 근대문학이 이미 어떤 한 지점에서 출발했다고 보는 이상, 그것은 어떤 다른 하나의 지점을 향해 나아가고 있다고 봐야 한다. 그 지점은 출발에 대한 대칭으로서 종착이다. 그래서 가라타니 고진은《근대문학의 종언》에서 일본 근대문학의 종말을 선언할 수밖에 없었고, 이를 근대문학 전반의 경우로 확산시키고자 했던 것이다.[423]

그와 다르게, 한국 근대문학의 기원을 하나의 점이 아니라 계속되는 흐름으로 파악할 때 그 기원은 기원을 위반하는 것으로서의 기원으로 이해할 수 있다. 한국 근대문학이 출발한 시점을 과거의 어느 때에 제한된 것으로 볼 것이 아니라, 과거의 일정한 기간 동안 흐르면서 혹은 지금까지 흘러오면서 발산해왔다는 것으로 본다면, 그 기원은 여전히 진행 중이라고 말할 수 있는 것이다. 그렇다면 한국 근대문학은 여전히 '문학'으로서, 하나의 고정된 맥락에 갇히지 않고 여러 가변적 맥락들을 가로지르면서 구성되어 왔다고 볼 수 있다. 그 가변적 맥락들을 이 책에서 동아시아 문학과 비교문학, 세계문학과

422 가라타니 고진柄谷行人,《일본근대문학의 기원》, 박유하 옮김, 민음사, 1997.
423 가라타니 고진,《근대문학의 종언》, 조영일 옮김, 비, 2006.

같은 문학의 '종류들'과 관련하여 논의하고 있는 중이다.

이런 논의의 과정에서 이광수의 문학을 하나의 거점이자 기준으로 활용할 수 있다. 한국 근대문학에 어떻게 혼종으로서의 정체성을 부여하고 그에 따라 유연하게 열린 것으로 이해할 수 있는지, 한국 근대문학의 기원이 어디에 있고 어떻게 이루어졌다고 봐야 하는지, 민족주의는 세계시민주의와 어떻게 상보적인 관계를 이룰 수 있는지, 그리고 세계문학은 무엇이고 한국에서 세계문학을 한다는 것은 무슨 의미인지 하는 문제들을 이광수 문학의 문제와 더불어 생각해 보자는 것이다.

이광수는 단지 하나의 견본이다. 문학을 실천한 한국 작가라면 누구라도, 다만 정도의 차이는 있겠지만, 위의 작업을 위해 동원될 수 있다. 다만 이광수를 동원한 것은 지금까지 이광수를 논의하며 이끌어 낸 결론이 '문학'이고, '문학'은 바로 응축보다는 발산을 허용하는 발판이기 때문이다. 즉, 이광수는 3부에서 논의할 한국 근대문학의 기원이나 민족주의, 세계시민주의, 세계문학의 사항들을 각각 하나의 문제로 만들게 하고, 그 논의를 풍부하고 다원적으로 만들게 하는 계기를 이룬다.

이광수의 민족주의는 민족을 품으면서 넘어서는 원리이자 성격으로 볼 수 있다. 그러한 원리와 성격은 당연히 작가로서 이광수가 남긴 '문학'에서 가장 잘 나타나 있다. 그의 '문학'은 한국 근대문학과 그 기원을 민족주의를 비동일화하는, 아마도 세계시민주의라고 불릴 수 있는 차원에서 관찰하고 정의하도록 해 주고, 세계문학을 재구성하는 논의에 기여할 것이다.

6.2. 기원의 부재

그렇다면 한국 근대문학의 기원과 이광수 문학의 문제들이 '문학'을 이렇게 살아있는 것으로 논의하게 만드는 이유는 어디에 있는가. 문학 생산의 주체는 개인 작가다. 단, 시대들과 사회들에 연루된, 그들과 작용하는 하나의 과정적 주체다. 그 주체는 고정되어 있지 않으며, 또한 지극히 복잡다기한 신체, 심리, 사회 상황으로 인해 어떤 불가침의 불가지한 영역에 놓이지도 않는다. 그 주체는 당대와 후대의 독자들과 관련하여 이해의 영역에 놓이는 동시에, 그 관련성 자체가 그 주체를 끝없는 변용 속에 넣는다. 이러한 '과정적 주체'로서의 작가는 동시적, 동공적 존재로서 시공을 초월하여 흐른다. 작가는 자신이 창조한 텍스트의 당대뿐만 아니라 사후의 다양한 변용을 미리 기획한다는 의미에서 문학 과정의 창조적 개인이라고 할 수 있다. 바로 이런 구도를 통해 우리는 초월적인 문학 과정의 의미와 효과를 적절히 논의할 수 있으며, 나아가 문학의 가치와 그 내재적 보편성을 적절히 평가할 수 있다.

어떤 면에서 작가 이광수는 분열된 인격을 지녔다고 말할 수 있다. 이중어 글쓰기에 내재한 존재 방식이 그러하다. 그러나 그 기원은 하나에서 흘러나오고 방향도 한 곳으로 흘러 결국 하나로 모인다. 기원이자 종국을 이루는 것은 한국과 근대, 그리고 문학이며, 더 중요하게 그들이 하나로 뭉쳐진 형태로서의 한국 근대문학이다. 이광수는 이들에 대한 '자유로운' 입장에서 이들을 추구하고 이들에 대해 질문하고 해답을 구하려는 시도를 수행한 것으로 보인다. 이광수는 이들의 내부에 위치하면서 그 내부적 위치성을 토대로 하여 그들에 저항하고 그들을 뛰어넘는 것이다. 일본은 여기서 하나의 매개이자 수단이며, 상수가 아니라 하나의 변수였다.

작가 이광수에게 저항의 의미는 일본의 내부에 자신을 위치시켰다는 점에서 가장 두드러진 특성을 내비친다. 일본과의 관계를 일본을 인정하는 것에 의해 세우는 것이다. 이때 일본은 이광수에게 외부이면서 또한 내부로 존재하고 작동한다. 외부로서의 일본은 일본이 이광수의 저항의 대상임을, 즉 거기에 속하지 않음을 일깨우는 계기로 작용하고, 내부로서의 일본은 이광수가 저항의 대상에 속해 있음을 일깨우는 계기로 작용한다. 결국 속하면서 속하지 않는, 자기부정의 이중적 존재 양식이 이광수의 저항의 방식이다.

이광수의 자기부정의 이중적 존재 양식이 잘 드러나는 곳은 작가로서의 글쓰기라는 사회적, 역사적 실천을 통한 문학의 발산의 변천이다. 1장에서 논의한 구성과 해체, 재구성의 변이라는 구도를 고스란히 적용할 수 있을 것이다. 이광수의 문학과 삶에서 줄곧 추구한 것은 민족주의였다. 민족주의는 이광수의 문학과 삶에서 처음과 끝이다. 그러나 재구성의 단계에서 이광수가 추구한 민족주의는 구성의 단계에서 추구한 민족주의를 포괄하면서 넘어서는 양상을 이룬다. 이른바 구성의 민족주의는,《무정》에서 잘 나타나는 것처럼, 세계에 대한 직관적 이해와 계몽의 맹목적 열정의 특징을 지니며, 일반적이고 추상적인 차원의 민족주의에서 벗어나지 못한다. 반면 재구성의 민족주의는 역사적 의식에 기초한, 상당히 구체적인 차원의 특징을 지닌다. 그러나 그렇다고 구성의 민족주의를 포기하거나 폐기한 것이 아니라, 구성의 민족주의를 품으면서 넘어선 것으로 보아야 할 것이다.《원효대사》에서 볼 수 있듯이, 이광수의 상상력은 과거의 거울에 현재의 현실을 비추어 내고 재구성함으로써 민족주의의 구체적인 의미와 추동력을 획득한다.

요컨대 이광수의 문학은 이중적 존재 방식, 다시 말해 품으면서 넘어서는 이른바 '포괄적 초월'의 방식으로 이루어졌고 작동한다고 말할 수 있다. 이광수의 '포괄적 초월'은 이광수의 문학과 삶에서 발견되는 기원의 부재의 양상을 효과적으로 설명해 준다. 이광수의 문학이 전적으로 고아의식에서 나왔다는 김윤식의 유명한 결론에서 출발해 보자. 고아의식은 그 자체로 기원의 부재를 가리킨다. 기원의 부재는 이광수를 심정의 세계에 안주하게 하면서 또한 그 세계에서 벗어나 현실의 세계를 끝없이 방랑하게 만든다. 방랑은 심정 세계와 논리 세계의 불일치, 즉 심정 세계가 논리 세계에 의해 여지없이 파괴되었을 때 일어난다. 이는 심정 세계를 논리 세계와 대등한, 혹은 논리 세계를 뛰어넘는 것으로 만드는 과정이다.

심정 세계는 논리가 없는, 또는 논리를 초월한 방랑의 세계다. 그것이 이광수의 문학을 받쳐 준다. 단, 김윤식의 지적처럼 비현실적인, 비합리적인 방식으로가 아니라 다른 '어떤' 방식으로 그의 문학을 채워 주었다. 이광수의 민족의식 혹은 민족주의는 논문의 형식으로 주장되고 정리되었으나, 아직은 얇은 논리적 세계에 머물고 있었다. 그것이 두터운 심정적 세계로 나아가는 것은 문학과 함께였다. 김윤식은 "도산은 혁명가이자 예언자의 유형이며, 육당은 역사학자이자 예언자의 유형"이라면, "춘원은 문인이자 예언자였"고, "그러기에 가장 심정적이자 기댈 곳 없는 허약성을 지닌 유형"이라고 분류하는데,[424] 바로 그 심정성과 허약성, 그리고 그로부터 나오는 분열성과 고독성이 그의 문학을 열려 있게 만드는 것이다. 이광수의 글쓰기에서부터 시작한 문학 과정은 논리에 의해 압도되지 않는 무엇이다. 여기서 논리란 고정된 목적을 지향하는 선형적이고 합리적인 구도로서, 제국과 근대를 지탱하는 것으로 볼 때, 이광수가 출발시킨 문학 과정, 즉 이광수의 문학이 계속해서 새로 해석되는 과정은 제국과 근대를 넘어선 것이라고 할 수 있다. 그의 심정적 세계에 근거한 방랑이 그러한 문학을 가능하게 만든다.

김윤식은 "허구와 현실의 미분화 상태는 심정적 세계, 밤의 논리"[425]라고 말하는데, 이 심정적 세계는 자체를 초월하여 논리적 세계(현실, 낮)로 발산할 가능성과 힘을 갖고 있다. 그것은 근대의 합리를 초월하는 세계, 구도, 과정, 그리고 방법으로서의 탈근대를 말한다.

> 이들 한국의 선각적 지식인 그룹은 도쿄에서 상하이로, 상하이에서 다시 서울로 끊임없는 방랑 생활을 해 왔던 것이지만 원점 회귀는 언제나 별 수 없이 서울이었다. 율리시즈의 십 년 간의 지중해 방랑이 운명적이었듯, 그들의 방랑도 그러했다. 심정적 세계에서 벗어나지 못한 탓이었다.[426]

424 김윤식, 《이광수와 그의 시대》 1, p.335.
425 위의 책, p.403.

이 진술에 대해서는 재해석이 필요하다. 김윤식은 이광수를 비롯한 한국의 식민지 지식인들의 방랑에 대해, 율리시즈의 방랑이 그러하듯, "원점 회귀"라고 정의한다. 그러나 율리시즈는 원점으로 귀환하는 것이 아니라 결코 귀환을 이루지 못하는, 어느 곳에도 도달하지 못하는 방랑의 주체로 볼 수 있다. 율리시즈는 출발점으로 귀환하지만 그 귀환은 계속해서 유예되고, 그 유예되는 과정 자체가 그의 정체성을 형성하고 그가 주인공으로 등장하는 텍스트의 본문을 이룬다. 마찬가지로 이광수의 방랑은 원점 회귀가 아니라 도달 없는 귀환으로 수행되었고, 이른바 '심정적 세계'는 그 도달 없는 귀환을 지속하도록 해 주는 거점이자 힘이다. 도달 없는 귀환은 귀환 자체를 불안정하게 만들면서 독자가 그 의미를 계속해서 반추하도록 만든다. 이것이 이광수가 심정적 세계와 방랑, 밤의 세계에 기대어 생산한 문학이 작동하는 원리라고 할 수 있다.[427]

김윤식은 이광수의 소설이 근대적 소설의 자리에 오르지 못한 이유를 그의 소설에서 "일상적 삶과 허구적 삶이 구분되어 있"지 않은 탓이며, "그 구분이 안 된 세계, 소위 허구와 현실의 미분화 상태는 바로 우리가 누누이 강조해 온 심정적 세계, 밤의 논리에 다름 아니"라고 말한다.[428] 또 근대적 소설의 대열에 들지 못하는 이유를 "논리를 돌보지 않고 청중을 감동케하는 방식만을 추구하다 보니, 자기 목소리에 스스로 도취하는 꼴이 되기 일쑤였다"[429]는 것에서 찾는다. 나는 이에 대해 심정적 세계는 자체를 초월하여 논

426 위의 책, p.413.

427 나는 이를 '도달 없는 귀환'이라고 불렀다. 다음과 같은 졸고들을 참조할 수 있다. 〈기원의 위반과 문학 과정—단테의 오디세우스 주제에 대한 연구〉, 《이탈리아어문학》 25집, 2008, pp.101-141 ; 〈근대적 공간과 탈주의 신화—'소설가 구보씨의 일일'에 나타난 오디세우스 주제〉, 《대동문화연구》 69집, 2010, 간행 예정.

428 《이광수와 그의 시대》 1, p.403.

429 위의 책, p.140. 〈흙〉의 주인공 허숭이 동민 앞에 나서서 연설하던 것을 두고 말한 내용이다.

리적 세계로 스스로를 발산할 가능성과 힘을 지닌다고 말하고 싶다. 마찬가지로 이광수의 문학도 그러하지 않을까. 근대의 합리를 초월하는 세계, 그 구도와 과정은 방법으로서의 탈근대라고 할 만하다. 이광수의 문학은 '문학으로서' 이미 근대를 초월하고 있었다.

심정적 세계가 받치는 이광수의 방랑은 운명이 아니라 선택이었다. 그렇기에 그것은 이광수 문학의 자발적 정체성을 이룬다. 따라서 우리는 이광수의 문학이 심정적 세계에서 벗어나지 못했다기보다 오히려 심정적 세계에 근거했다고 말해야 한다. 위의 인용문에서 말한 "한국의 선각자 지식인 그룹"의 방랑에 대해서도 아마 같은 애기를 할 수 있을 것이다.

김윤식은 이광수의 민족운동, 동우회의 도덕개조 운동, 불교에 대한 탐구, 이 모든 것들이 추상적이었으며, 그것을 초극하는 방식이 이광수의 문학이었고 그의 문학적 동기였다고 갈파한다.

> 오직 핏속 깊이 잠자는 야성으로서의 방랑벽, 그 광증만이 춘원을 부르는 것이었다. 작품《세조대왕》이 춘원 자신의 내적 방랑벽이었고,《사랑》의 안빈이 그러하였다. 그러나 그러한 승화적 초극으로도 그가 견디지 못하는 한계점이 드디어 노출되었던 적이 있다.《유정》이 그것이다. 내적 승화가 아니라 방랑의 광증이 작품 밖으로 분출되고야 만 것, 그것이《유정》이다.[430]

이광수가 시베리아를 방랑하고 치타에 머물던 시절 "그에겐 러시아의 현실이 보이지 않고, 톨스토이를 통한 종교적 환영이 바이칼 호수의 빛깔처럼 그의 의식을 가리었다. 아득한 지평선 위로 떠오른 두 개의 별의 이미지가 그대로 러시아를 이해하는 척도였다."[431] 심정적 세계는 혼돈의 질서로 이루

430《이광수와 그의 시대》1, p.464.

431 위의 책, p.341. 김윤식은 이것이《유정》(1933)의 주된 창작 모티프라고 말한다.《유정》은 방랑의 형식의 표현이라는 것이다(같은 책, p.446).

어진다. 심정의 세계는 동일성의 충돌을 완화시켜 부드럽게 만들어 주는, 즉 동일성의 완전한 무화가 아니라 변이를, 그 끝없고 끊임없는 작용과 과정을 싣는 세계다.

심정의 세계가 동일성을 무화시킨다기보다 그 변이를 생산하는 양상의 예로 연설의 모티프를 들 수 있다. 방랑의 모티프와 마찬가지로, 연설의 모티프도 오디세우스의 주제와 연결된다. 단테의 오디세우스는 미지의 세계를 찾아나서는 오랜 방랑의 끝에서 지친 동료 선원들을 짧지만 강한 울림의 연설을 통해 독려하고 방랑을 계속하도록 이끈다.[432] 《무정》의 대단원을 이루는 이형식의 연설[433]도 역시 미지의 세계로 나아가자는 독려이며 도달 없는 귀환의 출발이기도 하다.

연설은, 김윤식의 관찰대로, 일제 강점기에서 문명개화와 분리될 수 없었다. 독립협회 시절의 서재필, 이승만, 윤치호, 그리고 안창호 등이 명연설가로 알려져 있다.[434] 그것은 민중 계몽의 수단이었다. 서양의 문명개화 사상을 민중에게 소개하는 방식이 연설을 통해 행해졌다는 것은 개화기의 한 특징을 잘 드러내는 것이다. 그들의 연설은 논리와 사색과는 거리가 먼 목소리이며 외침이고 따라서 여지없는 선동이며 일종의 감정의 발산이었다.[435] 그런데 이것이 제국(논리적 세계)에 저항하는 유일한 방식(심정적 세계)은 아니었을까? 그 비현실적, 비합리적, 초월적 저항성은 가능 세계를 창출하는 문학적 기능을 발휘한다. 아니 가능 세계 그 자체다. (이런 면에서 《무정》을 그러한 문학적 여정 전체의 첫 머리에 놓는 것은 큰 의미를 지닌다). 문제는 그것이 현실과 논리의

432 단테 알리기에리, 《신곡》 중 〈지옥편〉 26곡 참조. 졸고, 〈기원의 위반과 문학 과정〉 참조.
433 김동인은 《무정》의 끝을 장식하는 이형식의 연설이 이광수의 전 작품을 통하여 유일의 "적절한 삽입"이라고 평가한다. 김동인, 《춘원연구》, 신구문화사, 1956, p.48 ; 김윤식, 《이광수와 그의 시대》 1, p.139 재참조.
434 위의 책, p.138.
435 위의 책, p.277.

세계를 점유할 뿐만 아니라 초월하는지를 판단하는 것이다. 단테는 오디세우스를 통하여 오디세우스의 초월, 즉 기원을 위반한다는 것의 의미가 현실세계에 거대한 울림으로 퍼져나가는 광경을 함축적으로 묘사한다. 이광수도 역시 그런 측면에서 파악해 볼 수 있다.

이광수를 방랑하게 한 것은 심정의 세계에 안주하기 못하게 하는 기원의 부재였다. 그러나 그의 방랑의 방식은 심정의 세계에 머무르는 동시에 현실의 세계로 넘나드는 것이었다. 《무정》은 그러한 호환의 과정의 첫 단계에 위치한다. 이 과정은 《무정》의 '연설적' 민족주의에서 출발하여 《원효대사》의 재구성된 민족주의로 나아가는데, 그 나아감은 일직선적 행보라기보다 그 모든 과정을 순환적인 것으로 일으키는 문학을 통해 이루어진다. 다시 말해, 심정과 현실의 세계를 넘나드는 호환의 과정은 이광수의 문학의 전 여정에서 《무정》과 《원효대사》 사이에서 돌아가고 다시 시작하기를 반복하게 만든다. 그런 구도를 통해서 이광수의 삶과 문학을 재조명할 의미는 충분히 존재한다. 그런 의미에서 기원의 부재라는 논지를 기원의 확산이라는 논지로 발전시킬 필요가 있다.

6.3. 기원의 확산

마이클 신은 《무정》이 한국문학에서 근대소설의 시작이며 근대문학의 기원을 이룬다고 말한다. 그는 이 진술을 외부적 요인과 내부적 요인 두 가지 측면에서 지지한다. 외부적 요인은 〈文學이란 何오〉나 〈文學의 價値〉와 같은 에세이에서 이광수가 "번역으로서의 문학"을 내세우며 서구 문학의 번역이 근대문학의 기원에 중요한 역할을 했다는 것이고, 내부적 요인은 《무정》이 그 전편에 걸쳐 판소리 춘향가에 대한 언급이 나온다든지 역사소설과 같은 다른 작품들에서 중국 고전이나 역사적 문헌에 대한 해박한 지식이 엿보인다든지 하는 경우로 보아 근대문학으로 가늠할 수 있는 내적 발전을 이루었다는 것이다. 마이클 신은 특히 일본 근대문학을 '풍경'과 '내면'의 발견이 동시에 이루어지는 과정 속에서 기원했다고 갈파하는 가라타니 고진의 방법론을 빌려 이광수의 1910년대 글쓰기가 한국 근대문학의 기원을 이루고 있음을 명쾌하게 정리한다.

> 문학은 내면이 마치 '실제적이고' 객관적인 존재를 지닌 것처럼 내면의 발견을 서술함으로써, 언어의 효과로서의 문학의 기원을 은폐할 수 있다. 이러한 서술을 통해 문학은, 내면의 삶으로의 직접 접근을 용인하며 따라서 내면의 삶에 리얼리즘의 환상을 부여하는 투명한 매개체가 된 것처럼 보인다. 내면의 발견으로 인하여 문학은 기법에서 예술 양식으로 변환하게 되고 이러한 과정은 부분적으로 1910년대부터 이광수의 글쓰기에서 볼 수 있다.[436]

마이클 신은 이광수에게 "실재와 이상 세계의 관계는 풍경과 내면의 관계에 조응"하며, "문학이 일상생활의 '실재'를 묘사함으로써 독자가 이상 세계를 지각할 수 있듯이, (이광수는) 자신을 풍경에 투사함으로써 내면을 볼 수 있게 된다"[437]고 말하면서, 그런 과정에서 이광수가 독자에게 보여 주려 한 것은 바로 민족이었다고 주장한다. 미리 말하지만, 나는 그 '민족'이 편협한 민족주의에 속하지 않는다고 생각한다. 계속해서 마이클 신은 〈文學이란 何오〉에서 이광수는 근대문학의 기원에 대한 두 가지 개념, 즉 번역어로서의 문학과 내면의 발견으로서의 문학을 나란히 내세웠다고 정리한다. 이광수가 번역어로서의 문학을 내세운 것은 획기적인 일이었다. 이광수는, 다시

436 마이클 신, 〈내면 풍경—이광수의 '무정'과 근대문학의 기원〉, 《한국의 식민지 근대성》, pp.361-362. 이와 관련한 이광수의 발언은 다음과 같다. "내가 《무정》을 쓸 때 의도로 한 것은 그 시대의 조선청년의 이상과 고민을 그리고 아울러 조선 청년의 진로에 한 암시를 주자는 것이었다. 이를테면, 일종의 민족주의, 자유주의 이데올로기를 가지고 쓴 것이다. … 그리고 내가 의식하는 한에서는 또 내 역량이 미치는 한에서는 리얼리즘으로 하느라고 하였고 또 심리묘사에도 힘을 써 보느라고 하였다." 이광수, 〈多難한 半生의 途程〉, 《전집》 14, p.399.

437 마이클 신, 같은 글, p.368.

마이클 신을 빌면, "근대문학의 기원이 서구를 모방하는 문제가 아니라 서구를 다시 쓰고 번역하는 문제임을 시사"[438]한다.

요컨대 마이클 신은 이광수가 번역을 통해 내면을 발견함으로써 근대문학의 기원을 이루었다고 본다. 나는 마이클 신의 의견에 대해 이광수의 에세이에 한해서 동의한다. 반면 이광수의 소설에서는 마이클 신이 예컨대《무정》이 한국 근대문학의 기원을 이루었다는 의견에는 동의하기 어렵다. 마이클 신은 번역과 내면의 발견 두 가지를 통해 자신의 주장을 펴 나가고 있는데, 번역 문제에 관한 논의는 충분히 납득할 수 있다. 실제로 번역은 "자신을 풍경에 투사"하는 일, 즉 한 세계에서 다른 세계로 변이하는 것, 더 정확히 말해, 한 세계의 변용의 과정을 객관적으로 드러내고, 그러면서 자신을 거기에 비추어 성찰하는 일을 말한다. 이는 언어의 효과이자 문학 가치의 실현이며, 이 책에서 말하는 비동일화의 효과다. 한국 근대문학은 모방이 아니라 그러한 번역의 과정을 통해 기원과 출발을 이루었다.

반면, 내면의 발견이《무정》에서 이루어졌다는 진단에는 동의하기 힘들다. 마이클 신은《무정》에서 "속사람", "참사람"이란 '내면'의 동의어이며, 같은 값으로, '무정'이란 내면의 결여, 심지어는 문학의 결여를 가리킨다고 정리한다.[439] 마이클 신은 내면과 풍경의 관계에 주목하면서《무정》의 끝 장면에

438 위의 글, p.386. 덧붙여 다음과 같은 마이클 신의 발언에 전적으로 동의하며, 내가 생각하는 비동일화의 사고와 통한다고 생각한다. "이광수는 근대문학의 기원을 '번역'의 과정, 즉 말 그대로 일본의 차디차고 소외된 풍경으로부터 정으로 가득 차 인간화된 땅이 존재하는 이상 세계로 이동하는 것으로 개념화하였다. 조선의 근대문학은 단순히 서구 혹은 일본 문학을 자국어로 모방하는 것이라기보다는, 동일한 것 속에서의 차이를, 즉 근대적이지만 조선에만 독특한 정체성을 표현하는 문학을 낳고자 하는 것이었다. 이러한 번역 활동이 낳은 것이 내면의 발견이었다. 이광수에게 '내면'은 근대적인 것이었다. 왜냐하면 오직 근대문학만이 전통 문학에서 억눌려 있던 내면의 감정을 표현할 수 있기 때문이다. 내면은 발견되기를 기다리며 항상 거기에 있었기에 조선에게만 독특한 것이었다. 내면은 또 비육체적이고 비물질적인 존재로서, 외부 세계의 떠들썩한 변화에 영향받지 않는 정체성의 측면을 포착하였다." 위의 글, p.404.

서 기차가 내면이 풍경에 스며들고 풍경 자체를 변모시키는 곳에 도착하는 과정을 그린다고 파악한다.[440] 그러나《무정》은 그런 해피엔딩 혹은 의미의 충만으로 깨끗이 완결되지 않는다. 그럴 만한 내면의 발견이 이루어지지 않고 풍경의 변모도 일어나지 않는다. 다만 이광수 문학의 전체 여정의 출발점을 이루고 있을 뿐이다.

한국 근대문학의 기원을 정하는 혹은 논의하는 근본적으로 다른 방식이 필요하지 않을까. 그것은 문학을 한국과 근대에 한정시키기보다는 문학 자체의 발현에 초점을 맞추자는 것이다. 한국 근대문학이 그 기원의 시기에 처했던 복합적이고 왜곡된 상황을 조명할 때, 문학이 문학으로서의 자리를 확보하는 시점이 '문학'이 '한국 근대'를 의미 있게 만들어 주는 시점이라고 생각할 수 있을 것이다.

《무정》의 중심 과제가 국민국가에 있고, 등장인물들의 갈등이 극복되는 압도적 힘이 근대에서 온다[441]고 평가한다면, 그것은 '소설'《무정》을 한국 근대문학의 기원으로 삼는 것을 유예할 하나의 역설적 근거가 된다. 다시 말해, 국민국가주의(민족주의)라는 낯선 신에 대한 무조건적 경배야말로 한국 근대문학을 낳은 모태였다[442]는 말은 한국 근대문학의 기원이 문학이 아니라 근대에 매여 있음을 선포하는 것이다. 그렇다면 우리는 한국 근대문학의 기원을 다른 곳에서 혹은 다른 방식으로 찾을 수 있지 않을까? 한국 근대문학이 '근대'보다 '문학'에 터를 둔 곳. 만일 그곳을 예컨대 이중어 글쓰기의 공간에서 찾을 수 있다면, 차라리 그곳이 기원이 될 수도 있을 것이다. 단, 이렇게 기원이 매겨진 한국 근대문학은 '한국'(국가)과 '근대'보다는 '문학'에

---

439 위의 글, p.393. "만약 '정'이 내면의 기반이고 따라서 근대문학 자체의 기반이라고 한다면, '무정'이란 용어는 말 그대로 내면의 결여 혹은 심지어 문학의 결여로 이해할 수 있다."

440 위의 글, pp.382-402.

441 김윤식,《일제 말기 한국 작가의 일본어 글쓰기론》, p.55.

442 위의 글, 같은 쪽.

방점이 찍히는, 즉 자기부정과 비동일화로서의 문학의 범주를 우선시하는 것이 될 것이다.

이중어 글쓰기 공간에서 표출된 이광수의 화두들 중 단연 주목할 것은 '국민문학' 혹은 '문학의 국민성'이다. 그가 말하는 국민은 '일본의 국민으로서의 조선인'을 지시한다. 대칭하면, 그가 말하는 국어는 '조선의 국어로서의 일본어'를 지시할 터이다. 일본어는 조선의 국어이지만 일본의 국어이기도 하다. 그 일체(내선일체, 황민화)에는 이미 균열이 자리한다. 마찬가지로 이중어 글쓰기 공간에서 '일본의 국민으로서의 조선인'이라는 개념 내부에는 '국민'에 대한 어떤 의식이 있었을 것이다. 그 의식은 균열을 일으키는, 즉 비동일화의 의식이 아니었을까? 그리고 이런 의식은 '문학'의 펼침에서 나오지 않을까?

한국에서 타자의 인식은 개화와 함께 일어났다. 중국과 서양, 그리고 그에 이어 일본이 근대 한국이 설정한 타자들이다. 그러한 타자의 인식을 통해 자체를 주체로 자각하고 자기 정체성을 수립하려 했던 것이 조선의 근대화와 일제에 대한 저항의 내용이었다. 그런데 그러한 표층 아래서 주체를 다시 타자로 인식하는, 그래서 자민족 중심주의를 넘어서 보편적인 보편주의로 나아가려 했던 증후는 없었을까? 문학이 유력한 매체였던 것으로 생각해 볼 수 있다. 한국의 근대 '문학'은 저항과 자기부정으로 이루어졌으며, 그것이 '근대문학'을 긴장된 용어로 만들고 또 '문학'을 보편적 행위와 산물로 만드는 가능성을 극대화한다.

근대 국민국가의 형성에서 언문일치와 속어 혁명은 국가를 대표하는 언어로서의 국어의 보급으로 나타났다. 일제에서 조선어의 사용은 그 자체로 식민통치에 대한 저항이었다. 그러나 그 저항은 또한 근대 국민국가에 대한 저항이자 국어에 대한 저항으로 되는 국면도 있어야 했다. 왜냐하면 근대 국민국가의 유지는 미완의 근대의 추구라는 면에서 식민통치(제국)와 닮은 꼴을 하고 있으며, 따라서 자기중심주의의 오류를 반복하는 것이기 때문이다. 그 오류에서 벗어나는, 탈국민국가의 상상이 필요하다. 국어에 대한 저항이란, 좀더 구체적으로 말해, 국어를 동질화된 구조로 만들어 근대 국민국가를 받치는 한 요소로 만드는 근대적 기획에 대한 저항을 말한다. 그것은 국어를 미적으로 구성하는 일이며, 그것이 문학이 담당하는 일이다. 문학은 국어를 국어로 유지하는 동시에 그를 넘어서서 보편으로 나아가게 하는 결정적인 것이다.

이광수가 이해했던 또 그가 생산했던 문학은 그러한 '문학'에 이르지 못했던가? 나는 앞에서 조선의 근대화와 국문을 주장했던 《무정》의 시대부터 국문과 일문을 통한 저항으로 나아갔던 이중어 글쓰기의 공간을 잇는 소통적인 관점에서 이광수는 문학을 통해 근대를 지향하는 동시에 초극했다는 평가를 내리고자 했다. 동질화된 언어 구조에 대한 이광수의 저항은 국문과 일문에 똑같이 적용되었다. 국문이든 일문이든 하나의 국어로서 근대 국민국가를 대표하는 구조를 지녔다고 본다면, 그러한 특수어를 통해 보편성을 전유하는 가능성도 앞에서 설명되었다.[443] 결국 이광수가 근대를 지향하는 동시에 초극했다는 가능한 평가는 근대의 반복에 지나지 않는 일본의 대동아론과 근본적으로 궤를 달리한다.[444] 그것은 오히려 국민과 국어와 같은

443 다시 부연하면, 조선어든 일본어든 국어를 하나의 특수어로 봄으로써 국어 중심이라는 동일성의 단계에서 벗어나 국어의 외부를 보는 것을 말한다. 즉, 자신의 특수한 맥락을 타자로 놓고 봄으로써 (즉, 자체를 타자로 보는 의식적 객관화를 통해) 자신의 외부를 보는 것이다. 그래서 자신을 소통의 과정에 올리는 것을 말한다.

444 내선일체와 대동아론과 같은 일제의 근대성 초극의 논리는 서구 근대성의 오류를 반복한 것이며, 특수한 타자들을 억압함으로써 자체의 특수성을 배타적으로 견지하는 식으로 확장하려는 시도에 불과했다. 이 주제와 관련하여 참고할 논의들은 많다. 성민엽, 〈같은 것과 다른 것: 방법으로서의 동아시아〉, 《동아시아 연구—글쓰기에서 담론까지》, 정재서 편, 살림, 1999, pp.223-245 ; 사카이 나오키, 〈누가 아시아인인가〉, 《국민주의의 포이에시스》, 창비, 2003, pp.47-71 ; 스테판 다나카, 《일본 동양학의 구조》, 박영재, 함동주 옮김, 문학과지성사, 2004 ; P. 두아라, 《민족으로부터 역사를 구출하기》, 문명기, 손승희 옮김, 삼인, 2004.

근대의 산물들에 젖은 자신의 부정을 통해 그들을 포함하는 하나의 보편적인 지평으로 나아가는 것을 뜻한다. 이광수의 문학은 서구 근대성의 오류를 반복하지 않으면서 근대성을 초극하는 또 다른 가능성을 보여 준다.

이런 차원에서 한국 근대문학의 기원은 이광수에 의한 '문학'의 등장 이래 문학과 근대의 갈등이 최고에 오른 이중어 글쓰기의 공간까지 '확산된 형태'로 자리한다고 볼 수 있다. 이광수 문학(특히 《무정》)을 한국 근대문학의 기원으로 보는 과거의 담론은 이광수 자신에 의해 나오기도 했고 또 후대의 평가에 의한 것이기도 했다. 이러한 평가의 정당성은 수용하되, 이광수의 문학이 한국 근대문학의 기원이라고 말하는 것의 어떤 가능성을 더 펼쳐서 보자는 것이다. 그것은 이광수의 문학이 보여 준 동일화와 저항의 여정 전체를 한국 근대문학의 기원의 한 부분이자 성격으로 볼 가능성을 말한다.

"황실은 큰댁"이라는 진술에 숨어 있는 고아로서의 체험과 자의식이 소속에 대한 의지로 표명되었고 그것이 조선문학을 국민문학에 소속시킨 동력이었다고 한다면, 그 '소속'의 동력을 계속 뻗어 나가게 함으로써 결국 소속의 해소가 이루어지는 구도를 그려 볼 수 있지 않을까? 타자화로 추동되는 중국을 타자로 보고, 조선문학을 타자로 보며, 국민문학을 타자로 보고 이광수 자신까지 타자로 보는, 그러한 소속의 이동은 동일성에서 벗어나는 지평을 지향한다.

소속된다는 것은 대표를 허용한다는 말이다. 국민문학이 조선문학을 대표하는 것은 국민문학이 조선문학의 존재의 근거, 즉 기원이 된다는 말이다. 이는 근대에 대해서도 마찬가지다. 결국 이광수의 문학은 근대와 국민이라는 기원에 매여 있었다고 말할 수 있다. 그것은 이광수가 적어도 이중어 글쓰기의 맥락에서 산출했던 문학의 성격을 친일로 규정짓는 자연스러운 진술이었다. 그 자연스러움 속에서 이광수 문학은 지금까지 국민문학으로 대표되면서 재현되지 못했던 것이다. 그러나 그 자연스러움을 낯설게 하는 작업은 이광수의 문학 자체를 봐야 한다는, 이미 일어나고 있는 지적들과 연결된다. 그의 문학이 지금까지 살아남았다는 사실, 혹은 지금 여기서 비로소 되살아나고 읽힌다는 사실의 의미를 밝히는 것이 이광수의 문학을 국민문학의 기원에 소속되고 대표되도록 방치하는 것보다 그의 문학의 가치를 평가하는 데 더 적절할 것이다. 사실 이러한 분석의 관점은 세계문학의 지평을 논의하는 새로운 지적 환경에서 나왔지만, 또한 이광수의 문학이 지금까지 살아남았다는 사실을 우선 주목해야 할 것이다. 그것은 이광수의 문학이 일본 국민문학의 억압을 배제했을 가능성을 말한다. 그 가능성은 사후의 독자들이 담당해야 할 몫이지만, 사후의 독자의 타자적·객관적 관점은 또한 이광수 문학이 발휘하는 타자화 혹은 터를 둔 타자화의 공간에서 나온 것이기도 하다. 이것이 한국 근대문학의 기원과 관련하여 현재적 관점에서 이광수의 '문학'을 다시 주목해야 하는 이유다. 한국 근대문학의 기원은 근대와 국민국가를 초월하는 자리에서 찾아야 할 것이다.

이러한 생각에 대해 김윤식은 해결의 한 실마리를 던져 준다. 김윤식은 이중어 글쓰기 공간을 놓고서 "한국 근대문학도 일본의 근대문학도 아닌 제3의 근대문학의 가능성을 안고 있는 공간이 거기 있었다"[445]고 말한다. 장차 연구될 과제로서 그가 내세우는 "제3의 근대문학"은 "어느 특정 국어와 관련 없는 보편문법 또는 보편어법으로서의 글쓰기의 범주가 그 본론의 핵심을" 이룬다. 근대와 문학의 길항 관계를 따지는 어려움이 있을 텐데 '근대문학'의 가능성을 내세운다는 것은 근대문학에 대한 믿음을 보여 주는 것 같다.

그러나 김윤식의 해답과 달리 나는 근대문학 자체가 지닌 이율배반성을 더 주목하면서 문학의 가능성을 보고자 한다. 근대문학이 문학에 포함된다고 말하는 것은 아니다. 그보다 근대문학에 담긴 역사적, 철학적, 미학적,

445 김윤식, 2004, p.373.

그리고 '문학적'인 문제들이 문학의 본질을 바꾸고 형성하는 면이 있을 것이다. 다만 문학의 가능성을 특히 주목하는 것은 "제3의 근대문학"이 한국 근대문학을 돌이켜 지시할 여지를 생각하고, 거기서 문학의 자리를 다시 생각할 필요가 있다고 보기 때문이다. 다시 말해, "제3의 근대문학"이라는 하나의 대안적 용어 혹은 개념을 떠받쳐 주는 역사적, 문학적 공간이 바로 한국 근대문학 자체가 아니었던가, 그렇다면 그 한국 근대문학은 근대문학과 더불어 문학 자체의 재고찰, 즉 우리에게 문학이란 무엇인가라는 질문을 올곧게 던져 준다. 그런 면에서 이광수가 출발시킨 문학 과정은 한국 근대문학의 특수성 내에 보편적 지평을 담는 실험적 공간을 우리에게 제공한다. 그 실험성을 어떻게 평가하고 그것이 그 공간을 넘어서 어떻게 지속되었는지 탐사하는 것은 언어의 측면뿐 아니라 언어가 담는 정신의 측면에서 이루어져야 한다. 그 정신은 보편성을 향한 문학의 기울어짐이다.

7. 민족주의와 세계시민주의
—이광수 문학의 지평

7.1. 저항의 언어

클라우스 클뤼버는 국민문학을 개념이라기보다 역사적 구성물로 이해한다.[446] 즉, 국민문학은 (세계문학이 그러하듯) 어떤 한 관점에 비추어 문학 텍스트를 다루는 하나의 방식이다. 그렇다면 국민문학은 이광수의 텍스트를 읽는 하나의 방식일 뿐이고, 나아가 다른 방식이 있을 수 있을 것이다. 이광수의 '문학'을 열기 위해서는 탈국민주의적 발판이 필요하다. 그것은 국민을 단순히 넘어서기보다는 국민의 비동일화라 할 만한 것의 측면에서 이광수의 문학을 보자는 것이다. 우리가 이광수의 문학을 놓고 제기할 문제는 그의 문학에서 국민적인 것이 특수로서의 역할을 어떻게 하느냐 하는 것이다.

이 때 국민적이라는 것은 국민의 범위 안에 머물면서 자체의 동일성을 유지하는 것도 아니고 또한 국민을 포기하고 더 넓은 차원에서 용해하는 것도 아니다. 특수로서의 국민이란 개념은 국민을 국민 외부와 연결시켜 준다. 그것은 특수로서의 국민 개념이 국민에 근거하면서 동시에 국민을 넘어서게 해 주기 때문이다. 반복하자면, 특수로 남는다는 것은 동질화된 공간의 지양을 통해 보편을 지향하는 것이다. 이런 측면에서 특수로 남는다는 것의 의미를 모색하는 것이 곧 이광수의 문학언어 사용에 대한 고민의 내용이었고 그

446 Clüver, Claus, "The Difference of Eight Decades : World Literature and the Demise of National Literatures", *Yearbook of Comparative and General Literature* 35, 1986, p.17.

결과로 남은 것이 그의 문학이라고 말할 수 있다.

비록 한 작가가 여러 언어를 사용한다고 해도 작가는 자신의 기원에 대한 의식을 버리거나 잊을 수 없다. 그것이 그 작가의 속어다. 이광수의 경우, 복수의 국어(조선어, 중국어, 일본어 혹은 영어)를 대면하던 상황에서 그 복수의 국어들이 그의 속어였다고 말할 수 있다. 그는 국어로 지탱되는 국가적 경계, 즉 동질화된 장소를 구축하는 경계 위에서 복수의 속어들을 자신의 문학언어로 채택한다. 이렇게 그의 문학언어를 복수의 양상으로 채택함으로써 그는 그의 문학어가 국가적 경계를 초월하도록 만든다.

이를테면 이광수는 조선어에 더해 일본어를 또 하나의 새로운 표현 수단으로 채택한다. 그것이 일본어가 대세가 된 시대적 상황에 굴복한 것이 아니라, 그러한 어려운 시대에서 수행한 문학의 자발적 모색과 선택의 결과라고 본다면, 그 내부에는 분명 저항을 심고 있을 것이다. 말하자면 인정함으로써 거부한다는 것인데, 이는 단테가 이탈리아 속어를 통해 수행한 라틴어의 전유를 뒤집은 꼴이다. 속어는 라틴어의 외부에 있기 때문에 속어의 사용은 라틴어가 외부를 지닌다는 사실을 의식하게 해 준다. 그것이 단테가 라틴어의 보편성을 수용하기보다 전유하는 방식이다. 단테가 속어를 통해 라틴어의 외부를 인식함으로써 라틴어가 지닌 보편성의 힘을 전유했다면, 이광수는 거꾸로 일본어를 자신의 속어로 선택함으로써 일본어의 외부를 인식했고, 일본어의 특수성과 함께 자신이 지녔던 다른 속어들의 특수성도 인식했다. 이광수는 보편으로 보인 것을 받아들임으로써 보편의 욕망을 거부하고 특수로 남고자 했던 것이다. 그 특수의 자리에서는 저항과 자기부정이 작동한다. 이광수의 일본어 창작은 그의 조선어 창작만큼이나 '속어의 승리'로 봐야 할 텐데, 그것은 바로 (조선어의 경우처럼) 저항의 언어의 탄생이라는 점에서 그러하다. 이광수가 선택한 일본어는 보편어도, 국어도, 제국어도 아닌, 그저 하나의 속어이며, 그 자체의 동일성에 저항하는 속성을 지닌 문학언어다. 그 문학언어를 통해 이광수는 일본어의 가짜 보편성을 인식하고 드러냈으며, 그런 과정은 일본어의 선택 자체를 가짜 보편의 거부와 특수의 확인의 과정으로 만들어 준다.[447]

우리는 언어들의 관계들을 어느 하나가 다른 하나를 이겨야 하는 전쟁과 같은 것으로 이해할 필요가 없다. 복수 언어의 환경에서 이광수는 줄곧 최고의 언어를 모색했지만, 그것은 복수의 언어들 사이의 긴장을 유지하는 것 그 자체였다. 바로 그 긴장을 우리는 주목해야 한다. 이런 점에서 이광수의 속어화는 속어의 사용을 근대 국민국가의 탄생과 동일시하는 인식이 수정될 필요가 있다는 점을 가르쳐 준다. 근대 국민국가 건설에서 특정한 국민이 구사하는 특정한 '속어'(자국어)라는 것이 존재한다고 전제하는 것은 단지 상상에서 이루어진 측면이 있다.[448] 속어는 원래부터 존재하지 않으며, 다만 선택되고 만들어져야 하는 언어다. 결국 이광수의 속어는 당대의 복합적 현실과 감수성을 담고 재현하는 언어를 모색한 결과였다.

여기서 떠오르는 것은 이른바 속어 문학언어vernacular literary language다. 속어 문학언어는 속어의 문제성에 문학이라는 열린 궤도를 부여한 형태다. 이광수의 속어 문학언어는 저절로 생겨난 것이 아니라 만들어지고 의지意志되었다. 이광수의 속어 문학언어를 받쳐 준 이중어 글쓰기도 역시 만들어지고 의지된, 선택되고 기획된 것이었다. 그것은 근대국가와 연결된 상상물이 아니었다. 속어가 문학과 결합될 때 속어는 세계시민적 성격을 띠게 되어 국가의 지역성을 초월하는 언어로 거듭난다. 이중어 글쓰기는 그 문학언어의 다양성의 환경으로 그러한 속어와 문학의 결합을 용이하게 한다.

447 이 과정을 텍스트에서 밝히기는 상당히 복잡한 일이다. 또한 친일이냐 아니냐를 판단하는 잣대로 쓰기에 그리 적절하지 않을 수도 있다. 그러나 나의 목표는 그보다 문학의 실천이 이루어졌는지, 어떻게 이루어졌는지 보자는 것이다. 이는 '친일'과 '민족'의 문제를 해결하려 하기보다 '보편'의 문제에 이광수의 문학을 제출하는 작업에 더 관여한다.

448 이보경, 《근대어의 탄생—중국의 백화문 운동》, 연세대학교출판부, 2003, p.106.

문학언어는 일반 언어와 다르다. 또 속어 문학언어는 문학언어의 성격을 잘 드러내 준다. 속어와 문학과 언어를 연결시키면서 우리는 이광수의 문학을 전면적으로 재검토할 수 있다. 그것은 언어에 국한된 작업이 아니고, 오히려 문학의 본질에 관련된 것이다. 이광수에게 문학은 무엇이었던가? 그것은 사르트르 식으로 본질을 전제로 하는 질문이 아니라 문학의 근본적 해체와 재구성과 함께 답을 찾아나가야 할 질문이었다. 여러 속어들이 충돌하고 공존하는 시대. 문학이 무엇이냐보다 무엇을 할 수 있고 해야 하느냐를 묻는 이광수의 시대가 그의 문학에 대한 질문과 추구를 그렇게 불확정적인 것으로 만들었다. 그 불확정성을 조명하는 적절한 하나의 길을 나는 세계시민주의에서 찾고자 한다. 그것은 국민과 근대와 같은 개념들을 천착하면서 또한 그들로부터 자유로운 맥락에서 이광수의 문학을 해석하도록 해 준다. (또 이광수의 문학은 거기에 조응한다고 믿는다). 문제는 밖에서 온 것이 아니라 안에서 왔다. 즉, 세계시민주의를 끌어다 댄 것이 아니라 이광수의 문학과 그것이 처했던 한국 근대문학의 복합적 지형이 세계시민주의적 접근을 요구하고 있다.

나는 이광수의 민족주의 혹은 그의 문학이 세계시민주의에 속한다고 말하지 않는다. 세계시민주의는 다만 이광수의 민족주의와 문학을 적절하게 설명하도록 해 주는 하나의 렌즈일 뿐이다. 더욱이 세계시민주의는 소속의 정체성을 누그러뜨리기 때문에 이광수의 특수성을 무엇보다 잘 설명해 줄 것이다. 그런 면에서 세계시민주의가 기원부터 횡단의 의미를 내재한다고 파악한 콰메 애피아의 설명에서 출발해도 좋을 것이다.

7.2. 세계시민주의

애피아에 의하면, 세계시민주의의 기원은 그리스의 키니코스Cynicos학파(기원전 4세기)까지 거슬러 올라간다. 이 학파는 세계시민kosmopolites이라는 표현을 처음으로 사용하면서 관습과 전통에 대한 회의주의를 반영했다. 그리스어로 kosmos는 우주라는 의미에서 세계를 지칭하고, polites는 스스로에게 충성을 맹세한 시민을 말한다. 따라서 세계시민주의는 본래부터 모든 시민이 여러 공동체 중 한 공동체에 속해야 한다는 전통적 관점을 거부했다. 이후 세계시민주의는 기원전 3세기 초 스토아학파가 수용하고 발전시켰고, 이후 로마 제국의 지성사를 관통했다. 근대에 와서는 1789년에 발효된 프랑스 인권 선언, 국제연맹의 개념을 제안한 임마누엘 칸트, 그리고 볼테르의 계몽주의와 같은 성과들을 수용하면서 발전했다.[449]

애피아는 이렇게 형성된 세계시민주의에 두 가지 요소가 얽혀 있다고 정리한다. 첫째, "우리에게 타인에 대한 의무, 즉 혈족의 유대나 심지어 더 형식적인 시민적 유대조차 넘어서는 더욱 확장된 의무가 있다는 생각"[450]이다. 둘째, "우리가 보편적인 인간의 삶뿐 아니라 특수한 삶의 가치까지도 진지하게 고려해야 한다는 것이다. 이러한 생각은 그 삶에 의미를 부여하는 관행과 믿음에 관심을 기울인다는 것을 뜻한다."[451] 세계시민주의에 설 때, 우리는 보편-특수의 관계를 선험적 혹은 선취적으로 제한하지 않으면서 진정한 보편이 무엇인지 물을 수 있어야 한다. 그럴 때 특수는 진정한 자체의 자리를 확보하고, 그래야 위의 명제들의 의미가 올바로 작동한다. 특수한 삶의 가치를 고려하는 일은 그냥 그렇게 한다고 되는 일이 아니라 안정된 보편을 열린 문제로 만들고 특수의 문제와 더불어 재조직화할 때 가능해진다.

449 Appiah, Kwame Anthony, *Cosmopolitanism : Ethics in a World of Strangers*; 《세계시민주의—이방인들의 세계를 위한 윤리학》, 실천철학연구회 옮김, 바이북스, 2008, pp.19-21.

450 위의 책, p.22. 여기서 '타인'의 개념은 더 확장할 수 있다. 위의 명제는 공간의 의미 혹은 더 넓게 봐도 물질적 차원에 국한되는 것 같다. 나는 이 책 전체에서 타인보다는 타자라는 용어를 채택하면서 방법과 자세, 이론의 차원까지 확장되는 개념으로 사용한다.

451 같은 책, 같은 쪽.

> 세계시민주의의 배경 위에서 볼 때, 국가the national와 국제the international를 선명하게 구분하는 것은 가능하지 않고 또 동질적인 단위들을 대조하는 것도 가능하지 않다. 국가적 공간들은 비국가적the denational으로 되었고, 따라서 국제적인 것이 더 이상 국제적인 것이 아니게 되듯이, 국가적인 것은 더 이상 국가적이지 않게 된다. 이는 국민국가의 권력 지형이 내부와 외부에서 붕괴하고 새로운 현실들이 떠오르고 있다는 의미다. 시간과 공간의 새로운 지도를 그리는 것, 사회와 정치의 새로운 좌표를 짜는 것. 이것이 이론과 실천 양면에서 추구되어야 하는 일들이다… 사회과학은 지구화의 시대에서 이루어지는 비국가화denationalization, 통국가화trnasnationalization, 그리고 재인종화re-ethnification의 현실을 다루는 통국가적 학문으로 재정립되어야 한다… 이는 근대사회의 기본 개념들을 재검토하는 것을 포함한다.[452]

국가와 국가 사이뿐만 아니라 국가 내부에서도 혼종과 불순의 현실이 놓여있음을 인정하고 인식하자는 것이다. 식민지 시기, 특히 이중어 글쓰기 공간에서 조선이 국가인지, 조선어가 국어인지 애매한 상황에서 세계시민주의적 관점은 국민주의와 국제주의가 포착하지 못하는 지점을 조명하도록 해 준다. 국민주의와 국제주의는 둘 다 국가를 단위로 한다. 세계시민주의는 그러한 단위의 동일성을 전제하지 않고 혼종된 현실 자체를 들여다본다. 이는 민족적, 근대적 인식을 넘어서는 것이다. 여기서 한국 근대문학이라는 용어 자체도 문제적으로 변하고, 그와 함께 문학과 문학언어가 떠오른다.

울리히 벡의 사회학적 시선을 빌리면, 세계시민주의는 either/or가 아니

452 Ulrich Beck, "Cosmopolitanism: a critical theory for the twenty-first century", *The Blackwell Companion to Globalization*, edited by George Ritzer, Oxford : Blackwell, 2007, p.167. 다음 책들도 참조할 수 있다. Ulrich Beck, *The Cosmopolitan Vision*, Tr. by Ciaran Cronin, London : Polity, 2006, Carol Breckenridge, et. al. eds. *Cosmopolitanisms*, Duke University Press, 2002 ; Breckneridge, Carol A. Sheldon Pollock, Homi Bhabha, and Dipesh Chakrabarty eds. Cosmopolitanism, Durham : Duke University Press, 2002 ; Vertovec, Steven & Robin Cohen eds. *Conceiving Cosmopolitanism : Theory, Context, and Practice*, Oxford : Oxford University Press, 2002 ; Appiah, Kwame Anthony, *Cosmopolitanism : Ethics in a World of Strangers* ; 《세계시민주의—이방인들의 세계를 위한 윤리학》, 실천철학연구회 옮김, 바이북스, 2008.

라 both/and의 원리에 기초한다. 세계시민주의는 모든 종류의 경계를 넘어서는 동시에 그 경계를 유지하는 원리다. 한 국가(언어, 문화, 전통, 인종 등등)적 경계 안에 형성된 정체성이 경계 밖의 정체성과 이미 혼종된 현실을 인정하는 것에서 출발하여 그 혼종성이 순수(동일성)를 전제로 한 것이 아니라 혼종성 자체를 전면화함으로써 세계의 현실과 역사를 경계를 초월하는 방식으로 다시 검토하려는 것이다. 이러한 원리 자체가 세계시민주의를 세계시민주의'的'으로 만들어 준다. 바꿔 말해, 보편적이지 않은 보편주의가 있듯이, 세계시민주의적이지 않은 세계시민주의도 있을 수 있으며, 당연히 그런 종류의 세계시민주의는 기형이나 왜곡된 형태로 폐기되어야 한다.[453]

7.3. 이광수의 민족주의

이광수의 문학과 사상, 그리고 삶의 궤적은 민족주의라는 개념을 중심으로 규정되어 왔다. 그러나 세계시민주의적 관점에서 보면, 그런 규정은 이광수의 문학과 사상, 삶은 물론 민족주의라는 개념 자체도 구속하지 못하는 것 같다. 이광수의 민족주의는 철학적 사색과 역사적 통찰, 그리고 사회적 비판과 저항의 상호작용에서 형성되었다. 1920년대 전후에 발표한 일련의 글들[454]은 독립과 별도로 민족을 세우고 민족의 지속적인 발전을 도모하려는

453 같은 말로 보편주의도 보편적이어야 한다. 이런 진술은 당연한 듯 보이지만, 그 당연함을 왜곡한 형태가 인류 역사에 오랫동안 강력하게 작동해 왔다는 것은 이상한 일이다. 세계시민주의적 사고의 두 축은 전 지구적 연대를 강조하는 것과 지역들의 차이를 잊지 않는 것이다. 이는 보편적 가치들과 개별적 필요들의 섬세한 균형에서 가능하다. 이러한 복잡한 경로를 제대로 밟기 위해 우리는 세계시민이 되어야 한다. 그 됨 자체가 그 경로를 밟는 '실천'이고 세계시민됨의 의미를 찾는 길이다. 우리의 세계시민적 정체성은 세계시민됨이 무엇인지 묻는 것, 그 질문의 실천에 의해 구성된다. 다음 글들을 참조할 수 있다. Immanuel Wallerstein, *The European Universalism : the Rhetoric of Power*, New York and London : The New Press, 2006 ; 졸고, 〈글로벌 시대에 묻는 이론의 자리—새로운 보편주의를 위하여〉, 《세계의 문학》 통권 제124호, pp.169-182.

454 〈신생활론〉 1918.9.6.-10.19. 《매일신보》. 〈대구에서〉, 〈민족개조론〉, 《개벽》 1922.5. 〈상쟁

목표로 시도되었다.[455] 그것이 그가 참가했던 흥사단과 수양동우회의 기본 지향점을 이룬다. 그러나 그가 당시에 쓴 글들로 인해 비난을 받고 그가 속한 단체들이 현실적인 억압을 받자 민족을 세우고자 하는 그의 현실적 의지는 문학의 '내부'로 잠입한다. 문학으로 표현된 그의 민족주의는 계몽의 성격을 배태하였으나 결코 폐쇄적이거나 배타적이지 않았다. 그의 민족주의는 편협하고 동질적이지 않았다. 그의 민족주의는 보편과 특수의 횡단적 소통이라 불릴 만한 전망에서 적절하게 고찰될 수 있다. 또한 그의 논리는 정연하고 주장은 선명하며, 언제나 실천을 염두에 두고 있었던 것으로 보인다.

이광수는 "내 마음에 처음으로 민족의식의 싹이 튼 것이 언제던가"의 문장으로 〈나의 고백〉을 시작한다. 그에게 민족의식은 본능과 느낌으로 시작한다. "코스모폴리탄"[456]은 민족주의의 "정치적 자극" 이전에 이광수의 어린 시절 삶을 에워싼 사회의 분위기였다. "정치적 자극"을 받아 민족주의 의식이 싹트기 전에 이광수는 "코스모폴리탄" 세계에 살았던 것이다. 그래서 "중국 사람에게 대한 민족의식이 거의 없었다. 이를테면 인종의식은 있었어도 민족의식은 없었던 것이다"라고 말한다. 이광수는 자신에게 민족의식이 생긴 계기는 "일아전쟁"의 와중에서 러시아 군인들의 만행을 목격하던 것이었다. 사실 이때의 의식들은 성찰이나 판단이 아니라 관찰에 기초한 본능이나 느낌에 가까운 것들이었다.[457]

그로부터 7, 8년 후 러시아 방문에서 러시아에 대한 완전히 다른 면모를 발견하고 경험한다. 그 모순은 어디서 오는가 하는 물음에 대해 톨스토이의 〈하늘나라는 네 속에 있다〉에서 답을 찾는다. "모든 악은 맹세와 돈을 기초로 하는 제도에서 온다고 말하였다." 이광수는 민족의식이 '의식'의 일인 것처럼

의 세계에서 상애의 세계에〉, 〈민족적 경륜〉 1924.1.2-6. 《동아일보》. 이 글들은 당대에 큰 물의를 일으켰으며, 그로 인해 동아일보를 퇴사한다.

455 이광수, 〈나의 고백〉, 《전집》 13, p.250.

456 위의 글, p.177.

457 위의 글, p.178.

악도 '의식'의 일로 파악한다. 이때의 의식은 관찰뿐 아니라 성찰과 판단에 기초한다. 더욱이 동학과 관련하여 "박찬영 두목의 서기"[458]로 수배를 받았던 경험을 돌아보며 자신을 "큰사람"으로 묘사하고, "큰사람이 되려는 것"[459]의 사명을 가졌던 것으로 보아, 분명 계몽과 민족 구원과 같은 의식이 들어 있었다고 볼 수 있다. 그러나 그 계몽과 민족의 의식은 다분히 세계를 향해 열려 있었다.

> 포덕천하 광제창생이라는 것은 세계적인 것이다. 동학의 구경의 목표는 전세계의 과조요, 전인류의 개조이지 결코 저 유태교 모양으로 그 민족 안의 도는 아니다. 그러므로 동학은 그 교리 자체가 민족주의적인 것은 아니다. 동학이 민족주의적인 까닭은 그가 이상하는 세계를 이 나라, 이 백성 속에서 처음으로 실현한다는 점에서 민족주의적인 것이다.[460]

이러한 동학의 세계적, 인류 차원의, "구경"의 세계를 실현하기 위한 방법은 "폭력적인 혁명이 아니요, 彰道라는 정신적 평화적인 것"[461]이다. 여기서 이광수에게는 삼일운동과 성경, 톨스토이, 간디를 가로지르는 사랑의 무저항운동의 의식이 싹튼다. 이광수는 이런 과정을 거쳐 자신의 민족의식이 형성되었다고 기술한다. 그 기원에는 다분히 세계시민적인 의식과 경험, 지향이 있었다고 생각된다.[462]

이광수의 민족주의가 세계시민주의적일 수 있는 양상은 〈상쟁의 세계에

458 위의 글, p.185.
459 위의 글, p.181.
460 위의 글, p.187.
461 위의 글, p.188.
462 김윤식을 빌면, "무저항주의, 문명개화 등으로 기운 종교적 차원의 동학사상이 다른 많은 종교들처럼 세계주의 내지 보편주의에 입각하게 되는 것은 자연스러운 일이다."《이광수와 그의 시대》 1, p.122.

서 상애의 세계에〉라는 글에서 살펴볼 수 있다. "인간고"라든가 "세계고"와 같은 초민족적인 개념들의 숙고 위에서, 그러한 고통을 극복하기 위해 국제연맹과 같은 정치적 혁명, 마르크스와 레닌의 경제적 혁명, 그리고 간디의 무저항 운동과 같은 역사적으로 나타난 예들을 비판적으로 고찰하고, "인간 구제의 정로"를 "성인의 가르침"에서 찾고자 한다. 주의나 사상은 인류의 역사에서 발현되었고 한계를 드러낸 것들인 반면, 성현과 종교의 길은 도덕과 지향으로 포용해야 할 것으로서 역사의 반성과 새로운 역사의 건설의 바탕이 된다. 이광수는 후자를 통하여 수행해야 할 "인류 구제의 가장 신성한 사명"[463]은 조선 민족이 맡아야 하고 "인류 구제의 최후 원리가 조선 민족 중에 가장 먼저 실현되도록 되었"[464]다고 확신한다.

> 반드시 혈통적 민족은 아니나라 하더라도 적어도 지리적 민족을 단위로 해야 할 것이외다… 인류도 한 편 끝에서부터 구제해가야 할 것이외다.[465]

세계사적 문제의 해결 경로를 조선의 특수한 상황의 해결에서 찾고자 한다는 것, 거꾸로 말해 조선 민족의 사명은 세계적 차원의 것이라는 인식은 민족성을 배타적으로 강조한 것이라기보다는 민족의 특수성을 보편적 차원으로 연결시키려는 것으로 보아야 할 것이다. 그것은 민족과 그에 대한 대립물들을 '특수한' 타자들로 봄으로써 가능했다.

이광수의 민족주의는 일본에 저항하는 과정에서 일본이라는 존재의 타자성을 일깨우면서, 의식하면서, 변화하고 발전되었다. (그러나 그 기조는 일정했다. 이는 1920년대에 쓴 논문들과 1948년에 쓴 〈나의 고백〉의 논조가 똑같다는 데서 확인

463 이광수, 〈상쟁의 세계에서 상애의 세계에〉, 《전집》 17, p.257.
464 위의 글, 같은 쪽.
465 위의 글, p.262.

할 수 있다). 이는 일본을 특수하게 생각하는 것이다. 그리고 기원에서 그랬듯이 세계적 차원에서 일본이라는 타자를 생각하고 동시에 조선이라는 가능태를 생각하는 것이었다. 이러한 관계적 사고에서 이광수의 민족의식은 배타적이지 않았다.[466]

이광수가 생각한 '세계'는 세계시민주의적 맥락으로 이해하는 '세계'와 다르다는 생각을 해 볼 수도 있을 것이다. 그는 세계를 특히 일본을 통해 인식하고 수용한 측면이 크다. 그런 세계는 서양의 근대적 세계를 거부하고 대체하는, 그러나 그를 다시 반복할 뿐인, 팔굉일우의 세계에 가까웠을지도 모른다. 그렇다면 이광수는 서양의 타자로서의 일본과 동양을 극복하여 진정한 보편으로서의 세계로 결코 나아가지 못했고, 오히려 일본과 일본이 주조한 동양에 스스로를 동일시하는 단계에 머물렀으며, 결국 조선 민족으로 회귀하면서 동일화의 자기장에서 벗어나지 못했다는 비판도 가능할 것이다.

그러나 그러한 발산과 회귀의 과정 '전체'가 단지 동일성의 범주 안에 머물렀다고 봐야 할까? 이광수의 사유가 같은 자리에서 맴돌았고, 일제의 대동아론과 같은 동일성의 사고를 결코 벗어나지 못했다고 결론을 내려야 할까? '회귀'와 관련하여 6장에서 살핀 바와 같이, 이광수의 문학은 그렇게 단정 내리기에는 너무나 다양하고 서로 충돌하는 층들로 이루어져 있고 그만큼 그에 대한 해석도 다양할 수 있다. 무엇보다 이광수의 문학을 분열되지 않고 온전히 재현할 수 있는 하나의 전체로 놓고 접근하는 것은 분명 오도된 것이다.

세계로 나가려는 이광수의 의식은 서양의 타자로서의 일본과 동양을 '극복'한다는 차원과 질적으로 다르다. 일본이든 동양이든 심지어 세계까지도

466 이광수는 〈나의 고백〉에서 러시아가 패배한 것을 두고, 일본을 위시해 미국과 영국과 같은 당시 제국적 패권 국가들을 거명하면서 "그들은 승리자의 기쁨에 취하여서 한·일 두 민족을 위하여서 회복할 수 없는 불행을 줄 큰 잘못을 저지르고 있는 것이었다"(《전집》 13, p.190)고 지적한다. 일본의 승리는 일본의 불행이기도 하다는 것이다.

그들이 외부를 허용하는 한, 이광수에게는 하나의 특수들이었다. 또한 일본과 동양, 세계를 거쳐 회귀한 조선 민족은 그들의 동일성의 거울에 비친 축소판에 불과한 것이 아니라, 특수들의 횡단의 한 단계로 생각되어야 한다. 횡단의 한 단계로서 조선 민족은 하나의 동일자로서, 진정한 보편의 차원을 지향하는 비동일화의 과정에 놓인 하나의 발판이 되는 것이다. 조선 민족은 이광수에게 최소한 그런 넘어서는 가능태로서의 의미를 지닌 것이었다. 이런 맥락에서 '세계'란 고착되고 동일화된 대상이라기보다는 이광수 문학이 스스로의 진정성을 발산하는 (비장소로서의) 장소이자 (비동일화의) 과정의 일부로 보아야 할 것이다.[467]

내가 말하는 보편과 특수의 구도는 결코 이분법의 범주에 갇히지 않는다. 오히려 특수들의 확장과 특수들의 연대를 통해 특수들이 보편적으로 되어가는 관계가 바로 보편과 특수의 구도가 바람직하게 취해야 할 내용이다. 보편과 특수의 구도는 안정되지 않으며, 특수들이 다른 특수들을 횡단하며 보편의 단계로 나아가고 그 단계에서 보편성을 유지하거나 아니면 거센 도전과 비판에 의해 보편성의 정도가 낮아지고 다른 경쟁적 특수들에 의해 대체되기까지 하는, 역동적인 과정으로 생각되어야 한다. 그렇게 근대적 인식론을 넘어서는, 보편화로서의 보편-특수의 구도를 이광수는 문학이라는 기표를 고정된 기의의 경계를 넘어 흐르게 함으로써, 중국어와 일본어, 조선어를 속어들로 인정하고 그들의 특수성을 전면화하며 그들이 외부를 지닌다는 것을 지적함으로써, 그래서 자신의 문학을 속어 문학언어 위에 구축함으로써, 결국에는 자신의 문학과 삶을 가로질러 보살행을 추구함으로써, 자신의 문학에 내재시킬 수 있었다.

이광수의 민족의식이 배타성과 동일화를 넘어설 수 있었던 것은 '나'를

467 '세계'를 이런 식으로 이해하는 것은 '세계문학'의 논의를 열려 있게 해 준다. 8장 참조.

타자와 동시에 구성했던 그의 개인적 체험에서 비롯되었던 것 같다. 동경 유학 시절은 '나'와 타자를 타자 속에서 바라본 형국이었다. 이런 구도는 계속 이어져 상해를 비롯해 간도와 만주를 방랑하던 시절, 민족에 대해 숙고하고, 이는 귀국하자마자 발표한 〈민족개조론〉의 집필의 배경을 이룬다. 결국 그러한 방랑은 외부(타자)에서 내부('나')를 본 것이며, 이는 내부에서 외부를 보는 힘으로 연결되었을 것이다.[468]

다른 한편 이광수는 자신이 생각하는 '민족개조론'이 주의(제국주의, 민주주의, 자본주의 노농주의)에 관계없이 인성을 개조하자는 것이라고 강조한다.[469] 그런데 마치 사회적 진화론에 근거를 둔 듯 보이는 그 진보의 사상으로 인하여 확장된 민족 중심주의의 형태로 제국주의에 닿지 않을까? 물론 이광수는 이를 전면 부정한다. 그렇다면 민족이 진보는 하되 제국처럼 배타적, 자기중심적으로 동일화되지 않는 방식을 말하는 것일까?[470]

1920년대 이광수는 민족운동을 민족이라는 실체를 주장하는 것으로 제한했다.

> 민족운동은… 민족의 단위성을 유지하려는 것으로 실제의 전선을 삼았다. 다시 말하면 민족 독립을 싸서 감추고 조선 민족은 조선 민족이요, 다른 아무것도 아니라는 것, 즉 조선 민족은 일본 통치하에 있는 국민일지언정, 일본에 화할 민족이 아니라는 것을 주장하는 한계를 지키자는 것이었다.[471]

나는 위의 인용문에서 "주장"에 초점을 맞춘다. 조선 민족의 실체는 있는

468 이광수, 〈민족개조론〉, 《전집》 17, p.169.
469 위의 글, p.200.
470 〈민족개조론〉에 나타난 이광수의 민족주의에는 준비론과 실력 양성론에 입각한 대국주의보다는 소국주의라 불릴 만한 것이 더 발견된다. 소국주의에 대해서는 다음 책을 참고할 수 있다. 최원식, 《제국 이후의 동아시아》, 창비, 2009.
471 이광수, 〈나의 고백〉, 《전집》 13, p.250-1.

것인데 이를 다시 구태여 강조하는 꼴이다. 이는 실체의 분명성을 재확인하는 것인데, 거꾸로 보면 그 주장으로부터 실체가 존재하는 꼴이다. 당시 일제의 강점 상황이 그렇게 만들었다. 따라서 주장, 즉 담론이 실체의 존재를 도모하는 꼴이다. 이것이 "합법적 민족운동의 한계"[472]였다.

이광수는 언제나 민족주의의 실천가였다. 삶으로서, 존재로서, 그러했다. 그러나 그의 민족주의는 변이했다. 맥락에 따라서 그러했다. 이런 측면에서 이광수가 스스로의 친일 행적이 "오직 조선 민족을 위한 것"[473]이었다고 진술하는 것의 진정성의 한 단면을 엿볼 수 있다. 그것은 "위한 것"의 의미를 조선 민족의 배타적인 위치의 고수가 아니라 타자와의 교류의 차원으로 이해할 수 있기 때문이다. 여기서 교류란 비동일화를 뜻한다. 비동일화를 내선일체로까지 연역되는 수상한 개념으로 보려 한다면, 그것은 큰 오해다. 비동일화는 오히려 내선일체의 그 일체성을 반대하고 거스르는 것, 아니 그 이전에 이미 내선 각각의 특수성의 존재에서 출발하고 그 관계 맺기의 다양한 방식들을 상상하는 것을 가리킨다.

그런 면에서 예컨대 아베 요시이에와 도요토미 소호와 같이 이광수가 진심으로 교류했던 일본인들이 그러한 비동일화의 개념을 가졌는지는 알 수 없다. 다만 〈무불옹의 추억〉(1939)에 잘 나타나듯, 이광수가 그들을 대하며 느끼고 의식했던 것은 비동일화의 개념이었을 것이다. 그것은 인간적인 교유 관계가 민족을 초월한다는 식의 온정주의 비슷한 것을 들어 그들의 관계를 정당화하기보다는, 그들 각각이 생각한 내선일체의 개념이 단일하지 않을 수 있다는 것, 즉 그들 사이에서도 논쟁이 있을 수 있으며, 그 논쟁의 범주는 내선일체 자체를 부정하고 넘어서 뻗어 나갈 수 있다는 것을 의미한다. 그 뻗어 나가는 지점은 어디인가. 그것은 곧 문명, 인간, 문학, 공동체, 개인, 공

472 위의 글, p.251.
473 위의 글, p.265.

감, 저항과 같은 초민족적, 통국가적인 사항들이 아닌가, 그리고 이것이 평생을 민족 해방과 문명화를 생각한 이광수가 개인과 주변의 곡절을 겪으며, 시대의 변화에 휩쓸리며, 나아가게 된 마지막 단계의 혹은 궁극의 지점이 아닌가. 수양동우회 사건으로 재판을 받던 시절과 그 이후 해방까지의 우울한 시기(1939-1945)는 불행히도 그 지점의 표출을 왜곡된 방식으로 할 수밖에 없었던 시절이 아니었던가. 그렇다면 그의 민족주의는 무엇인가?

민족주의는 두 얼굴을 지닌다. 지역적, 인종적, 국가적, 언어적 정체성을 유지하고 지키려는 내향적 형식이 그 하나이고, 그 정체성을 전 지구적인 차원으로 확장하려는 제국적 형식이 다른 하나다. 이광수를 민족주의자로 평가하는 저간의 내용은 단연 전자에 기울어져 있었다. 그러나 이광수의 민족주의는, 앞에서 살펴본 바와 같이, 특수하다. 그 특수성은 민족주의의 내향적 형식과 제국의 외향적 형식이 똑같이 추구하는 동일성을 부정한다는 면에서 나온다. 이광수의 특수성은 또한 이 부정을 동일성을 거부하는 동시에 인수하는 지평으로 연결하는 데서 나온다. 이광수가 친일이라는 비난을 받았을 때, 그 자신은 일본에 협력하는 가운데 "민족주의"를 추구했다는 변명 아닌 '고백'은 그런 면에서 진정성을 획득한다. 그는 민족주의를 버리면서 유지하고자 했던 것이다.

민족주의가 제국적 형식으로 나아갈 때, 그 제국은 민족의 저항을 받는다. 말하자면 제국에 대한 저항이 제국을 형성하게 하는 것이다. 그런 면에서 저항은 무의미하게 보이거나 자체를 배반하는 것으로 보일 수 있다. 그러나 저항의 의미를 과소평가하지 말아야 한다. 저항은 그 모든 제국적 구도를 부정하고 무화시킨다. 이는 발전으로 나아가는 단계의 부정이 아니라, 허무적 차원이라고 해도 좋을, 전면적인 부정을 말한다. 거기서 저항은 제국 대 식민지의 이분법을 뛰어넘는 경지로 나아간다. 그렇다고 제국과 식민지의 차이를 무마하고 세계시민주의가 터를 두는 혼종성의 모호할 수 있는 범주로 안이하게 문제를 덮어 버리려는 것은 아니다.

반복하자면, 나는 이광수를 세계시민주의자라고 주장하지 않는다. 다만 세계시민주의의 관점에서 이광수의 문학을 재해석할 충분한 타당성과 가치가 있다는 것을 말하고 싶을 뿐이다. 세계시민주의를 통해 이광수의 문학을 조명할 때 내가 내세울 핵심은 그의 문학이 민족주의를 품으면서 넘어선다는 주장이다. 이광수의 민족주의는 한 특수한 민족과 계급에 대한 충성으로 귀착시킬 수 없다. 그런 면에서 그것은 파시즘이나 나치즘, 스탈린주의, 반공주의와 같은 것들로 통합시킬 수 없다. 이광수의 '민족'은 단지 동일성에 대한 저항의 거점으로 이해되어야 한다. 당시 일본이라는 동일화의 화신이 현실적으로 거대하게, 전면적으로, 강도 높게 작용하는 상황에서 저항은 자연스러운 반작용이었다. 이광수는 초기에 민족 중심의 성향을 품고 있었지만 곧 단일 민족 중심보다는 민족들의 다수 동시적 존립을 생각하는 데로 나아갔다. 그것이 반영된 것이 앞에서 살펴본 언어(국어, 속어)에 관련된 행보, 제국(일본)을 하나의 특수로 본 것, 그래서 일본어를 사용하여 창작을 수행한 모습에서 볼 수 있듯 제국에 자신을 맡기되 제국이 보편이 아님을 보여 준 것 등이었다.

이광수가 민족에 대해 보인 집착에 가까운 관심과 애정은 세계시민주의와 과히 어긋나지 않는다. 민족－특수－지역에 대한 애정은 인류－보편－세계에 대한 애정의 조건이며 기반이기 때문이다. 세계시민주의는 보편과 특수, 제국과 식민지 등의 이분법 자체를 폐기하는 방식으로 생각하고 실천하라는 주문이다. 비동일화의 사고가 바로 거기에 부응한다. 비동일화의 사고에 기대어 말하면, 제국은 그 자체로 잘못된 것, 부도덕한 것, 온전치 못한 것이며, 그런 식의 반성을 통해 더욱 보편적인 진리의 구성에 다가서게 해주는 일종의 통로다. 그런 면에서 제국은 저항의 대상이자 과정, 혹은 숙주宿主라고 말할 수 있다. 이것이 망명의 텍스트들로 이루어진 이광수 문학의 한 특징을 드러낸다.

망명의 텍스트들로 이루어진 이광수 문학은 상실한 국민국가와 바로 그 자리에서 형성된 망명의 장소들 사이의 간극을 경험하고 거기서 태어났다. 그렇기에 복합적일 수밖에 없는 그의 문학을 그 자체로 들여다보기 위해서는 세계시민주의의 렌즈를 동원하는 것이 적절하다. 호미 바바의 진술을 들어보자.

> 국제주의는 아마 문학을 더욱 지역적인 것으로 만들면서, 그리고 문학이라는 용어의 기쁨을 우리에게 남기면서, 문학의 내부를 지향하도록 해 줄 것이다. 그것은 속어적 세계시민주의의 추월될 수 없는 정신이다.[474]

여기서 특히 중요한 것은 세계시민주의와 속어를 결합하는 양상이다. 폴록은 세계시민주의라는 용어가 많은 것을 전제하는 한편 그와 동시에 역설적으로 자체의 논리를 깎아 내린다고 말한다. 세계시민주의라는 용어의 어원은 그리스 도시국가에서 나타났던 극히 특수하고 특권화된 정치적 정체성 혹은 시민권이라는 양상에서 나왔으며, 그것을 보편적인 차원으로 적용하고 이해하고자 한 결과다. 한편 속어라는 용어는 공화국 로마의 본토 출신 노예의 언어라는, 극히 특별하면서도 특권이 주어지지 않은 모순된 사회적 정체성의 양상을 가리킨다. 속어라는 용어는 그러한 자체 모순성을 품고 있는 한, 세계시민주의와 결합될 수 있는 것이다.[475] 세계시민주의는 그 개념적 내용과 실용적 특징이 아직 구체화되지 않았을 뿐만 아니라 언제나 실증적으로 규정적인 설명에서 벗어나는 하나의 진행 중인 프로젝트다.

474 Bhabha, Homi, "Naipaul's Vernacular Cosmopolitans", *Chronicle of Higher Education*, October 26, 2001, Vol.48, Issue 9.

475 Pollock, 1998, p.20.

세계시민주의를 실증적이고 규정적으로 설명하는 것은 곧 세계시민주의적이지 않다.[476] 결국 세계시민주의적 속어는 속어 순수주의보다 다언어주의에 더 가깝고, 더 정확히 말해 속어주의를 품은 다언어주의라고 말해야 할 것이다. 이는 민족을 품으면서 민족으로부터 벗어난다는 말과 같은 맥락이다.[477]

나는 그러한 공존의 형태, 즉 세계시민주의적 속어가 이광수의 속어 문학 언어를 적절하게 설명해 준다고 생각한다. 이광수에게 세계시민적 보편어와 속어-특수어는 문화 권력을 수행하는 언어들로서, 의도적인 선택과 의식적인 실천에 의해 생산되었다. 속어는 지역적이고 세계시민주의는 보편적이지만, 속어의 지역성은 세계시민적 언어의 보편성을 채택하면서 지역성을 보편적으로 유지한다. 이 과정은 세계시민적 언어의 보편성이 원래 출발했던 지역성을 속어가 다시 회복시킨 것에 불과하다.[478] 따라서 '세계시민주의적 속어'는 모순된 용어나 개념이 아니며, 세계시민주의와 속어가 서로의 속성들을 충실하게 서로 반영하고 작용한 결합물이다. 그것을 가능하게 하는 것은 바로 문학이다.

문학은 근본적으로 한 국가와 민족에 속하지 않는다. 한 국가와 민족의 요소가 풍부하게 혹은 절대적인 분량으로 들어 있는 문학이라 하더라도, 그 문학이 그들에 속하는 것은 아니다. 그 이유는 문학의 생산과정이라는 매우 복잡한 문제를 들여다볼 때 찾을 수 있다. 작가 개인은 국가와 민족을 초월한

476 Pollock, 2002, p.2.

477 폴록의 말을 빌면, "세계시민주의는 보편적 이성의 문화적, 정치적 형태나 보편적 교회 혹은 제국과 동일시되어야 할 필요가 없다. 그것들은 사실상 속어 이상의 것으로, 민족적인 것과 동의어로 취급되어야 한다. 반대로 역사적으로 세계시민주의는 모국어와 모유—언어와 피—를 통해 민족-문화의 욕망을 진술하는 것 없이, 또는 이런저런 특수한 이성이나 신이나 권력의 겉치레의 보편화를 제공하는 것 없이, 하나 혹은 다른 것이 되는 것이 가능했다." Pollock, 1998, pp.19-20.

478 Pollock, 1998, p.39.

수많은 요인들로부터 영향을 받는다. 이광수는 '문학'을 번역어라고 이해함으로써 그것을 정확히 예증했다. 이광수의 문학이 국가와 민족을 충실히 담는 창의적인 것이라 해도, 그 국민성과 창의성은 타자의 영향에, 어떤 의미에서, '속'해 있는 것이다. 그러므로 소속의 정체성이란 사실 어디에도 속하고 어디에도 속하지 않는 차원의 정체성을 뜻한다.

작가로서 이광수는 국가나 민족을 초월하여 신이나 패트런을 위해 글을 쓰지 않았다. 어떤 한 국가나 민족에 속하지 않은 신이나 패트런을 위해 창작을 한 과거의 위대한 작가들에 비해 분명 국가나 민족을 위해 글을 썼다. 그의 특수한 상황이 더욱 그렇게 만들었다. 그러나 국가와 민족을 위해 창작했다는 사실은 그의 특수한 상황으로 인해 그의 창작을 더욱 복합적이고 혼종적인 것으로 만들었다. 이는 무엇보다 그의 텍스트 자체를 들여다볼 필요를 요구한다.

이광수의 문학 텍스트를 검토할 때, 그 전체의 흐름을 놓고 내적·외적 연결 구조를 보아야 하고, 무엇보다 문학 과정의 회로 안에서 보아야 한다. 문학 과정의 문제는 독자와 불가분의 관계에 있다. 독자는 역사적, 사회적 상황에 구체적으로 조건 지어진 특수한 개인을 뜻한다. 그래서 독자라고 말할 때 어떤 역사적, 사회적 시공간에 위치하느냐를 전제해야 한다. 같은 국가와 민족이라는 환경을 말할 때에도 1930년대의 조선과 2000년대의 한국은 다르다. 나는 이광수의 문학을 현재적 시점에서 재평가하려는 것이며, 그렇기 때문에 국가와 민족, 언어에 관한 전적으로 새로워진 사고를 펼치는 독자의 시점에서 보고자 하는 것이다. 그러나 새로운 범주에 속한 독자라고 해서 이광수의 맥락과 완전히 분리된 것을 뜻하지는 않는다. 그보다 우리는 작가 이광수를 하나의 타자로서 다시 들여다볼 필요에 직면하고 있음을 인정해야 한다.

정체성을 통해 자기의 위치를 확인하는 것은 근대 국민국가만큼이나 대단히 상상적이다. 또, 소속의 정체성도 그런 의미에서 지극히 상상적인 것일 수 있다. 내가 말하는 소속의 정체성은 정체성의 수립을 통해서 타자와 관계를 맺는다기보다 정체성의 차이에도 불구하고 그 차이를 통해 타자와 관계를 맺는 것을 뜻한다. 그러한 자기부정으로서의 소속의 정체성은 이광수가 자신의 정체성을 지속적으로 부정하기 위한 이른바 구성적 외부constitutive outside로서의 대립물을 내부에 지니고 있다는 생각을 받쳐 준다. 이광수의 정체성은 이미 모호하고 교란되어 있다. 즉, 한국 민족주의 작가로 대표될 수 없고 또 친일 작가로 분류될 수도 없다. 다만 확실한 것은 글쓰기라는 작가적 행위를 통해 구성되는 비본질적 주체로 존재한다는 점이다. 가면을 쓰고 춤을 추는 이광수의 행동은 자신의 정체성의 이분법적 구분을 허무는 행위다. 그 내부에는 재구성에 열린, 타자화에 열린, 가변적 주체만 자리하고 있다. 그 주체는 어떤 내적 본질을 창작한 것으로 보이는 동일자적 권위의 외부를 건너다보거나 스스로 그 외부에 위치한다. 그래서 이광수는 우리에게 타자적 존재일 수밖에 없고, 그래야만 하는 것이다.

7.4. 세계시민주의와 문학의 가치

보편주의는 세계시민주의를 지탱할 수도, 부술 수도 있다. 내가 진정한 보편, 보편적 보편, 겨룸으로서의 보편이라 부르는 것이 전자의 경우다. 후자의 부수는 경우는 보편주의가 차이를 인정하지 않는 대화, 은유적으로 말해 '조각나지 않는 거울'[479]에 비춘 동일성의 맥락으로 작동하는 경우다. 내가 생각하는 타자화는 세계시민주의의 근본 원리로 채택될 만하다. 주체는 타자의

479 반대로 "조각난 거울shattered mirror의 이미지"를 생각해 볼 수 있다. "각각의 거울 파편들은 그 자체의 특정한 각도에서 복합적인 진리 가운데 한 부분을 반영한다 … 가장 심각한 오류는 우리가 가진 작은 거울 조각이 전체 진리를 반영할 수 있다고 생각하는 것이다." 애피아, pp.42-3. 이는 동일화의 부정적인 효과다. 3장을 참고할 것.

입장에 서면서 혹은 스스로를 타자로 만들면서 동일성에서 벗어나고자 한다. 그것은 타자가 자기와 똑같은 입장이나 자기와 똑같은 생각과 감정을 지니라는 것이 아니라, 오히려 똑같지 않음을 인정하고 다름과 차이의 위치에 서는 것을 의미한다. 이는 인정, 대화, 응답의 능력이며, 주체의 책임이다.

이런 모든 것을 이광수는 첫째, 민족주의의 이름으로, 민족 국가의 정치적 신념으로 수행했고, 둘째, 그것들이 더 이상 가능하지 않게 되었다고 느꼈을 때에도 그것들에 대한 암묵적인 지지 혹은 비판을 통해 수행했다. 그의 민족주의는 인간과 계몽, 보편 가치의 추구로 이루어졌으며, 결코 자민족 중심주의로 비판될 수 없다. 오히려 자민족 중심주의의 동일성을 극복하면서, 국어(속어)와 문학과 같은 구체적 실천을 통해 진정한 보편성의 단계로 나아가고자 한 것이다.

그러나 어쨌든 위의 두 추론에도 불구하고 이광수의 문학에 민족에 대한 정념이 근본적으로 깔려 있으며, 그것이 세계시민주의와 상충하지 않는다고 지적하는 것은 정말 중요하다. 그렇기 때문에 이광수의 문학은 민족주의를, 혹은 민족을, 품으면서 버리는 것으로 성립하는 것이다. 이것이 바로 이광수의 문학이 폭력적인 보편성을 지양하게 만드는 힘이며 이광수의 문학을 풍요로운 해석에 열려 있게 해 주는 힘이다. 이광수는 민족해방보다는 계몽, 계몽보다는 문학적 가치의 실현, 또 그보다는 모든 인류 가치의 향상을 추구한 것이 아니었을까? 그래서 이광수의 작가로서의 책임은 민족보다 더 큰 것, 더 넓은 것에 열려 있다고 볼 수 있지 않을까? 그렇다면 이광수는 현재 우리에게 큰 도전을 하는 셈이다.

믿음이 신념, 즉 진리에 대한 이성적 판단에 근거하는 반면, 정념은 욕망, 즉 겪고 견디는 어떤 대상이라고 할 때, 우리가 주목해야 할 것은 이광수의 믿음보다는 정념이다. 정념은 이광수의 문학을 세계시민주의적이라고 말할 수 있는 하나의 근거다. 왜냐하면 이광수의 문학은 민족주의의 동일성에서 벗어나려는, 망명하려는 자신의 정념에서 나온 것이고, 그의 '개인적' 정념의 추구는 세계를 반영하기보다는 변화시키는 효과를 내기 때문이다. 이는 옳거나 그르거나 하는 당위가 아니라 관찰하고 해석하며 의미를 부여하는 기반으로서의 존재의 문제다. 그것은 도덕, 과학, 정치의 문제가 아니라 문학의 문제다. 문학을 주목하는 것의 의미와 과정을 여기서 찾아볼 수 있다. 문학은 이광수의 비동일화의 특징을 가장 잘 설명해 주는, 가장 잘 받쳐 주고 발현하는 영역이다.

정념에 대한 주목은 이광수의 문학이 처했던 문제적 상황을 적절히 설명하기 위해, 또는 아마도 정당화하고 적절한 '가치'를 부여하기 위해, 중요한 사항이다. 이 문제적 상황을 특징짓는 요소들 중 하나는 소속의 정체성이 작동하지 않았다는 점이다. 이광수의 무소속 상태는 그를 '자유로운' 입장에 서게 해 주었다. 적어도 그 정념적 고뇌를 외면하지 않도록 해 주었다. 그래서 그는 배타적 민족주의의 영토에 머물 수 없었던 것이다. 그것이 내가 말하는 특수로 남는다는 것의 의미다.

이광수와 그의 문학의 가치에 공정한 평가를 내리기 위해서는 그가 처했던 입장에 서 봐야 한다. 그런데 그것은 사실상 가능하지 않다. 그 복잡성은 차치하고라도 실증되지 않은 자료들, 결코 비추어 낼 수 없는 이광수의 내면심리, 재현할 수 없는 당대의 분위기 등 알 수 없고 고정시키기 어려운 요소들이 산재한다. 그러나 다행히 이광수는 '작가'였다. 우리는 그의 문학을 통해 '그가 처했던 입장에 서 보는 일'을 해 볼 수 있는 것이다. 문학의 공간은 기본적으로 해석에 열려있고 겨룸을 조장하기 때문이다. 즉, 문학의 공간을 통해 이광수는 자신에 대한 해석을 논쟁화하는 효과를 내는 것이다. 그것이 이광수와 그의 문학에 대해 공정한 평가를 내리는 유일한 길이다.

문학은 이광수와 우리의 차이를 좁혀 주는 유용한 통로이며 과정이다. 그 차이는 이광수의 언어와 그 언어를 재구성하는 우리의 언어가 공유되지 않기 때문에 생긴다. 그러나 그 공유되지 않음은 문학언어를 살아 있게 만들고 혹은 거꾸로 문학언어이기에 공유되지 않음을 일으킨다. "문학은 번역어"라고 말할 때, 그 '문학'은 이전과 완전히 다르고 새로운 것, 즉 타자의 맥락에서 나온 무엇이 타자의 언어로 주조된 것이다. 그 '문학'의 차원에서 타자의 맥락과 언어가 '나'의 맥락과 언어를 포괄하면서 나의 맥락과 언어가 비로소 전면에 드러나고 해방된다. 노예가 언어를 배우고 의식을 갖게 될 때 노예는 주인–노예의 관계에 종속된 것이 아니라 그 관계를 운용하는 주체가 된다. 그래서 노예는 주인의 주인이 되고 주인은 노예의 노예가 되는 풍경을 상상함으로써 주인과 노예는 함께 타자화의 과정으로 진입한다. 여기서 우리는 그들의 관계 자체에 주목해야 한다. 그 관계란 그 둘을 맺어 주고 풀어 주는 그들의 '사이', 비동일화의 장소를 뜻한다. 거기서 주인도 노예도 아닌, 그러면서 주인이기도 하고 노예이기도 하는, 그들의 동일자적 정체성들이 서로 섞이는 현상이 일어난다.

이는 문학이라는 번역어를 통해 문학 그 자체에 거역하고 또한 그 가능성을 확장하는 것을 뜻한다. 그것이 이광수의 경우처럼 식민지 공간에서 일어났을 때 사정은 복잡해진다. 그러나 핵심은 타자를 통해 타자를 인수하고 자신도 타자의 위치에 서게 한다는 점이다. 세계시민주의적 기획에 대해 회의하는 자들이 갖는 공통된 의문은 이러하다. 세계시민주의에 따라 타자에 관심을 가지려면 주체와 타자를 하나의 내부로 결속시킬 수 있는 정체성이 있어야 하고 그 정체성은 외부가 존재한다는 사실에서 성립될 수 있는데, 인류라는 정체성으로서 인간이 안고 있는 문제점은 '우주전쟁'이 발발하기 전에는 모든 내부 집단을 결속시킬 수 있는 어떤 외부 집단도 없다는 것이다.[480] 그러나 이광수의 경우 외부를 상정했다. 그것은 외부가 실재한다기보

480 애피아, p. 184.

다 외부를 구성했다는 면에서 그렇다. 중국과 일본이 외부였을 때, 이광수는 한국의 민족주의를 생각했고, 아직 세계시민주의자는 아니었다. 그러나 그의 상황이 일본과 함께 내부를 구성하는 데로 나아갔을 때, 그래서 더 이상의 외부를 인식하기 힘든 전면적인 동일화의 단계로 접어들었을 때, 그는 내부에서 외부를 구성하고자 했다. 그것은 스스로를, 즉 일본화된 스스로를 타자로 만들면서 가능했고, 하나의 특수로 만들면서 가능했다. 타자로서, 특수로서 남는다는 것은 이광수로 하여금 일본도 하나의 타자이자 특수로 보게 했고, 그에 따라 일본의 외부를 상상하고 구성했던 것이다.

이때 구성된 '외부'는 그 자체로 고정된, 내부와 유리된, 동일한 구조를 지닌 무엇이 아니라 내부의 동일성을 흔들고 부수고 재조직하게 만드는 계기나 과정 같은 것으로 작동하는 무엇이다. 따라서 외부를 상상하면서 이광수는 한국민족주의와 같은 자민족 중심주의나 일제에 물든 식민적 제국주의와 같은 동일화의 범주에서 빠져나올 수 있었던 것이며, 더 나아가 그들을 해체하고 재구성하는 과정을 지속시키고, 그 지속되는 과정에서 내부도 없고 외부도 없는, 특수도 없고 보편도 없는, 오직 비동일화의 구성만이 작동하는 (그럼으로써 내부와 외부, 특수와 보편이 공존하는) 영역으로서 문학을 보았던 것이다.

결국 문학의 영역은 일종의 유희로서, 역사와 국가, 국민(민족), 제국, 식민지, 계몽, 해방, 굴종과 같은 이광수의 생애를 둘러싼 모든 이질적이고 갈등을 일으키는 요소들을 서로 겨룰 만한 것으로 만드는 역할을 했다. 그래서 이광수는 여전히 문제로 남아 있으며 그의 문학은 열린 해석을 기다리는 것이다. 그렇게 문제로 남아 있고 해석을 종용하는 것 자체가 이광수의 문학을 가치 있게 한다. 가치를 담은 언어의 구조는 열려 있다. 가치 언어는 고정된 보편보다는 가변의 특수에 근거하고, 그럼으로써 해석에 열려 있다. 그러면 이광수의 속어 문학언어는 가치를 담은 언어이며, 본질적으로 겨룸을 장려하는 언어다. 이 겨룸성은 무엇보다 우리의 독자의 입장에서 구현되고 있다. 이광수는 한국 근대문학과 세계문학의 문제를 다시 생각하게 해 주는 문제적 작가다.

8. 한국문학과 세계문학

8.1. 왜 세계문학인가?

세계문학의 문제는 괴테가 처음 세계문학이라는 용어와 개념을 제시한 이래 세계화의 진행과 더불어 더 심각하고 긴요한 논의를 현재 우리에게 요구하고 있다. 세계문학을 말한다는 것은 무슨 의미인가? 세계문학은 어떤 '문학'인가? 누구의 '세계'인가? 괴테가 세계문학을 언급한 이후에도 계속, 더 풍부하게 생산되어온 국민문학들과 어떤 관계에 있는가? 유럽과 그 나머지 세계(the Rest)와의 관계는 어떠한가? 이러한 문제들의 초점은, 과감하게 말해, 문학의 다양성을 '어떻게' 인정할 수 있느냐 하는 것에 있다 여기서 문학은 그 자체로 독립된 것이 아니라 정치와 경제, 사회, 종교, 환경과 같은 다른 인간 조건들에 연루된 것을 가리킨다. 여기에 세계문학을 둘러싼 기왕의 논의들[481] 대부분이 걸쳐 있으며 포함되어 있다.

괴테의 세계문학 개념은 전 세계적인 접촉에 의하여 개개의 문학이 조화를 이루어야 한다는 점에서 내 생각과 비슷하다. 그것은 세계적 통일을 이룬다는 의미보다는 세계시민주의의 신중한 적용에 훨씬 더 다가선다. "국민적 특색의 소멸을 방지하면서 국제적 접촉을 고조시켜 수확이 풍부한 문학적

481 동아시아 문학, 비교문학, 국민문학처럼 세계문학과 직접 관련된 범주들뿐 아니라 탈식민주의, 다문화주의, 젠더, 보편주의, 해체론 등과 같이 문화의 다양성과 관련하여 세계문학 논의에 필요한 범주들을 가리킨다.

상호관계를 친밀히 하려는 것."[482] 자국문학의 독자성을 유지하면서 동시에 개개 국민문학들의 조화를 추구하는 것. 그 두 면을 함께 고려하면서 차이의 조화를 추구하는 것. 이것이 비교문학을 매개로 한 국민문학과 세계문학의 연결점이다.

그런데 바이스슈타인에 의하면 세계문학(괴테적 의미, 즉 '고전')에 비교문학적 방법이 적용된 경우는 거의 없다. 오래된 주장이지만, 지금도 그러하다. 그것은 현재의 상황이 세계문학의 진정한 의미의 구성을 저해하고, 비교문학적 방법의 유효성을 살리지 못하며, '고전'의 성립에 비문학적 측면들을 적용하고, 결과적으로 문학 가치를 외면하기 때문이다. 세계문학을 지금 다시 말해야 하는 이유는 여기에 있다.

현재 진행되는 세계화는 문학의 다양성을 장려하기보다는 억압하고 훼손하며 짓누르는 쪽으로 더 작용하고 있다. 문학의 다양성이 위축되는 이유는 인간은 하나이며 인간이 산출하는 문학도 한 범주에 있다는 낡은 믿음과 인간과 문학이 다양하게 다르다는, 듣기 좋은, 그러나 정교한 체계화와 능동적 실천이 뒤따르지 못하는 무조건적인 믿음, 그 두 상반되는 입장들이 대립하며 세계를 따로 지배하고 있기 때문이다.

인간의 문학이 하나라는 믿음은 종래의 유럽 기원의 세계문학 논의가 근거를 두었던 사항이며, 인간의 문학이 마냥 다르다는 믿음은 국민문학의 자의성과 불가침성의 주장으로부터 나왔던 사항이다. 세계화와 민족주의에 각각 연결될 수 있을 그 둘은 똑같이 동일화와 그에 따른 총체화의 테러를 일으킨다. 그 둘은 각각 따로 작동할 때 각각을 획일적 표준화와 무책임한 상대화로 이끄는 반면, 그 둘을 함께, 동시에, 적용할 때 각각을 공생의 터로 이끌 수 있다. 그 둘을 묶어 인간의 문학은 하나이며 또한 다르다고 인식하는

482 바이스슈타인, 《비교문학》, p.32 재인용.

일면 자기모순적인 사고는 사실상 세계화와 민족주의가 긍정적인 방향으로 나아갈 때 성립할 수 있는, 또는 거꾸로 그들을 긍정적인 방향으로 나아가게 해 주는, 원리다.

그러나 현실을 돌아보면 작금의 세계화와 민족주의가 부정적인 방향으로 나아가면서 그런 열린 사고는 부정되거나 무시되고(혹은 그런 사고가 부정되거나 무시되면서 세계화가 부정적으로 나아가고 있고), 그러면서 다른 정체성들, 즉 타자의 정체성들이 무시되거나, 더 심각하게, 또 더 근본적으로, 소위 타자의 윤리가 절멸상태로 진입하고 있다. 그 결과 계급, 젠더, 직업, 언어, 과학, 윤리, 정치, 종교 등에 관련하여 사람들이 저마다 지니고 평가하는 정체성들은 서로 충돌하거나 서로 지배하고 지배되는 관계를 이루고 있다. 현재 진행되는 세계화의 상황에서 문학은 정체성을 형성하는 위에 열거한 여러 요인들 중 하나로서, 여러 정체성들 사이의 충돌과 지배관계를 교정하고 극복하기보다 거기에 더 연루되어 있는 것 같다. 우리 시대에서 문학은 타자들의 정체성들을 인정하고 교류시키는 과정이자 장소가 되기보다 그들의 충돌과 패권을 합리화하고 거기에 봉사하는 측면을 더 우세하게 내보인다는 것이다.[483]

위와 같은 전반적인 세계사적 배경 위에서 '왜 한국문학에서 세계문학을 말해야 하는지' 또는 '왜 한국문학을 세계문학으로, 또 세계문학을 통해, 말해야 하는지', 그리고 '어떻게 말할 것인지'의 문제를 논의하고자 한다. 이 논의

483 국가를 기준으로 문학의 가치를 평가하는 한편 문학을 기준으로 국가의 우월성을 합리화하고 강화하는 현상도 존재한다. 이 둘은 함께 작용한다. 인도와도 바꾸지 않겠다던 영국의 셰익스피어는 국가와 문학이 서로의 우월성을 보장하는 방식으로 한 작가를 포장한 사례로 볼 수 있다. 이런 면에서 문학은 하나의 정치적 프로젝트다. 소수자 문학에서 비롯하는 다양성과 소수자들 사이의 순환성을 지향한다는 면에서 그러하다. 예로, 카프카는 자신을 독일 작가로 간주했음에도 불구하고 어디까지나 독일어로 쓴 체코 시민이었다. 만일 그가 체코어로 쓴 체코인이었다면, 오늘날 그 누구도 카프카를 알지 못했을 것이다(밀란 쿤데라, 《커튼—소설을 둘러싼 일곱 가지 이야기》, 박성창 옮김, 민음사, 2008, p.53). 바로 이런 정황에 대한 반항이 문학을 하나의 정치적 프로젝트로 만들어 준다.

는 한국문학을 세계문학의 새로운 담론에 적용하고자 하는 국민국가적·지역적 차원의 기획과 함께 세계문학의 반성과 해법을 제시해야 하는 전 지구적 사업에 직결된다. 특히 근대와 서구를 넘어서서 보편적 문학 가치를 다시 물어야 할 한국문학계에게 세계문학이란 개념은 매우 절실하게 요청되는 자기반성의 계기이며 또한 해결해야 할 하나의 문제이기도 하다.

앞에서 한국문학의 어떤 구체적인 텍스트들을 세계문학의 문제를 논의할 적절한 예로 내놓을 수 있는지, 그리고 세계문학의 개념을 통해 한국문학 텍스트들을 어떻게 해석하고 그 가치를 평가할 것인지, 또 거꾸로 그런 과정에서 세계문학의 개념과 역할 자체의 재구성을 어떻게 시도할 것인지 논의했다. 여기에 김만중과 이광수의 텍스트들을 '잠정적으로' 포함시켰다. '잠정적'이라고 할 때, 그들이 아직 세계문학으로 확정된 것은 아니기 때문이다. 세계적 정전으로 공인된 텍스트들도 세계문학의 문제와 더불어 '다시' 고찰되지 않는 한, 또는 다시 고찰되는 '동안', '잠정적'이라는 꼬리표가 붙을 수밖에 없을 것이다. 그런 측면에서 세계문학은 어떤 텍스트들이 선점한 지점이자 다른 텍스트들은 앞으로 도달해야 할 목표라기보다, 그 도달의 과정을 계속 진행시키는, 도달 자체를 계속 유보시키는, 부정을 담고 또 일으키는 계기로 보아야 할 것이다.

오늘날 유일하게 가능한 문학은 세계문학이다. 세계화는 국경을 소멸시키는 동시에 강화하고 있고, 민주주의는 국경 내에서만 가능하게 되었다. 그동안 주로 유럽문학이 담당해 왔던 초월적 보편의 세습은 세계화와 세계문학을 통해 이루어져 왔지만, 그것을 의심하고 진정한 초월을 생각하는 것은 역설적으로 세계화와 세계문학을 통해 이루어질 수밖에 없다. 국경의 소멸이 국경의 강화와 맞물리지 않는 것은 국경의 소멸에 따른 경계의 민주주의가 구성되는 경우에 한한다. 통국가적 교류가 현실이 된 오늘날, 문학은 그 초월적이고 비동일적인 본질을 더욱 선명하게 구현하는 기회를 갖게 되었다. 이를 위해 우선, 초월을 막고 동일성의 폭력을 자행하는 경계를 해체하고 재구성해야 한다. 이는 경계 내의 동일성과 내재성을 보존하는 것과 동시에 이루어져야 한다. 에티엔 발리바르Étienne Balibar의 표현을 빌면, "경계들의 내부와 외부가 민주적으로 소통하도록 하는 실천"이 바로 오늘날 문학의 중심 과제인 것이다.

경계의 초월과 동일성의 보존의 동시적 수행은 말처럼 쉽지 않다. 외국문학 전공자들이 한국문학을 서구의 비평이론의 틀에 우겨넣는다는 불평, 반대로 한국문학 전공자들은 서구의 광활한 지식의 바다를 외면한 채 안으로만 파고들거나 같은 값으로 외국문학에 대해 편협한 잣대를 들이댄다는 불평은 오래된 얘기다. 불행하게도 이런 불평들은 생산적으로 전환되지 못하고 한국문학을 외국문학(비평, 이론)으로부터 계속해서 절연시키는 결과를 가져왔고, 외국문학도 그것을 연구하는 주체의 맥락성을 결여한 채 읽히고 연구되어 왔다. 바로 이러한 분리가 세계문학의 개념을 퍽 낯설게 만든 요인이다. 우리에게 세계문학은 한국문학과 외국문학 사이에 넓게 벌어진 틈 사이에 낀 별종의 문학일 뿐이다.

그러나 그것이 (내가 말하는) 세계문학은 물론 아니다. 세계문학은 국민문학들로서의 한국문학과 외국문학의 분리가 결코 인식할 수 없는 영역을 인식하게 해주며, 나아가 세계화와 근대화에 관련된 인류 문명적 차원의 사고와 비평을 펼치도록 해 준다. 한국에서 왜 세계문학을 말하고 왜 한국문학을 세계문학을 통해 말하는가에 대한 답은 잠정적으로 그렇게 내릴 수 있을 것이다. 그 물음은 한국문학의 정체성을 세계적 차원에 옮김으로써 다양한 각도에서 그 가치를 가늠하는 작업을 수행하게 해 준다. 이는 한국문학을 민주적으로 여는 것이고, 서구 중심의 근대화와 함께 시작되었고 획일화로 치닫고 있는 세계화의 현 상황에 대한 근본적인 반성 위에서 한국문학의 세계문학적 지평을 가늠하고 넓히는 것이다. 결국 세계문학은 주변부의 참여로 적절하게 정립되고 한국문학은 탈중심과 특수로서의 위치를 재고함으로써 거듭나며, 이러한 일련의 과정에서 문학의 자리를 민주적인 모습으로 확보할 수 있을 것이다.

8.2. 세계문학이란 무엇인가.

세계문학이란 용어는 괴테의 발명 이래 전 지구적으로 유통되어 왔다. 그 경과를 살펴보는 일은 세계문학이 무엇을 뜻하는지의 개념적 이해와 함께 어떤 문제를 일으키는지의 논쟁적 지점들을 떠올리도록 해 준다. 사실상 세계문학은 대상보다는 하나의 문제로 우리 앞에 던져져 있다. 그래서 우리는 세계문학이 무엇인가보다 왜, 그리고 어떻게 세계문학을 해야 하는가를 더 적극적으로 물어야 한다. 프랑코 모레티Franco Moretti에 의하면, 세계문학의 문제를 다루고 설명하는 작업은 사고 범주들의 이동을 요구한다. 모레티는 세계문학이 단지 지리적으로 세계에 두루 걸친 문학을 가리키지 않는다고 설명한다. 지리적인 이해는 세계문학을 단순히 널리 알려진 작품을 더 많이 읽는 양적 문제로 고정시킬 위험을 초래하기 때문이다. 우리는 세계문학과 관련된 연구를 우리의 사고방식의 질적 변화를 요청하는 문제로 삼을 필요가 있다는 것이다.[484] 모레티는 세계문학이 더 '큰' 문학이 아니라 질적으로 다른 '어떤' 문학이라고 말하는 듯하다. 바꿔 말해, 세계문학은 세계의 문학들을 두루 포괄하는 거대한 도서관 같은 장소가 아니라, 세계의 문학들을 어떤 시선으로 읽고 평가하느냐 하는, '의식'에 관련된 사고의 한 방식이다. 이러한 세계문학을 수행한다는 것은 선택의 실천을 요구한다. 그리고 선택을 공정하게 만들기 위해서 우리의 현실에서 중심과 주변의 위치 이동을 필

484 Moretti, Franco, "Conjectures on World Literature", *New Left Review* 1, 2000 ; 프랑코 모레티, 〈세계문학에 대한 단상〉, 《세계의 문학》 1999 가을호. 내가 참고한 글은 다음 책에 수록되어 있다. Christopher Prendergast, ed. *Debating World Literature*, London : Verso, 2004, p. 148.

요로 한다.

모레티를 빌면, 현재 세계화가 부정적으로 작동하는 증거는 국제자본주의라는 자기중심적이고 일방적인 불평등 체계를 일상화시켰다는 것에서 찾아볼 수 있다. 중심과 주변부의 이분법적 대립 체제는 여기에 기여하거나 바탕을 둔다. 마찬가지로 자기중심적이고 일방적인 세계문학 체제는 불평등하고 배타적인 중심에 봉사하는 것일 뿐이다.[485] 모레티는 괴테가 세계문학과 관련하여 남긴 성찰을 세계화의 시대에서 비판적으로 조절하고 발전시켜야 한다고 말한다. 그것은 '우리'가 그의 시대와 장소에 살고 있지 않을뿐더러, 그의 성찰을 연구해 온 비교문학 연구는 근본적으로 서구 유럽에 제한되어 왔기 때문이다.[486] 모레티의 적절한 지적을 받아들여 서구 유럽에 제한되지 않는 비교문학을 상상할 수 있다면, 그런 비교문학의 방법과 자세를 통해 세계문학이라는 개념을 세계화라는 우리의 현실 속에서 다시 성찰하는 일이 가능할 것이다.

그동안 전 지구적 경제 활동이 주도해 온 세계화는 문화적 측면에서 볼 때 시각 매체와 전자 매체에서 그 부정적 양상을 뚜렷하게 드러내고 있으며,

485 위의 책, p.149.

486 위의 책, p.148. 여기서 "우리"라는 용어는 모레티의 의미와 또 다른 범주를 지시한다. 그것은 한국인이라고 일단 말할 수 있다. 그러나 한국인이라고 해도 그가 지닐 수 있는 관점의 스펙트럼은 넓고 다양해서 어떤 경우에는 서구 유럽 쪽으로 훨씬 더 다가설 수도 있고 같은 식으로 한국 쪽으로 치우치는 경우도 있으며, 그들 모두를 포괄하며 횡단하는 경우도 있다. 또 그들 각각의 경우들이 얽힐 수 있고, 또 정도의 차이를 보일 수도 있다. 세 번째 경우가 이상적으로 들리겠지만, 이 경우 디에얄 카디르Djelal Kadir가 지적한 불안정한precarious 비교문학자의 모습이 떠오를 수도 있다. 포괄과 횡단에 의거한 비교문학자의 연구활동은 아주 한정된 범위에 제한되든지 혹은 주마간산 식의 학술적 관광으로 전락하든지 하는 위험에 빠질 수 있다(David Damrosch, *What is World Literature?* Princeton : Princeton University Press, 2003, p.285 참조). 따라서 '우리'가 어떤 주체를 지시하는지 일률적으로 정의 내리기 힘들지만, 괴테가 내놓은 세계문학 개념을 하나의 '문제'로 열어 두는 데 동의하는 주체라면 그 누구라도 세계문학의 논의를 건설적으로 수행하는 '우리'가 될 수 있을 것이다.

글을 쓰고 읽는 문학의 차원에서도 상대적으로 약하긴 하지만 암울한 그림자를 드리우고 있다. 그것은 무엇보다 '세계'가 '문학'을 한정시키는 양상으로 부각되는 것 같다. 작금의 세계화에서 '세계'는 주변부에 대한 중심의 확고한 우위와, 더 근본적으로, 그러한 이분법적 세계관 위에서 나온 구성물이다. '세계'는 '문학'에 부정적으로 작동하여, 지역적 문학의 특수성을 무시하거나 말살하고 모든 문학'들'을 단일 원리와 중심 아래 통합하고 동일화함으로써 '문학'의 본질과 진정성을 심각하게 훼손한다. '문학'은 '세계'의 부정적 의미에 밀려나고 있는 중이다. '문학'은 '세계'의 통합된 동일한 가치 아래 잘못된 척도를 기준으로 생산되고 평가되고 있다. 그것이 세계문학의 개념과 텍스트들이 처해 왔던 혹은 현재 우리에게 던져 주는 심각한 문제다.

그렇다면 이러한 부적절한 관계를 이루고 있는 '세계'와 '문학'의 위치를 비교문학에서는 어떻게 다시 배치할 수 있는가? 더 적절히 말해, 비교문학은 '세계'의 위협에 맞서 '문학'의 진정한 의미를 어떻게 다시 확보할 수 있는가? 앞의 2장에서 내놓은 진술을 다시 참고해 보자.

> 비교문학을 하는 처지에서 나는 '비교'를 모든 종류의 이분법을 넘어서서 대화의 가능성을 지속적으로 찾아가는 '과정'으로 생각한다. 예를 들어, 중심에 대한 저항이 중심의 부재, 즉 탈중심을 불러왔다는 것이 주변부의 승리처럼 생각되는 것은 이항대립의 구도에서 아직 벗어나지 못한 구상이다. 진정한 탈중심은 중심과 주변부의 대결이 끊임없이 소멸되고 부정되는 '과정' 그 자체다. '비교'는 바로 이 끊임없는 부정이다. 그것은 끝없이 타자의 입장에 서려는, 즉 끝없는 타자화의 과정을 작동시키는 일이다. 결국 비교문학자가 '비교'의 방법으로 하나의 입장을 가져야 한다는 주장에는 그 입장 자체도 부정할 수 있는 능력과 자세가 요구된다는 의미가 들어 있다. 그런 면에서 비교문학은 비동일화와 자기부정의 사고 위에서 작동되는 끝없는 反본질주의의 실천이라고 말할 수 있다.

중심과 주변부의 이분법을 넘어서서 대화의 가능성을 '지속적으로' 찾아가는 비교의 과정은 세계적 차원에서 이루어지는 문학의 다양한 역사적, 문화적 변용들에 관련하여 문학의 본질을 끊임없이 재구성하도록 해 준다. 요컨대 비교를 통해 우리는 문학의 파생과 변용으로서의 세계의 문학'들'을 견고하고 지속적으로 재사고의 대상에 올릴 수 있다. 그럼으로써 세계는 더 이상 보편화와 표준화의 상징이 아니고 또한 지역과 특수의 난립을 조장하는 터도 아닌, 보편과 특수의 겨룸의 끝없는 역동적 과정으로 될 계기를 얻게 된다. 결국 비교는 문학의 진정성을 회복시키고, 그를 통해 세계를 치유하며, 나아가 세계를 문학의 적절한 동반자로 거듭나게 한다. 여기서 적절한 의미의 세계문학, 즉 세계와 문학이 서로 보조하는 관계가 자연스럽게 도출된다.[487]

비교문학자는 세계문학의 문제를 다루는 과정에서 환원적일 수 있지만 폭넓은 개괄과 원자론적일 수 있지만 집중적인 분석을 '함께' 해 나가야 한다. 그것은 either/or 대신에 both/and를 기본 사고 구도로 삼는 세계시민주의의 원리[488]이기도 하다. 전 지구적 체계성과 무한한 텍스트적 다양성을 '함께' 제어하는 것. 이는 유럽적 보편주의에 대항하는 가장 확실한 방향이다. 실제로 유럽적 보편주의는 현재 이루어지는 세계문학에 관련된 논의에서 부정적인 방향으로 작동하는 중이다. 세계문학이라는 이름을 걸고 국지적 맥락만 조명하고 소개하거나, 세계문학을 메트로폴리스의 능동적 중심으로부터 비교적 수동적인 지역 수신자에게로 방출되는 일방적인 양상으로 보는 경우들이 그것이다.[489]

487 비슷하게 탈식민주의의 관점은 세계문학의 문제를 비환원적인 방식으로 탐사하도록 해 준다. 이매뉴얼 월러스틴Immanuel Wallerstein은 "세계의 역사는 문화적 동일화를 향한 흐름과 정반대였으며, 오히려 문화적 차별화, 문화적 정교화, 문화적 복잡성을 향한 흐름이었다"(Damrosch, p.26)고 파악한다. 그의 사회학적 시선은 서구의 형식과 지역의 내용이라는 뻔한 이분법의 등식으로 세계문학을 설명하는 것이 적절하지 못함을 일깨워 준다.

488 세계시민주의는 이광수 문학의 민족주의와 관련하여 7장에서 논의했다.

세계문학의 개념이 근대 유럽에서 처음으로 논의되기 시작했다는 사실을 주목하는 것은 중요하다. 유럽의 근대가 전통적으로 구축해 온 유럽 중심주의와 그에 편승한 유럽적 보편주의가 세계문학의 논의와 어떤 관계를 이루어 왔는지 하는 비판적 물음은 중심과 주변부, 보편과 특수 등과 같은 이분법적, 특권화적 대립 관계의 해결에 일정한 기여를 하기 때문이다. 주지하다시피, 세계문학이라는 구상을 처음 떠올린 것은 괴테였다. 괴테는 세계문학의 구상을 매우 희망차게 제시했지만, 괴테 이후에 세계문학에 대한 논의는 괴테의 예견이나 기대와 꼭 같이 진행되지는 않았다. 하지만 세계문학에 대한 괴테의 기대가 과연 우리가 지금 적절하게 내놓으려고 노력하는 그 세계문학인지에 대한 회의와 의심, 재검토가 현재 활발히 진행되고 있으며, 그런 과정에서 세계문학의 개념은 퍽 복잡해지고 있다.

일찍이 괴테는 국민문학의 시대가 가고 세계문학의 시대가 온다고 선언했다.

> 오늘날에는 국민문학이란 것이 큰 의미가 없다. 이제 세계문학의 시대가 시작되고 있다. 그러므로 우리 각자는 이런 시대의 도래를 촉진하기 위해 노력을 다하지 않으면 안 된다.[490]

489 이런 측면에서 카자노바(La République mondiale des lettres, 1999)에 대한 담로쉬의 비판을 주목할 만하다. 담로쉬는 카자노바의 책이 세계문학의 작동을 근대 프랑스의 맥락에 의거하여 고찰했다는 면에서 세계문학의 논의로 부적절하다고 본다. Damrosch, p.27. 또 비교문학의 전 지구성을 강조한 스피박의 논의도 참고할 만하다. Gayatri Spivak, *Death of Discipline*, New York: Columbia University Press, 2003.

490 1827년 1월 괴테가 제자 에커만J.P.Eckermann과 나눈 대화의 일부다. 요한 페터 에커만, 《괴테와의 대화》, 곽복록 옮김, 동서문화동판주식회사, 2007, p.233. 괴테의 세계문학에 대한 국내 논의로 다음을 참조할 수 있다. 임홍배, 〈괴테의 세계문학론과 서구적 근대의 모험〉, 《창작과 비평》 2002년 봄호. 또한 마르크스와 엥겔스의 언명을 참조할 것. "개별 국가들의 지적 생산물들을 모두가 나누는 국제적인 상호 의존 시대에서 국민적인 협소한 생각과 일방성은 불가능하게 된다. 세계문학은 다양한 국민문학과 지역문학에서 모양을 갖춰 솟아오르고 있다." Marx, Karl and Frederick Engels, *The Communist Manifesto*(1848), ed, by John E. Toews, Boston : Bedfor/St.Martin's, 1999. 마르크스와 엥겔스의 세계문학 개념은, 모레티

세계문학이라는 용어를 역사적으로 처음 사용한 괴테는 국민문학의 한계를 의식한 것에서 출발했다. 그는 그런 한계가 나올 수밖에 없는 상황에 놓여 있었다. 괴테가 통국가적 문학 양식의 가능성을 생각한 것은 19세기 초반 독일이 통일된 국민국가적 정체성을 갖추지 못한 환경에서였다. 아마 당대의 분열된 상황에서는 독일 고전문학 혹은 국민문학을 창조할 수 없다는 판단 아래, 세계문학의 형성을 독일의 문화적 파편화를 해결할 유일한 대안으로 삼았을 것이다.[491] 결국 괴테에게서는 국가의 수립을 향한 열망이 세계문학이라는 보편적인 형태로 나타난 것이다. 그렇기 때문에 비록 괴테는 중국이나 페르시아 문학 등 외국문학에 관심을 갖고 있었고, 타자에 대한 인정, 개방성, 관용, 대화의 정신을 세계문학 이념의 기본 요건들로 적절하게 제시함에도 불구하고, 그의 세계문학 개념은 그의 의도와 상관없이 오늘날 잘 해야 유럽을 아우를 뿐이라는 혐의를 받을 수 있다.

더욱이 괴테가 생각한 이른바 '세계문학적 대화'는 세계화가 모든 사회관계의 틀을 획일적으로 구성함으로써 문화적 변용에 대해 둔감하게 만드는 현재의 상황에서 불가능하거나 적절하지 못한 것으로 보인다. 괴테는 세계문학이 인간의 상호작용의 무제한한 잠재력과 통한다고 봤지만, 실질적으로 우리의 행동은 현대 세계가 당면한 세계화의 틀 속에서 심각하게 제한되고 있다. 괴테는 국가적으로든 국제적으로든 사회 집단들의 상호작용을 강조하지만, 세계화는 모든 사회적 관계들을 위한 동일성의 틀을 구성하며, 이런 환경으로 인해 사회와 문화의 무수한 변용들과 그 가능성을 제대로 인정하지 못하게 만드는 것이다.[492] 이와 같이 세계화의 냉혹한 현실이

가 지적한 대로, 괴테의 세계문학 발상에 대한 반향으로 나왔다.

491 Leo Pizer, *The Idea of World Literature*, Baton Rouge : Louisiana State University Press, 2006, pp. 20-24.

492 위의 책, p. 20.

괴테의 추상적 이상을 심각하게 훼손하는 상황에 우리가 놓여 있음을 부정할 수 없다.

그러나 다른 한편, 보편문학과 국민문학의 긴장이 생산적으로 또 창조적으로 조절될 수 있다는 괴테의 낙관론이 현대의 다문화 시대에서 필연적인 통국가적 문학에 기여할 가능성을 배제할 수 없다. 이는 문학 가치의 지형도를 다시 그리는 작업으로 연결되는데, 이를 위해 우선 중요한 것은 세계문학과 국민문학의 관계를 따지는 일이다. 괴테식의 세계문학의 이상은 국민문학들에 나타나는 다양한 형태의 인간 조건들이 세계문학적 대화를 통해 서로 우호적으로 될 수 있으며 이 대화를 통해 공동의 목표를 향한 보편적인 경주를 이룰 수 있다는 것이다. 이런 생각이 국민문학들이 서로에게 지니는 이질성을 손쉽게 무마하는 느낌을 주는 것은 사실이다. 그러나 이런 일부 비관적인 징후에도 불구하고, 괴테의 낙관론은 세계화의 총체성에 대항하여, 그리고 국민문학들의 보편적 문학 가치의 회복을 위하여, 조절되고 발전되어야 할 단계에 서 있는 것만은 틀림없다.

세계(화)와 문학의 관계에 대해 에리히 아우얼바흐Erich Auerbach는 일찍이 깊은 통찰을 보여 주었다.[493] 그의 통찰에서 주목할 것은 통합된 미래 세계가 차이를 망각하는 표준화로 뒤덮일 것이라는 음울한 예언이다. 그러나 이렇게 세계화 시대에서 문학이 처하게 될 부정적 운명을 예언하는 것은 문학의 새로운 가능성 모색을 요구하는 것으로 받아들일 수 있다. 아우얼바흐는 세계문학의 출현을 근대화와 세계화라는 세계사적 과정에 근거한 것으로 파악한다. 이를 뒤집어보면 세계문학의 전망은 곧 근대화와 세계화에 대한

493 아우얼바흐의 논의는 다음 글을 참조했다. Peter Madsen, "World Literature and World Thoughts : Brandes/Auerbach" Prendergast, ed, pp.54-75. 매드센이 주로 참고한 아우얼바흐의 논문은, "Philology and Weltliteratur" tr, by Maire and Edward Said, Centennial Review, vol.VIII, no.I Winter 1969.

반성과 맥을 같이한다는 뜻이 된다.

아우얼바흐는 세계문학의 전제 조건인 문화의 다양성이 절멸되는 과정과 인간의 삶을 표준화하고 일체화하는 역사적 과정이 문화의 특수성을 갉아먹고 있으며, 그것이 곧 근대화와 세계화의 과정이라고 관찰한다. 세계문학은 역설적으로 그것의 구성을 저해하는 표준화, 집중화, 근대화와 맞물려 개발되고 추진되었다는 것이다. 이러한 표준화와 집중화의 과정이 완전히 실현된다면, 인간은 표준화된 세계에 사는 데에 익숙해질 것이고, 단일한 문학과 문화, 소수의 문학언어들에 익숙해질 것이다. 이런 동일성이 지배하는 세계에서 세계문학의 개념은 실현되는 동시에 파괴된다.[494] 동일성의 세계에서 완성되는 세계문학은 그 완성과 함께 자체의 본질을 갉아먹고 와해시키는 비극적 운명을 타고난 것이다.

그러나 아우얼바흐는 세계문학의 미래에 대해 비관적으로 전망하지 않는다. 그가 추상적 일반화에 대해 경고하는 것은 세계문학의 가능성과 맞물린다. 특수한 맥락에 대한 연구가 세계사를 비춘다는 아우얼바흐의 생각은 모호해 보이지만, 그 속에서 우리는 세계사가 단일한 개념적 구성물 아래 들어갈 수 없는 이질적인 시간들의 연합 과정이라는 적절한 통찰을 끌어낼 수 있다. 더욱이 세계를 점점 더 확고하게 지배해 가는 자본주의 세계체제는 자체의 논리를 지니고 자체의 동질적 구조를 확장해 나가고 있지만, 이 확장의 단일 논리에 의해 지배되지 않는 일련의 상황들은 거기에 저항하는 힘을 결코 상실하지 않는다는 생각은 돋보인다. 이런 식으로 세계화가 빚어내는 추상적 보편화의 상황에 맞선 특수한 맥락들의 저항의 능력을 지지하는 아우얼바흐의 입장은 세계문학의 정체성을 오늘날 더욱 민주적이고 복합적으로 만드는 데 도움을 준다. 세계화는 역설적으로 세계문학을 하나의 문제로

494 위의 글, pp.54-5.

떠올리게 해 주는 역사적, 사회적, 문화적, 철학적, 이념적 배경이 되는 것이다. 또 거꾸로 세계문학을 문제로 놓고 볼 때 세계화도 다시 생각할 무엇으로 떠오른다. 중요한 것은 이 모든 것을 일종의 세계시민주의적 방식으로 생각할 필요가 있다는 점이다. 개별 국가를 생각하지 않는 통국가주의trans-nationalism는 문학을 지나치게 추상적으로 만들 수 있고, 통국가적 지평을 생각하지 않는 국가주의nationalism는 문학을 철저하게 국지적인 것으로 만들 수 있다.

세계문학은 새로운 개념도, 관점도, 현상도 아니다. 문학 자체가 이미 경계 없는 사고로 존재하고 있으며, 인간이라는 보편의 차원에 서 있기 때문이다. 문학은 작가와 국가, 언어에 관련한 고유의 초월적 속성을 통해 보편적인 보편을 구현함으로써 그 진정성을 완성한다. 결국 세계문학에서 우리가 초점을 맞춰야 할 것은 '세계'와 '문학'의 사이, 그들의 역동적인 길항 관계와 그 작동이다. 그것은 세계문학을 중심과 주변, 보편과 특수의 이분법적 간극의 넘나듦을 가능하게 해 주는 공간이자 계기로 만들어 준다.[495]

세계화와 통국가주의의 상황에서 세계문학의 논의는 문학의 문제를 새롭게 바라보고 새롭게 논의하자는 제안과 다르지 않다. 세계문학은 그 자체가 하나의 문제이면서, 그 문제에 집중할 때 문학의 문제를 새로운 차원과 각도에서 검토하고 새로운 방식으로 논의하도록 해 준다. 나는 이를 개별 문학 텍스트의 해석과 평가의 문제와 함께 논의하고자 한다. 이는 세계문학이 무엇인가의 문제에서 세계문학을 어떻게 할 것인가의 문제로, 또 누가 세계문학을 하는가, 누가 세계문학을 하기를 원하는가의 더 살아 있는 문제

495 탈근대주의(해체론)와 탈식민주의 덕분에 '세계문학'에 내재한 유럽 중심주의를 깨달았지만, '세계문학'은 여전히 우리의 의식과 정서를 뒤덮고 있다. 전통적이고 관습적인 의미에서 '세계문학'은 유럽에 중심을 둔 것이기에 보편적이지 못하다. 보편을 다만 강요할 뿐이다. 나는 '유럽'보다 '중심'에 더 무거운 혐의를 둔다. 그것은 중심이 어디에도 들어서지 말아야 한다는, 탈중심의 의지와 방법을 염두에 두는 탓이다. 세계문학은 탈중심의 문학이다.

로 옮겨가는 것이다.

8.3. 어떻게 세계문학이 되는가

8.3.1. 타자의 맥락

담로쉬는 번역으로든 원래의 언어로든 그 기원을 넘어서서 유통되는 모든 문학 텍스트가 세계문학의 텍스트라고 말한다.[496] 이렇게 말할 때 담로쉬는 세계문학이란 용어로 구체적인 문학 텍스트, 그중에서도 그것이 태어난 지역과 언어를 넘어서서 세계적으로 범위가 확장된 텍스트를 가리키고 있으며, 더 중요하고 근본적으로, 그러한 '정전' 텍스트를 확정짓거나 생산하는 읽기의 한 방식이라는 함의를 담고 있다. 요컨대 세계문학은 우리 자신의 장소와 시간을 넘어서서 세계들에 대해 독립적인, 그렇기에 초월적이고 공정한 대응의 형식이다. 이 명제의 의미는 텍스트의 수용과 사후적事後的 평가에 관련된 문제와 함께 퍽 복잡하게 심화된다.

담로쉬는 한 편의 텍스트가 세계문학으로 되는 이중의 과정을 제안한다. 첫째는 텍스트가 문학으로 읽히는 것에 의한 것이고, 둘째는 텍스트가 속한 언어적·문화적 기점을 넘어서 더 넓은 세계로 순환해 나가는 것에 의한 것이다.[497] 내가 담로쉬의 제안에 충분히 동의하는 이유는 이미 그 제안의 방식으로 한국문학과 서양문학의 구체적인 문학 텍스트들이 어떻게 세계문학이 '되는지' 고찰하고 있었기 때문이다. 한국문학에서는 김만중과 이광수를, 서양문학에서는 이탈리아의 단테 알리기에리를 연구 대상으로 삼아 그들의 텍스트들이 앞서 전제한 성격의 세계문학 텍스트로 어떻게 자리를 잡을 것인지를 따져 보았던 것이다.[498]

496 Damrosch, p.4.

497 위의 책, p.6.

498 여기서 '됨'은 세계문학이 하나의 표준이고 문학들이 거기에 도달한다는 뜻이 아니라 세계

하나의 텍스트가 세계문학으로 되는 이중의 과정은 텍스트가 타자의 맥락을 포용한다는 것으로 바꿔 말할 수 있다. 주지하듯, 세계문학의 텍스트는 문학으로서의 보편적인 가치를 지닌 텍스트를 말한다. 보편성은 타자의 맥락을 흡수하기보다 포용하는 것으로 (처음부터 존재한다기보다) 구성된다. 하나의 텍스트가 세계문학이 되기 위해서는 그 텍스트가 타자의 맥락을 외면하거나 반대로 흡수하는 것이 아니라, 타자의 맥락을 포용해야 한다. 여기서 포용이란 독자가 타자로서의 맥락을 견지하도록 허용하면서 동시에 타자의 맥락과 연동하여 텍스트 고유의 가치를 확대 재생산하는 것을 말한다. 이러한 타자의 포용은 끊임없이, 끝없이 계속될 수 있어야 하고, 그런 과정에서 세계문학 텍스트로서의 자리를 유지할 수 있다.

텍스트가 타자의 맥락을 포용한다는 것은 뒤집어 말하면 타자의 맥락에 선 독자가 텍스트를 타자의 맥락을 견지하면서 해석한다는 뜻이다. 그런데 서양문학 텍스트를 타자의 맥락에서 바라보는 일은 쉽지 않다. 그것은 무엇보다 서양문학에 대해 타자의 맥락을 확보하는 일이 쉽지 않기 때문이다. 세계문학을 선점한 상황에서 서양문학은 이미 보편적 문학 가치를 하나의 실체로 인정받거나 인정하기를 강요하고 있으며, 그에 대해 타자의 맥락을 내세워야 하는 입장에서 그 실체를 마냥 부정할 수만은 없는 형편이다. 결국 서양문학 텍스트를 대하는 나로서는 기존에 인정된 보편성을 하나의 실체로 인정하는 동시에 부정하면서, 그러한 인정과 부정의 과정 자체를 견디는 것 혹은 지속하는 것이 보편성의 재구성에 다가서는 조건이라는 논의를 펼쳐야 한다. 이는 서양문학의 영향을 꾸준히 받아 온 처지에서 타자의 맥락의 진정성을 과연 확보할 수 있느냐 하는 또 다른 실질적인 문제와 연결된다.

서양문학에 비해 세계문학의 무대에서 비교적 소홀한 대접을 받아 온

문학의 문제의식, 그 문제가 펼쳐지는 과정에 문학을 던져 놓고 다시 생각한다는 의미다.

한국문학의 경우는 그 보편적 문학 가치를 처음부터 새롭게 세워야 하는 상황에 서 있다. 인정과 부정을 동시에 해 나가야 하는 서양문학에 비해 어쩌면 더 용이한 입장으로 보일 수도 있다. 그러나 보편성의 구성에 타자의 맥락이 필수불가결의 고려 요소로 들어간다고 할 때, 한국문학 텍스트를 세계문학의 문제에 비춰 재조명하는 작업에서 타자의 맥락을 확보하는 일은 서양문학 텍스트의 경우와 마찬가지로 쉽지 않다.

예컨대 나는 김만중의 《구운몽》이 어떻게, 그리고 과연, 세계문학 텍스트가 될 수 있는지 타자의 맥락을 견지하며 해석해 보려 했다. 그런데 그 과정에서 타자의 맥락에서 《구운몽》을 해석하는 작업이 《신곡》의 경우에 비해 어쩌면 더 꼬인 상태에 놓여 있음을 발견했다. 《신곡》을 한국의 맥락(에 처한 나의 맥락)을 내세워 타자의 맥락에서 다시 해석하듯이, 《구운몽》도 한국이 아닌, 어떤 다른 타자의 맥락(에 처한 나의 맥락)에서 다시 해석해야 하는데, 내가 그런 맥락을 갖기가 실질적으로 힘들기 때문이다. 말하자면 《신곡》에 대해 타자의 맥락에 서는 것보다 《구운몽》에 대해 타자의 맥락에 서는 일이 나로서는 당연히 더 힘든 일이었다. 그런 가운데서도 이탈리아문학자이자 비교문학자로서 《신곡》은 타자의 맥락에 서는 하나의 발판이 되어 주었고, 《신곡》과 비교를 하면서 《구운몽》이 세계문학 텍스트가 되는 가능성을 점검해 보았다.(4장 참조)

중요한 것은 타자의 맥락이란 것이 타자의 고립을 의미하지 않는다는 점이다. 《신곡》은 나에게 《구운몽》을 바라보는 타자의 맥락을 제공하지만, 그 타자의 맥락은 고정되어서는 안 된다. 엄밀히 말해, 내가 타자의 맥락의 제공처로 삼는 《신곡》은 서양의 《신곡》에 '나의 《신곡》'이 불순하게 오염된 제3의 무엇이다. 나는 서양의 정체성에 근거하여 《신곡》을 읽지 않았고(그럴 수도 없었고), 그렇다고 서양의 영향을 꾸준히 받아 온 처지에서 한국의 정체성을 고수했다고 볼 수도 없다. 타자의 맥락을 확보하고 견지하는 것은 국민문학을 세계문학의 무대에 올리기 위해 힘든 일이면서 절대적으로 요청되는 단계이지만, 그 '견지'를 '고수固守'가 아니라 변환과 이동, 즉 변이變移로 이해할 필요가 있다. 그리고 이를 위해 '타자'보다는 '타자화'라는 더 역동적이고 과정적인 개념을 떠올려야 한다. 타자화는 타자를 타자로 인정하고 타자를 대화의 상대로 삼는 것, 나아가 타자를 인정하는 나도 타자로 만들어 놓고 봄으로써 나를 고착된 자기중심에 빠지지 않고 소통의 출발점에 서게 만드는 것을 의미한다. 이러한 타자화의 반복되는 연속적 과정에서 타자의 정체성은 계속해서 해체되고 재구성되며, 그 위에서 나는 비로소 진정한 의미에서 타자의 맥락에 설 수 있는 것이다. 그렇게 '타자의 맥락화'를 '반복하여' 작동시키는 것은 앞에서 말한 '특수의 자리'(서문 참조)와 '유연한 정체성'(1장 참조)과 같은 개념들에 직결되고 비교문학의 자기부정적 성격(2장 참조)과 상응한다.

8.3.2. 단테의 경우

서양문학과 세계문학의 관계를 서양문학을 '대표하는' 단테를 예로 들어 생각해 보자. 단테는 이탈리아 속어로 쓰면서 라틴어를 통해 만날 수 있었을 더 많은 수의 유럽 독자 대신에 소수의 이탈리아 독자를 선택함으로써 지역적 정체성에 충실한 작가로 남고자 했다. 그러나 역설적으로 그것이 그를 보편적인 작가로 만들어 주었다. 라틴어 대신에 이탈리아 속어로 씀으로써 단테는 특수한 맥락과 역사적·사회적 고민을 자신의 창작에 담아 낼 수 있었기 때문이다. 그것은 라틴어가 미치지 못한, 그가 속한 일종의 주변부적 사회와의 구체적 소통의 결과였다. 특수어로서의 속어는 당시에 보편어였던 라틴어의 외부를 볼 수 있게 해 준 힘이었다. 라틴어의 외부를 보았다는 것은 라틴어가 더 이상 보편어가 아니라는 인식을 했다는 말이다. 전술했듯, 보편은 타자를 억압하고 배제하기보다 타자를 포용하는 과정으로 실현되는 것인데, 외부를 허용하는 순간 라틴어는 더 이상 보편의 행세를 할 수 없었다.

완벽한 언어, 처음부터 보편을 전제로 하는 언어는 존재할 수 없다. 그런 언어가 존재하는 순간 그 언어는 이미 제국의 언어가 되고, 거기에 저항하는 외부의 소외된 타자들을 생성하며, 그에 따라 완벽과 보편을 상실할 수밖에 없기 때문이다. 그렇기에 단테는 보편어를 전제하기보다 특수의 자리에 놓인 속어를 사용하면서 자신의 언어가 번역을 통해 타자의 맥락'들'로 발산될 운명임을 알고 있었던 것 같다. 말하자면 스스로의 자리를 타자로 전제했기에 타자의 자리로 나아가려는 동력을 처음부터 내재했던 것이다. 스스로를 타자로 전제했다는 것. 이는 단테가 절대가 아닌 특수의 위치에 있었다는 것을 의미한다. 특수의 위치의 인정이 다른 특수들과의 연결, 다른 특수들로의 스며듦을 오히려 가능하게 해 주었다. 그런 과정에서 단테의 속어는 라틴어를 대체하는 새롭고 진정한 보편어가 될 수 있었던 것이다.

이렇게 볼 때, 번역은 단테의 《신곡》을 보편적 문학 가치를 지닌 고전으로 만들어 준 또 다른 힘이었다. 보편적 고전은 하나의 실체이면서 또한 과정이기도 하다. 《신곡》은 보편적 고전으로서 하나의 실체, 즉 단테가 창조한 하나의 대상으로 존재하기도 하지만, 그 실체를 다양한 방식과 측면으로 끊임없이 해석하면서 돌아가기를 반복하고, 그러면서 복수複數의 맥락들을 비교하고 다양한 의미들을 산출·유지·폐기·선택하는 과정 전체를 가리키기도 한다. 《신곡》이라는 텍스트는 수정처럼 단단하게 결속된 대상물이기도 하지만 끝없이 묽어지고 다시 합쳐져 굳어지기를 반복하는 해석의 역사 전체를 가리키기도 하는 것이다. 전자의 경우를 단테의 《신곡》이라고 부른다면, 후자의 경우는 피렌체의 《신곡》, 이탈리아의 《신곡》, 유럽의 《신곡》, 동아시아의 《신곡》, 근대의 《신곡》, 탈근대의 《신곡》, 한국의 《신곡》, 그리고 그것을 읽는 개인 독자들 하나하나의 《신곡》들로 부를 수 있다. 이러한 과정 전체를 유지하기에, 이러한 과정 전체의 종합으로 존재하기에, 《신곡》은 보편적인 고전으로 불릴 수 있다.

《신곡》을 이러한 하나의 발산의 '과정'으로 보는 작업은 광대하기도 하지만 '실체'로서의 《신곡》에 워낙 강력하게 달라붙어 있는 서구 중심적 사고를 깨는 작업은 쉽지 않다.[499] 우리는 고전에 충실한 것이 미덕인 상황에 놓여 있다. 그것은 새삼스럽지 않다. 현대 작품의 번역가와 고전 번역가는 태도가 다를 수밖에 없다. 현대 작품 번역가는 어느 정도 자기가 작가와 대등한 혹은 우월한 위치에 서 있다는 느낌을 가질 수 있고 그래서 적절한 의역과 심지어는 생략과 과감한 해석을 가하는 반면, 고전 번역가는 원전의 고유한 의미를 파악하고 그동안 수행된 수많은 주석들을 정리해야 할 의무를 느끼고, 설령 자신의 해석을 가한다고 하더라도 극히 조심스러울 수밖에 없다.

비슷한 맥락에서 생각하면, 번역물로서의 《신곡》을 읽을 때 원전 이탈리아어로 된 《신곡》을 대하지 못하는 아쉬움이 가시지 않고 번역서는 그 아류에 지나지 않는다는 의식을 떨치지 못하는 것이 대부분 독자들의 상황일 것이다. 반면 외국문학을 즐겨 읽고 권했던 괴테는 번역서를 원전처럼 읽었다고 한다. 그러한 독서의 유형은 자기 작품에서도 예외가 아니었다. 그는 자신의 《파우스트》를 더 이상 독일어로 읽고 싶지 않으며, 새로 나온 불역판에서 다시 신선하고 새로운 기운을 느꼈다고 술회했다.[500]

주지하듯, 한 텍스트를 세계문학으로 읽는다는 것은 그 텍스트를 다양한 지적, 역사적, 문화적 맥락에서 거듭나게 만드는 일이다. 그 다양한 타자의 맥락들에서 변용되면서도 자체의 원래 가치를 잃지 않는 것. 그 모순성을 살아내는 것. 그것이 《신곡》이 문학으로 자리하는 궁극적 위치일 텐데, 이는

499 엄밀히 말해 실체로서의 《신곡》의 보편성은 서구 중심적이다. 지금까지 시간을 초월하며 발산되어 왔지만 공간을 초월한 적은 없기 때문이다. 단적으로 말해, 진정한 의미에서 '한국의 《신곡》'이 있었던가? '서구화된 한국의 《신곡》'만이 있었을 뿐이다. 서구에 한정된 《신곡》의 보편성은 특수한 보편성이며 가짜 보편성이다.

500 Damrosch, p.7.

세계문학으로서의 가치이자 성격이기도 하다. 단테 읽기의 나의 경험은 엘리엇의 중재[501]를 넘어선 단테와의 무매개적 연결이었다.[502] 그 경험은 순전히 개인적인 것이었고, 그 경험 이후에 엘리엇의 글을 비롯해 단테에 관한 수많은 글들을 읽으면서 많은 배움과 깨달음을 얻었지만, 그와 독립하여 내 자신의 경험과 단테와의 무매개적 연결은 늘 존재했다. 과정을 통해 독립되어 있되 실체와 연결되어 있는 것. 그것이 한 텍스트를 세계문학으로 읽는 독자讀者의 존재 방식이다.

오늘날 문학의 실천은 세계문학의 실천으로 대체되어도 좋을 것이다. 단테의 새로운 읽기가 예컨대 미국 비평계에 진입한다면 세계문학을 그동안 형성하고 받쳐 온 권력 관계는 적어도 부분적으로나마 전복의 조짐을 면하지 못할 것이다. 그것이 오히려 세계문학의 진정한 모습이다. 세계문학은 그렇게 문학의 지도를 다시 그리는 과정 그 자체이기 때문이다. 특히 단테의 새로운 읽기는 그에게 지금까지 부여된 보편성이 서양의 맥락에 한정된 가짜 보편성이라는 문제를 제기하는 것이며, 그런 과정에서 단테의 텍스트가 진정한 세계문학 텍스트로 거듭나게 될 것이다. 이것이 한국에서 세계문학을 통해 서양문학을 말하는 하나의 효과다. 여기서 우리는 세계문학을 하나의 문제로 대면할 필요에 새삼 직면한다.

8.3.3. 이광수의 경우

어떤 텍스트가 세계문학의 텍스트가 될 수 있느냐의 물음을 한국문학에 관련시킬 때에는 앞서 논의한 단테의 혹은 서구 문학의 경우와 꽤 다른 차원에서 접근해야 한다. 그것은 세계문학이라는 개념 자체가 서구에서 출발한

501 다음 책을 참고할 것. Eliot, T.S. *Dante*(1929), New York : Haskell House Publishers LTD. 1974.
502 이에 대해서는 특히 다음 글에서 다뤘다. 졸고, 〈동아시아에서의 단테의 수용과 변용을 통한 문학의 보편성과 근대성〉, 《문학과 경계》 23호, 2006년 겨울호, pp.77-96.

것이고 한국의 경우는 뒤늦게 참여했기 때문이다. 세계문학이 무엇이고 어떤 문제를 안고 있으며 어떤 일을 할 수 있는지에 관련하여 그동안 한국문학의 경우는 만족할 만하게 고려되지 않았다. 한국문학의 경우를 고려의 대상으로 올리기 위해서는 기존의 세계문학뿐만 아니라 한국문학의 담론 지형 자체를 수정해야 한다. 이런 정황은 자연스럽게 한국문학의 정체성의 문제로 이어진다.

사실 나의 개인적인 경험에 비추어 볼 때 한국문학의 보편성을 따지는 일은 서양문학의 보편성을 따지는 문제의식의 파생으로 나온 효과였다. 그것은 내가 비교문학자이자 한국문학자 이전에 이탈리아 문학 전공자라는 '출신 성분'에서 비롯된 것도 있으나, 한국문학 연구의 지형보다는 서양문학 연구의 지형이 문제를 일으키고 새로운 논점을 제기하는 데 더 적절한, 열려 있는 상태이기 때문일 것이다. 그러나 그렇게 여는 만큼 서양문학 연구는 그 문제제기를 기존의 지형이 최소로 변모하는 한에서 소화해 버리는 반면 한국문학 연구는 작은 논점 제기에도 지형 전체가 요동을 칠 수도 있을 것이다. 이는 역설적으로 말해 한국문학 연구의 경우가 진정한 혹은 효과적인 세계문학 논의에 기여할 가능성을 더 크게 품으며, 따라서 한국문학자의 역할이 세계문학 논의에 누구보다 크게 요청된다는 의미도 된다.

한국문학의 세계화라는 요즘 흔히 얘기되는 흐름은 바로 세계문학의 문제를 한국문학계에서 어떻게 논의해야 하는지의 작업과 다르지 않다. 그것을 나는 한국문학의 보편적 가치를 논의하는 것으로 시작하고자 했다. 그리고 이는 국민문학의 문제를 논의하는 것과 분리될 수 없었다. 세계문학의 논의는 국민문학의 논의와 불가분의 관계에 있다. 세계문학이 문학을 다른 관점에서 바라보게 해 준다면, 그렇게 다른 관점에서 봐야 할 문학에는 국민문학도 있는 것이다. 세계문학의 논의는 세계화의 우리 시대에서 국민문학의 위치를 다시 생각하는 것과 다르지 않다. 이를 위해 비교문학의 방법과

정신이 요청되며, 또한 아울러 국민문학의 개별 경우들의 연구와 밀접한 연관 아래 이루어져야 한다.

어떤 한 문학이 국경을 넘어 이동할 때 국적성이 약화되거나 무화되는 것이 아니라 오히려 강화되는 현상을 보인다면 그 문학은 세계문학적 지평에 서지 못한다. 국민문학의 선전에 불과하게 되기 때문이다. 그러나 또한 국민문학은 세계문학에 참여하는 하나의 필수불가결한 전제 조건이다. 그렇다면 문제는 그 간격, 모순을 어떻게 조절하는가 하는 것이다. 그 조절의 문제는 한국의 식민지 시기를 관통한 이광수의 문학을 재조명하는 적절한 토대가 된다.

괴테의 세계문학 패러다임은 그의 폭넓은 비판적, 과학적 성향과 1820-30년대의 독일의 역사적, 정치적 환경에 의해 형성된 국민문학과 초국민문학의 변증법에 뿌리를 둔다. 괴테의 비판적이면서 창조적인 토대 쌓기는 세계문학을 국민주의적-초국민주의적 읽기와 교육을 통해 수행하도록 제안하도록 해주었다. 그것은 세계문학이 자체의 참된 언어적, 문화적 타자성에서 솟아오르도록 해 주는 실천이었다.[503]

이런 상황과 그에 대한 인식 및 해결의 노력은 이광수와 닮았고, 그런 면에서 이광수를 세계문학의 관점에서 재해석하는 작업의 가치를 보강해 준다. 괴테는 독일의 국가적 통일성의 결여를 탄식했다. 정치적 파편화가 국가 체제에 기대야 할 국민작가의 발전을 불가능하게 만든다고 생각했기 때문이다. 그것은 일제 식민 아래의 한국 근대문학 상황과 그리 다르지 않다.

이광수가 처했던 상황을 문화제국주의라고 정의할 수 있는가? 적어도 문화제국주의가 주변부인의 의식을 구성하고 주변부의 지역적 특수성과 거기서 나올 수 있는 저항을 무시한다는 측면에서 보면, 문화제국주의라는

503 Pizer, p.7.

개념 자체는 어쩌면 거의 아무런 의미도 갖지 못한다. 지역의 특수성과 저항이 없는 곳은 없으며, 문화제국주의라고 불릴 만한 것이 침투하는 곳에서는 더욱 뜨겁게 타오르기 때문이다. 이광수가 처했던 식민지적 상황도 그러했던 것으로 보인다. 특히 일제의 태평양전쟁으로 인한 군사적, 경제적 총동원으로 동일화(예로, 내선일체)는 더 강하게 가속화되었고, 문학 분야도 예외는 아니었던 것이 사실이지만, 동일화가 거세질수록 저항도 거세졌다는 점을 주목할 필요가 있다. 문학 분야에서는 다만 그 방식이 '문학적'이었기에 우리는 그 양상을 '문학적'으로 들여다볼 필요가 있다.

앞에서(5장) 자세하게 고찰한 바와 같이, 이광수의 문학은 국민문학의 테두리에 가두기 힘들다. 그는 적절한 의미에서 국민문학의 삶을 산 적이 없기 때문이다. 그러나 그는 진정한 의미에서 국민문학의 삶을 살았던 작가였다. 이러한 역설적인 이해 위에서 이광수의 '문학'은 국민(민족)과 근대와 같은 개념들에 휘둘리거나 심지어는 근거하지 않으면서 동시에 그 개념들을 품고 보듬는 방식으로 우리 앞에 나타난다. 이광수의 문학은 국민문학으로 서는 동시에 세계문학으로 서는, '문학'의 모순적인 존재 방식을 구현하는 것이다.

이광수의 문학은 근대 국민국가라는 특수한 시대와 특수한 가치의 산물임에도 불구하고 보편적 문학 가치의 문제와 관련하여 풍부하게 논의될 수 있다. 그것은 무엇보다 이광수의 문학이 특수하기에 가능하다. 특수하기에 일본 국민문학의 외부를 볼 수 있었고, 나아가 한국 국민문학의 외부도 볼 수 있었다. 이렇게 외부를 볼 수 있는 혹은 볼 수 있게 해 주는 능력은 한국의 식민지적 근대와 일본의 제국적 근대에 대한 고민에서 잉태되고 나와 자라났다. 이광수의 문학이 세계문학적 보편의 차원에서 논의될 수 있다면, 그것은 그의 문학의 특수성이 모든 타자의 문학들을 수렴하고 응축하는 방식으로 펼쳐지지 않기 때문이다. 그와 달리 그의 특수한 문학은 자체의 특수성을 견지하는, 그래서 자체의 외부를 인식하는 방식으로 보편화의 과정에 실릴 수 있는 것이다.

세계문학으로 불리는 고전들은 오늘날 국민문학 내에 편입되어 보존되고 전파된다. 그 결과 그 고전들은 그들이 속한 국민문학의 특성과 별 관련이 없는 경우에도 그 국민문학의 기원을 이루는 것으로 포장되거나 변신한다. 그러나 그들이 속한 국민문학으로부터 멀리 여행할수록 그들은 대단히 예리하게 굴절한다. 타원적인 굴절이라고 담로쉬가 부르는[504] 이 현상을 통해 고전들은 국민문학을 초월하여 문학으로서의 보편적 가치를 비로소 실현하는 것이다. 이 경우 유의할 것은, 세계문학적 고전들의 문학 가치는 그것이 속했던 국민문학에서 이탈하면서 실현되지만, 또한 국민문학과의 관계는 늘 존재하고 작동한다는 점이다.

담로쉬의 표현을 빌린다면, 이광수의 문학은 조선어와 일본어, 혹은 한국문학과 일본문학이 두 초점을 이루는 타원형의 굴절을 이룸으로써 국민문학을 품으면서 넘어서는 가능성을 보여 준다고 말할 수 있다. 그러한 굴절을 낳은 것은 바로 그의 '방랑'이었다. 그의 텍스트는, 김윤식이 이해한 대로, 한 번도 낮의 세계로 나온 적이 없는 밤의 세계의 산물이지만, 바로 그 밤의 세계 속에서 그의 문학은 한국과 일본의 두 초점에서 계속해서 벗어나되 또한 그 두 초점을 축으로 하여 타원을 그린다. 그래서 담로쉬는 한 국민문학 텍스트가 다른 국민문학의 공간 안으로 받아들여짐으로써 세계문학이 된다고 했는데,[505] 이광수의 문학은 그런 경험이 비교적 적은데도 불구하고, 텍스트 자체 내에서, 그 밤의 세계 내에서, 그 방랑의 여정 속에서, 그러한 타자적 공간의 수용, 즉 타자화의 구도를 형상화하고 있는 것이다.

이러한 이중적 굴절은 이광수에게 가해진 강요가 아니라 선택이었다. 그는 분명 선택을 했다. 그는 한 번에 두 방향으로 나아가는 역설적이며 모순

504 Damrosch, p. 283.
505 위의 글, 같은 쪽.

된, 그리고 비합리적이며 비근대적인 모험을 그의 문학을 통해 감행했다. 김윤식이 이광수를 예언자적 지성으로 본 것은 비록 1910년대의 도산과 육당을 곁들인 얘기였지만, 그 내용은 이광수 문학 전체를 가로지를 만하다. 김윤식은 "심정적 세계, 밤의 논리 쪽에 선다는 것, 시인의 목소리를 띤다는 것, 그 목소리가 자기 개인의 것이 아니라 만고의 진리인 신의 목소리라는 것이 예언자의 존재 방식"[506]이라고 본다. 사실상 이광수는 홀로 서기와 내부적 망명의 상황에서 미래('다른 세계' 혹은 '가능 세계')를 제시하고자 했다. '시인'으로서의 목소리는 그렇게 현재를 초월하는 양상에 알맞은 것이었다. 그러나 그 초월은 단지 초월하기만 하는 것이 아니라 현재의 현실로 회귀하기도 한다. 이광수는 문학을 하는 한에서, 문학 과정의 효과의 측면에서, 그러한 현실로의 회귀라는 '초월의 초월'을 수행할 수 있었다.

문학은 근대의 산물이다. 세계화의 흐름에서 근대란 일종의 추구의 방식으로 작동한다. 즉, 근대화를 이룩하지 않으면 세계시민의 대열에 합류할 수 없고 식민의 굴레에 떨어진다는 시대적 요청 같은 것이다. 적어도 동아시아의 근대는 그렇게 진행되었던 것 같다. 그러나 동시에 저항하고 자기를 부정하는 양상이 있었던 것도 기억해야 한다. 일본을 통한 근대는 적어도 한국에서 동일성의 자기 증식의 오류를 반복하는 것이라는 인식이 있었기에 일본에 대한 저항은 근대에 대한 저항이기도 했지만, 근대는 또한 피할 수 없는, 어디까지나 수용하면서 극복해야 할 대상으로 받아들여졌던 것이다.

그런 상황에서 근대는 자기모순적인 개념이자 시대, 원리로 이해된다. 그렇다면 문학이 근대의 산물이라는 말은 근대의 자기모순성을 품고 보듬는 하나의 둥지로서 문학을 이해하자는 요구로 볼 수 있을 것이다. 거기서 우리는 문학을 통해 근대를 '다시' 인식할 수 있으며, 실질적으로 근대의 산

506 김윤식, 《이광수와 그의 시대》 1권, p.334.

물이라는 꼬리표를 붙이기에 더 적당할 과거의 유럽 중심적 세계문학을 반성하고 그 대안을 모색할 수 있을 것이다. 문학은 자체의 존립 조건을 초월하는 보편적인 개념이자 과정으로 작동하는 한에서 그 모든 문학'들'을 맥락화하고 또 재맥락화하면서 자체의 보편적 가치에 대한 끝없고 끊임없는 성찰의 터를 제공한다. 모든 문학'들'은 이러한 보편적 가치에 비추어 평가되어야 한다.

문학은 자신을 낳아 준 근대라는 부모의 한편을 죽이고 한편과 혼인해야 할 오이디푸스적 운명을 지닌다. 근대문학의 오이디푸스적 운명은 정확히 말해, 큰 국가보다는 작은 국가의 문학이 더 치열하게 지닌 운명이다. 밀란 쿤데라는 이를 가리켜 "돌이킬 수 없는 불평등"[507]이라 했지만, 결말이 불확실한 그 프로젝트를 추진하는 것 자체는 모든 문학이 짊어진 운명이다. 그러한 문학의 운명은 근대가 노쇠한 오늘날, 국가라는 낯선 타자의 장소에 들어가는 동시에 그를 자체 안에 들여놓는 세계문학이라는 새로운 프로젝트로 거듭나고 있다. 그래서 문학의 새로운 오이디푸스적 운명은 부모에게서 벗어나면서 또한 부모를 거듭나게 하는, 운명의 변이에 실린다. 나는 이것이 이광수의 문학을 횡단하는 것으로 고찰했다. 이로써 이광수의 문학은 근대 국민문학으로 태어났으면서도 그를 거역하고 동시에 그를 포용하는, 새로운 세계문학의 조짐을 보이는 것이다.

8.4. 정체성의 문제

세계문학의 이상, 즉 동질화된 문학들을 넘어서 다양성과 충돌을 수용하는 것은 굳이 세계문학이라 부르지 않아도 그저 '문학'이다.[508] 그 문학은 세계문

507 쿤데라, p.51.

508 리샤오꿍도 이런 이야기를 했다. 〈하나이며 여럿인 세계문학〉, 《창작과 비평》 2007 겨울호, pp.112-117.

학이라는 이념이나 선언, 혹은 지향이 출현하기 이전에도, 또는 그런 것들을 의식하지 않아도, 세계문학의 형태로 존재하고 있었다. 그러므로 세계문학을 논의하는 목표는 사실상 문학의 제자리를 찾는 것과 다르지 않다. 그것은 세계문학을 폐기하지 않으면서 '문학'의 진정성을 구현하고 '세계'를 그 장소이자 과정으로 재구성하는 것을 의미한다.

세계문학은 대상이라기보다 하나의 문제다. 이는 세계문학이 그것이 무엇인지를 묻기보다 왜 물어야 하고 어떻게 물어야 하는지와 같은 더욱 성찰적이고 실질적인 논의를 통해 우리에게 의미 있게 다가온다는 말이다. 한국과 서양의 어떤 구체적인 작가들을 세계문학의 차원에서 말할 때, 우리는 세계문학이 무엇인지를 규명하는 것이 아니라, 그들의 문학들이 한국문학과 서양문학을 세계문학의 차원에서 왜 다시 생각해야 하고 어떻게 말할 것인지에 대한 논의를 펼치게 해 주는 측면에 초점을 맞춰야 한다. 바로 그러한 힘을 지니고 있기에 그들의 텍스트들은 세계문학으로서의 성격과 자리를 확보하는 것이다. 그 힘은, 그들의 텍스트들이 타자의 맥락을 허용하고 타자의 맥락들을 향해 발산하는 구조와 내용을 지니고 있고, 또 그들의 텍스트를 읽는 독자들이 타자의 맥락에 끊임없이 다시 서도록 도와주는 것에서 나온다. 이는 보편과 특수가 길항과 대화의 관계 위에 서도록 해 주며, 특수한 보편이 아니라 보편적인 보편으로서의 세계문학을 재구성하려는 우리의 노력을 추동시킨다.

한국에서 어떻게 세계문학을 말할 것인가 하는 물음에 대해 나는 두 가지 측면에서 답하고자 했다. 세계문학은 하나의 문제라는 것과 보편과 특수의 겨룸의 과정이라는 것에서 그 진정성을 실현한다는 것이다. 이 사항들을 구체적인 작가들의 경우에 적용시킬 때 세부적인 논점들은 달라질 수 있다. 다만 그들의 텍스트들은 특수로 남기의 의미를 천착하고 그럼으로써 세계문학을 보편과 특수의 겨룸의 과정으로 다시 세우는 역할을 한다는 면에서 공통점을 지닐 수 있는 것이다.

우리는 새로운 세계문학을 상상할 수 있어야 한다. 담로쉬를 빌어 말하면, 하나의 텍스트를 세계문학의 정체성의 렌즈를 통해 읽고 연구하는 것은 텍스트를 과거의 권위로부터 독립시켜 만나는 방식이다. 텍스트를 그것이 생산된 문화와 시대의 핵심에서가 아니라, 전혀 다른 문화들과 시대들에서 생장된 타자의 맥락 속에서 만나는 것이다. 이는 그 정체성을 새삼 확인하거나 정착시키는 것이 아니라, 그로부터 거리와 차이를 두는 일이다.[509] 그런 의미에서 세계문학을 한다는 것은 비교문학을 한다는 것과 다르지 않다. 부정적이든 긍정적이든 세계화의 시대에 살고 있는 우리는 당연히 한국문학을 세계문학으로 바라보아야 한다. 그러기 위해서 한국문학으로부터 거리를 두어야 하고, 한국문학을 그 기원으로부터 떼어 내서 다양한 타자들의 관점과 위치에서 거듭하여 다시 생각해야 한다.

정체성은 소속의 문제다. 소속을 결정하는 배타와 포용은 동전의 양면이다. 함께 작용한다. 그런데 배타가 대외적으로, 포용이 대내적으로 작용할 때, 정체성은 고착되고 동질화된다. 그러나 그 방향을 바꾸면 한결 나아진다. 한 공동체에 속하면서 하나의 정체성을 갖는다는 생각을 경계하고 그 외부를 포용하는 것이다. 더욱이 우리는 배타와 포용의 대상과 주체를 생각할 필요가 있다. 그들이 누구인지, 무엇인지에 따라 정체성은 대단히 다양해진다. 이는 '소속'을 어떻게 이해하고 적용시키느냐에 따라 정체성의 형성이 달라질 수 있다는 말이다. 문화의 문제에 늘 관심을 보여 온 경제학자 아마르탸 센Amartya Sen이 든 예를 빌면, 전쟁 중인 두 국가의 군인들은 만나면 서로를 죽이는 가장 확실한 정체성의 소유자들이지만, 그들은 또한 회사원이고 학생이며 교사이고 노동자이며 인간 존재들이다. 그런 한에서 그들은 서로를

509 Damrosch, p.300.

죽일 필요가 없다. 따라서 여기에는 선택이 필요하다. 한 주체가 지닌 여러 특수한 정체성들 중 어느 것을 적용시킬지 하는 선택이 중요하게 떠오른다. 그 선택에 따라 주체의 행동과 삶의 방식이 결정된다.[510]

정체성이 준수가 아니라 선택의 문제라고 할 때, 정체성은 자기 확신이나 자기실현, 본질, 운명과 같은 것들에서 멀어진다. 여러 정체성들을 벌여놓고 맥락에 따라 하나의 정체성을 선택하는 것은, 그것이 양심과 의식에 따른 치열한 것인 한에서, 오히려 능동적인 소속이며 정체성의 형성이다.[511] 선택이라는 경제학의 사고를 빌려 온 것은 정체성의 선택이 문학의 보편적 가치를 없애기보다는 세우는 데 더 크게 기여하기 때문이다. 일국을 넘어서는 문학 가치의 이동과 교환은 국민문학의 주권을 강화시킨다. 이는 국민문학들의 특수성들의 연결을 통해 문학의 보편적 가치가 구성되기 때문이다. 진정한 보편은 특수들이 생략되거나 무시되지 않는 방식으로 추구되어야 한다.[512]

그런 의미에서 우리는 아직 특수, 즉 타자가 무엇인지 모르고 있지 않을까? 그것은 유럽 문학의 오류이기도 하지만, 문제는 우리가 그것을 극복하지 못하고 있다는 점이다. 유럽 문학이 빚어 낸 오류는 자신을 '한줄기 빛'으로 정의한 것에 있다. 단테의 예에서 보았듯, 그 가짜 보편성을 교정하는 일은 분명 한국에서 외국문학을 하는 사람의 임무로 국한되지 않는다. 설령 그 일을 하는 사람이 외국문학 전공자라고 할지라도 한국문학, 그리고 비교문학과 세계문학의 관점과 위치에 서지 않고서는 불가능한 일이다. 거꾸로 한국문학의 보편성을 추적하는 일도 한국문학 전공자에 국한된 작업은 아닐

510 Amartya Sen, *Identity and Violence : The Illusion of Destiny*, Norton : New York, 2006, pp.3-4.
511 이를 경제학의 용어로 '합리적'이라고 말할 수 있는지의 여부는 중요하지 않다. 문학의 담론 지형은 '합리'보다는 '도덕'이라는 문제적 용어에 훨씬 더 가깝다. 그렇게 말할 수 있는 것은 문학이 그 자체로 인류의 보편적 가치를 궁극 목표로 삼는 한에서 존재하기 때문이다.
512 이런 내용은 앞에서 논의한 이광수의 선택과 무소속의 정체성을 상기시킨다.

것이다.

이런 측면에서 협업은 강조될 사항이다. 담로쉬는 아우얼바흐 같은 대학자도 유럽에 근거를 둔 현실 재현의 연구로 인해 세계를 결여했다는 지적을 한다.[513] 세계문학자라고 해서 세계의 문학들을 다 읽고 다 알아야 하는 것은 아니다. 그럴 수도 없다. 그러나 그렇다고 국민문학밖에 할 수 없으며 세계문학자란 있을 수 없다고, 필요 없다고 말할 수는 없다. 분명 국민문학들 사이를 들여다보고 잇고 비교하는 작업은 국민문학자가 잘 하지 못하는 성격의 작업이다. 그렇다면 세계문학자는 자기 일을 어떻게 잘 할 수 있는가?

답은 국민문학자이면서 세계문학자이어야 한다는 것이다. 그것은 국민문학도 하고 세계문학도 다 하라는, 즉 양을 늘리라는 얘기가 아니라 선택의 문제, 즉 관점과 의식에 관련된 문제다. 국가와 세계의 교차적 관점에서 국민문학과 세계문학을 바라보자는 것이다. 그런 관점에서 국민문학들 사이, 국민문학의 내부, 그리고 국민문학과 세계문학의 사이를 바라볼 때 그들은 문제적으로 떠오르며 과거와는 다른 의식의 차원에서 접근할 수 있게 된다. 이는 보편의 문제를 항상 염두에 두자는 것이다. 보편은 끊임없이 생성되는 것이며, 그렇기에 끊임없이 새롭게 대면해야 할 대상이다. 보편화의 가능성 universalizability을 측정하는 끝없는 과정에서 국민문학과 세계문학은 서로 길항의 작용을 주고받으며 공존할 수 있을 것이다. 이와 함께 실제로 해야 할 일은 국가적 차원과 세계적 차원에서 글을 쓰고 발표하며 소통하는 것이다. 그런 과정에서 현재적 필요에 따라 우리 스스로를 계속해서 변화시켜 나가는 것이 필요하다.

세계문학은 지금까지 논의한 내용 전체에 대한 반성의 '흔적'으로 삼아야 한다. 왜 흔적인가? 세계문학의 논의에서 빠지기 쉬운 함정은 세계문학을

513 Damrosch, p.286.

어떤 하나의 궁극 목표로 삼거나 세계문학의 고정불변한 예를 구체적인 텍스트를 들어 보여줌으로써 세계문학의 논의를 선명하게 결론짓고자 하는 유혹이다. 그것은 '세계'와 '문학' 각각의 진정성은 물론 그들 사이의 적절한 관계도 이루지 못하는 형국이다. 세계문학은 자체에 대한 논의를 계속 열어 둠으로써, 세계문학의 정체성의 결정을 계속 유보함으로써, 그 진정한 의미를 유지한다. 그런 의미에서 확정되지 않은 흔적의 방식으로 세계문학을 논의할 때 그 논의의 정당성과 가치가 보장될 수 있다.

반복하건대, 세계문학은 기준이 아니라 문제를 일으키는, 혹은 문제에 접근하는 하나의 단서이며 통로일 뿐이다. 그러므로 세계문학과 관련하여 한국문학을 고찰하는 작업은 한국문학을 세계문학의 단계에 올리는 성취의 의미가 아니라 한국문학의 새로운 해석과 가능성을 펼치기 위한 것임을 분명히 해 두고자 한다. 그런 과정에서 비로소 한국문학은 물론 세계문학은 그 진정한 가치를 회복할 것이며, 이는 진정한 문학 가치의 회복으로 이어질 것이다.

에필로그

동아시아는 유연하고 열린 정체성의 모습으로 존재할 수 있다. 그것은 동아시아의 기원의 부재를 상상하는 것이고 기의의 부정성否定性과 부동성浮動性을 지향하는 것에서 나온다. 동아시아의 기원의 부재를 생각하는 것은 동아시아를 패권과 동일화로 물들였던 과거 일제의 대동아론에서 벗어나 진정한 공동체로서 거듭나도록 해 주는 하나의 계기가 된다. 그것은 기원의 부재를 통해 동아시아를 자유롭게 상상할 수 있기 때문이다. 동아시아는 중심이 없는 대신 수많은 특수한 거점들의 횡단적 연대들로 이루어진, 그리고 그 연대의 다양한 변이에 따라 그 정체성을 변화에 열어 놓는, 그러한 공동체여야 한다.

동아시아 공동의 문학은 그러한 동아시아의 상상에서 솟아오른다. 동아시아 문학은 동아시아를 이루는 개별 국민문학들의 부정과 포용의 연합체로 구성되는 그 무엇이다. 한 국가의 문학은 자체를 부정하면서 또한 견지하는 가운데 비로소 다른 국가들의 문학들과 교류하고 소통할 수 있다. 말하자면 교류와 소통은 자체의 동일성을 끊임없이 해체하고 재구성하는 가운데 자체를 타자로 만들고 타자의 입장에 서게 함으로써 이루어지는 것이다.

이러한 비동일화의 구도에서 보편성의 문제는 해결의 실마리를 얻는다. 보편성은 특수들의 횡단적 연대라는 방식을 통해서만 그 진정성을 획득하고 또 유지할 수 있다. 보편성을 획득하고 유지하기 위해 우리는 특수로 남는다는 것, 그리고 다른 특수들을 향해 나아간다는 것의 의미를 끊임없이 천착해야 한다. 한국문학의 특수성을 확보하는 것은 곧 다른 국민문학들의 특수성을 인정하는 것이며, 거기서부터 한국문학이 보편적 문학 가치의 수립을 위해 기여하는 가능성을 확보할 수 있다. 한국문학은 이제 고립된 특수가 아니라 타자와의 연대로 나아가는 거점으로서의 특수로 거듭나야 하며, 그로부터 한국문학은 세계문학의 문제를 품고 개선해 나가는 하나의 유력한 거점이 될 수 있다.

문학에서 보편성은 사후적 개념이다. 즉, 문학에서 보편성은 미리 전제되지 않으며 다만 구성된다. 작가가 사회와 역사, 내면의 인식과 표현을 발신하고 독자가 이를 수용하며 동의하거나 거부하는 것이 이른바 문학 과정이다. 텍스트는 그런 문학 과정의 중심을 이룬다. 그런데 여기서 주목할 사항은 그 모든 과정에서 보편성이 특수한 맥락들에 담겨 변이한다는 점이다. 달리 말해 보편성은 변이함으로써 유지된다. 보편성이란 다양한 맥락들 속에서 항상 의심받고 재검토의 도마 위에 오르면서, 그것을 견디어 내면서, 살아남는 무엇이다.

그러므로 문학의 보편성은 텍스트의 해석에서 구성된다고 말해야 한다. 텍스트의 해석이 빈곤하면 보편성의 정도는 낮아지고 텍스트의 해석이 풍부하면 보편성의 정도는 높아진다. 보편성은 절대적인 기준이 아니라 상대적인 가치다. 따라서 우리는 보편성을 결정하기보다는 가늠할 수 있을 뿐이며 또 보편성의 가늠은 맥락에 따라서 변화한다. 김만중 문학의 보편성은 상당히 그 정도가 높으며 또 앞으로 더 높은 가치를 인정받을 가능성을 내재한다. 그것은 김만중의 텍스트가 그만큼 다양한 맥락에서 새로운 해석을 산출하는 구조와 힘을 지니기 때문이며, 그와 함께 그러한 해석을 수행하는 독자들의 범위와 역량이 커졌음을 의미한다.

이광수 문학도 역시 그것이 지닌 텍스트적 심층 구조가 맥락에 따라 새롭고 다양한 해석을 산출하기 때문에 국민문학의 한계를 넘어설 큰 가능성을 보여 준다. 더욱이 이광수의 문학은 국민문학들 사이의 충돌 혹은 교류가 그 어느 때보다 더 격렬하고 첨예하게 일어나던 시기에 생산되었기 때문에, 독자로서 우리가 되돌아보아야 할 측면들이 적지 않고 또 깊은 성찰을 요구한다. 이광수의 문학은 우리로 하여금 문학 외적인 요소들이 결코 문학을 판단하는 기반이 될 수 없음을 가르쳐 준다. 문학은 이광수 문학의 궁극적 보루다. 그 보루에 기대면서 이광수의 문학은 친일이라는 딱지를 떼어 내고 한국 근대문학의 기원을 해체하며 편협한 민족주의를 넘어서서 세계시민주의의 차원으로 나아갈 가능성을 농후하게 내보인다.

그런 측면에서 이광수의 민족주의는 한편으로 이분법적 대립에 대해, 다른 한편으로 총체화에 대해, 동시적으로 저항하는 것이었다고 볼 수 있다. 그것은 외부를 외부로 두는 것이다. 이는 대립도 아니고 이분법도 아니며 총체화도 아니라, 포용에 가깝다. 이광수의 민족주의는 일본이라는 '국가'(혹은 '국민')와 한국이라는 '민족', 그 상상의 공동체들을 약화시키는 데 기여했다. 그들이 개인들(특수)의 의식을 규정하고 지배하는 데 제한을 두고 저항한 것이다. 그것은 무엇보다 이광수의 민족주의와 문학이 특수의 자리를 견지했기 때문에 가능했다.

이광수의 문학뿐만 아니라 무릇 모든 문학은 보편성의 기원을 품는다. 그 기원은 늘 자체를 배반하고 자체에서 벗어남으로써만 그 의미를 확보할 수 있다. 바꿔 말해, 보편성은 자체의 기원의 해체를 통해서, 자체의 재구성을 통해서, 자체를 유지할 수 있는 것이다. 어떤 문학이 어느 정도의 보편성을 지니느냐 하는 것은 자체를 해체하고 재구성하는 해석 행위에 얼마나 자체를 여느냐에 달려 있다. 그런 면에서 이광수의 문학을 가히 보편성의 정도를 한껏 높일 가능성을 지닌 문학이라는 측면에서 생각하고자 하는 것이다.

지금 세계화는 되돌릴 수 없는 듯 치달려 나아가는 반면, 보편적인 것은 거기에 묻혀 사라지고 있다. 바로 그렇기 때문에 우리는 그 어느 때보다 보편의 문제를 더 심각하게 생각해야 한다. 보편이란 가치평가적인 개념이며 용어다. 세계문학에서 '세계'가 지리적, 공간적인 의미에서 그치지 않고 가치적인 용어로 작동할 때, 세계문학은 하나의 표준으로 문학들 위에 군림하는 것이 아니라 문학들 각각의 차이와 보편성을 가늠하는 잣대가 될 수 있다. 따라서 우리는 어떤 문학이 세계문학이 되느냐 안 되느냐를 문제로 삼을 필요가 없다. 그보다 세계문학이라는 개념을 보편적 문학 가치의 재성찰의 발판이자 계기로 삼는 작업을 우선하여 실천해야 한다. 이와 관련하여 한국문학은 아직, 그리고 지금부터, 재해석과 재평가의 너른 지평에 열려 있다. 비교문학은 그 열림을 지속하고 작동시키는 열린 사고를 지탱하는 이론과 방법, 그리고 자세를 제공해 줄 것으로 믿는다.

참고문헌

서문

고부응. 〈맑스의 식민역사관과 싸이드의 '동양론' 비판〉. 《역사비평》 1995 봄. 28호.

김홍규. 〈정치적 공동체의 상상과 기억〉. 《현대비평과 이론》 15권 2호. 통권 30호. 2008.

박상진. 〈재현의 가능성과 리얼리즘, 그리고 열린 해석〉. 《문학과 경계》 2004 가을호. 통권 14호. pp.113-126.

______. 〈단테를 재현하기—단테의 글과 블레이크의 그림들을 중심으로〉. 《한국언어문화》. 제26집. 2004. pp.45-75.

박성창. 〈문학의 그리니치 천문대는 어디에 있는가?〉. 《세계의 문학》 2001 가을호.

신기욱 · 마이클 로빈슨 엮음. 《한국의 식민지 근대성》. 도면회 옮김. 삼인. 2007.

이택선. 〈앤더슨의 '상상의 공동체'〉. 《현대비평과 이론》 15권 2호. 통권 30호. 2008.

앙드레 슈미트. 《제국 그 사이의 한국 1895-1919》. 정여울 옮김. 휴머니스트. 2007.

에드워드 사이드. 《오리엔탈리즘》. 박홍규 옮김. 교보문고. 2007.

장 보드리야르. 〈보편적인 것에서 독특한 것으로—세계적인 것의 폭력〉. 《가치는 어디로 가는가?》. 제롬 뱅데 엮음. 이선희 · 주재형 옮김. 문학과지성사. 2008. pp.56-66.

헨리 임. 〈근대적 민주적 구성물로서의 '민족'—신채호의 역사 서술〉. 마이클 로빈슨 · 신기욱 엮음. 《한국의 식민지 근대성—내재적 발전론과 식민지 근대화론을 넘어서》. 도면회 옮김. 삼인. 2007.

가야트리 스피박. 《경계선 넘기》. 문학이론연구회 옮김. 인간사랑. 2008.

Gellner, Ernest. *Nations and Nationalism*. Ithaca: Cornell University Press. 1983.

Smith, Anthony D. *The Nation in History:Historiographical Debates about Ethnicity and Nationalism*. Hanover: UP of New England. 2000.

1장

가라타니 고진柄谷行人. 《일본 근대문학의 기원》. 박유하 옮김. 민음사. 1997.

강상중. 《동북아시아 공동의 집을 향하여》. 뿌리와 이파리, 2002.

______. 《오리엔탈리즘을 넘어서》. 이산, 1997.

______. 요시미 순야. 《세계화의 원근법—새로운 공공공간을 찾아서》. 임성모·김경원 옮김. 이산. 2004.

고부응. 〈초민족시대의 민족정체성과 비교문학연구〉. 《비교문학》 제24집. 2000. pp.22-43.

김경일. 〈동아시아와 세계체제 이론〉. 《정신문화연구》 21권 1호. 1998.

김광억 외. 《종족과 민족》. 아카넷. 2005.

김기봉. 《역사를 통한 동아시아 공동체 만들기》. 푸른역사. 2006.

박상진. 〈제국의 내파〉. 《문학과 경계》 2004년 봄호. pp.158-173.

______. 《열림의 이론과 실제—해석의 윤리와 실천의 지평》. 소명출판. 2004.

Park, Sangjin. "Porous Modernity: Overcoming Modernity in the Age of Globalization" in *Other Modernisms in an Age of Globalization*. Heidelberg: Carl Winter. 2008. pp.95-105.

백영서. 〈동아시아 평화를 앞당기는 소중한 첫걸음〉. 《창작과비평》 119호. 2005 가을.

백영서 외. 《동아시아의 지역질서—제국을 넘어서 공동체로》. 창비. 2005.

백영서 · 전형준 · 정문길 · 최원식 공편. 《동아시아. 문제와 시각》. 문학과지성사. 1995.

__________. 《발견으로서의 동아시아》. 문학과지성사. 2000.

__________. 《주변에서 본 동아시아》. 문학과지성사. 2004.

사카이 나오키酒井直樹. 《국민주의의 포이에시스》. 창비. 2003.

성민엽. 〈같은 것과 다른 것—방법으로서의 동아시아〉. 정재서 편. 《동아시아 연구—글쓰기에서 담론까지》. 살림. 1999. pp.223-245.

신주백. 〈한중일 역사교과서의 국가 폭력에 대한 기억 관리〉. 《문화과학》 2004 겨울호. pp.43-44.

쑨꺼孫歌. 《아시아라는 사유공간》. 류준필 외 옮김. 창비. 2003.

아리프 딜릭. 〈동아시아 정체성의 정치학〉. 백영서 외 엮음. 《발견으로서의 동아시아》. 문학과지성사. 2000. pp.80-112.

야마무로 신이치山室信一. 《여럿이며 하나인 아시아》. 창비. 2003.

오카쿠라 텐신岡倉天心. 〈동양의 이상〉. 최원식 · 백영서 엮음. 《동아시아인의 '동양' 인식 : 19-20세기》. 문학과지성사. 1997. pp.19-51.

와다 하루키和田春樹. 〈동북아시아 공동의 집과 역사 문제〉. 《창작과비평》 2005 봄호.
왕후이汪暉. 《새로운 아시아를 상상한다》. 이욱연 외 옮김. 창비. 2003.
이남주. 〈동아시아 협력론에 대한 비판적 검토—국민국가들의 협력인가 국민국가의 극복인가?〉. 《창작과비평》 2005 봄호.
이성시. 《만들어진 고대》. 삼인. 2001.
임지현 · 사카이 나오키. 《오만과 편견》. 휴머니스트. 2003.
임지현 · 이성시 엮음. 《국사의 신화를 넘어서》. 휴머니스트. 2004,
정재서 편. 《동아시아 연구. 글쓰기에서 담론까지》. 살림. 1999.
천꽝싱陳光興. 《제국의 눈》. 백지운 외 옮김. 창비. 2003.
최원식 · 백영서 엮음. 《동아시아인의 '동양' 인식 : 19-20세기》. 문학과지성사. 1997.
최원식. 《제국 이후의 동아시아》. 창비. 2009.
최장집. 〈동아시아 공동체의 이념적 기초〉. 《아세아 연구》 제47권 4호. 2004 겨울. pp.93-111.
추이즈위안崔之元. 《중국은 어디로 가고 있는가》. 장영석 옮김. 창비. 2003.
한중일 3국 공동역사편찬위원회. 《미래를 여는 역사》. 한겨레신문사. 2005.
Adorno, Theodor. *Negative Dialektik* ; 《부정 변증법》. 홍승용 옮김. 한길사. 1999.
Bauman, Zygmunt. *Postmodern Ethics*. Oxford: Blackwell. 1993.
Chow, Rey. *Writing Diaspora* ; 〈디아스포라의 지식인〉. 장수현, 김우영 옮김, 이산, 2004.
Derrida, Jacques. "Following Theory". in Michael Payne & John Schad eds. *Life. After. Theory, London: Continuum*. 2003.
Duara, Prasenjit. *Rescuing History from the Nation: Questioning Narratives of Modern China*, Chicago: The University of Chicago Press. 1995 ; 《민족으로부터 역사를 구출하기—근대 중국의 새로운 해석》. 문명기 · 손승희 옮김. 삼인. 2004.
Fuss, Diana. "Interior Colonies: Franz Fanon and the Politics of Identification". *Diacritics*. vol.24. no.2-3. 1994. pp.20-42.
Gilroy, Paul. "Black Cultural Politics: An Interview with Paul Gilroy by Timmy Lott". *Found Object*. vol.4. 1994. pp.46-81.
Hackett, Jill. "A Shout from the Heart". *I Gotta Crow: Women, Voice, and Writing*. The Writer Books. 2002. pp.113-126.
Lyotard, Francois. *The Condition of Posmodern* ; 《포스트모던의 조건》. 유정완 외 옮김. 민음사. 1998.
Marx, Karl. Frederick Engels. *The German Ideology*. London: Lawrence & Wishart. 1974.
Negri, Antonio. Michael Hardt. *Empire* ; 《제국》. 윤수종 옮김. 이학사. 2001.

San Juan, E. Jr. *Hegemony and Strategies of Transgression: Essays in Cultural Studies and Comparative Literature*. New York: State University of New York Press. 1995.

Schmid, Andre. "Decentering the 'Middle Kingdom': the Problem of China in Korean Nationalist Thought, 1895-1910". in *Nationwork: Asian Elites and National Identities*, eds. by Timothy Brook and Andre Schmid. The University of Michigan Press. 2000.

Spivak, Gayatri. "Can the Subaltern Speak?". Larry Grossberg. ed. *Marxism and the Interpretation of Culture*. Urbana: University of Illinois Press. 1988. pp.271-313.

__________. *In Other Worlds: Essays in Cultural Politics* ;《다른 세상에서》. 태혜숙 옮김. 여이연. 2002.

Tanaka, Stefan. *Japan's Orient : Rendering Pasts into History* ;《일본 동양학의 구조》. 박영재 · 함동주 옮김. 문학과지성사. 2004.

Vattimo, Gianni. *La fine della modernità* ;《근대성의 종말》. 박상진 옮김. 경성대출판부. 2003.

Watkins, Yoko Kawashima. *So Far from the Bamboo Grove*. Harper Collins. 1986 ;《요코 이야기》, 윤현주 옮김. 문학동네. 2005.

Young, Robert. *Whiter Mythologies: Writing History and the West*. London: Routledge. 2004.

2장

가라타니 고진柄谷行人. 《일본 근대문학의 기원》(1980). 박유하 옮김. 민음사. 1997.

강내희. 〈분과학문체계의 해체와 지식 생산의 '절합적 통합'〉. 《문화과학》 11호. 1997 봄.

고부응. 〈초민족시대의 민족정체성과 비교문학연구〉. 《비교문학》 제24집. 한국비교문학회. 2000. pp.22-43.

_____. 〈'공동경비구역JSA'에서의 민족 공동체—문화연구로서의 비교문학을 위하여〉. 《비교문학》 제29집. 2002.

김승환. 〈'딕테'의 서사전략〉. 《비교문학》 33집. 2004. pp.279-302.

김용직. 〈비교문학의 오늘과 내일〉. 《비교문학》 제20집. 한국비교문학회. 1995. pp.275-282.

_____. 〈서구편향과 그 극복—비교문학의 한 시각〉. 《2002 비교문학회 가을 국제학술대회 자료집》.

김우창. 〈Comparative Literature and World Peace〉. 《한국비교문학회 2003 가을 국제학술대회 자료집》.

_____. 〈비교문학과 문학의 보편적 지평〉. 《한국비교문학회 2004년 가을 국제학술대회 자

료집》. pp.1-8.
김우창·오에 겐자부로. 대산문화재단 주최 〈동아시아 평화비전을 향하여—오에 겐자부로와 김우창의 대담〉. 2006년 5월 19일.
김준환. 〈탈식민주의와 포스트모더니즘〉. 《탈식민주의—이론과 쟁점》. 고부응 엮음. 문학과지성사. 2003.
김창현. 〈한국비교문학의 미래—잡종화와 주체성의 문제〉. 《비교문학》 35집. 2005.
김창호. 〈비교문학 형상학의 동아시아적 특징 고찰—한중일 소설에 수용된 '만보산 사건'을 중심으로〉. 《비교문학회 2004년 가을 학술대회 자료집》. 2004.
레이 초우. 《디아스포라의 지식인》. 장수현 · 김우영 옮김. 이산. 2004.
바이스슈타인. 《비교문학론》. 이유영 옮김. 기린원. 1989.
박상진. 〈기호학, 역사, 열린 이론〉. 《비교문화연구》 제14집. 비교문화연구소. pp.35-47.
______. 《열림의 이론과 실제—해석의 실천과 윤리의 지평》. 소명출판. 2004.
______. 〈재현의 가능성과 리얼리즘, 그리고 열린 해석〉. 《문학과 경계》 2004 가을호. 통권 14호. pp.113-126.
______. 〈기호학, 역사, 열린 이론〉. 《비교문화연구》 제14집. 비교문화연구소. pp.35-47.
______. 〈'데카메론'의 모호한 여성성과 리얼리즘〉. 《이탈리아어문학》 17집. 2005. pp.79-100.
______. 〈새로운 동아시아 담론의 상상〉. 《언어문화연구》 29집. 한국언어문화학회, 2006, pp.291-331.
______. 〈타자의 시선으로 본 유럽문학〉. 《세계의 문학》 2004 여름호. 통권 111호. pp.280-290.
박성창. 《우리문학의 새로운 좌표를 찾아서》. 새물결. 2003.
송덕호. 〈현대 비교문학의 한 양상—주변문학 연구에 관한 일고〉. 《비교문학》 제19집. 1994. 한국비교문학회. pp.160-178.
신일철. 〈신채호의 근대국가관—자강주의 '국가'에서 아나키즘적 '사회'로〉. 《신채호》. 강만길 편. 고려대학교출판부. 1990.
쑨꺼孫歌. 《아시아라는 사유공간》. 류준필 외 옮김. 창비. 2003.
안토니오 네그리 · 마이클 하트. 《제국》. 윤수종 옮김. 이학사. 2001.
에드워드 사이드. 《문화와 제국주의》. 김성곤 · 정정호 옮김. 도서출판 창. 1995.
윤호병. 〈다-문화주의와 문화-글로컬리즘—한국 비교문학 연구와 발전을 위한 전망〉. 《비교문학》 제24집. 한국비교문학회. 1999. pp.45-62.
이석구. 〈탈식민주의와 탈구조주의〉. 《탈식민주의 이론과 쟁점》. 고부응 엮음. 문학과지성

사. 2003.
이브 슈브렐.《비교문학. 어떻게 할 것인가》. 박성창 옮김. 민음사. 2002.
이혜순.〈한국 비교문학의 위기—그 이론의 수용과정에 보이는 몇 가지 문제점을 중심으로〉.《비교문학 및 비교문화》1. 한국비교문학회. 1977. pp.9-23.
임지현 · 사카이 나오키.《오만과 편견》. 휴머니스트. 2003.
쟌니 바티모.《근대성의 종말》. 박상진 옮김. 경성대출판부. 2003.
조동일.《한국문학과 세계문학》. 지식산업사. 1991 ; 조동일.《제3세계문학연구입문》. 지식산업사. 1991.
______.《세계문학사의 전개》. 지식산업사. 2002.
______.〈문학의 지역성과 세계성—동아시아의 서사시를 본보기로 삼은 검증〉.《제3회 동아시아 국제학술 심포지엄 논문집》. 1996. pp.340-342.
조성원.〈다문화주의와 (한국) 비교문학〉.《비교문학》제24집. 한국비교문학회. 1999. pp.1-21.
천꽝싱.《제국의 눈》. 백지운 외 옮김. 창비. 2003.
최박광.〈Korean Values〉.《비교문학》제29집, 2002.
______.〈동아시아와 비교문학의 재도약〉.《한국비교문학회 가을학술대회 자료집》. 2003.
최숙인.〈예술간 상호조명의 성취〉. 이혜순 외 공저.《비교문학의 새로운 조명》. 태학사. 2002.
플라톤.《티마이오스》. 박종현 · 김영균 공동역주. 서광사. 2000.
하이젠베르크.《부분과 전체》. 김용준 옮김. 지식산업사. 2003.
Ashcroft, Bill. Gareth Griffiths. Helen Tiffin. *The Empire Writes Back, Theory and Practice in Post-colonial Literatures*. London: Routledge. 1989.
Bassnett, Susan. *Comparative Literature: A Critical Introduction*. Oxford: Blackwell. 1993.
Bernal, Martin. *Black Athena* ;《블랙 아테나 I》. 오흥식 옮김. 소나무. 2006.
Butler, Judith. *Gender Trouble: Feminism and the Subversion of Identity*. New York & London: Routledge. 1990.
Cha. Unpublished Statement. 1975. Theresa Hak Kyung Cha Archive. Berkeley Art Museum ;《관객의 꿈》. 콘스탄스 르발렌 엮음. 김현주 옮김. 눈빛. 2003.
Cha, Hak-Kyung. *Dictee* ;《딕테》. 김경년 옮김. 어문각. 2004.
Cho, Dong-il. *Interrelated Issues in Korean, East Asian and World Literature*. Seoul: Jimoondang, 2006.
Derrida, Jacques. *De la grammatologie*. Paris: Minuit. 1967 ; *Of Grammatology*. tr. by Gayatri C. Spivak. Baltimore: Johns Hopkins University Press. 1976.

Gaard, Greta. "Identity Politics as a Comparative Poetics". Higonnet, M.R. ed. pp.230-243.
Goodwin, Sarah Webster. "Cross Fire and Collaboration among Comparative Literature, Feminism, and the New Historicism". Higonnet, M.R. ed. *Borderwork: Feminist Engagements with Comparative Literature*. Ithaca: Cornell University Press. 1994. pp.247-266.
Higonnet, M.R. ed. *Borderwork: Feminist Engagements with Comparative Literature*. Ithaca: Cornell University Press. 1994.
Jost, Francois. *Introduction to Comparative Literature*. Indianapolis: Bobbs-Merrill. 1974.
Kushner, Eva. *The Living Prism: Itineraries in Comparative Literature*. McGill-Queen's University Press. 2001.
Sinopoli, Franca. ed. *La letteratura europea vista dagli altri*. Roma: Meltimi. 2003.
Zepetnek, Steven Totosy de. *Comparative Literature: Theory, Method, Application*. Amsterdam: Rodopi B.V. 1998.

3장

가라타니 고진柄谷行人. 《일본 근대문학의 기원》(1980). 박유하 옮김. 민음사. 1997.
가야트리 스피박. 《다른 세상에서》. 태혜숙 옮김. 여이연. 2002.
김기봉. 《역사를 통한 동아시아 공동체 만들기》. 푸른역사. 2006.
김영명. 〈동아시아의 문화와 정치 체제—비판적 고찰〉. 백영서 · 전형준 · 정문길 · 최원식 공편. 《발견으로서의 동아시아》. 문학과지성사. 2000.
김우창. 〈비교문학과 문학의 보편적 지평〉. 《한국비교문학회 2004년 가을 국제학술대회 자료집》. 한국비교문학회. 2004.
김윤식. 〈문학적 연구와 문명적 연구—'야국초'와 '원효대사'〉. 《한겨레》 2006.4.21.
김일. 《중국의 비교문학 연구와 동아시아적 시각》(미간행).
나쓰메 소세키. 《문학예술론》. 황지헌 옮김. 소명출판. 2004.
니시하라 다이수케西原大輔. 〈일본 비교문학의 사상적 배경〉. 《비교문학 연구의 새 패러다임—한국비교문학회 2005년 가을 국제학술대회 자료집》. 한국비교문학회. pp.115-122.
레이 초우. 《디아스포라의 지식인》. 장수현 · 김우영 옮김. 이산. 2004.
류준필. 〈근대 계몽기 신문 및 소설의 구어 재현 방식과 그 성격〉. 《대동문화연구》.
마루야마 마사오 · 가토 슈이치. 《번역과 일본의 근대》. 임성모 옮김. 이산. 2003.
박상진. 〈단테를 재현하기—단테의 글과 블레이크의 그림들을 중심으로〉. 《한국언어문화》

26집. 한국언어문화학회. pp.45-75.
_____. 〈타자의 시선으로 본 유럽문학〉. 《세계의 문학》 2004 여름호. pp.280-290.
_____. 〈새로운 동아시아의 상상—구성과 해체, 재구성의 변이〉. 《한국언어문화》 제29집. 한국언어문화학회. 2006. pp.291-331.
_____. 〈비교문학의 새로운 과제〉. 《2006년 한국비교문학회 춘계정기학술대회 발표문집》. pp.82-108.
_____. 〈누가 단테를 구원할 것인가?—단테의 '신곡'에 나타난 기억에 관한 고찰〉. 《한국이탈리아어문학회 2006년 봄 정기학술대회 발표문집》. 2006. pp.21-24.
백영서. 《동아시아의 귀환—중국의 근대성을 묻는다》. 창비. 2000.
백영서 외 지음. 《동아시아의 지역질서—제국을 넘어 공동체로》. 창비. 2005.
백영서 · 전형준 · 정문길 · 최원식 공편. 《발견으로서의 동아시아》. 문학과지성사. 2000.
사카이 나오키酒井直樹. 《국민주의의 포이에시스》. 이규수 옮김. 창비. 2003.
쑨꺼孫歌. 《아시아라는 사유공간》. 류준필 옮김. 창비. 2003.
안소니 기든스 외. 《성찰적 근대성》. 임현진 · 정현준 옮김. 한울. 1998.
야마무로 신이치山室信一. 《여럿이며 하나인 아시아》. 임성모 옮김. 창비. 2003.
왕후이汪暉. 《새로운 아시아를 상상한다》. 이욱연 옮김. 창비. 2003.
이보경. 《근대어의 탄생—중국의 백화문 운동》. 연세대학교출판부. 2003.
이효덕. 《표상 공간의 근대》. 소명출판. 2002.
전형준. 〈한중문학과 동아시아 문학〉. 백영서 · 전형준 · 정문길 · 최원식 공편. 《발견으로서의 동아시아》. 문학과지성사. 2000.
조동일. 《세계문학사의 허실》. 지식산업사. 1996.
_____. 〈문학의 지역성과 세계성—동아시아의 서사시를 본보기로 삼은 검증〉. 《제3회 동아시아 국제학술 심포지엄 논문집》. 1996. pp.337-353.
_____. 《동아시아 문학사 비교론》. 서울대학교출판부. 1993.
최경희. 〈친일 문학의 또 다른 층위—젠더와 '야국초'〉. 《해방전후사의 재인식》 1. 박지향 외 엮음. 책세상. 2006. pp.394-395.
최옥산. 《문학자 단재 신채호론》. 인하대 대학원. 2003.
프란츠 파농. 《검은 피부 하얀 가면》. 이석호 옮김. 인간사랑. 1998.
프란센지트 두아라. 《민족으로부터 역사를 구출하기—근대 중국의 새로운 해석》. 문명기 · 손승희 옮김. 삼인. 2004.
Abelmann, Nancy. "*Minjung* Theory and Practice". Befu. ed. pp.139-166.
Anagnost, Ann. "Cultural Nationalism and Chinese Modernity". Befu. ed. pp.61-73.

Argan, Giulio Carlo. *L'arte barocca*. Roma: Newton Compton. 1989.
Ashcroft, Bill. Gareth Griffiths. Helen Tiffin. *The Empire Writes Back, Theory and Practice in Post-colonial Literatures*. London: Routledge. 1989.
Bassnett, Susan. *Comparative Literature: A Critical Introduction*. Oxford: Blackwell. 1993.
Befu, Harumi. ed. *Cultural Nationalism in East Asia: Representation and Identity*. Berkeley: California University Press. 1993.
Cho, Dong-il. *Interrelated Issues in Korean, East Asian and World Literature*. Seoul: Jimoondang. 2006.
Deleuze, Gilles. *Différence et Répétition* ; 《차이와 반복》. 김상환 옮김. 민음사. 2004.
Duara, Prasenjit. "Provincial Narratives of the Nation: Centralism and Federalism in Republican China". Befu. ed. pp.9-35.
Fujitani, Takashi. "Inventing, Forgetting, Remembering: Toward a Historical Ethnography of the Nation-State". Befu. ed. pp.77-106.
Goodwin, Sarah Webster. "Cross Fire and Collaboration among Comparative Literature, Feminism, and the New Historicism". Higonnet, M.R. ed. *Borderwork: Feminist Engagements with Comparative Literature*. Ithaca: Cornell University Press. 1994.
Graeber, David. *Toward An Anthropological Theory of Value* ; 《가치이론에 대한 인류학적 접근》. 서정은 옮김. 그린비. 2009.
Newton, Judith Lowder. "History as Usual? Feminism and the 'New Historicism'". *The New Historicism*. ed. H. Aram Veeser. New York: Routledge. 1989.
Waldron, Arthur. "Representing China: The Great Wall and Cultural Nationalism in the Twentieth Century". Befu. ed. pp.36-60.

4장

강상순. 〈'구운몽'과 17세기 소설의 정신분석〉. 《배달말》. 배달말학회. 2000.
_____. 〈'구운몽'과 영웅소설의 역사적 상관성〉. 정규복 외. 《김만중 문학연구》. 국학자료원. 1993.
권영민. 〈한국문학의 해외소개, 그 실상과 문제점: 한국문학의 세계화를 위해〉. 《한국현대문학 50년》. 유종호 외. 민음사. 1995. pp.459-493.
김만중. 《구운몽》. 김병국 교주·역. 서울대학교출판문화원. 2009.
_____. 《서포만필》. 홍인표 역주. 일지사. 1987.

김문희. 〈'구운몽'의 중층적 담론 연구〉. 《한국고전여성문학연구》 제10집. 한국고전여성문학회. 2005. pp.231-266.
김병국. 《서포 김만중의 생애와 문학》. 서울대학교출판부. 2001.
______. 《한국고전문학의 비평적 이해》. 서울대학교출판부. 1995.
______. 〈구운몽 연구—그 환상구조의 심리적 고찰〉. 《국문학연구》 6집. 서울대 대학원 국문학연구회. 1968. pp.107-114.
______. 〈구운몽의 에피그라프 '記夢'—西浦와 그의 꿈〉. 《국어교육》 14호. 한국국어교육연구회. 1968. pp.70-83.
김열규. 〈'구운몽'의 구조〉. 정규복 해설. 김열규·신동욱 편집. 《김만중 연구》. 새문사. 1981.
김용덕. 〈'구운몽'의 사상적 배경 연구—도교 사상을 중심으로〉. 《한양어문》. 한국언어문화학회. 1980. pp.167-199.
김윤식·김현. 《한국문학사》. 민음사. 1973.
김일렬. 〈'구운몽'과 금강경 관계 논쟁의 행방〉. 《배달말》 27집. 배달말학회. 2000. pp.319-345.
박상진. 〈누가 단테를 구원할 것인가?—'신곡'에 나타난 구원에 관한 미적 고찰〉. 《이탈리아어문학》 제18집. 한국이탈리아어문학회. 2006. pp.63-110.
______. 〈문학과 보편성—근대 동아시아의 단테〉. 《문학과 경계》 2006년 겨울호. pp.77-96.
______. 〈한국 근대문학의 단테 수용 연구〉. 《비교문학》 제41집. 한국비교문학회. 2007. pp.309-346.
______. 〈동아시아에서 단테의 수용과 변용을 통한 문학의 보편성과 근대성〉. 《문학과 경계》 2006년 겨울. 23호. pp.77-96.
설성경. 《'구운몽' 연구》. 국학자료원. 1999.
______. 〈'구운몽'의 몽환체계와 선문답〉. 《동방학지》. 연세대학교국학연구원. 1996. pp.73-93.
______. 〈'구운몽'에 나타난 시간 인식의 양상〉. 《배달말》 6집. 배달말학회. 1981. pp.213-238.
______. 〈夢의 통합적 層位와 系列相〉. 정규복 해설. 김열규·신동욱 편집. 《김만중 연구》. 새문사. 1981.
성현경. 《한국소설의 구조와 실상》. 영남대학교출판부. 1981.
송성욱. 〈'구운몽'을 읽는 재미〉. 김만중. 《구운몽》. 송성욱 옮김. 민음사. 2003. pp.235-251.
______. 〈17세기 소설사의 한 국면—'사씨남정기', '구운몽', '창선감의록', '소현성록'을 중심으로〉. 《한국고전연구》 제8집. 2002. pp.241-269.
송하춘. 〈'구운몽'에 있어서의 유몽설화의 의미〉. 《어문논집》. 민족어문학회. 1977. pp.133-148.
신은경. 〈'구운몽'과 '겐지모노가타리源氏物語'의 비교연구—불교적 이니시에이션initiation의 두 모델〉. 《비교문학》 37집. 한국비교문학회. 2005. pp.33-57.

신태수. 〈구운몽에 나타난 대칭적 세계관〉. 《한민족어문학》 47집. 한민족어문학회. 2006. pp.123-154.

안창수. 〈'구운몽'에 나타난 형식과 내용의 관계〉. 《영남어문학》 16집. 영남어문학회. 1989. pp.157-190.

안재식. 〈'구운몽' 연구—작품의 심층구조 분석을 중심으로〉. 《새국어교육》. 한국국어교육학회. 1977. pp.390-421.

______. 〈'구운몽'의 작품 구도와 환상 구조〉. 《새국어교육》. 한국국어교육학회. 1973. pp.70-75.

유경환. 《구운몽의 불교사상과 소설미학》. 국학자료원. 1998.

유광수. 〈구운몽—자기망각과 자기기억의 서사〉. 《고전문학연구》. 29호. pp.377-409.

유병환. 〈'구운몽'의 불교사상적 연구를 위한 지반〉. 《불교사상과 한국문학》. 동국대학교 한국문학연구소 엮음. 아세아문화사. 2001. pp.45-75.

윤채근. 〈김만중 사유의 세계표상양식과 '구운몽'—공의 의미와 통속성을 중심으로〉. 《한국문학연구》 34집. 2004. pp.347-388.

이강엽. 〈'九雲夢'의 문학지리학적 해석—凝縮과 擴散〉. 《어문학》 94집. 2006. pp.203-240.

이강옥. 〈구운몽에 나타난 환생과 사념실현의 의미〉. 《우리말글》 27호. 2003. pp.99-132.

이상구. 〈'구운몽'의 구조적 특징과 세계상〉. 《민족문학사 연구》. 2004. pp.187-213.

이상택. 〈'구운몽'과 '춘향전', 그 대칭상위〉. 정규복 해설. 김열규·신동욱 편집. 《김만중 연구》. 새문사. 1981.

이주영. 〈'구운몽'에 나타난 욕망의 문제〉. 《고소설연구》 13집. 한국고소설학회. 2002. pp.33-55.

임형택. 〈동아시아 서사학 시론—'九雲夢'과 '紅樓夢'을 중심으로〉. 《대동문화연구》 40집. 성균관대학교 대동문화연구원. 2002. pp.1-20.

전성운. 〈'구운몽'의 서사 전략과 텍스트 읽기—고전읽기 방법의 재검토 측면에서〉. 《문화교육학》 17집. 한국문화교육학회. 2005. pp.99-125.

정규복. 〈'구운몽'—텍스트 문제의 근황〉. 《민족문화연구》 40집. 고려대학교 민족문화연구소. 2004. pp.101-116.

정규복 외. 《김만중 문학연구》. 국학자료원. 1993.

정규복. 〈'구운몽'—텍스트의 문제〉. 《어문논집》 31집. 민족어문학회. 1992. pp.171-177.

______. 〈해설〉. 김열규·신동욱 편집. 《김만중 연구》. 새문사. 1981.

______. 〈九雲夢의 幻夢構造論〉. 《常山李在秀博士還曆紀念論文集》. 1972. pp.453-65.

정규복. 〈'九雲夢'의 根源 思想 考—'空' 思想을 중심으로〉. 《亞細亞硏究》 28호. 고려대학교 아세아문제연구소. 1967. pp.65-87.

______. 〈夢幻說話考〉. 《亞細亞硏究》 18호. 고려대학교 아세아문제연구소. 1965.

정길수. 〈'구운몽'의 독자는 누구인가〉. 《고소설연구》 13집. 한국고소설학회. 2002. pp.57-82.

정병설. 〈17세기 동아시아 소설과 사랑—'九雲夢', '玉嬌梨', '好色一代男'의 비교〉. 《관악어문연구》. 제29집. 2004. pp.111-125.

조광국. 〈17세기 후반 김만중의 현실 인식에 관한 고찰〉. 《고전문학연구》. 20집. 2001. pp.207-238.

조동일. 《한국문학통사》. 제4판 3권. 지식산업사. 2005.

______. 《소설의 사회사 비교론》 3. 지식산업사. 2001.

______. 〈'구운몽'과 '금강경', 무엇이 문제인가?〉. 정규복 해설. 김열규·신동욱 편집. 《김만중 연구》. 새문사. 1981.

______. 〈한국문학사상사시론〉. 지식산업사. 1978.

黃浿江. 〈金萬重의 文學과 儒家的 士意識〉. 정규복 해설. 김열규·신동욱 편집. 《김만중 연구》. 새문사. 1981.

Alighieri, Dante. *Divina Commedia: a cura di Umberto Bosco*. Firenze: Le Monnier. 1982. 7판 ; 《신곡: 단테 알리기에리의 코메디아》. 박상진 옮김. 민음사. 2007.

Bantly, Francisca Cho. *Embracing Illusion: Truth and Fiction in "The Dream of the Nine Clouds"*. New York: State University of New York Press. 1996.

Bouchez, Daniel. 〈원문 비평방법론에 관한 소고—'남정기'와 '구운몽'을 중심으로〉. 《동방학지》 95집. 연세대학교 국학연구원. 1997.

Chang, Garma C.C. *The Buddhist Teaching of Totality*. University Park and London: The Pennsylvania State University Press ; 《화엄철학》. 이찬수 옮김. 경서원. 1997.

Rutt, Richard. "Classical Korean Novels in Chinese Neglected-Ku-un-mong case". *Korea Journal*. Vol.10. No.1. 1970 ; S. E. Soberg. "The Ku'unmong: A Morality". 《天涯洋柱東博士華誕紀念論文集》. 探求堂. 1963. pp.213-30.

Martinez, Ronald and Robert Durling. "Introduction". Dante, Alighieri. *The Divine Comedy of Dante Alighieri*. vol.2. Purgatorio. Oxford: Oxford University Press. 2003. pp.3-16.

Pertile, Lino. "Canto-cantica-Comedia e *l'Epistola a Cangrande*". *Lectura Dantis* [Virginiana] vol.13. pp.47-77.

Park, Sangjin. "Post-Humanism and the Origin of Dante's Universality : With Special Reference to Canto 1 of The Paradiso". *Medieval and Early Modern English Studies*. vol.17. no.2. 2009. pp.169-196.

Park, Sangjin. "Transversal Communication: Beatrice's Strategic Bisexuality in the Divine Comedy", 《이탈리아어문학》 28집. 2009. pp.89-107.

Scott, John A. *Understanding Dante*. Notre Dame, Indiana: University of Notre Dame Press. 2004.

5장

가라타니 고진柄谷行人. 《일본 근대문학의 기원》. 박유하 옮김. 민음사. 1997.

권덕하. 《소설의 대화이론》. 소명출판. 2002.

권영민. 〈이광수와 소설 '무정'의 자리〉. 《무정》. 동아출판사. pp.437-449.

김경미. 〈1910년대 이광수 문학에 나타난 준비론의 양가성〉. 《어문학》 통권 제86호. 조선어문학회. 2004. pp.217-244.

김동인. 《春園硏究》. 신구문화사. 1956.

______. 〈조선근대소설고〉. 《김동인 전집》 16권. 조선일보사. 1988.

김민철. 〈그래도 우리는 돌을 들어야 한다—'이광수를 위한 변명'을 읽고서〉. 《월간 말》 통권 165호. 2000.3. pp.218-221

김병구. 〈이광수의 '무정'론—식민지적 정신성의 문제를 중심으로〉. 《한국문학이론과 비평》 제24집. 2004. pp.279-299.

김영찬. 〈식민지 근대의 내면과 표상〉. 《상허학보》 16집. 2006. 2, pp.11- 40.

김예림. 〈이광수의 미 이념〉. 《작가세계》 2003년 여름호. 통권 제57호. pp.95-108.

김윤식. 《일제 말기 한국 작가의 일본어 글쓰기론》. 서울대학교출판부. 2003.

______. 〈이광수의 글쓰기와 향산광랑의 글쓰기—자부심과 굴욕감의 역전현상〉. 《작가세계》 2003년 여름호. 통권 제57호. pp.14-39.

______. 《한일근대문학의 관련양상 신론》. 서울대학교출판부. 2001.

______. 《이광수와 그의 시대》 1·2. 솔. 1999.

______. 〈한국 근대문학사의 시선에서 본 이중어 글쓰기 공간에서의 글쓰기 유형론〉. 《작가세계》 2004년 겨울호. 통권 제63권. pp.354-373.

김윤식 편역. 《이광수의 일어 창작 및 산문선》. 역락. 2003.

김월회 외. 《근대어 근대매체 근대문학—근대 매체와 근대 언어질서의 상관성》. 성균관대학교동아시아학술원. 2006.
김채수 편저.《한국과 일본의 근대 언문일치체 형성과정》. 보고사. 2002.
김철.〈이광수는 민족주의자인가〉.《역사비평》1991년 가을호. 통권 16호. pp.343-349.
김춘섭.〈李光洙의 文學論과 民族主義〉.《한국문학이론과 비평》제26집. 2005. pp.33-52.
김태준.〈이광수의 문학론—'문학이란 하오'를 중심으로〉.《춘원 이광수 문학연구》. 연세대학교 국학연구원 편. 국학자료원. 1994. pp.123-149.
김현주.〈공감적 국민=민족 만들기〉.《작가세계》. 2003 여름호. 통권 57호. pp.65-79.
______.《이광수와 문화의 기획》. 태학사. 2005.
노상래.〈이중어 소설 연구—'국민문학' 소재 비친일 일본어소설을 중심으로〉.《어문학》. 제86집. pp.307-339.
류보선.〈친일과 반성의 미학적 맥락—이광수를 중심으로〉.《한국현대문학회 2006년 동계 학술발표회자료집》. pp.118-126.
박슬기.〈이광수의 문학관, 심미적 형식과 "조선"의 이념화〉.《한국문학이론과 비평》제30집. 2006. pp.279-296.
사에구사 도시카쓰 외.《한국 근대문학과 일본》. 소명출판. 2003.
서은경.〈초기 단편소설에 나타난 근대적 주체의 등장과 의미〉.《한국문학이론과 비평》제35집. 2007. pp.281-304.
윤대석.《식민지국민문학론》. 역락. 2006.
이경훈.《이광수의 친일문학연구》. 태학사. 1998.
______.《춘원 이광수 친일문학전집》. 평민사. 1995.
______.〈번역문학으로서의 '무정', 번역된 '무정'〉.《사이 間 SAI》. 2006. pp.305-333.
이광수.《李光洙 全集》. 삼중당. 1962.
______.〈今日我韓用文에 對ᄒᆞ야〉.《皇城新聞》. 1910년 7월 26일-27일.
______.《원효대사》. 우신사. 1981.
______.《무정》. 동아출판사. 1995.
______.《친일문학전집》. 이경훈 편역. 평민사.
______.〈진정 마음이 만나서야 말로〉.《이광수 친일소설 발굴집》. 이경훈 편역. 평민사. 1995.
이보경.《근대어의 탄생—중국의 백화문 운동》. 연세대학교출판부. 2003.
______.〈근대 초기 '世界苦' 시대의 한·중 문인의 글쓰기—'3인칭 대명사' 문제를 중심으로〉.《중국어문학》제46집. 2005. pp.353-374.
이연숙.《國語という思想—近代日本の言語認識》;《국어라는 사상—근대 일본의 언어 인식》.

고영진 · 임경화 옮김. 소명출판. 2006.

이유진. 〈이광수 작품에 있어서 파계와 정조 상실의 의미—'원효대사'를 중심으로〉. 《한국 근대문학과 일본》. 사에구사 도시카쓰 외. 소명출판. 2003. pp.575-596.

이준식. 〈일제 강점기 친일 지식인의 현실 인식—이광수의 경우〉. 《역사와 현실》 제37권. 2000. pp.175-197.

任明信. 〈한국근대정신사 속의 魯迅—李光洙, 金史良, 그리고 魯迅〉. 《중국현대문학》 제30호. 2004.9. pp.357-392.

임형택. 〈근대계몽기 국한문체의 발전과 한문의 위상〉. 《민족문학사 연구》. 제14호. 1999.

______. 〈한민족의 문자생활과 20세기 국한문체〉. 《창작과 비평》 2000년 봄호.

장정일. 〈이광수를 위한 변명〉. 《인물과사상》 2003년 8월호. 통권 64호. pp.194-205.

정영훈. 〈이광수 논설에서 개인과 공동체의 의미〉. 《한국현대문학연구》 제12집. 2002. pp.185-212.

차승기. 〈두 가지 과거와 계몽의 변증법-이광수의 반전통주의에 대하여〉. 《작가세계》 2003년 여름호. 통권 제57호. pp.80-94.

최영석. 〈민족의 마모된 비석, 이광수 해석의 역사〉. 《작가세계》 2003년 여름호. 통권 제57호. pp.40-64.

최연. 〈한·일 근대소설에 나타난 주인공의 자아의식에 관한 고찰—夏目漱石의 '三四郎'와 이광수의 '無情'을 중심으로〉. 《일어일문학연구》 제14권. 1989. pp.177-208.

하타노 세즈코. 《'무정'의 빛과 그림자—'무정'을 읽는다》. 최주한 옮김. 소명출판. 2008.

한승옥 편저. 《이광수 문학사전》. 고려대학교출판부. 2002.

한기형. 〈근대초기 한국인의 동아시아 인식—'청춘'과 '개벽'의 자료를 중심으로〉. 《대동문화연구》 제50집. 2005. pp.167-198.

헨리 임. 〈근대적 민주적 구성물로서의 '민족'—신채호의 역사서술〉. 마이클 로빈슨·신기욱 엮음. 《한국의 식민지 근대성—내재적 발전론과 식민지 근대화론을 넘어서》. 도면회 옮김. 삼인. 2007.

황종연. 〈문학이라는 譯語—'文學이란 何오' 혹은 한국 근대문학론에 관한 고찰〉. 《동악어문논집》 32집. 1997. pp.457-480.

황호덕. 〈변비와 설사, 전향의 생정치生政治〉. 《상허학보》 16집. 2006.2. pp.285-324.

앙드레 슈미드. 《제국 그 사이의 한국 1895-1919》. 정여울 옮김. 휴머니스트. 2007.

Anderson, Benedict. *Imagined Communities: Reflections on the Origin and Spread of Nationalism*. London: Verso. 2006.

Bakhtin, M.M. *The Dialogic Imagination: Four Essays*. Austin: University of Texas Press. 1981.

Baranski, Zygmunt G. "'Significar per verba': Notes on Dante and Plurilingualism". *The Italianist*. vol.6. 1986.

Beck, Ulrich. "Cosmopolitanism: a Critical Theory for the Twenty-first Century". *The Blackwell Companion to Globalization*. edited by George Ritzer. Oxford: Blackwell. 2007.

Beck, Ulrich. *Cosmopolitan Vision*. tr. by Ciaran Cronin. Cambridge: Polity. 2006.

Bloomer, Martin. ed. *The Contest Of Language: Before and Beyond Nationalism*. Notre Dame, Ind.: University of Notre Dame Press. 2005.

Burckhardt, Jacob. *The Civilization of the Renaissance in Italy*;《이탈리아 르네상스의 문화》. 이기숙 옮김. 한길사. 2004.

Deleuze, Gilles and Félix Guattari. *Mille Plateaux*;《천 개의 고원》. 김재인 옮김. 새물결. 2003.

Pizer, Leo. *The Idea of World Literature*. Baton Rouge: Louisiana State University Press. 2006.

Pollock, Sheldon. "Cosmopolitan and Vernacular in History". Breckenridge, Carol A. et. al. ed. *Cosmopolitanism*. Duke University Press. 2002. pp.15-53.

______________. "The Cosmopolitan Vernacular". *The Journal of Asian Studies* 57. no.1. February 1998: 6-37.

Shin, Michael D. "Interior Landscapes: Yi Kwnagsu's 'the Heartless' and the Origins of Modern Literature". *Colonial Modernity in Korea*. Gi-Wook Shin and Michael Robinson. eds. Cambridge: Harvard University Asia Center. 1999;《한국의 식민지 근대성—내재적 발전론과 식민지 근대화론을 넘어서》. 도면회 옮김. 삼인. 2006.

Shin, Michael D. "Interior Landscapes: Yi Kwnagsu's 'the Heartless' and the Origins of Modern Literature". *Colonial Modernity in Korea*. Gi-Wook Shin and Michael Robinson. eds. Cambridge: Harvard University Asia Center. 1999. pp.248-287.

Spivak, Gayatri. "Translation as Culture". *Parallax* 6(1). 2000.

6장

가라타니 고진柄谷行人.《일본정신의 기원》. 송태욱 옮김. 이매진. 2006.

__________________.《일본 근대문학의 기원》. 박유하 옮김. 민음사. 1997.

__________________.《근대문학의 종언》. 조영일 옮김. 비. 2006.

김윤식.《이광수와 그의 시대》. 솔. 1999.

______.《일제 말기 한국 작가의 일본어 글쓰기론》. 서울대학교출판부. 2003.

박상진. 〈기원의 위반과 문학 과정—단테의 오디세우스 주제에 대한 연구〉. 《이탈리아어문학》 25집. 2008. pp.101-141.
______. 〈근대적 공간과 탈주의 신화—'소설가 구보씨의 일일'에 나타난 오디세우스 주제〉. 《구보학보》 5집. 2009.
마이클 신. 〈내면 풍경—이광수의 '무정'과 근대문학의 기원〉. 《한국의 식민지 근대성—내재적 발전론과 식민지 근대화론을 넘어서》. 도면회 옮김. 삼인. 2007.
이광수. 《李光洙 全集》. 삼중당. 1962.

7장

박상진. 〈글로벌 시대에 묻는 이론의 자리—새로운 보편주의를 위하여〉. 《세계의 문학》 2007년 여름호. 통권 제124호. pp.169-182.
이광수. 《李光洙 全集》. 삼중당. 1962.
Appiah, Kwame Anthony. *Cosmopolitanism: Ethics in a World of Strangers*; 《세계시민주의—이방인들의 세계를 위한 윤리학》. 실천철학연구회 옮김. 바이북스. 2008.
Beck, Ulrich. *The Cosmopolitan Vision*. Tr. by Ciaran Cronin. London: Polity. 2006.
__________. "Cosmopolitanism: a critical theory for the twenty-first century". *The Blackwell Companion to Globalization*. edited by George Ritzer. Oxford: Blackwell. 2007.
Bhabha, Homi. "Naipaul's Vernacular Cosmopolitans". *Chronicle of Higher Education*. October 26, 2001. Vol.48. Issue 9.
Breckenridge, Carol. et. al. eds. *Cosmopolitanisms*. Duke University Press. 2002.
Breckneridge, Carol A. Sheldon Pollock. Homi Bhabha. Dipesh Chakrabarty. eds. *Cosmopolitanism*. Durham: Duke University Press. 2002.
Clüver, Claus. "The Difference of Eight Decades: World Literature and the Demise of National Literatures". *Yearbook of Comparative and General Literature* 35. 1986.
Vertovec, Steven. Robin Cohen. eds. *Conceiving Cosmopolitanism: Theory, Context, and Practice*. Oxford: Oxford University Press. 2002.
Wallerstein, Immanuel. *The European Universalism: the Rhetoric of Power*. New York and London: The New Press. 2006.

8장

박상진. 〈동아시아에서의 단테의 수용과 변용을 통한 문학의 보편성과 근대성〉. 《문학과 경계》 2006년 겨울호. 통권 제23호. pp.77-96.
이보경. 《근대어의 탄생—중국의 백화문 운동》. 연세대학교출판부. 2003.
임홍배. 〈괴테의 세계문학론과 서구적 근대의 모험〉. 《창작과 비평》. 2002년 봄호. 통권 115호.
요한 페터 에커만. 《괴테와의 대화》. 곽복록 옮김. 동서문화동판주식회사. 2007.
밀란 쿤데라. 《커튼—소설을 둘러싼 일곱 가지 이야기》. 박성창 옮김. 민음사. 2008.
Auerbach, Erich. "Philology and Weltliteratur". tr. by Maire and Edward Said. Centennial Review. vol.VIII. no.I Winter 1969.
Beck, Ulrich. "Cosmopolitanism: a critical theory for the twenty-first century". *The Blackwell companion to globalization*. edited by George Ritzer. Oxford: Blackwell. 2007; Beck, Ulrich. *Cosmopolitan Vision*. tr. by Ciaran Cronin. Cambridge: Polity. 2006.
Clüver, Claus. "The Difference of Eight Decades: World Literature and the Demise of National Literatures". *Yearbook of Comparative and General Literature* 35. 1986.
Damrosch, David. *What is World Literature?* Princeton University Press. 2003.
Eliot, T.S. *Dante*(1929). New York: Haskell House Publishers LTD. 1974.
Madsen, Peter. "World Literature and World Thoughts: Brandes/Auerbach". Prendergast. ed. pp.54-75.
Marx, Karl and Frederick Engels. *The Communist Manifesto*(1848). ed. by John E. Toews. Boston: Bedfor/St.Martin's. 1999.
Moretti, Franco. "Conjectures on World Literature". New Left Review 1(2000); 프랑꼬 모레띠. 〈세계문학에 대한 단상〉. 《세계의 문학》. 1999 가을호.
Pizer, Leo. *The Idea of World Literature*. Baton Rouge: Louisiana State University Press. 2006.
Prendergast, Christopher. ed. *Debating World Literature*. London: Verso. 2004.
Sen, Amartya. *Identity and Violence: The Illusion of Destiny*. Norton: New York. 2006.
Wallerstein, Immanuel. *The European Universalism: the Rhetoric of Power*. New York and London: The New Press. 2006.

찾아보기

작품·인명

비동일화의 지평

초판 발행 2010년 2월 2일
초판 2 쇄 2010년 6월 24일
지은이 박상진
펴낸곳 **고려대학교출판부**

www.kupress.com
kupress@korea.ac.kr
136-701 서울특별시 성북구 안암동
02-3290-4230, 4232
Fax 923-6311

찍은곳 한국컴퓨터인쇄정보

ISBN 978-89-7641-712-1 93800

값 22,000원